21世纪交通版高等学校教材

Expressway Management
高速公路管理

（第二版）

王选仓 石勇民 主编
王秉纲 主审

人民交通出版社

内 容 提 要

本书内容分为高速公路建设管理和运营管理两大部分，包括绪论、高速公路管理体制、高速公路规划管理、高速公路建设投融资管理、高速公路建设管理、桥隧工程管理、高速公路收费管理、高速公路路面养护管理、高速公路路政管理及高速公路交通管理 10 章内容。

本书可供高等学校土木工程领域中公路工程管理、公路工程、桥梁隧道工程及交通工程等专业本科生教学使用，也可供从事相关专业的技术人员参考使用。

图书在版编目(CIP)数据

高速公路管理/王选仓，石勇民主编. — 2 版. — 北京：人民交通出版社，2013.3
ISBN 978-7-114-10441-1

Ⅰ.①高… Ⅱ.①王… ②石… Ⅲ.①高速公路—交通运输管理 Ⅳ.①U492

中国版本图书馆 CIP 数据核字(2013)第 043479 号

书　　名：	21 世纪交通版高等学校教材
	高速公路管理（第二版）
著 作 者：	王选仓　石勇民
责任编辑：	郑蕉林
出版发行：	人民交通出版社股份有限公司
地　　址：	(100011)北京市朝阳区安定门外外馆斜街 3 号
网　　址：	http://www.ccpress.com.cn
销售电话：	(010) 59757973
总 经 销：	人民交通出版社股份有限公司发行部
经　　销：	各地新华书店
印　　刷：	北京市密东印刷有限公司
开　　本：	787×1092　1/16
印　　张：	21
字　　数：	535 千
版　　次：	2007 年 10 月　第 1 版　2013 年 3 月　第 2 版
印　　次：	2019 年 12 月　第 2 版　第 4 次印刷　总第 5 次印刷
书　　号：	ISBN 978-7-114-10441-1
定　　价：	38.00 元

(有印刷、装订质量问题的图书由本社负责调换)

第二版前言

高速公路最早在20世纪30年代出现于西方发达国家，是专门为汽车交通服务的基础设施。我国大陆从20世纪80年代末开始修筑高速公路，目前通车里程已达9.6万公里。从1988年上海至嘉定高速公路建成通车至今24年间，在"7918"国道主干线系统规划的指导下，我国高速公路从无到有，总体上实现了持续、快速有序发展。高速公路在运输能力、速度和安全性方面具有突出优势，对实现国土均衡开发、缩小地区差别、建立统一的市场经济体系、提高现代物流效率具有重要作用。高速公路的快速发展，极大提高了我国公路网的整体技术水平，优化了交通运输结构，对缓解交通运输的"瓶颈"制约发挥了重要作用，有力地促进了我国经济发展和社会进步。

高速公路管理可分为两个部分：高速公路建设管理和运营管理。高速公路的现代化管理是20世纪80年代中期随着我国公路引进世界银行贷款开始的，通过二十余年的探索和总结，在高速公路管理方面形成了既同世界接轨又适合于我国国情的一套管理体制。在当前建养并重阶段，及时总结新时期高速公路管理实践经验，借鉴国外管理办法，形成系统的高速公路理论和方法，从而指导高速公路的建设养护工作，是编辑出版本书的意义所在。

本书内容分为高速公路建设管理和运营管理两大部分，包括绪论、高速公路管理体制、高速公路规划管理、高速公路建设投融资管理、高速公路建设管理、桥隧工程管理、高速公路收费管理、高速公路路面养护管理、高速公路路政管理及高速公路交通管理10章内容。本书为了便于教学，在每章后均附有复习参考题，以便于读者学习掌握。

"高速公路管理"2003年被列为长安大学首批精品课程，本书的主要内容配合精品课程建设已在本科教学中使用多次，2005年又作为讲义系统使用，2007年在此基础上成为"21世纪交通版高等学校试用教材"，由人民交通出版社出版，在全国交通类相关专业作为教材使用，2013年1月进行了再次修订。

本书由长安大学公路学院王选仓、石勇民主编，第一、五章由王选仓编写，第八章由王选仓、王朝辉编写，第二、三章由张柳煜编写，第四、七章由石勇民编写，第六章由邬晓光、姚玉玲编写，第九章由陈传德编写，第十章由姚玉玲编写。全书由王秉纲主审。本书可供高等学校土木工程领域中公路工程管理、公路工程、桥梁隧道工程及交通工程等专业本科教学使用，也可供公路与桥梁、工程管理相关技术人员参考使用。

由于编者水平有限，如有不妥之处，恳请读者批评指正。

编　者

2013年1月

目　　录

第一章　绪论 ··· 1
 第一节　国外高速公路发展概况 ·· 1
 第二节　我国高速公路发展概况 ·· 4
 第三节　高速公路管理概述 ·· 6
 第四节　本教材主要内容及学习方法 ·································· 9
 复习参考题 ·· 10

第二章　高速公路管理体制 ·· 11
 第一节　高速公路建设管理体制 ·· 11
 第二节　高速公路运营管理体制 ·· 21
 复习参考题 ·· 35

第三章　高速公路规划管理 ·· 36
 第一节　我国高速公路规划基本原则 ·································· 36
 第二节　高速公路规划的主要内容及主要依据 ····················· 37
 第三节　高速公路规划的基本方法 ····································· 39
 第四节　我国高速公路网规划 ··· 50
 第五节　我国高速公路规划管理 ·· 53
 复习参考题 ·· 54

第四章　高速公路建设投融资管理 ······································· 56
 第一节　概述 ··· 56
 第二节　高速公路投资管理 ··· 66
 第三节　我国高速公路建设主要融资方式 ··························· 74
 复习参考题 ·· 92

第五章　高速公路建设管理 ·· 93
 第一节　高速公路建设程序 ··· 93
 第二节　高速公路项目可行性研究 ····································· 99
 第三节　高速公路项目招投标管理 ····································· 101
 第四节　高速公路建设期管理 ··· 126
 第五节　高速公路建设项目质量评定 ·································· 129
 第六节　高速公路项目交竣工 ··· 131
 第七节　高速公路项目后评价 ··· 140
 复习参考题 ·· 158

第六章　桥隧工程管理 ·· 159

- 第一节 桥隧建设成就回顾 ··· 159
- 第二节 桥梁施工控制与管理 ··· 160
- 第三节 桥梁养护管理技术 ··· 172
- 第四节 桥梁健康监测系统 ··· 183
- 第五节 隧道养护与管理 ·· 188
- 复习参考题 ·· 192

第七章 高速公路收费管理 ··· 193
- 第一节 概述 ··· 193
- 第二节 高速公路收费方式及种类 ·· 200
- 第三节 收费标准的分析 ·· 203
- 第四节 高速公路收费日常管理 ··· 207
- 第五节 高速公路联网收费管理 ··· 214
- 复习参考题 ·· 217

第八章 高速公路路面养护管理 ··· 218
- 第一节 路面数据采集 ··· 218
- 第二节 路面使用性能评价指标与评价方法 ··· 226
- 第三节 预防性养护技术 ·· 236
- 第四节 机械化养护技术 ·· 248
- 第五节 高速公路的改建与拓宽 ··· 254
- 第六节 公路养护定额管理 ··· 265
- 第七节 高速公路路面养护管理系统 ··· 269
- 复习参考题 ·· 275

第九章 高速公路路政管理 ··· 276
- 第一节 高速公路路政管理概述 ··· 276
- 第二节 高速公路路政管理机构 ··· 278
- 第三节 高速公路路政管理职权 ··· 282
- 第四节 高速公路路政外业与内业管理 ··· 285
- 第五节 高速公路路政执法 ··· 287
- 复习参考题 ·· 294

第十章 高速公路交通管理 ··· 295
- 第一节 高速公路交通管理概述 ··· 295
- 第二节 高速公路交通控制与管理 ·· 296
- 第三节 高速公路交通安全管理 ··· 309
- 第四节 高速公路的服务区管理与经营开发管理 ·· 316
- 复习参考题 ·· 326

参考文献 ··· 327

第一章 绪 论

第一节 国外高速公路发展概况

高速公路于20世纪30年代开始起步,最早修建高速公路的国家是德国,到目前为止,全世界已有80多个国家和地区兴建了高速公路,总里程达26万公里左右。

德国的现代化交通政策可追溯到1919年通过的德国宪法(魏玛共和国宪法)。根据这一宪法,1921年在柏林修建了一条长约10km的"汽车、交通及练习公路"(简称Avus)。这条公路拥有上下行分离的行车道并且取消了平面交叉,这在当时的德国是首次,可以被看作是高速公路最早的雏形。作为符合现代高速公路标准的第一条高速公路是在1929~1932年间建造的大约20km长的科隆—波恩高速公路。1933年,德国通过"关于设立帝国高速公路企业"的法律,规划了4 800km长的高速公路网络,次年又通过了"公路新规定法",将规划的帝国高速公路网扩大到6 900km。至1942年,德国建造了3 860km的高速公路,并有2 500km高速公路在建。战后,前联邦德国将原帝国高速公路改称为"联邦高速公路",1957年制订了"联邦长途公路扩建计划",1970年当这一扩建计划完成时,原联邦德国的小汽车(包括轿车和客货两用旅行轿车)从750万辆增加到了1 580万辆,公路网仍不能满足交通需求,于是从1970年至1985年又进行了第二个扩建计划,将联邦高速公路长度翻了一番。同期,前民主德国的高速公路长度也从500km增加到1 880km。至1996年,德国的联邦高速公路长度达11 190km,占公路总里程的4.89%。"两德"统一后,交通政策目标和交通需求都发生了新的变化:联邦政府的管辖范围扩大到了东部地区,东西向交通重新复苏,交通需求快速增加;汽车化程度的提高主要集中在东部地区。鉴于上述情况,1992年,德国联邦交通部制订了新的联邦交通干线规划,该规划提出:至2012年,德国将新建2 882.6km、扩建2 617.3km高速公路,使之适应德国相应时期的交通需求。到1997年,高速公路通车里程已达1.12万km,5万人以上的城市全部通高速公路,5万人以下的城市90%通高速公路,构成了欧洲最庞大的高速公路网。截至2012年,德国的高速公路里程为1.28万km,居世界第四位。德国高速公路建设起步早,所获得的设计、施工经验对世界各国高速公路建设具有重要的作用。

美国是世界上高速公路发展最迅速、路网最发达、设施最完善的国家之一。其高速公路网的建成,提高了运输效率,扩大了资源和商品的流通,促进了社会的发展和科学技术的进步,并在很大程度上影响了美国人的生活方式。1916年,第一次世界大战使美国认识到其公路现状无法满足国防发展需要,于是美国国会制定了联邦资助公路法案,全面开始发展公路建设。1937年,美国在加利福尼亚州建成了第一条长11.2km的高速公路。到1941年美国参战前夕,完成了宾夕法尼亚州高速公路和康涅狄格州梅里特高速公路。美国由于二次大战的财政困难和战后恢复减缓了高速公路建设,但这同时使美国认识到高速公路的战略性作用。美国于1944年通过了《公路法》,并提出了"州际高速公路系统"的概念,确定了州际高速公路系统6.44万km的规划总长度,当时预计能承担全国公路总交通量的20%~25%,并适应未来20

年的交通需求。1956年再次修订了《公路法》,将州际高速公路系统改称为"全国州际与国防高速公路系统",同时将规划总长度调整为6.6万km。《公路法》还规定了公路建设费用的来源,从而大大促进了高速公路的建设。从1957年州际与国防高速公路网开始正式投资建设,美国的高速公路建设发展速度很快,平均每年建成3 000km。20世纪80年代后期,美国高速公路网已基本形成。目前,全美公路总长度达到640多万公里,是铁路运营里程的23倍,其中高速公路总长度超过10万km,占美国公路总里程的1.56%,占全世界高速公路总里程的41%以上,形成了横贯东西、纵贯南北的高速公路主骨架,占公路网总里程1%的州际高速公路承担着全美19.3%的交通运输量,连通全国除夏威夷与阿拉斯加以外所有各州5万人以上的城镇。现阶段的美国高速公路建设已经可以满足国内交通运输、国防建设及国民经济发展的需要,今后建设的重点是完善高速公路与航空、铁路及水运等各种交通运输方式之间的联运,加强对高速公路的科学管理和维护,提高运力,降低交通事故。

日本是一个岛国,国土狭小,人口密度很大,但日本的汽车工业十分发达,目前拥有机动车7 908万辆,仅次于中国,其中小汽车5 760万辆,每百人拥有汽车62辆。日本是世界上公路密度最高的国家之一,公路的通车里程已达120万km,面积密度约$3.2km/km^2$。1997年高速公路总长达5 860km,占公路总长的0.51%,却承担了公路运输总量的25.6%。日本高速公路建设起步较晚,高速公路建设开始于战后,尽管当时日本正处于战后恢复期,但仍于1957年颁布了《高速公路干道法》,正式批准并实施建设7条纵贯国土、总长3 700km的高速公路。其中,第一条为1963年通车的名神高速公路。日本高速公路在发展初期,对高速公路的建设标准和技术指标都经过充分的研究和比较论证,为以后的高速公路发展打下了坚实的基础。1966年日本又制订了新的高速公路修建计划,提出:至2000年,建设32条、总长7 600km的高速公路,日本全国1h可到达高速公路的地区占70%;2h可到达高速公路的地区占90%。到20世纪80年代后期,按计划已建和在建项目超过了计划的2/3。在1987年又提出了到2015年建设14 000km高标准干线公路的目标,其中,国家干线高速公路在原7 600km的基础上再增加3 920km,达到11 520km。其中,2 480km为一般国道汽车专用公路,加强10万人以上地方中心城市的联系;强化东京、名古屋、京阪神三大城市环行和绕行高速公路;加强重要港口、机场等客货源集中地的连接;在全日本形成从城市、农村各地1h可到达高速公路的干线网络;建设在出现灾害时有可靠替代其他运输方式的高速公路网;消除已有高速公路中交通严重拥堵的路段。该计划正在实施中,截至2012年,日本的高速公路里程已达9 127km,主要的干线公路已基本完成高速化。

加拿大是仅次于美国拥有高速公路最多的西方国家,虽然加拿大直到1967年才开始修建高速公路,但发展速度很快,截至2012年底,已建成高速公路1.69万km,高速公路通车里程占公路网总长度的1.8%。

法国高速公路建设起步于1948年,到1997年已建成高速公路9 140km,仅次于德国,名列欧洲第二位。1994年法国制定了15年的高速公路建设计划,截至2012年,法国高速公路总里程达1.2万km。

意大利是修建高速公路较早的国家之一,1924年建成了米兰至瓦雷泽汽车专用公路48km,后又修建了米兰至都灵汽车专用公路126km,但真正大规模修建高速公路还是在1956至1970年的道路建设计划制定之后,到2012年底,意大利已建成通车的高速公路总计6 661km。

英国从1958年开始修建高速公路,但建设速度和规模远远落后于美国、加拿大、德国、法国和意大利,其主要原因是缺乏建设资金。由于在1955年废除了汽油税和燃油税制度,仅以一般年度财政拨款为资金渠道,致使高速公路建设缺乏资金保证,到2012年,英国高速公路通车里程仅为3 500km。

目前全世界已有80多个国家和地区拥有高速公路,通车里程超过26万公里。截至2012年,高速公路里程领先的国家主要分布在北美洲、欧洲和东亚,具体如图1-1所示。

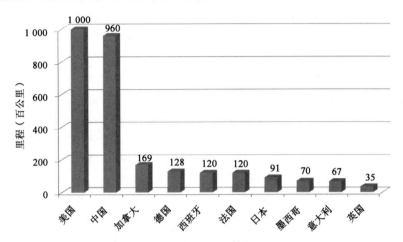

图1-1　2012年世界主要国家高速公路里程统计

各国高速公路的发展还具有以下几个特征。

第一是城市高速公路发展异常迅速。

在一些发达国家,由于城市人口集中,工商业十分发达,城市内汽车增长比郊外快得多。由此,高速公路的产生大多从城市的外环路和辐射路以及城内交通量大的路段开始,最后逐渐形成以高速公路为骨架的城市道路网。以美国为例,美国的公路运输量有50%以上集中于大城市,纽约是世界上高速公路最多的城市,已达到1 300多公里。城市高速公路的发展,缓解了城市交通的矛盾。

第二是高速公路向全球化方向发展,形成国际高速公路网。

随着全球经济一体化的发展,公路运输市场不再是一个国家、一个地区的市场,而是一个全球性市场。相邻国之间合作修建高速公路,促成了国际高速公路网的形成,成为调整公路发展的大趋势。为了更好地发挥高速公路效益,加强国际间的公路运输联系,一些发达国家把主要高速公路连接起来,构成国际高速公路网。其中已经规划和正在实现的高速公路网包括以下四个。

(1)欧洲高速公路网。二战以后,西欧国家在经济、政治联合过程中,逐步形成了以统一的观点在欧洲扩建和命名欧洲国际公路网的思想。1975年11月在日内瓦通过了"关于国际干线公路的欧洲协定(简称AGR)",将欧洲国际干线公路统一编号,并以"E"作为编号标识。其中东西向公路包括:横贯全欧,东起奥地利维也纳,经荷兰、法国,西至西班牙的瓦伦西亚高速公路,全长约3 200km。此外,瑞士至奥地利、西班牙至葡萄牙、瑞典、丹麦、挪威、保加利亚、德国、匈牙利、捷克等国的高等级公路已连接成网。南北向公路包括:纵贯全欧,北起丹麦的哥本哈根,经德国和奥地利,南至意大利罗马的高速公路,全长2 100km;另一条纵贯全欧洲,北起波兰的格但斯克,经捷克、奥地利、意大利、南斯拉夫、保加利亚、土耳其,南至叙利亚、伊拉克和伊朗,全长5 000km;第三条北起俄罗斯的圣彼得堡,经波兰、匈牙利、罗马尼亚、保加利亚、希腊,最终到土耳其的伊斯坦布尔,长约2 000km。

(2)欧亚大陆公路。该路东起日本东京,经首尔、平壤、北京、河内、达卡、新德里、德黑兰、莫斯科、华沙、柏林、波恩、巴黎(或经巴格达、布达佩斯、维也纳、慕尼黑到巴黎),最后到达伦敦。该工程将穿过日本海峡、博斯普鲁斯海峡、厄勒海峡、费马思海峡、英吉利海峡和比利牛斯山、阿尔卑斯山等,将亚洲和欧洲的公路网连接在一起。

(3)泛美公路网。北美地区的高速公路网已经形成,在此基础上,形成了经美国、墨西哥、中美洲、南美洲直至阿根廷最南端的高速公路网,系统全长47 515km。

(4)亚洲公路网。亚洲公路网全长141 204km,将亚洲32个国家的公路连接起来,并将接入欧洲公路网,我国所占的路段全长25 579km,占整个亚洲公路网的19%。2012年11月云南省完成所有境内亚洲公路网标识设置工作。2000年,在亚洲开发银行倡导下,中国、老挝和泰国政府达成合作协议,共同修建昆明—曼谷高等级公路。昆曼公路从云南省省会昆明市经老挝到达泰国首都曼谷,全长约1 800km,中国境内规划建设的里程为688km,老挝境内里程247km,泰国境内约813km,于2008年12月正式通车。这条建于崇山峻岭中的公路实际上是亚洲公路网的重要干道,也是澜沧江—湄公河次区域国家间经济合作交流的重要通道。这条公路与马来西亚和新加坡的陆上通道连成一体,为中国—东盟自由贸易区的建设提供一条快捷的通道。

第三是高速公路建设向信息化、智能化方向发展。

虽然高速公路极大地提高了通行能力,但修建道路的空间都是有限的。如何最大限度地提高路网的通行能力,智能交通系统(ITS)将是一个比较理想的方向。同时,高速公路发展将着眼于道路的多功能利用,不仅使用路面,还要利用空间,成为信息化公路。即公路不仅具有运输人和物的固有交通功能,还能输送电力等能源及各种信息,加之道路所派生出来的美化环境、提供出游、抗灾避难及作为建造其他建筑物的基础等空间功能,使高速公路真正成为多功能公路。

第二节 我国高速公路发展概况

我国(大陆)自20世纪80年代末修建高速公路以来,截至2012年底,高速公路通车里程达到9.6万km,其发展可分为三个阶段:第一阶段为起步阶段,1984年开始,至1988年上海至嘉定高速公路建成通车,结束了我国大陆没有高速公路的历史。1992年,交通部制定了"五纵七横"国道主干线规划并付诸实施,总投资9 000亿元。沈大、京津塘、成渝、济青等一批具有重要意义的高速公路相继建成,突破了高速公路建设的多项重大技术"瓶颈"。第二个阶段为快速发展阶段。1998年开始加快基础设施建设步伐,年均通车里程超过4 000km,年均完成投资1 400亿元。1999年,全国高速公路里程突破1万km。至2004年年底,通车里程超过3万km。2008年全年全国交通运输行业基础设施建设完成规模达到8 000亿元。除西藏外,各省、自治区和直辖市都已拥有高速公路。第三个阶段为扩大规模、提高质量的阶段。从2004年至今,逐步实现我国交通运输现代化的总体战略目标,按照道路的使用功能和交通需求,采用新技术、新材料、新工艺,重点提高经济相对发达地区的公路技术等级,并大力扶持西部地区公路基础设施建设。

1. 公路主骨架

公路主骨架是根据1989年国家干线公路网规划(简称国道网,包括首都放射线、南北纵线和东西横线)并考虑其他相关因素确定的。公路主骨架包括总长约3.5万km、纵贯东西和横穿国境南北的"五纵七横"12条。主要由高等级公路组成的国道主干线，贯通首都和直辖市及各省（自治区）省会城市，将人口在100万以上的所有特大城市和人口在50万以上大城市的93%连接在一起，使贯通和连接的城市总数超过200个，覆盖的人口约6亿，占全国总人口的50%左右。该计划在2007年底已基本完成。至2012年12月绥满高速公路博牙段通车，我国公路滑架形式。

随着国道主干线按规划标准的建成，安全保障、通信信息和综合管理服务设施的逐步完善，车辆通行能力大大提升。大中城市间、省际和区域间已形成现代化的快速公路运输网络。全国公路网的运营效率和效益极大提高。

"十一五"期间，我国公路发展又迈上一个新的台阶。特别是2008年下半年以来，交通运输业落实中央应对国际金融危机、促进经济增长的一揽子计划，基础设施建设明显加快。在投资带动下，公路基础设施投资规模、建设规模达到新中国成立以来的最高水平。公路网规模不断扩大，截至2010年底，全国公路网总里程达到398.4万km，5年增加63.9万km。国省干线公路里程达到46.22万km，其中国道16.39万km、省道29.83万km，比"十五"末分别增加了3.12万km和6.44万km。2007年底，"五纵七横"12条国道主干线提前13年全部建成，西部开发8条省际通道基本贯通，全国公路网密度由"十五"末的每百平方公里34.8km提升至40.2km。

2. 西部公路蓝图

根据党中央、国务院"西部大开发必须加强基础设施建设，近期要以公路建设为重点"的指示，2005年交通部提出了《关于加快西部地区公路、水路交通发展若干意见》，规划用20年时间，使西部公路交通发生根本变化，建成布局合理、功能完善的路网，总体满足社会经济发展的需求。到2010年达到明显改善；2020年形成骨架路网；2050年建成现代化公路运输网络。

建设重点分国道主干线、省际连接线和乡村通达工程三个层次（目前数据不含广西和内蒙古两自治区）。第一层次：国道主干线"五纵七横"12条路中有8条连通西部地区。这8条路经过西部地区总计里程1.3万km，在2007年底已基本贯通。第二层次：区域路网，即西部地区8条省际区域路网建设和改造道路（即省际主通道）。8条省际区域路网总计约1.75万km，除少数路段外，原则上以二级以上公路技术标准实施，2011年底基本建成。除8条省际通道外，区域路网建设包括重要国省干线、国边防公路等，总规模19.5万km。省际通道和区域路网总计需要6 200亿元左右。第三层次：乡村路通达工程的目标是使有条件的乡镇及行政村通路，通达深度明显提高，建设总规模15万km，基本实现全国所有具备条件的乡镇、建制村通公路，95%的乡镇和80%的建制村通沥青（水泥）路。

目前，8条国道基本建成，与8条国道主干线形成沟通西中东部，贯穿西南、西北，通江达海，连通周边国家的公路网，形成完善的大通道，西部地区公路发展取得明显成效。届时，国道、省际通道将构成2.8万km骨架路网，除乌鲁木齐和拉萨市之间外，其他相邻省会、自治区首府及直辖市，西部与中东部相邻省会城市之间，均由高等级公路相连接。山岭重丘区行车时速超过60km，平原微丘区行车时速将超过80km。公路两侧将建成绿色植物高低错落的绿化带，形成赏心悦目的绿色长廊。西部各省会、自治区首府及直辖市到所在本省的地州市及区域对外通道干线公路须达二级以上标准，车流较大的路段建成一级或高速公路。

3. "7918网"

2004年12月17日，国务院审议通过了《国家高速公路网规划》，标志着中国高速公路建设发展进入了一个新的历史时期。

国家高速公路网采用放射线与纵横网格相结合的布局形态,构成由中心城市向外放射以及横连东西、纵贯南北的公路交通大通道,包括7条首都放射线、9条南北纵向线和18条东西横向线,简称"7918网",总规模为8.6万km。其规划方案还有:辽中环线、成渝环线、海南环线、珠三角环线、杭州湾环线共5条地区性环线、2段并行线和30余段联络线。目前,国家高速公路网还有将近40%的路段没有建成。国家批准的8.6km的国家高速公路网,目前只完成了5.87万km;规划的34条主线,目前仅仅只有京哈、京港澳等七条线实现了全线贯通,省际之间的断头路还有6 000多km。至少还需要10年左右的集中建设时期,才能够比较好地适应适度超前的原则和经济社会发展的需求。

建成时,国家高速公路网将连接全国所有的省会级城市、城镇人口超过50万的大城市以及城镇人口超过20万的中等城市,覆盖全国10多亿人口;将连接全国所有重要的交通枢纽城市,包括铁路枢纽50个、航空枢纽67个、公路枢纽140多个和水路枢纽50个,形成综合运输大通道和较为完善的集疏运系统,实现东部地区平均30min上高速,中部地区平均1h上高速,西部地区平均2h上高速的快速出行。

"国家高速公路网规划"是一项庞大的工程,静态投资两万亿元人民币,投资的力度将随计划建设进度而变化。规划计划用30年的时间完成,2010年前,年均投资约为1 400～1 500亿元人民币,年增加高速公路3 000km左右;2010～2020年,年均投资约为1 000亿元人民币。建设资金主要来源于中央的车辆购置税、地方的各项规费、国债资金、银行贷款、内资、外资,包括个体经营的内资与社会资金。

第三节 高速公路管理概述

高速公路管理可分为高速公路建设管理和运营管理两大部分。高速公路的现代化管理是20世纪80年代中期随着我国公路引进世界银行贷款开始的,通过几十年的探索和总结,在高速公路管理方面形成了既同世界接轨又适合于我国国情的一套管理体制。

一、公路建设管理概述

1.公路建设管理的基本目标

建设项目管理是以项目建设为对象,研究管理建设项目的理论和方法。它研究项目建设领域内的生产关系和生产组织规律。项目建设领域内的生产关系同整个社会的生产关系本质是一致的,但又有其特点。建设项目管理的任务是研究生产关系运动规律在项目建设领域中的具体作用和表现形式、项目建设领域内特有的经济现象和规律。如项目投资的方向和项目建设进度的安排,必须符合基本经济和国民经济计划;项目的概、预算,项目的投资决策,工程的发包建设,必须反映价值规律的客观要求。与此同时,它要相应研究项目建设领域内生产力组织的规律性,如项目建设进程必须根据建设工程及其建设活动的技术经济特点所决定的建设顺序规律来安排,项目建设地点的选择,项目的实施和施工必须符合生产力组织的规律性等。

项目建设是国民经济基本建设的重要组成部分,建设项目管理主要从项目微观角度研究项目投资的规划决策、设计、施工和微观经济效果等问题,其核心就是运用现代管理技术,对项目建设进行有效地管理与控制,从而保证建设项目"质量、进度、费用"三大控制及合同管理、信息管理目标的实现,从而提高建设项目的投资效益。

2. 公路建设管理的内容

公路建设项目管理的内容与交通建设项目的特性密切相关,它是在交通主管部门推行的"项目法人制"、"招标投标制"、"工程监理制"与"合同管理制"框架下,按照项目建设的内在规律和程序,对项目建设的全过程进行有效的组织、计划、协调和控制的工作系统。

工程项目建设的前期决策阶段的管理,主要是:投资意向的确定、项目立项、预可行性研究及决策、可行性及决策。实施阶段的管理,主要包括:设计管理、工程招投标管理、施工控制及管理、工程交竣工管理、缺陷责任期的管理。使用期的管理有:运营中的维护管理、项目后评估等,具体内容如下。

(1) 项目管理组织

组织系统安排、项目领导体制建立和工作部门划分是项目完成的重要保证。

(2) 道路建设项目经济评价

建设项目经济评价是可行性研究的重要组成部分,内容包括国民经济评价和财务评价,其作用在预测、选址、技术方案等项研究的基础上,对项目投入产出的各种经济因素进行调查研究,通过多项指标的计算,对项目的经济合理性、财务可行性及抗风险能力作出全面的分析与评价,为项目决策提供主要依据。

经济评价的重点是国民经济评价。因为道路建设项目不生产实物产品,而是通过为社会提供运输服务创造价值,这与一般工业项目通过生产、销售产品获得效益是不同的,所以道路建设项目是以取得社会效益为主。为了准确衡量道路建设项目的社会效益,作出科学的经济评价结论,就必须深入研究道路建设项目投入物的影子价格换算方法和直接效益的测算方法,同时还要注重评价指标的选择。

(3) 道路工程项目可行性研究

所谓可行性研究,是对工程项目的技术先进性、经济合理性和建设可能性进行分析比较,以确定该项目是否值得投资,规模应有多大,建设时间和投资应如何安排,采用哪种技术方案最合理等,以便为决策提供可靠的依据。目前,国内外都把工程建设进展周期分为三个阶段,即投资之前阶段、投资阶段和生产阶段。可行性研究就是投资之前阶段的主要内容。在可行性研究的基础上,对那些为完成同一目的的同类工程方案进行选优。

(4) 概预算与工程定额

工程定额是由国家或地方主管部门颁布的合理组织生产、合理使用资源及正常施工条件下,完成单位合格产品所消耗的人工、材料和施工机械台班的数量标准。概预算则是根据设计文件内容和国家规定的工程定额及取费标准,按照规定的计算程序和方法,预先计算和确定的控制性工程造价,是项目管理的基础。

道路工程在空间上是固定的、独立的,具有露天性、周期长、程序复杂、工程质量差异性大等特点,设计、生产的标准化程度低,这就决定了道路建设项目不可能统一计价,每个项目都要编制一个概算和预算,作为工程结算和投资控制的依据。所以,应当了解概算的费用组成和计算程序,要掌握概预算的编制方法,同时还应了解工程项目结算与决算的有关内容。

(5) 工程招标与投标

通过一定的程序择优选择工程项目实施承包人的过程,称为工程招标;承包人按一定的程序,以自身的优势竞争取得主持施工工程项目资格的过程,称为工程投标。招标投标是采购物资、技术服务、承包工程等经济活动中常用的交易行为,具有竞争性、平等性和开放性等特点。通过招标投标,可以按等价交换的原则,平等、自愿、自主地以合同方式确定招标与投标者双方的权利和义务;可以打破封锁和垄断,引入竞争机制,使招标者能够择优选择施工单位;还可以通过投标者之间的相互竞争,促使施工单位提高经营管理水平,降低资源消耗,从而提高全行业的劳动生产率。

目前,招标投标已成为国际上进行工程承包的主要方式,所以要明确招标与投标的意义,了解招标投标的程序与方式,掌握投标的工作重点和报价策略,了解评标与定标的原则及招标文件的编制方法。

(6)合同管理

合同是当事人双方确立各自责、权、利和义务关系的协议,虽不等于法律,但依法成立的合同具有法律约束力。工程合同属于经济合同的范畴,受经济合同有关法规的约束。合同管理主要是指项目管理人员根据合同进行工程项目的监督和管理,是法学、经济学理论和管理科学在组织实施合同中的具体运用。合同管理的内容包括经济合同的有关基础知识,公路工程合同文件的组成条款等。

(7)工程施工组织设计和工程进度管理

施工组织设计是使工程项目付诸实施所不可缺少的工作。现代道路工程项目往往是一个复杂的综合体系,它由很多相互依存和相互制约的分体体系组成,而这些分体系又受到其本身和外界的因素影响。因此,要完成一项工程的施工,有大量的组织管理工作。施工组织设计的主要内容有:施工阶段的主要工作程序;施工组织设计和方案设计;施工进度计划和资源调配计划的编制;施工现场平面图设计;流水施工组织;网络计划技术;网络图的时间参数的计算;网络图的调整和优化等。

工程进度管理就是保证工程工期目标的实现,它包括工程进度计划的制订,工程实际进度与计划进度的动态监控,工程进度计划的调整等内容。

(8)全面质量管理

全面质量管理,简称TQC(Total Quality Control),是20世纪60年代后期美国学者费根堡等人提出的新的管理理论,其含意概括地说,就是以产品质量为核心,由企业全体人员参与,对产品生产的全过程进行全面系统的控制和管理。

(9)工程费用管理

工程费用管理涉及的是施工阶段的投资控制问题,因此,又叫工程费用控制。所谓的工程费用管理是指在工程项目质量符合标准,工期遵照合同要求的基础上对工程费用的计算与支付实行有效地监督和控制。这里所指的工程费用应包括合同文件中工程量清单内所列的以及因承包人索赔或业主未履行义务而涉及的一切费用。

工程费用管理的核心是工程计量和支付,它是确保工程质量和进度的重要手段。费用管理的目的就是尽可能合理地减少工程量清单中所列费用以外的附加支出(附加工程索赔、意外风险),以达到控制费用的最佳效果。所以应对工程费用的组成进行认真分析,明确工程量清单的内容与作用,运用正确、合理的计量支付标准和方法,使项目的实际费用控制在预算范围之内。尤其要注重对项目的成本控制,以提高经济效益。

(10)道路养护管理

道路的养护管理着眼于道路工程的实体部分,基本内容是路基、路面、桥涵等设施的检测、评价和维修,其任务是保证道路工程系统保持良好状态。道路养护水平与运营状态有密切联系,这里将重点讨论路面养护管理系统及道路交通管理系统,包括数据采集、系统结构、评价指标、预测及控制方法等方面内容。

(11)公路建设项目后评价

所谓后评价,是指在公路建设项目通车运营一段时间后,对项目的前期工作、实施情况及运营情况进行的再评价。其目的是通过对项目投资全过程的综合研究,衡量和分析项目的实际情况及其与预计情况的差距,确定有关预测和判断是否正确并分析其原因,从而总结经验教训,为今后改进公路建设项目的决策、设计、施工、管理等工作创造条件,并为改善和提高项目的投资效益和改善运营状况提出切实可行的对策与措施。

后评价的内容包括:对道路建设项目前期工作的后评价,对项目实施阶段内容的后评价及对项目运营状况的后评价等。评价指标的确定及评价方法的选择,是评价工作的重点。目前,有关评价指标的确定及评价方法的选择等还在不断完善之中。

二、高速公路运营管理

高速公路运营管理的内容包括道路养护与运营管理、高速公路路政管理及高速公路交通管理。

1. 道路养护与运营管理

道路的养护管理着眼于道路工程的实体部分,基本内容是路基、路面、桥涵等设施的检测、评价和维修,其任务是保证道路工程系统保持良好状态。运营管理着眼于交通管理,通过各种行政或技术管理措施,保证交通的安全畅通。道路养护管理可通过相应管理系统来实现,该系统一般包括数据采集、系统结构、评价指标、预测及控制方法等方面内容。

2. 高速公路路政管理

高速公路路政管理的任务包括:保护路产、维护路权、维持秩序及权益保护。

3. 高速公路交通管理

高速公路交通管理包括高速公路交通控制与管理、高速公路交通安全管理、高速公路交通监控系统及高速公路服务区管理与经营开发。

第四节 本教材主要内容及学习方法

一、教材主要内容

本教材内容包括高速公路建设管理和运营管理两大部分,包含高速公路管理概述、高速公路管理体制、高速公路规划管理、高速公路建设投融资管理、高速公路建设管理、桥隧工程管理、高速公路收费管理、高速公路养护管理、高速公路路政管理及高速公路交通管理等内容。

高速公路管理概述主要介绍了国内外高速公路的发展概况及高速公路管理的基本理论,是高速公路管理的基础知识。

高速公路管理体制是开展高速管理活动的基础,其根本目标是通过科学有效的管理活动,确保高速公路建设和运营的顺利进行,以优质、快速的方式为社会提供完善的交通基础设施。

高速公路规划管理是通过深入细致的调查研究,系统地剖析、评价现有公路交通状况,在充分揭示公路建设发展内在矛盾的基础上,根据区域社会经济发展与公路交通客货流分布特点,科学预测交通量发展态势,提出高速公路发展的总目标和总格局,由此合理确定路线主要控制点和分期实施的建设序列,并提出确保实现规划目标的政策与措施。

高速公路投融资对公路建设资金筹措起决定性作用,也是高速公路建设的基本保障,因此投融资管理在高速公路管理中占有举足轻重的地位。

高速公路建设管理是高速公路管理的核心内容之一,高速公路的建设程序及控制高速公路建设的关键,是高速公路科学建设的前提。

桥梁和隧道工程在高速公路中的比例日益上升，桥梁和隧道工程管理作为高速公路管理的组成，重要性愈发突出。桥隧结构物的科学管理对于高速公路建设管理意义重大。

高速公路收费是解决公路修建及用户资金不足的有效措施，促进公路交通事业的快速发展，适应我国经济建设的需要。因此高速公路的收费管理为高速公路的建设和运营提供了有力的保障。

高速公路路面养护管理是针对使用中的高速公路进行养护维修，使其保持平整完好、排水畅通，具有足够的强度和抗滑性能等使用性能，从而达到高速公路养护质量标准，为公路使用者提供高质量服务。

高速公路路政管理是交通主管部门或其授权的公路管理机构，依据《中华人民共和国公路法》和有关法律、法规的规定，为保护公路路产、维护公路路权以及为发展公路事业所实施的行政管理。

高速公路交通管理是高速公路运营管理的一个重要组成部分，它是对高速公路的车流按有关规则和要求，合理地引导、限制和组织交通流，运用各种现代技术进行交通安全管理和事故处理，以保障交通快速、安全、舒适、畅通。

二、学习方法

本教材是高等学校路桥相关专业教材，它与公路工程学、交通工程学、管理学等学科有着密切的联系，学习时应注意与其他相关学科的有机结合及高速公路管理理论与管理实践的辩证关系，并注意以下几点。

1. 高速公路管理实践是高速公路管理理论的源泉

高速公路管理实践是管理理论的基础，当管理活动发展到一定阶段以后，作为管理主体的人在实践活动中积累了经验，并将这些经验上升为系统的、理论化的知识，即高速公路管理理论。没有管理实践，没有关于管理对象的直接和间接的经验，就无法形成关于管理对象的认识，更不能形成科学的管理体系。我国高速公路建设日新月异，相应的管理技术也不断发展，为本课程的学习提供了有利条件。离开了工程实践，管理理论就成了无源之水、无本之木。

2. 高速公路管理实践是高速公路管理理论完善和发展的动力

管理实践的发展不断提出一些理论上没有得到反映和研究的新问题，迫切要求给予理论上的阐述，要求提出相应的解决办法及其理论依据，这就促使人们在新的理论实践面前从事新的理论研究，提出解释和解决新问题的管理理论。

3. 高速公路管理理论对管理实践的指导作用

理论产生于实践，又指导实践的发展，这是理论的实质和作用。高速公路管路理论的指导作用与管理实践的水平密切相关，管理实践越是发展，水平越高，管理理论的作用就越显得突出和重要。

复习参考题

1. 了解我国公路主骨架的相关内容。
2. 了解我国"国家高速公路网规划"的基本内容。
3. 试述高速公路建设管理的基本目标及内容。
4. 试述高速公路运营管理的内容。

第二章 高速公路管理体制

第一节 高速公路建设管理体制

一、概述

1. 高速公路建设管理体制的内涵

管理既然是一种社会活动,就必然有其赖以进行的物质基础和表现为一定的社会组织形式。也就是说,管理活动的开展、管理职能的行使,必须依托于一定的管理体制。因此,所谓管理体制就是管理活动中管理职能界定与管理权限划分的制度体系及其赖以进行的物质存在形式。

高速公路建设管理内容广泛、程序复杂,无论是管理职能界定、管理权限划分,还是物质基础的支撑,都有其自身的特殊性。作为国家经济管理体制的一部分,高速公路建设管理体制,必然涉及国家行政管理体制的部分具体职能或权限划分,而作为管理特定经济活动——高速公路建设的一种制度体系,它又有其特定的运行规律。因此,高速公路建设管理体制就是有关高速公路建设管理活动中的职能界定、权限划分的制度体系及其赖以进行的物质基础。

高速公路建设管理体制是开展高速建设管理活动的基础,其根本目标是通过科学有效的管理活动,确保高速公路建设顺利进行,以优质、快速的建设方式为社会提供完善的交通基础设施。与此同时,由于高速公路建设管理体制运作的具体过程同样也必须消耗一定的人力、物力和财力,因而在实现管理目标的前提下,尽可能降低管理成本开支,也是衡量管理体制的重要标志之一。

2. 高速公路建设管理体制的构成要素

由高速公路建设管理体制概念界定的内涵不难看出,其基本构成要素可分为高速公路建设管理职能、管理机构、管理人员、管理规则及运行机制等五种要素。这五种要素在管理体制的整体运作当中,地位不同,作用各异。其中,高速公路建设管理机构和管理人员是管理活动得以展开的物质基础,表现为有形物质的存在,属于实体要素;而管理职能(业务分工、权限界定)、管理规则和运行机制则是表现为约束、规范人们行为和部门关系的制度体系,属于无形要素。

(1)高速公路建设管理职能

高速公路建设管理职能,除前述一般意义上所指的管理活动中的决策、计划、组织、协调和控制功能之外,如果从影响管理体制的关键因素上看,不同管理活动性质下,管理职能在不同管理主体间的配置,高速公路建设管理业务分工和管理权限界定,才是主要的方面。也就是说,管理职能配置是管理体制得以确立的基本前提,有什么样的业务分工、权限划分,就有什么样性质的管理体制。高速公路建设管理职能中,有些属于行政管理方面,有些属于经营管理方面。行政管理职能既要在中央与省级政府间划分权限,还要在同级政府的不同工作部门(如计划、交通部门等)间界定权力范围;而经营管理职能同样要在高速公路施工企业等市场主体的不同职能部门下进行分配。由此可见,高速公路建设管理职能(配置)作为管理体制构成要素中的一种无形要素,居于非常重要的地位,起着比较特殊的作用。

(2)高速公路建设管理机构

高速公路建设管理机构,一方面是指从事高速公路建设过程中不同阶段管理工作的单位,另一方面还指各管理单位内部具体从事某一专业管理工作的部门。高速公路建设管理机构设置要依据管理职能配置来进行,机构的组织形式一般是以"直线职能制"为主,既适应高速公路建设管理专业分工多之特点,又满足分级指挥与组织的"管理幅度"原则要求,有利于提高管理工作效率。当然,就高速公路建设中施工企业组建项目经理部的情况看,其组织形式比较多样化。工程规模小、施工范围有限的情况下,有的企业就采取"直线制"的管理机构组织形式来管理施工生产过程,以强化现场指挥的直接有效性,提高工作效率。如果工程规模很大,施工专业技术性要求较高,则采取"矩阵式"或"事业部制"管理机构组织形式,以专业分工,提高管理及生产效率,以部门之间的有机协调,实现整个企业或项目管理的科学化、高效率。

(3)高速公路建设管理人员

高速公路建设管理人员是指在管理机构中为行使某项管理职能而从事某一方面建设管理工作的人员。人是生产力中最具能动性的要素,也是高速公路建设管理体制中最活跃的因素,是管理体制得以运转的"动力源泉"。因此,高速公路建设管理人员配备的数量与专业结构,往往直接决定着管理工作的效率和水平。在高速公路建设管理中,既有专业技术性很强的技术、经济业务,也有一般事务性工作,同时作为一种社会经济活动的组织形态,必然还要有一定的组织、协调和指挥,因而高速公路建设管理人员一般可分为各类、各级管理机构的领导干部、专业技术人员和一般工作人员。

高速公路建设管理人员配备的数量与专业结构,以及管理人员本身的素质,是影响管理工作效率与水平的关键因素。各级管理机构的领导干部人数,要根据管理范围,按精简、统一、效能的原则具体确定;专业技术人员数量,则要根据不同层级管理机构各专业部门的职能与技术管理要求,按"定岗定员、专业匹配"原则合理配备;一般管理工作人员,则要根据工作量大小按"一专多能"原则恰当安排。

(4)高速公路建设管理规则

高速公路建设管理规则,是保证高速公路建设管理工作走向程序化、规范化、法制化和科学化的基本条件。高速公路建设管理的内容及其具体职能,既有行政管理方面的,又有经营管理方面的。前者是政府管理社会公共事务的权力与责任在高速公路建设过程中的具体表现;后者则是企业从事高速公路建设施工过程中力求提高质量、降低成本、按期交工的经营组织活动。高速公路建设管理工作的复杂性,决定了其所依据的管理规则必然是一个复杂的规则体系。一般来讲,高速公路建设管理规则可分为四个方面内容:一是有关法律、法规和规章;二是有关政策规定;三是交通行业或高速公路建设的具体技术标准与规范;四是各类管理机构自定的工作章程或作业制度等。

(5)高速公路建设管理体制的运行机制

高速公路建设管理体制的运行机制,是指高速公路建设管理体制实体要素之间交换物质、能量和信息的表现以及彼此作用的方式与规律。由于高速公路建设管理机构分层级、专业分类别的多样性,管理机构性质差异、管理人员数量与结构不同,形成了不同的管理主体,其彼此作用的方式与规律也表现为多个方面。归纳起来看,高速公路建设管理体制的运行机制主要有竞争择优、合同约束、目标激励、质量监督、协调指挥和系统反馈等六种机制。

①竞争择优主要指通过招标或其他方式选择设计、施工、监理单位,或在配备管理人员时通过综合考核方式挑选优秀管理人员从事相应的管理工作。更广泛地讲,当今高速公路建设过程中,几乎每个环节、每个方面的多种主体间,都不同程度地存在着竞争关系。因此,竞争机制是高速公路建设管理运行机制中极为重要的内容。

②合同约束机制主要是指高速公路施工管理过程中,业主与承包人、业主与监理单位之间的经济关系都要通过签订合同的方式,明确双方的权、责、利;同时在征地拆迁、建筑材料供应等方面也大量采用了合同方式来规范供求双方的责任与义务。合同约束机制对签订合同的双方来讲,作用是双向的。

③目标激励机制是指在高速公路建设管理中,通过制定工作目标,明确奖惩办法,根据各类管理主体(管理部门或人员)实际工作业绩,通过奖惩或其他激励方式,刺激管理主体的积极性,推动管理效率的提高。

④质量监督机制是指高速公路建设过程中政府主管部门、工程质量监理单位及施工企业对工程质量的检查、检测,并及时纠正质量差错的行为关系。此外,对高速公路建设管理具体工作(如项目决策论证、建设组织等)质量本身的监督,从更广泛的意义上来讲,也是高速公路建设管理监督机制作用的重要内容之一。

⑤协调指挥是指高速公路建设过程中,上一级管理主体根据管理职权幅度对其下属的多个管理主体间的管理行为进行调节,使之按照规定的管理组织方案运作,逐步实现预定的管理目标。高速公路建设管理协调机制,既表现为各职能部门间的相互支持关系,也表现为上下级机构间的权责落实、政令畅通、运转有序;既表现为管理要素间的有机结合,也表现为体制对其外部社会、经济环境的自适应功能。

⑥高速公路建设管理的系统反馈机制是基于高速公路建设管理工作的系统性而必然要求的运作机制。反馈就是把高速公路建设管理过程中,管理工作的质量、效果信息返送给管理行为主体,以增强(正反馈)或减弱(负反馈)管理行为"输入信息"效应的过程或作用方式。反馈机制的建立有赖于管理工作的信息化程度,有赖于高速公路建设管理行为主体对管理信息的反应灵敏性。

二、高速公路建设管理机构设置和类型划分

高速公路建设是一个复杂的技术经济和社会协作过程,需要一定的管理体制来保证其从立项论证、方案设计、施工生产到竣工验收和项目后评价整个活动过程的有序展开。正如本章第一节所述,管理职能的界定、管理权限的划分是体制存在和运转的前提,当然也是管理机构设置的前提。而不同的管理职能需要由对应的管理主体——高速公路管理机构来行使,因此,高速公路建设管理职能的不同分类就导致管理机构的不同设置。

1. 高速公路建设管理机构设置

(1)高速公路建设的政府管理机构

高速公路是经济、社会发展的重要基础设施,具有服务对象的公共性、服务效益的社会性,一般需要政府作为社会公共利益的代表者来进行筹划、组织建设和管理。换言之,高速公路建设管理是当代社会各国、各级政府管理公共事务的重要内容之一。就我国各级政府机构从事高速公路建设行政管理的职能来看,主要是中央和省一级政府中有关职能部门对高速公路建设进行立项审查、方案审批、建设监督、资金调配等,其机构设置的基本框架如图2-1所示。

就现阶段我国高速公路建设管理过程来看,上述机构体系中,主要管理机构是交通部门(交通运输部、交通运输厅)和计划部门(国家发改委和省发改委)。当某些高速公路建设项目涉及财政、环保、文物等相关业务时,才报请这些部门审批。如利用世界银行等国际金融组织的贷款,资金就需由财政部统一借贷和管理;高速公路建设涉及文物拆迁、保护等问题,则需得到国家环境保护部或省级文物局的批准同意;而高速公路建设前期工作中,有关环境影响评价的内容、要求及文件审批,则必须征得国家环境保护部或省级环保局的同意。

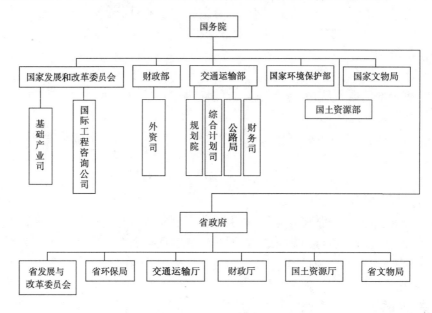

图 2-1 高速公路建设的政府管理机构

交通运输厅作为省级人民政府的交通行政主管部门,主要负责组织高速公路项目前期工作、项目设计和建设过程的具体协调及监督工作。当高速公路项目的预可行性研究、可行性研究、初步设计、施工图设计等工作完成后,省交通运输厅要及时会同省发展与改革委向交通运输部及国家发展和改革委员会上报技术文件,申请组织专家论证,尽快争取得到审批。国家发展和改革委员会一般委托其直属的中国国际工程咨询公司,交通运输部一般委托其直属的公路规划研究院,组织专家来完成相应的技术审查、论证工作。得到专家组的肯定结论,政府主管部门才下达有关批准文件。高速公路项目的建设开工,同样也要得到国家发改委或交通运输部的批准命令,方可进入具体的建设过程。而交工验收和建设项目后评价一般由省交通运输厅会同省级政府的有关部门,或组织有关单位来完成;竣工验收则要申请项目初步设计的审批部门来组织。

(2)高速公路建设项目实施中的行政领导与组织管理机构

我国高速公路建设过程中的具体组织与管理工作,是以省级地方政府为主进行的。由于高速公路建设涉及地方政府中的交通、土地管理、农业、水利、环保、电力、铁道及银行等部门,涉及公路途经地区的地、县、乡甚至村的各级利益主体,如果仅靠交通部门去完成建设与管理工作,显然无法协调;由于高速公路建设必然涉及的省级各部门或地市等政府的工作目标或利益调整,比如土地征用、拆迁安置、建筑材料开掘使用、工程建设临时用电、用地等,必须有省政府的有力协调和指挥调度,必须有地方各级政府的大力支持与配合。也就是说,高速公路建设环境保障必须要靠政府行为,甚至要在此基础上发展为一种社会行为,要举全省社会各界之力,共同支持和确保高速公路建设顺利展开。因此,现阶段我国高速公路建设中省级政府的组织与管理机构,大都是成立以省政府主管领导为首的建设指挥部或领导小组,统一领导和协调高速公路建设中的环境保障乃至具体的生产指挥及组织过程,其管理机构的基本组成模式如图 2-2 和图 2-3 所示。

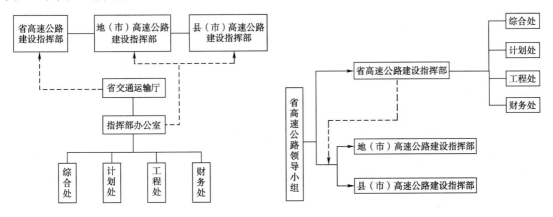

图 2-2 高速公路建设项目实施中的行政领导与组织管理机构(模式 1)

图 2-3 高速公路建设项目实施中的行政领导与组织管理机构(模式 2)

在图 2-2 中,省高速公路建设指挥部的总指挥长一般由政府领导担任,指挥部成员则由高速公路建设涉及的交通、土地、水利、农业、电力、铁道、文物、环保和省军区等单位的主要负责人组成,共同领导和协调高速公路建设中的有关征地拆迁、环境保障等工作,具体事宜一般由指挥部办公室来实施和完成。高速公路建设指挥部办公室,一般设在省交通厅或其下属的专门从事高速公路建设过程具体管理工作的高速公路建设管理局。实际上这种指挥部办公室也是代表业主——省交通运输厅负责建设管理的一线组织机构,全权负责省指挥部有关指令的落实工作,并代表业主对施工过程中的有关问题予以协调解决。指挥部办公室主任一般由省交通运输厅的主管领导兼任,其主要业务部门是具体行使高速公路建设管理某一方面职能的处(室),如计划、财务、工程技术等部门。

在这一模式中,对应于省高速公路建设指挥部,沿线地方政府一般也设立相应的地(市)、县(市)指挥部,配合高速公路建设单位搞好征地拆迁和建设环境保障。地方指挥部受省指挥部的领导,具体业务接受省指挥部办公室的指导。

在图 2-3 中,省高速公路建设领导小组一般由政府相关领导担任组长,主要成员包括高速公路建设有关的省级经济管理部门的主管厅(局)长。在领导小组下,再以省交通运输厅为主组织设立高速公路建设指挥部,行使项目业主之具体建设管理职责,其职能部门设置与图 2-2 基本一致。而高速公路沿线的地方政府一般也应与省领导小组同时成立相应的区域领导小组,具体负责辖区内与高速公路建设有关的征地拆迁和建设环境保障事宜。地方各级领导小组要接受省级领导小组的领导,接受省指挥部的业务指导,同时要全力支持当地指挥部的工作,保障高速公路建设的顺利进行。

(3)高速公路建设项目具体组织实施的管理机构

高速公路建设项目前期工作完成并经过政府主管部门审批后,要得以顺利实施,除了政府主管领导和有关部门负责人组成强有力的领导、协调机构保障建设大环境外,具体的征地拆迁工作、工程质量监理工作、施工生产过程的组织管理工作等,还需有一定的机构来承担。这些机构主要包括:代表高速公路项目业主行使建设管理职能的建设单位(如指挥部办公室、项目筹建管理处等），获得项目监理资格对工程质量、进度和工程造价及计量支付进行全面监理的监理单位，以及投标竞争取得施工资格、具体完成工程建设任务的施工单位。虽然这三种管理单位承担的工作任务性质各不相同，机构运作机制也有一定差异，但它们毕竟都是围绕同一个高速公路建设项目，为其优质、快速建设而展开具体管理工作的，因此相互之间必须密切配合、有机协同。高速公路建设单位、监理单位和施工单位组成的建设管理机构体系如图2-4所示。

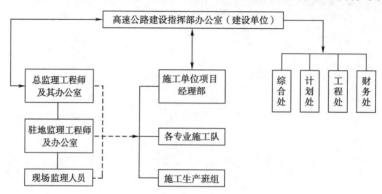

图2-4 高速公路建设项目具体组织实施的管理机构

在上述高速公路建设管理机构体系中，指挥部办公室（建设单位）的主要任务是：接受指挥部（或领导小组）及上级机关的领导，全面负责工程建设；通过招标等方式选择监理、施工单位；对监理、施工单位行使合同规定的管理权力，履行相应的义务；配合沿线各地方指挥部完成征地拆迁，保障建设环境；负责建设计划检查、工程质量监督和资金及时拨付；组织重大技术方案变更审查与论证、审批等。监理单位的主要任务是：接受委托或投标取得高速公路建设项目监理资格，依据合同赋予的权力，按照有关技术、经济规则（技术标准、操作规程、施工规范、合同单价等）对工程施工进行全过程、全方位的监理，既维护建设单位对工程质量、进度和造价的要求，也维护施工单位的合法利益（如合理索赔的认定等）。施工单位通过投标竞争获得施工资格后，主要任务就是，按合同组建项目经理部及分部工程、分项工程的具体施工管理机构，组织有关人员和机械设备，按照工程合同要求进行具体的施工生产，并接受监理单位的监理。

近些年，随着投资体制的改革和发展，有些省市成立了专门从事高速公路和高等级公路建设管理的国有独资大型企业，这些企业的性质一般都是在省交通运输厅直接领导下的国有特许经营企业。公司的主要职责是按照国家的规划从事高速公路、高等级公路及其他交通基础设施项目的融资、建设和经营管理。业务涉及全省高速公路建设资金筹集、参股、控股，按照建设资金有偿使用、经营回收、滚动发展的原则，对经国家批准的经营性高速公路进行建设和收费经营管理。公司一般作为国有资产的代表，对省各重点公路项目进行管理。其管理机构组成一般如图2-5所示。

有些省市在高速公路的建设管理中，由交通运输厅组建高速公路建设监督管理办公室负责项目监督和服务的管理模式。监管办下设各种职能部门和执行办公室，每一执行办公室管理若干标段的具体建设。以地方交通局作为项目建设法人，再由项目法人按有关规定招标选择设计、施工、监理单位和设备、材料供应商。通过适合本地区高速公路建设管理模式的探索，改变传统命令式的行政控制，转向基于规则、依靠专业人员、经过透明程序而实施的管理监督。这些管理模式的创立，对寻求有中国特色的高速公路建设管理体制都是有益的尝试。

2. 高速公路建设管理机构类型划分

（1）按投资主体、建设业主不同划分

高速公路作为区域经济与社会发展的重要基础设施,从理论上讲应当由财政支出资金,并由政府负责组织建设。但限于我国当前经济发展的实际情况,国家财政无法满足高速公路建设的庞大资金需求,因而,多种渠道筹资、多种方式建设,就成为我国高速公路发展中必然的现实选择。投资主体多元化遂成为高速公路建设的重要特点。

当前,我国多渠道筹资建设高速公路的方式,从本质上看主要可分为两类:一是以交通主管部门投入一部分资本金,通过银行或国际金融组织贷款、社会集资等其他多种融资方式,获得足额的建设资金,由政府交通主管部门作为主体组织建设;二是借鉴国际经验,以BOT方式建设和发展高速公路。按照我国公路建设程序及管理要求,无论采取哪种建设组织方式,都要首先完成高速公路的前期工作,并经过政府主管部门的审查、批准,因而就这层含义上讲,两种模式的建设管理机构是统一的。而就高速公路建设领导与施工组织的机构来看,以政府交通主管部门为主体的高速公路建设,更多地利用了省、地(市)、县(市)政府的行政力量,组织起如前所述的高速公路建设领导与指挥机构(领导小组、指挥部等),具体施工企业的组织管理机构因工程规模大小、专业技术要求不同而采用不同的形式;就BOT方式建设高速公路的管理机构形式看,更多的是按照项目法人制的形式与要求,在政府完成征地拆迁和保障建设环境的条件下,按照FIDIC条款与土木工程管理的国际惯例,组建必要的施工管理机构,其形式与前述的高速公路建设施工组织管理机构形式基本相似。

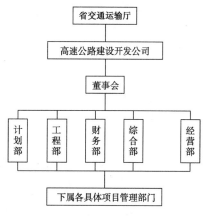

图2-5 公司制高速公路管理机构

(2)按施工管理机构组织形式不同划分

如前所述,高速公路施工企业中标承建的工程规模、施工技术要求不同,企业组建具体的建设管理机构也有所差异,主要分为以项目经理部管理的模式和以企业主要领导与管理机构为基础的管理模式。两种组织形式各有其优势,但在实践中必须切实避免其不利的因素。

(3)按管理机构设置的时效性质划分

一项高速公路工程的建设时间虽然是有限的,但从整体角度来看,高速公路的发展却是一个相当长的历史过程。因此,高速公路建设管理机构设置,从时效性上划分就有常设机构和临设机构两类。常设机构主要是指长期全面从事高速公路规划与建设管理的政府部门或施工企业的管理机构,如国家和省级政府的计划、交通、财政等有关业务管理部门,公路施工企业基本的常设管理机构等。临设机构则是指专为某一项或某一时期高速公路建设而设置的管理机构,如高速公路建设领导小组、指挥部,施工企业按项目法进行施工管理而组建的临时性项目经理部等。

(4)按承担的建设管理活动内容性质划分

高速公路建设管理,既有政府的行政管理行为和职能,也有施工企业作为建设市场经营主体的市场经济行为,因而相应的管理机构也就可以分为行政管理机构和经营管理机构。前者主要是指以政府有关高速公路建设管理机构为主体的各级管理部门(如国家交通运输部、省交通运输厅等管理部门及其内设机构),其作为社会公共事务的管理者,主要追求社会利益的实现;后者则是指施工企业的各类管理机构,其主要目标是追逐企业经济利益的最大化。

三、高速公路建设管理机构的运作及内部管理

高速公路建设管理机构是一个复杂的系统,只有各子系统运转高效、配合协调,才能实现

整个高速公路建设管理过程的科学化和高效率。

1. 高速公路建设行政管理机构运作

高速公路建设的行政管理机构,既有常设的政府有关职能部门,又有临时设立的专门负责某一时期或某一项高速公路工程建设的指挥部(办公室)。各种机构的运作方式,体现于不同职能的实现及工作任务的完成过程之中。

(1)负责高速公路建设前期工作

高速公路规划一般由政府交通主管部门负责制订;高速公路项目预可行性研究报告、工程可行性研究报告、初步设计和施工图设计,由政府交通主管部门或其他建设业主委托具备相应资质的勘察设计单位完成。交通主管部门要会同计划、土地、环保、文物等政府有关部门,对各阶段前期工作报告或技术文件进行评审,并按审批权限进行批复。

(2)负责工程建设招投标管理

高速公路建设项目的施工单位都要通过公开招标来选择。省交通运输厅是直接负责项目实施的政府主管部门,不仅要指导和管理标书的编制,还要主持评标工作。一般情况下,高速公路项目施工招标中的评标工作由建设业主单位具体组织专家委员会完成,评标结果要经省交通运输厅审核,经省级政府招标管理委员会批准。

随着我国高速公路建设事业的不断发展,与建设有关的招标范围亦逐步扩大。目前除了工程施工招标已普遍开展外,勘察设计招标、材料设备招标、工程监理招标等方式也被交通主管部门或业主单位采用,甚至有的工程项目还采取了从编制项目建议书开始到交付使用全过程的招标方式。无论采用何种招标方式、何种招标内容,政府交通主管部门或作为业主并代行部分行政职能的临时指挥机构(高速公路建设领导小组或指挥部办公室),都要对招标工作的整个过程进行组织与管理。

(3)施工过程中的建设环境保障与质量监督

高速公路建设中的征地拆迁和施工环境保障工作是政府主管部门或指挥部的主要职责之一。在建立社会主义市场经济的今天,高速公路建设涉及沿线众多的企事业单位和个人利益,如果没有政府主管部门的强有力协调、指挥与组织,要想确保高速公路的尽早开工或顺利建设,几乎是不可能的。因而作为社会主义国家的各级政府部门,在组织大型高速公路建设项目的实施过程中,也摸索出了切实有效的经验和做法。如,沪宁高速公路建设中形成的"全面发动、各方支持、统一部署、分级负责、精心实施、争创全优"的运作机制;沈大高速公路建设中开创的"政治动员、行政干预、经济补偿、各方支持"的保障措施等,无不体现出政府行为的明显特征。建设环境保障的具体工作,一般由各级政府领导参加的领导小组或指挥部(办公室)负责完成,这种带有行政职能的临时机构运作,一般是通过定期召开联席会议的形式,就重大事项达成纪要,各级指挥部机构分别组织执行。

高速公路建设中的质量监督,是政府主管部门对施工单位建设质量及监理单位工作质量的全面管理,是政府对高速公路建设过程的行政管理内容之一。这项职能一般是由政府交通主管部门设立的工程质量监督机构代为行使,由其对交通行政机关负责。高速公路建设过程中,交通行政主管部门或计划部门还要负责审查开工条件、发布开工命令等。

(4)负责高速公路竣工验收和项目后评价的管理

高速公路按设计要求完成施工过程后,能够满足通行条件,应办理交工验收并投入试运营,在质量责任期满一年后还要办理竣工验收。无论是交工验收还是竣工验收,政府交通部门作为业主单位或行政主管部门都起着重要的作用、主要负责组织设计、施工、监理及其他有关单位形成验收委员会,对工程进行验收,并向上级主管部门(交通运输部或国家发展和改革委员会)提出竣工验收报告。大中型项目的竣工验收由交通运输部会同高速公路所在省(区、市)组织进行;重要的大型高速公路项目由国家发展和改革委员会组织进行验收;少数特别重大的高速公路项目由国家发展和改革委员会报请国务院批准组织验收委员会进行验收。

高速公路建设项目后评价是单个建设项目管理程序中的最后一个环节。它是在高速公路正式通车运营2~3年后,通过对建设项目的立项决策、方案设计、工程施工等方面工作及产生差异的原因进行全面跟踪、调查、分析和评价,以总结经验教训服务于今后高速公路建设的决策、设计、施工及管理。由此可见,高速公路建设项目后评价是高速公路建设管理中承前启后的重要一环。按照交通运输部颁布的《公路建设项目后评价工作管理办法》的有关规定,大中型高速公路建设项目原则上都应作后评价。这项工作的组织管理单位一般是国家计划部门、交通行政主管部门,也可以是项目法人或建设单位。后评价报告编制完成后,要由上级计划或交通行政主管部门审查和批准。

2. 高速公路建设管理中监理机构运作

土木工程监理制度自20世纪80年代中期引入我国一些公路建设项目的管理体系后,迅速在全国得到普及,并对公路建设与发展产生了重大影响。目前,实施工程监理已成为我国高速公路建设管理的一种必要的制度。高速公路建设监理机构运作与内部管理,实质上就是监理职能的实现过程。

高速公路监理机构一般分多个层级,每个层级又根据职责与工作内容可分设多个专业部门,如合同管理、桥梁、隧道、道路(路基、路面、结构等)、测量、材料、后勤和试验中心等,并根据各种专业监理的实际需求配备相应的专业技术人员。各专业部门各司其职,有机联系,相互配合,依据合同文件,按照"严格监理、热情服务、秉公办事、一丝不苟"的原则,对高速公路建设的施工准备过程、具体施工过程,进行全方位、全过程、全天候的监理,达到对高速公路建设质量、工期和工程费用的有效控制。

高速公路建设中各级监理机构都有明确的职责,监理机构中相应的工程监理人员在施工管理中处于核心地位,拥有合同赋予的广泛的管理权力。在计划管理方面,主要是审批施工单位提交的总体施工进度计划、各种详细计划、变更计划以及年度计划等。在质量管理方面,主要是检查工程材料、设备是否合乎合同规范要求,签发各项工程的开工通知书;检验工程质量;检查施工方法;审核施工单位报送的工程交工验收申请报告。在工程计量和费用支付方面,主要是根据合同规定,现场计量、核实工程数量、价值,根据授权签发费用支付证书等。在施工合同管理方面,监理工程师有权批准合同规定范围内的工程变更,审核并签认施工索赔文件等。

高速公路工程监理人员行使自己的监理权力,履行监理机构的有关职责,也是在分层负责、分类管理的原则和界限内进行的。一般情况下,总监理工程师及其办公室对整个高速公路建设项目的各类监理全面负责,负责指导、协调各级驻地监理机构、各驻地监理工作组的工作;高级驻地监理对上向总监及其办公室负责,执行有关指令完成其交办的有关任务,对下要指导各驻地监理办公室的工作;驻地监理机构与工程师则主要是负责执行上级监理机构的具体指令,完成施工现场监理的各项任务。

3. 高速公路施工管理机构运作

施工管理是高速公路建设管理的核心内容之一。由于高速公路工程都是由一个或多个施工企业承包完成的,因而施工管理机构的内部管理与运作,实质上就是高速公路施工企业具体管理机构的职责划分、权力行使过程所构成的具体管理内容。

高速公路施工管理,从工程建设的顺序与过程来看,可分为施工准备阶段、正式施工阶段和工程移交阶段的管理;而从管理专业性质不同又可分为施工技术管理、材料管理、质量管理、成本管理、进度管理、施工安全管理等。如前所述,高速公路施工管理机构是根据中标承包的工程规模大小,具体的技术、经济要求而具体组建的,应最大限度地使企业的各种生产要素在施工现场得到最佳动态组合。高速公路施工管理机构要形成以项目经理部为核心,以各施工队伍管理组为主体的生产经营管理系统。在具体的管理过程中,要建立以责、权、效、利对等为前提的内部市场机制,通过优胜劣汰的竞争机制、奖优罚劣的激励机制、密切配合的协调机制、全面督导的监督机制和信息畅通的反馈机制,实现施工管理机构的高效运作。

(1)高速公路施工准备工作,要在组建项目经理部、配备各职能机构负责人及具体工作人员后,才能各负其责来展开。主要是根据工程项目的合同要求,在编制好施工组织设计的基础上,从施工的技术条件、物资条件、施工力量、管理的基础工作和施工现场场地条件等五个方面,落实工程施工的各项条件。在施工准备阶段,项目经理部是组织指挥的中心,各种职能部门及各施工队的管理机构是各项准备工作的组织者与承担者。比如在技术条件准备工作中,工程技术部门就要负责编制施工组织设计、施工预算等;在物资条件准备工作中,材料及设备采购部门就要组织材料的订货、加工、运输和进场,组织或指导施工机械设备的进场、安装和调试等。而在管理的基础工作准备中,综合部门则要负责制订以责任制为核心的各种规章制度,制定技术、经济定额与标准,制定计量标准与方法等管理制度。在职能部门各负其责完成相应准备工作的过程中,具体承建分部或分项工程的施工队伍,也须积极参与或配合。

(2)高速公路施工阶段的管理机构运作,是围绕工程建设来展开的。一方面是各种施工队伍及其管理机构按不同的工程建设要求,组织不同工种的施工力量,配备机械设备,使用各种材料,在相应的施工地点和工程部位,按照预定的顺序和时间,有机协调地展开施工作业。另一方面则是项目经理部(企业的施工管理层)的各职能部门,对施工进程中的全面控制,包括工程进度控制——按合理工期组织施工,保证按合同规定的工期交工;工程质量控制——将高速公路建设质量管理的单纯事后检验方式改变为检验、预防和实时控制相结合的全面质量管理方式;工程成本控制——通过合理预算、科学计量,在施工之前和施工过程当中,精打细算,节约成本,提高效益;安全控制——健全制度、采取措施,减少乃至杜绝施工中各类事故的发生。

高速公路施工管理中,技术、施工材料管理是基础,质量、成本和工程进度管理是目标,安全管理是保障。高速公路施工中的技术管理,首先要建立和完善以总工程师为首的统一领导、分级负责的技术业务管理制度。根据企业承建高速公路工程任务的大小,可以实行三级或四级技术责任制,即:工程项目设总工程师,单位工程设主任工程师(或主管工程师),分部工程设专职工程师(或技术队长),分项工程设技术员。从总工程师到技术员及现场施工操作人员,都有明确的职责。其次,要在这种组织机构基础上,对高速公路施工过程中的各种技术活动(图纸会审、技术交底、技术检验等)进行组织实施,并对有关的技术人员培训进行指导,对技术装备、技术文件资料进行管理。

高速公路施工中的材料管理,则是要以最低的成本,保质、按期、成套地供应施工生产所需的各种材料,并监督和促进材料的合理使用。施工材料管理人员主要是材料预算员、保管员、采购员、计划及统计核算人员等。高速公路建设中需要的材料品种繁多、技术性能差异较大,来源地区和渠道广泛,因而要求材料管理人员应熟悉所管理的材料的品种、规格、性能、价格、产地等市场信息,懂得材料生产、储运、检验、管理、加工和使用的基本知识,懂得材料定额制订方法,懂得有关高速公路施工的工艺和方法等,能够完成材料预算与计划编制,完成材料统计分析与成本核算;能够进行材料定额编制与分析,胜任材料管理的日常业务。

高速公路施工质量管理,是以全面的施工质量标准为目标,由施工企业全体人员参与,全面运用各种技术经济手段,对施工过程中的每个环节、每道工序进行的一系列的质量控制活动。高速公路施工企业通过对施工工程高速公路工程成本管理,是围绕工程施工过程中所发生的费用和实际成本而展开的一系列管理工作。随着我国高速公路建设实践与管理科学的发展,高速公路施工成本管理,已由传统管理中的成本核算和成本分析,发展为以工程成本预测为基础,以成本控制为重点,全体管理人员、施工人员共同参与的对高速公路工程成本形成的全过程进行的一种综合性管理。由此可见,高速公路施工成本管理涉及工程施工的全体人员,涉及整个施工过程的每个环节,其根本目标是在满足合同规定的工期和质量要求前提下,尽可能减少费用开支。高速公路施工成本管理,不仅重视施工过程中费用开支和成本形成过程的"事中控制",重视工程竣工后的成本核算与分析,更加突出的是其在工程施工之前就要对成本控制的目标和降低成本的措施,作出全面研究和部署,使成本管理达到"事前控制"、"事中控制"和"事后控制"的全面统一。

高速公路施工进度管理,是通过科学设计项目的施工组织方案,尤其是要科学合理地划分施工段面,衔接有序地安排各项生产作业,在符合工艺要求的前提下,充分利用工时和设备,合理缩短工期。目前,高速公路施工企业因中标承包工程规模、性质等条件不同,其施工组织方法也有一定差异,既有按单段多工序施工要求的顺序作业法,也有针对多段多工序工程的平行作业法和流水作业法(具体组织方式参见有关文献)。要实现施工进度管理的目的,除了高速公路施工企业生产管理人员合理编制施工组织方案外,更重要的还在于生产作业人员要严格执行有关操作规程,按时并力争提前完成各项生产作业。

(3)高速公路工程移交阶段的管理,是高速公路施工管理的最后一道程序,也是施工管理中非常重要的一个环节。它关系到施工企业的劳动成果能否被建设单位所认可,关系到施工企业的根本经济利益。高速公路工程移交阶段施工企业的管理工作是指施工任务完成后,向建设单位或交通主管部门提出交工验收申请,并配合验收单位完成交工验收、竣工验收和缺陷责任期工程质量缺陷的责任复查及修复等一系列管理工作。这些管理工作要在项目经理部领导、组织下,由职能部门(如工程技术处、计划财务处等)和具体施工队的有关管理人员共同完成。其主要内容包括:向建设单位或交通主管部门提出交工验收或竣工验收申请报告;整理全套施工技术文件(竣工图、施工及检验记录等)、各种工程的技术、经济汇总统计表等;移交工程财产报表等;参加验收小组工作,并汇报施工详细情况;配合验收小组做好工程质量抽查或全面检查,编制工程交(竣)工验收报告;与建设单位接洽办理工程移交手续;配合建设单位对质量缺陷责任期内本企业承建工程的质量问题进行复查和分析,明确责任并积极完成修复工作。因本企业施工原因造成的工程损失,还应进一步分析,明确企业内部的责任者,采取适当惩戒措施,以利于今后施工质量的改善。

第二节 高速公路运营管理体制

一、概述

高速公路运营管理的质量,首先取决于建立一套适合我国特色的高速公路运营管理体制。

高速公路运营管理体制是指为保证高速公路运营管理活动的有效实施而设置的组织形成和运作机制。主要包括五个方面的因素：管理职能的划分、管理机构的设置、管理人员的组成、管理规则的确定和运行机制的确定。

我国对高速公路运营管理体制的研究和探索是伴随着1988年10月31日竣工通车的我国第一条高速公路沪—嘉高速公路而开始的。并且形成了最早的一种管理模式："沪嘉模式"。1990年我国大陆当时最长的一条高速公路沈阳—大连高速公路建成通车，由于其管理体制充分体现了"集中、统一、高效、特管"的原则，从而形成了具有鲜明特色的"沈大模式"。此后随着我国各地高速公路的全面发展，人们对高速公路的运营管理体制的争议越来越大，为此，国务院于1992年3月颁布的《国务院办公厅关于交通部门在道路上设置检查站及高速公路管理的通知》（国办发[1992]16号）中规定："高速公路管理的组织机构形成，由省、自治区、直辖市人民政府根据当地实际情况确定，暂不作全国统一规定。"将高速公路运营管理体制的探索列为省级人民政府的改革探索，以期通过对各种管理体制的改革实践，找出适合我国实际、最能发挥高速公路最佳使用效果的高速公路运营管理体制。

据此精神，许多地区在高速公路的运营管理方面进行了改革实践。出现了许多高速公路运营管理体制的模式以及相应的组织管理机构。

1. 我国高速公路运营管理的体制与现状

我国高速公路管理模式繁多，几乎是一省一个模式，一路一个模式。有一家管理的，也有按项目多家管理的；有以行政区域分段管理的，也有由公司跨地区集中管理的。近年来，随着社会主义市场经济体制的建立和完善，在高速公路运营管理体制方面也在逐步规范。全国主要管理模式有以下几种：

（1）由国资委依法行使国有资产出资人权利，委托省交通运输厅进行实际管理，承担本省高速公路项目建设和运营管理的大型国有企业。

这种模式是我国高速公路建设与运营的主要模式，又可分为：

①由省人民政府批准，经工商局注册登记正式成立集团公司，作为省政府对全省高速公路建设的投资主体，同时受省交通运输厅委托行使高速公路行业管理职能。

②经省人民政府批准，由相关单位或企业依照《中华人民共和国公司法》等法律、法规，按照市场经济和建立现代企业制度的设立的股份有限公司，并成功上市，作为公路建设融资窗口、资本运作载体以及优良公路资产的经营管理者。

（2）成立由省交通运输厅管理的省高速公路管理局，主要负责省属高速公路的建设，承担项目法人和投资主体职责；负责省属高速公路的投融资工作，负责省属高速公路的养护、通行费征收、服务设施管理，受交通运输厅委托负责省属高速公路的路政管理，保护路产路权。

这种模式由于与国家发展和改革委员会《关于实行建设项目法人负责制的暂行规定》要求"基本建设大中型项目在建设阶段须组建项目法人"的原则有冲突，目前已逐步向第一种模式转变。

（3）采用BOT（Build-Operate-Transfer，意指"建设—运营—移交"）模式。BOT模式是政府部门通过特许权协议，在规定时间内，将项目授予外商为特许权项目成立的项目公司，由项目公司负责该项目的计划、设计、投融资和建设，并经所在国政府特许，在一定时期内运营该项目。特许期满，项目公司将特许权项目无偿移交给当地政府部门。这种模式由于相关政策及合同条款的不完善，在我国高速公路建设与管理中不占主导地位，但也在发展与探索中。

我国大陆自20世纪80年代末期开始修建高速公路，至今只有30余年时间，因此，如何管理好高速公路,需要有一个经验积累的过程。各省、市人民政府根据各自的实际情况,对高速公路运营管理的组织形式曾进行了不同的探索,形成了多种模式并存的局面,而各种模式间也有很多交叉和相容的部分。为了叙述方便,这里仅列举几种主要的类型。

(1)按管理权限划分

高速公路按管理权限划分,一般可分为集中管理型和专线管理型两大类。

①集中管理型:成立省级专门机构实行统一管理,这是目前比较认同的做法。将管理重心放在资金、技术、实力比较强的省一级,有利于加强高速公路的统筹管理和领导,有利于充分发挥高速公路的投资效益和运营效益。如陕西、辽宁等省在交通运输厅领导下,成立了专门从事高速公路经营管理的机构,初步形成了高速公路的集中统一管理。

这种体制形成了事实上的"一省两局",在现有管理体制下,两局间的协调较为困难。

②专线管理型:按高速公路的不同路段分别成立专门的管理机构,就是通常所说的"一路一公司"或"一路一局",如北京、上海、天津、河北等省市采用了这种体制。这种体制在目前状态下管理比较顺畅,也较符合传统。它能够较好地适应多种资本运营方式的管理,例如采用BOT方式、股份制、转让经营权等的运营管理。

这种方式的缺点是不利于统一行业标准及行业规范,不利于公路行业的统一调控。

(2)按机构性质划分

高速公路按机构性质划分,可分为事业管理型、企业管理型和事业单位企业化管理型。

①事业管理型:采用自收自支形式,实行收支两条线管理,通行费收入全额上交上级主管部门,运营管理经费根据年度计划由上级主管部门审批划拨。这种体制具有较强的计划性和行政管理性,较易于体现高速公路运营管理的政府职能,但行政干预范围较大,独立行使自主权限较小。特别是当前,面对高速公路经营管理逐步走向市场的新形势,这种方式已不再适应今后发展的方向。

②企业经营型:完全采用企业公司运作方法,在经济上实行独立核算、自负盈亏。虽受上级部门或董事会、管委会领导,但本身是较完善的经济实体。这种体制在人事、财务、经营等各方面有较强的独立自主权,较易于通过自主经营实现自我发展。如广东、四川等省的高速公路股份有限公司等。但由于公司的性质,无法行使行政权力和体现政府管理职能,路政、交通安全等,管理需要委托受权或派驻。

③事业单位企业化管理型:在机构设置及经费使用上基本沿用事业管理型模式,在财务核算上借助了公司核算方法的某些优势,并根据核算方式的侧重不同,形成准事业型或准企业型的管理。这种体制综合了上述两种体制的优点,便于行使政府职能,利于搞活经营管理。在一定的时期内,对高速公路运营管理起到了积极作用。但这种体制在用人、权责、管理机制等方面无法真正按照现代企业制度独立运作,易造成大量冗员、资金浪费等现象。

(3)按管理内容划分

高速公路的发展主要包括建设与管理两个方面。就体制的管理范围而言,高速公路的运营管理分为建管一体型和专门管理型。

①建管一体型:从筹资贷款、设计施工直至收费还贷、养护维修、经营管理,均进行全权负责。这种体制具有较好的统筹兼顾性,有利于降低工程造价及运营成本,提高施工质量及服务水平,增强高速公路经济管理者的负责经营意识,充分发挥高速公路应有的社会效益和经济效益。这种体制一般兼容于集中管理型或企业经营型体制,可形成极富活力的运营管理模式。

②专门管理型:在高速公路建成后,设专门公司(局)负责运营管理工作。这种体制有利

于高速公路技术密集的专业化管理,较利于集中精力研究各项管理业务,提高管理水平。但此种体制在建设转入管理后需要一个较长的调整适应期,且管理的好坏在一定程度上依赖于建设施工质量,管理的衔接性、主动性相对较差。转让经营权的高速公路一般也属于这种管理类型。

高速公路的运营管理体制还可按内部机构设置等划分不同的类型,这里不再一一赘述。

2. 现行运营管理体制存在的问题

随着我国改革开放的不断深入和社会主义市场经济的逐步建立,现有高速公路运营管理体制中的一些问题也显现出来,特别是管理体制混乱、机构设置交叉重叠、职能不清、执法力度不够等问题相当突出。在面对市场的情况下,原事业型管理模式的不适应问题也很突出。但仅就体制而言,目前存在的主要问题如下。

(1) 一路多制

高速公路作为交通运输的基础设施,其运营管理应当是一个完整的系统工程,特别是对系统内人、事、路(环境)的管理,不能人为地分割开来。而目前存在的交通与公安政出多门、执法不一、相互掣肘的现象已严重影响了高速公路的管理及其在社会中的形象。近年来,随着高速公路运营管理公司化进程的加快,以政府职能形式派驻的路政队伍与高速公路管理公司间的工作协调问题,也有待在实践中完善。

(2) 诸侯割据

由于不少高速公路的投资主体不同或采用分段修建方式,因而在一个省、一个地区的同一路段中,往往存在多个互不隶属的管理单位或实体。这些单位或实体按照各自的利益行使管理权、设置主线收费站,缺少相互间的协调和统一,影响了高速公路的畅通,给用户带来了很多不便。

(3) 政企不分

目前,我国高速公路大多是在计划经济向市场经济转轨的过程中建立的,是由政府投资逐渐向政府与企业、内资与外资多元化投资主体转变的过程中运作的。因此,即便是一些已经注册的高速公路经营公司,也都或多或少地带有原事业单位的背景,这种情况束缚了高速公路以自主的法人身份进入市场竞争,影响了运营效益的提高。

除此之外,我国在高速公路管理上还有以下特点。

① 管理机构数量多。全国约有高速公路管理机构 240 余个。南方某省共有 20 个路段管理公司,分属于 5 大公司和 1 个地方交通局。同江至三亚的国道主干线已建成的高速公路里程约为 3 063km,共有 40 余个路段管理公司(处),其中管辖里程最长的约为 250km,最短的不到 9km。

② 管理规模过小。在全国 240 余个高速公路管理机构中,管辖里程超过 100km 的仅 56 个;管理里程超过 300km 的仅 16 个,超过 500km 的仅 4 家单位。如北方某市共有 8 个路段管理公司,管理里程最长的 60.6km,最短的仅 12.5km。

③ 路政管理模式复杂。归纳起来有以下多种模式:由省公路局负责业务管理的模式;由高速公路管理局负责的模式;由交通厅直接派驻的模式;由高速公路企业负责的模式;实行属地管理,由当地交通局或公路分局负责管理的模式;实行综合执法,与交通安全、稽查合并的模式。

④ 路网分割。公路运输的特点决定了公路网的不可分割性,而在目前的高速公路中出现了多个利益主体各据一方,分散管理,独立行事的局面。这种局面一方面严重影响了路网的统

一性,使公路所特有的社会经济效益得不到充分发挥;另一方面极大地增加了管理成本。比如一些地方同一路线上多个合资公司并存、互相独立、分段收费,造成主线设站过密,影响畅通。又如一些跨省区高速公路沿线的管理单位间缺乏协调和沟通,遇有突发事件封闭高速公路时,与相邻省市互不通气,造成大量车辆滞留主线,社会反响恶劣等。

总之,从筹措资金的角度看,尽管高速公路的企业化经营有利于调动各方面建设公路的积极性,增加公路建设的资金来源,减轻政府的负担。但由于在高速公路的建设、运营过程中与政府、社会各界有着密切的关系,在经营过程中的政策扶持力度、利益分配关系以及政策与法规的完备性和稳定性都直接影响着企业利益,从而增加了许多矛盾及其协调的难度。事业性管理能够有效地解决企业化经营中遇到的这些问题,但提高管理效力则成为事业性单位需要向企业学习的功课。

3. 运营管理体制发展的趋势

高速公路建设是一项投入资金大、建设周期长的工程项目。为了加快其发展,以适应国家经济建设的需要,近年来完全依靠国家财政拨款建设高速公路已不再可能。随之而来的是大量吸引外资参与高速公路的建设与管理。其主要方式如下。

(1)经营权转让

在高速公路建成之后,业主通过转让经营权收回先期建设投资,加快了资金周转率。购买经营权方则通过收取通行费及其他费用方式在转让期内收回投资,获取利润。

(2)BOT方式

这是一种比较流行的成功的融资方式,是建设—经营—转让三个词的英文简称。它由投资方进行高速公路建设,经营若干年后再无偿转让给当地政府。

(3)股份制改造

这是目前乃至今后高速公路建设的一种主要融资方式。这种方式通过对高速公路资产存量的重组和股份化改造,将高速公路股票在境内外直接上市融资,筹集大量资金。

上述种种资本的运作方式,无疑会对高速公路今后的运营管理机制产生重大影响,也就是说多元化的投资主体,必定带来多元化的管理机制与其相适应。但无论哪种形式,今后我国高速公路的运营管理将必定进入一个企业化的发展时期,这是总的趋势。因此,对我国高速公路运营管理体制的研究应当充分考虑这个前提。

二、建立有中国特色的高速公路运营管理体制架构

随着我国经济的快速发展,高速公路的建设已被列为国家经济发展的战略重点之一。随着社会主义市场经济的建立,政府管理经济的职能转向制定和执行宏观调控政策,搞好基础设施建设、创造良好的经济发展环境。这一重要的政府职能转变,已明确预示了高速公路的运营管理必将从计划经济的体制中解脱出来,走市场体制的道路。

1. 基本思路

建立有中国特色的高速公路运营管理体制架构,必须从我国的实际出发,充分考虑我国经济体制改革和政治体制改革的总体框架和要求,实行党政分开、政企分开,走企业化管理的道路。高速公路的经营管理体制应当推行公司(集团)制,在国家给予优惠政策的前提下,实现高速公路的特许经营。其具体架构是:一个省(直辖市)组建一个高速公路总公司(集团),负责全省(直辖市)高速公路的建设和经营;每一条高速公路组建一个子公司,负责该路的经营管理(见图2-6)。总体架构的实现,分为四个部分。

(1)针对每一个高速公路的建设项目,应按《中华人民共和国公司法》的要求组建经营性高速公路公司,也就是所谓的子公司,实行严格的项目法人责任制,让独立的法人对高速公路项目的策划、筹资、建设、经营管理、偿还贷款、保值增值的全过程,全权负责。

(2)成立省级高速公路总公司,受政府委托,对省内各高速公路子公司实施管理。在条件成熟时,要组建集团化公司,走高速公路集团化之路。

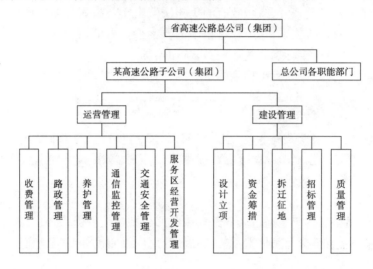

图2-6 高速公路运营管理体制构架图

(3)理顺现行的高速公路管理体制,规范名称和管理权限,各地高速公路的行政主管部门对高速公路的运营应实行行业管理,重点进行行业法规、行业标准、行业规划、收费标准与系统协调等宏观调控工作。对于高速公路公司的经营活动,只能以国有资产代表者的身份参与经营管理,不应进行过多的行政干预。

(4)各级政府采用执法委派或派驻方式,对高速公路的路政管理和交通安全管理进行统一管理,杜绝长期以来高速公路管理中存在的政出多门、一路多制的现象。

2. 架构的优越性

上述高速公路运营管理架构比较适合我国目前高速公路的发展趋势,并具有较多的优越性。

(1)比较好地处理了政府与企业间的关系,基本上达到了政企分离的目的。由于较好地摆正了政府与企业各自的位置,可以使高速公路公司按照现代企业制度的管理模式放开手脚,大胆经营。对提高高速公路的经营素质和效益水平会起到积极的促进作用。

(2)实现了高速公路建设、养护、经营、管理的"一体化"要求,有利于高速公路设计、施工、管理等各个环节的衔接,有利于降低成本,提高建设质量,减少人员,实现管理层的精干、高效。

(3)贯彻了"统一收费,统一经营,分路筹资,分路建设,分路核算,分路还贷"的原则,提高了各子公司的责任意识和经营意识,增强了企业内部的竞争和活力,能较好地保证高速公路直接效益和间接效益的发挥。

但是,应当看到,在目前高速公路的建设与管理中,政府的行为和行政干预尚不能完全排除。这是因为在目前的条件下多数省份的经济实力不足,单靠企业融资确有一定难度,加之特许经营的有关法规、政策尚不能完全配套,单纯依靠公司体制去发展高速公路的条件还很不成熟。因此在实践中还要依据具体情况进行具体的分析,确定相应的对策,逐步实施。

此外,由于我国高速公路的建设目前主要由省级政府负责组织实施,因此在高速公路运营管理体制上各地会按照自己的具体情况进行组织与安排。鉴于这种情况,我国高速公路的运营管理体制在今后较长时期内仍会保持多元化形式。

三、机构设置原则及注意的问题

在高速公路运营管理体制确定的前提下,建立合理的高速公路管理机构,对于完善管理职能,提高管理效益有着不可低估的作用。

1. 机构设置的主要原则

高速公路运营管理机构的设置,应当把握以下几个主要原则。

(1) 统一领导的原则

高速公路管理实行统一领导,是高速公路运行整体性、系统性和各项管理活动之间联系的不可分割性决定的,是科学的管理体制对同一行政管理活动的管理主体唯一的、确定性的要求;同时也是我国公路交通实践多年行之有效的管理经验,是国外公路管理的共同做法。如前所述,高速公路管理涉及多个层次、多个地区、多个专业和部门,要使各个方面在统一的目标下各司其职,各负其责,协调、有序地运转,必须实行统一的领导。高速公路管理的各项活动,其管理主体都是行政管理部门或授权、委托的专业管理机构;管理的客体是公路和使用、利用公路的人和车;管理的空间都是在同一场所——高速公路上进行;管理的共同目标是为了确保交通运输安全畅通和社会经济效益的实现,因而具有实行统一领导的必要性和条件。

高速公路的统一领导,既不是同一管理活动由多个管理主体分工领导,也不是传统计划经济体制下由部门高度集中的领导,而是由交通行政主管部门实施的行业管理职能的统一,管理法律、法规、规章的统一,管理经济、技术标准的统一,以及运行总体目标的统一。实现统一领导的要求,在机构设置和职能配置上,应相对集中而不宜分散。

(2) 分级管理的原则

高速公路实行统一领导前提下的分级管理,是由我国经济体制和高速公路的特性所决定的。我国地域辽阔,高速公路分布面广,建设、管理任务繁重,不可能由中央或省、市、区统包大揽。高速公路按其在公路网中的地位可分为国道和省道,其功能不同,分布地域不同,服务范围亦有不同。不同地区的高速公路应以不同地区为主管理。再从高速公路国有资产构成分析,我国高速公路投资来源多渠道、多形式,一条国道干线或省道高速公路,既有中央政府投资形成的资产,也有地方政府投资形成的资产,同时还有国内外经济组织投资形成的所有权属国家而收费经营权属经济组织的资产;从高速公路资产形成过程看,主要是地方政府组织建设,建成后为地方或区域性服务,管理过程中许多工作还要地方支持配合。此外,高速公路管理中还有行政管理和资产经营两大类,各类还有不同的层级,具有相应的管理范围和权责。这些特点决定了高速公路的管理应依据管理幅度原则,实行统一领导下的分级管理,以充分发挥中央、地方和高速公路经营企业等多方面的积极性。

(3) 分工合作的原则

分工是社会化大生产的基本形式,也是高速公路管理的客观要求。在高速公路管理的大系统之中,各个管理层级——中央、地方和管理基本单元;多个管理环节——计划、组织、控制、反馈;各个管理子系统——路政、交通安全、收费、养护、服务、通信监控等,都有相应的机构按职能分工运作。要使这种分工运行适应高速公路管理系统化、高效率和服务优质的要求,必须建立不同层级、部门、环节之间紧密合作的关系,做到相互适应、相互协调和相互融洽,发挥综合优势和整体效益。

(4)精简高效的原则

管理机构设置和职能配置的合理程度将直接影响体制运作成本和效率。高速公路设施现代化、管理高技术、运行高速度,尤其需要建立精简高效的管理体制。同时,高速公路作为可经营的"准公共产品",其经济效益和社会效益的实现,也需要一个精简高效的管理体制来保证。为此,在高速公路管理机构设置上,应在统一领导、分级管理、分工合作的基础上,尽可能利用现有管理资源,由一个部门管理能管好的事,不由两个部门管理。

2. 机构设置应当注意的问题

在设置高速公路运营管理机构时,应特别注意如下问题。

(1)要注意机构的兼容性

高速公路运营管理的业务涉及面较宽,各业务间有着必然的承接关系或交叉联系,很难完全分割开来。因此,在确定机构时,要充分考虑各业务间的兼容性,尽量缩小管理层面,扩大操作层面,实现机构的精干高效。

(2)要注意机构的扩展性

我国高速公路的建设由于资金等因素,一般采用分期修建高速公路的方式。当某段高速公路投入运营需设置管理机构时,必须研究发展规划,使机构设置能够适应今后的发展需求,并有较强的扩展功能,以便于将来连续管理或与路网管理衔接。这一点在路程较短、交通量发展较快的高速公路上尤其显得重要。

(3)要注意机构的超前性

高速公路一般具有较完善的技术装备和较先进的科技管理手段,管理机构设置时不仅应当适应这种状况,而且还须具有超前意识。这是因为在科技发展日新月异的今天,高速公路建设领域所拥有的先进科学技术将为其更快的发展提供强大的后劲。特别是随着计算机的普及以及现代化办公系统的应用,会加速管理观念的更新,缩减机构编制,设置机构时应当考虑到这些方面。

(4)要注意管理的社会性

高速公路运营管理具有较强的社会性,特别是在提供服务方面,与社会有着广泛的接触。但在机构设置中,要注意简化这方面机构的设置,将那些能够由社会承担的业务逐步推向社会,以减少不必要的管理层次。这些业务通常包括救护、维修和服务区的某些业务等。

四、运营管理机构设置

根据《中华人民共和国公路法》和高速公路运营管理机构设置的主要原则,高速公路管理宜采用"直线职能制式",按照不同的管理层次,分别建立相应的管理机构。

1. 管理机构设置

(1)分级管理机构

高速公路的运营管理无论采用行政事业型还是公司企业型,一般采用三级管理形式。

①各省(市)、自治区高速公路主管局(总公司)为第一级,负责对高速公路规划建设、资金使用、规范标准等实行宏观管理,下设与管理内容有关的职能处室(部),主持各项工作。

②各地区高速公路管理处(子公司)为第二级,具体负责高速公路的各项运营管理工作。目前,由于我国高速公路在各省(市)、自治区还不普及,这一级管理机构一般针对某条具体路

段设置。管理处除设有职能管理部门外,还有具体实施操作的管理单位。

③路段所辖各管理所为第三级,这一级管理是最基层的管理单元,一般有收费站、监控站、通信站、养护工程队、服务区等。

上述三级管理目前通常采用二级核算方式,即实行局、所两级的核算。管理所除服务区工程队外,一般不再建立核算机制,但也有进行三级核算管理的。管理机构设置见图2-7。

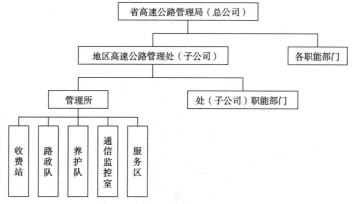

图2-7 高速公路分级管理机构构架图

(2)职能管理机构

职能管理系统是各级管理机关的总称,负责将有关管理决策通过一定的系统进行落实。

高速公路职能管理系统的建立,应坚持"精简高效"的原则,各部门的设置应依据实际情况不搞上下对口,同时在业务上注意体现一定的综合功能,以便适应高速公路技术密集型管理的特点。有条件时,可打破旧有的模式,按党政管理系列、业务管理系列、行政管理系列建立数个综合部(室),相对集中较多的人员,实行集体综合办公。这样,一般相关的业务,如养护与机械物资以及计划与财务、收费之间的协调等可在部(室)内自行协调解决。这种设置不但可以提高办事效率,还可以加强不同业务间的公务监督,提高人员的综合办公能力。

精简高效的办公系统还依赖人员的精干与高素质、文化层次和年龄梯度,同时在人数上进行严格控制。控制的方式可以按工作频率指数确定每人岗位数量,实行"一人多职,一专多能"。

(3)操作管理机构

高速公路操作管理机构一般有两种类型。

①建立综合管理所,即按区段管辖长度(大约每50km)设置管理所,由管理所全权负责管辖路段内的养护、收费、路政、监控、服务经营等各项业务,路段内的收费站亦由管理所管理。这种设置有利于区段内的管理协调,特别适合路程较长的高速公路,管理所的机构设置见图2-8。

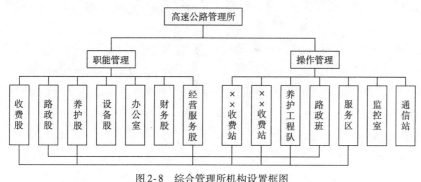

图2-8 综合管理所机构设置框图

②建立专业管理所，即按不同的业务内容设置专业管理所，由各专业管理所分别负责养护、路政、收费、监控的服务经营等业务。专业管理所下可视情况设置或不再设置管理班（组）。这种设置有利于加强专项业务管理，特别适用于路程较短的高速公路，其机构设置见图2-9。

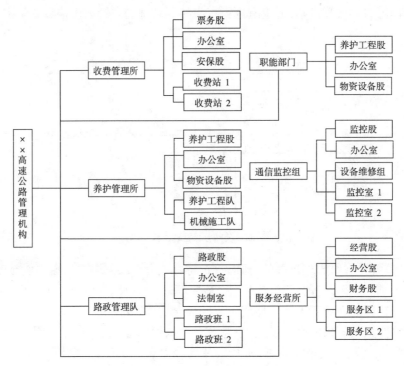

图2-9 专业管理所机构设置框图

但无论上述管理系统如何组织，在系统中，各元素间都存在着互相制约、互相联系，其中某项元素发生变化将导致其他元素的变化，因此，只有将其融为一体，才能充分发挥高速公路的功能服务。

2. 内部管理机制

高速公路的运营管理不仅取决于内部管理系统的设置，还决定其采取的管理方法及管理机制，这方面应当注意以下几点。

(1) 改革用工制度

在保证人员高素质的前提下，尽可能压缩在编人员，扩大合同工、临时工的使用范围。可采用就近招聘的办法，考核录用那些身体健康、文化程度较高、纪律性较强的人员充实到各个岗位上去。

使用雇佣人员有很多好处，其中较明显的是约束性强，便于管理；经费耗用较少，减少单位负担；机动性较大，可随时增减人员；竞争性较强，利于择优录用。其缺点是工资基金管理难度大，培训任务较重。但总的说来利大于弊，这是目前我国各省市普遍采用的一种管理机制，是较成功的经验。

高速公路管理除需要一般的熟练工人以外，尚需要具有专业特长的技术人员，单纯依靠内部调整或大学生分配已难于满足需求。这部分人员的补充可通过人才市场招聘解决，纳入临时雇佣人员之中统一管理。但对这部分人可制定特殊政策，给予较高的待遇。高速公路用工应当保证一定的流动比例,从而保持管理上的竞争和活力,做到骨干力量相对稳定,一般人员相对流动,流动比例通常不超过30%。

(2)落实经济承包责任制

对于养护工程或其他业务,可采用经济承包的办法落实责任。承包可在内部与外部同时进行,承包的内容可以是包任务、包质量、包安全、包成本(或经济指标)、包完成时间等。

落实经济承包责任制,一方面可以缩减养护施工、服务经营等专业队伍,达到机构的精简高效;另一方面也可以通过竞争调动各方面的积极性,创造更高的经济效益。

改革开放以来,落实经济承包责任制方面各省市已积累了很多有益的经验,实践证明这是推进高速公路运营管理的一项有力的措施。

(3)采用内部招投标管理

这是较经济承包更具活力的一种管理方式,适用于大多数高速公路经营性管理内容。特别是在所有权与经营权分离的前提下,高速公路经营管理可以更好地开放内部市场、引入竞争机制、择优选用承包人。适宜采用招投标管理的项目包括:高速公路养护工程、单项工程、服务区各种经营、物资采购、职工副业基地管理等。

(4)实行责任目标管理

责任目标管理的对象主要是各级职能部门。各部门要根据高速公路运营管理的总体规划和年度工作,制订各自的工作计划和工作目标,并以此作为考核的依据。责任目标的制订要包括工作内容、工作标准、完成时间、成果验收等量化考核指标,并依此进行阶段和全年工作考评,并实行重奖重罚。

责任目标管理对于促进各职能部门的工作,检查工作成果有一定的推动作用。它开始改变了原机关工作不同业务间无法对等考评的难题,使机关工作有了量化指标。实行责任目标管理的关键是目标的制定要反复推敲、严格审核;奖罚评定标准要切实可行,严格兑现。

五、职能管理

高速公路运营管理部门除了努力做好外部的各项管理工作外,还应做好如技术、计划、财务、物资、材料以及设备、设施管理等内部的各项管理工作。内、外部管理工作是互相配合、彼此渗透、相辅相成的,做好内部管理工作,使高速公路管理机构能够顺利协调运转,可以推动外部工作持久有序地进行;而外部管理工作的各种要求,又促使内部管理工作深入研讨并加以解决,在运行中提高管理水平,形成良性循环。

1. 技术管理

高速公路的技术管理工作涉及工程、养护、路政、通信及监控等项目的管理,这些工作都应该严格遵守国家的各项方针、政策和有关技术规范及质量标准,使工作有法可依。在具体工作中应采取下面一些方法进行管理。

(1)明确技术岗位责任制

明确岗位责任制,可使管理工作纳入科学管理的轨道,可以充分调动技术人员的工作积极性,增强他们的责任感,做到各司其职,使管理工作达到井井有条。

(2)建立综合技术档案

建立完整技术档案,使数据确凿真实,工作有案可查。这些技术档案应包括:路段施工、竣工图纸;机具、仪器产品说明及细部安装图样;试验、科研项目的报告及验收鉴定书;有关技术法令、技术法规、技术制度及相关文件。对这些档案均应做到完整无缺,并建立一套收发、保管、查询、借阅制度。有条件时,可以利用微机对技术档案库进行管理,以方便使用。

(3)认真把好技术关

路政、养护、通信监控单位,要随时了解公路工程、通信线路、机具、监控设施情况,按规定制度养护、维修,并对操作人员给予技术指导,使各项设备正常运转。要建立各工种技术操作规程和标准,对于大、中修工程,应按计划安排,做好设计,编好预算,安排好招标和工程监理,按合同进行管理,并参与中间检查及竣工验收工作。

(4)掌握信息动态

高速公路方面的路况信息和技术动态,均在不断发展,不断更新。我们应随时收集国内外有关信息进行研究分析,结合实际和需要加以利用。尤其是对某项技术项目进行改造或更新时,更要通过信息进行对比优选后,作出决策。

(5)积极开展技术革新

高速公路管理要特别注意运用新设备、新机具、新工艺、新材料,开展技术革新,求得效益。应鼓励大家进行技术开发工作,以技术革新来促进工作、提高效率、增进效益。同时还应有目的、有计划地组织员工对学术问题进行研讨,并加强技术培训和业务进修,全方位提高人员技术水平。

在技术开发上既要大胆创新,又不能脱离实际,要量力而行,应用现有技术设备和力量,解决有关的技术难题,也可视需要与有关大专院校、科研部门进行技术合作,共同攻关,以较快的时间取得较好的成果。

在技术开发方面还要注意公路数据库的开发,因为,它既可以提供路面养护、桥梁、隧道使用与维修的决策信息,又可以提供公路建设、投资效益、路网的扩建与改建、公路运输决策等信息,使高速公路管理工作具有科学的依据。

(6)发扬协作配合的新风尚

技术质量管理工作不仅是高速公路内部管理工作的一部分,也是整体管理工作不可缺少的,只有相互协作、相互配合,才能达到预期目标。如对交通故障的排除、交通事故的处理,不仅需要路政、交通安全人员的协调,还需要医疗、急救、抢救队伍的配合。又如材料、仪具、机械的选用、购置、分配等工作,需要物资、材料、设备、设施部门的配合;工程拨款决策、计划安排与调整,需要财务、计划部门的合作。

2. 计划和财务管理

1)计划管理

高速公路的计划管理工作,是以整个管理系统为对象,使高速公路的运营、养护及其他管理工作都为实现预定目标而协调运转。

在市场经济活动中,实行计划管理是客观经济规律的要求,它为经济责任制提供可靠依据,也是提高经营效益的必要手段。

在计划管理工作中要抓住三个中心环节:计划的编制、计划的实施、计划的控制与检查分析。

在计划执行中应掌握一些基本原则,首先要贯彻执行国家有关高速公路方面的方针、政策、法令、规定,结合管辖范围,统筹兼顾,综合平衡,留有余地。同时,要坚持社会主义经营方向,注意充分利用各种资源和人力、财力,并进行合理开发,发挥高速公路的功能,在优先考虑国家利益前提下,兼顾国家、集体、职工个人利益,实现高速公路经营的良性循环,为发展高速公路积累更多资金。此外在执行计划中还应注意维护计划的严肃性。在具体工作中还应做好以下几件事。

(1)对计划要进行分类管理

在投资方面要有长期、中期、短期计划,这里包括设施建设、技术改造、发展预测、人才培训开发、交通运营等在内,在收入计划方面主要是车辆通行费和其他项目的收入;在支出计划方面主要是还贷实施计划及经营管理费用计划、材料供应、设备购置等计划;专项大、中修计划;经常性维修计划。这些计划要分项制订,分别落实。

(2)重视计划的基础工作

为编制和执行好计划,并为领导的决策和计划调整提供可靠数据,要经常注意统计工作。

第一,要制订统计报表。每日、每月、每年各项原始报表要及时填报,还要统一统计指标口径及计算方法,并实施归口管理和进行汇编分析。

第二,要建立和健全各项定额。定额是计划的基础,也是编制、检查、执行计划的依据。平时要加强定额的管理工作,正确使用已有定额和及时补充、修订定额。

(3)注意收集经济情报,做好预测工作

收集关于高速公路经济信息资料,掌握国内外公路经济动态,为运营决策者提供依据,为计划的准确性提供可靠的数据。

2)财务管理

加强高速公路财务管理对于经济核算,促进增收节支,提高经济效益,推动高速公路企业管理,均具有十分重要的意义。

财务管理的目的是根据资金运动的规律性,正确组织财务收支,处理好有关财务关系,为发展生产、取得良好经济效益和提供信息服务。财务管理也与其他管理工作一样,应贯彻国家政策法令,认真执行各项财务制度,严肃财经纪律,维护国家财产,并推行各级财务工作人员岗位责任制。

对于如何做好财务工作需要注意以下几点。

①编制执行财务计划要认真,做到拨款、使用、分配按计划进行,财务管理部门须严加控制,并注意开源节流。

②对各项生产经营活动的收支情况,实行财务监督和检查,对经济合同和协议财务人员要参与审查,并及时纠正违纪事件,把好财经纪律关。

③经常对有关经济活动进行观察与分析,及时提供财经信息,做好领导的参谋;对基层给予业务帮助,有计划地做好财经人员培训工作,以提高其政治素质和业务素质。

④制定本系统的各种财务规章制度和办法,按规定完成各项报表和账目,健全会计档案,并妥善保管有关凭证资料。

⑤会同有关部门核定单位固定资产和流动资金,并对此加强管理。

⑥结合上级有关规定,制定各项奖惩办法并检查监督实施,同时定期进行财务审计。

3)物资材料的管理

所谓物资材料的管理是指对道路养护、维修和管理所需各种物资材料的计划、采购、供应、保管、发放全过程的管理。

在物资材料管理方面,应做到以下几点。

①遵守国家政策法令,严格各种物资材料管理制度,建立正常工作秩序,防止损坏和偷盗。

②为保证运营管理工作的顺利运转,应做好物资材料的计划、采购、保管、发放工作,并按要求的规格和日期,保质保量地提供生产需要的物资材料。

③要配合高速公路其他技术管理部门,在保证道路质量标准的前提下,为采用新材料、新工艺、新机具、新设备,提供服务,促进科技进步。

④为降低物资消耗,减少物质损耗,要制定物资耗用定额及储备定额,并进行督促检查,以降低物耗。注意不要过多存储,以最大限度地节约资金。

⑤搞好仓储管理。仓储管理包括物资验收入库、储放保管、废旧物资回收及物资储备等项工作。验收入库时要把好质量、数量关。储放保管既要分区、分类、标码堆放,做到账物相符,又要使物资安全,注意防潮、防锈、防火、防盗、防腐、防尘。在发放物资材料时,应实行限额发料,防止浪费。同时,还应定时清仓核资,检查有无超储积压,有无损坏变质,有无压库破坏现象,做到及时堵漏、挖潜、修复。此外还应通过信息反馈,及时掌握物资材料储存情况,提出缺货或超储物品类别,向领导和有关部门提供可靠信息。

⑥提高物资周转率和以较低的费用供应物资,少占用流动资金;并注意降低物资供应价格,提高物资周转率,以达到节约资金效果。在保证产品质量的前提下,通过优选货源,采用产地近、交通运输方便的渠道供应物资。

4) 设备设施管理

高速公路设备、设施比一般公路种类多,而且技术先进,结构复杂,因此必须加强对它们的管理,以达到使用寿命长、费用经济、效能最高的目的,通过不断提高机械化水平,求得良好的效益。

设备、设施管理主要是正确选型,合理操作,及时维修,按计划检修,适时改造和更新等。

在设备、设施管理工作中应注意以下六个方面。

①正确选择选购设备。在选型时要注意产品可靠性、稳定性、耐久性,尤其野外使用的设备要经得起恶劣气候的考验,如南方的高温、潮湿、台风、暴雨等袭击,北方的严寒、干燥、大风、沙雪、冰冻等侵扰。

此外在设备、设施选型时,也要注意产品使用的经济合理。对同一种规格产品,要向不同商家询价比较,考虑其使用性能、节能性能、环保评价等。在签订供应合同时,要注意产品规格、型号、单位、单价、检验标准、调试安装运转要求和设备保修期长短等内容。

②设备、设施的使用,要防止"大机小用"、"小机大用"、"精机粗用"等不正常现象;要做到设备、设施的合理操作,必须按安全操作规程行事,认真执行岗位责任制和培训合格证上岗制,这样才能保证合理的操作。

③设备、设施应有计划地维护、检查和修理,以使它们经常处于完好状态,避免出现一些机械事故。

这项工作内容包括:日常维修,定期检查,计划小、中、大修,并建立预防修理制度,保证设备、设施经常完好。

④要加强设备、设施的改造,所谓改造是将科学技术新成果应用于现有设备,以提高设备和设施的使用性能。

⑤对设备、设施要建立技术档案,了解购置、使用、保养状况,随时可以提供查询。设备、设施部门亦应对使用者提供技术指导,解决他们的疑难问题,并积极参加各种设备技术的交流活动,推动新技术的运用,不断提高设备、设施使用人员的技术素质。

⑥及时编制或修订主要设备安全技术操作规程,做好设备事故的分析工作,处理好事故并防范事故于未然。

复习参考题

1. 高速公路建设管理体制的构成要素有哪些?
2. 高速公路建设管理机构一般有哪几种形式? 各种形式的优缺点是什么?
3. 高速公路建设项目实施中的组织管理机构有哪几种模式?
4. 我国高速公路建设管理体制有哪些不足?
5. 我国高速公路运营管理的主要模式有哪几种?
6. 建立有中国特色的高速公路运营管理体制的基本思路是什么?
7. 高速公路运营管理机构包括哪些? 如何设置?
8. 我国高速公路运营管理体制存在什么问题?
9. 如何完善我国高速公路建设管理体制?
10. 如何完善我国高速公路运营管理体制?

第三章　高速公路规划管理

第一节　我国高速公路规划基本原则

《中华人民共和国公路法》和交通运输部发布的《公路网规划编制办法》（交规划发［2010］112号）都对我国公路规划的意义、目的、任务、方法及管理体制作了比较明确的规定。上述法律、法规虽然没有专门就高速公路作出具体规定，但高速公路的规划也必须在以上法律、法规的框架内进行。另外高速公路由于自身的特点，在规划时也要符合《中华人民共和国土地管理法》、《中华人民共和国城市规划法》、《中华人民共和国水土保持法》、《中华人民共和国环境保护法》、《中华人民共和国文物保护法》等有关法律及相应政策规定。

一、公路网规划

规划是为达到既定目标，在一定的资源约束条件下，较好地把握相关事物未来发展态势，由此做出若干可行方案并进行优化选择。公路网规划是公路建设前期工作的重要环节，是公路合理布局、协调发展的重要手段，是编制公路建设五年规划的依据，是确定公路建设项目的基础。公路网规划期限一般为10~20年。编制公路网规划必须贯彻国家的方针和政策，严格执行国家颁布的有关法规、制度，以及相关技术规范、标准；满足经济社会发展要求，与生产力布局、国土规划和城镇体系规划相适应，与其他运输方式相衔接；注重经济和社会效益，集约利用土地，保护环境，实现可持续发展。

公路网规划的主要内容包括：评价公路网现状，研究未来经济社会和交通发展需求，明确公路发展目标，确定路网规模、布局和技术标准，提出公路网建设总体安排以及保障规划实施的政策与措施。

二、高速公路规划的意义

高速公路规划就是在所论规划区域中，在规划时间内对高速公路网络做出合理布局。它是区域交通运输系统规划的重要组成部分，也是区域国土规划、社会经济发展规划的主要内容之一。高速公路网络是区域公路干线网系统的主骨架，做好高速公路规划是做好区域干线公路网规划的重要内容，是促进公路运输与其他运输方式形成有机配合、协调发展格局的有效保障，通过合理科学的规划使高速公路建设适应国民经济发展，同时使管理工作趋于程序化、规范化和科学化。

三、高速公路规划的任务

高速公路规划的主要任务是：通过深入细致的调查研究，系统地剖析、评价现有公路交通状况，在充分揭示公路建设发展内在矛盾的基础上，根据区域社会经济发展与公路交通客货流分布特点，科学预测交通量发展态势，提出高速公路发展的总目标和总格局，由此合理确定路线主要控制点和分期实施的建设序列,并提出确保实现规划目标的政策与措施。

四、高速公路规划的基本原则

1. 先行于社会经济发展原则

高速公路是重要的基础设施,在规划伊始,就要对规划区域的土地利用性质、社会经济发展、城镇布局规划等进行全面了解和预测,按照社会经济发展的未来总体目标要求,提出高速公路规划先行于社会经济发展的战略思想,由此定出高速公路规划的总体格局。

2. 系统协调与长远发展原则

由铁路、公路、水运、民航和管道运输所构成的现代交通运输体系是一个庞大而复杂的系统。高速公路规划,必须以系统工程的观点,将区域内外的公路运输与其他运输方式视为相互联系的有机整体,并认真对待高速公路与一般公路间的关系。通过全面地综合分析,从整体上、系统上进行宏观控制和规划。同时,高速公路的规划建设又是一项耗资巨大、影响深远的工程,因此在规划过程中应有"高瞻远瞩、合理布局、科学安排"的思想,这样就能防止建设决策、建设布局的随意性、重复性及盲目性。

3. 工程经济性原则

高速公路建设要占用大量土地、耗费多种筑路材料。制订规划时,应注意在满足发展目标、技术要求的同时,认真研究如何充分利用现有基础设施、珍惜土地资源、节约建设费用,使规划方案既满足社会经济发展战略目标的要求,又有良好的工程经济性。

4. 环境保护原则

高速公路建设往往要占用大量耕地,沿线经过经济、社会相对发达地区和文物保护地区,无论是施工过程的环境保护,还是运营当中汽车废气、噪声及路面污水排放导流等,都应未雨绸缪,在规划过程中作出相应考虑。

第二节 高速公路规划的主要内容及主要依据

一、高速公路规划的主要内容

1. 公路网现状分析与评价

对高速公路规划涉及区域的自然地理条件和特征、社会经济发展水平、综合交通运输格局作出宏观系统分析,特别是对现状公路网的等级、交通现状、建设与管理状况,应详细调查和剖析,并作出评价。其目的在于发现公路交通存在的主要问题和找出解决问题的有效途径,并为高速公路网络规划提供重要依据。从道路的地位和作用看,区域公路网发展建设的作用有两方面:一是保证有效连通,促进区域经济发展;二是满足交通需求,提高运输效益。区域内高速公路主骨架形成后,对区域经济发展所起的巨大促进作用应特别作出评价。

2. 社会经济发展趋势预测

通过对规划区域自然资源及生产力布局、城镇及人口分布、产业结构与经济发展水平的充分调查与综合分析,运用多种方法对社会经济发展总趋势和新特点作出科学预测,指出在规划期内公路运输将面临的新形势和客、货流状况,并明确因此而可能产生的新变化和新特点。

3. 公路交通量预测

在区域社会经济发展趋势分析和预测基础上,研究综合运输与社会经济发展的相互关系;

依据历史资料采用多种方法建立不同的数学模型,对规划区内的综合运输量、旅客运量和流向、大宗货物流量和流向及公路运输工具等一一作出预测,其中尤以公路运输为重点;根据未来公路客、货流量和流向分布特点,结合公路交通量的构成情况,对规划期公路交通量按不同线路进行分配,获得未来公路网上流量的预测。

4. 高速公路布局优化

根据社会经济发展,紧密结合生产力布局、城镇分布及公路网现状特点,依据一定原理,对高速公路路线走向、重要控制点选择作出多种布局方案,通过比较,从中选优。

5. 高速公路规划分期实施

在高速公路布局优化的基础上,根据规划期内建设资金、路网交通流量分布及路线地位、功能、作用等条件,对布局规划优化方案中的各条路线、路段作出建设序列安排。

6. 实施高速公路规划的对策与措施

针对高速公路规划实施过程中面临的资金、技术、材料及其他重要问题,需在其前期的可行性研究工作中进行详细的研究和论证。同时,对高速公路规划实施的管理体制,应提出基本对策与措施。

7. 高速公路规划的综合评价

高速公路规划的综合评价主要包括:技术评价、经济评价、社会发展影响评价、国防安全评价、环境影响评价等。通过高速公路规划实施可能产生的各种影响(正面或负面)的全面分析,对高速公路规划方案,作出综合性的评价。

8. 跟踪调整

高速公路规划实施周期长。在这期间,由于经济发展速度、生产力布局、投资结构或国家有关政策发生变化,导致运输结构和公路交通需求与预期情况不符,致使路网结构、规模及路线等级对运输需求的适用性发生变化。此时,应区别情况,对所作规划进行全网、区域、局部或个别路线、路段的调整,以便充分利用有限资源,使运输供给最大可能地满足运输需求的变化。

二、高速公路规划的主要依据

1. 国家政策法规

高速公路规划与建设是社会经济发展的重要组成部分,依法办事是各项事业发展的基本准绳。在高速公路规划过程中,必须以区域实际情况为基础,以国家政策与法律为依据,使规划真正起到指导建设安排的作用。《中华人民共和国公路法》、交通运输部发布的《公路网规划编制办法》(交规划发[2010]112号)以及各地方的规划法规和其他相关法律、法规都是高速公路规划的重要依据。

2. 社会经济发展与综合交通运输规划

交通需求是社会经济发展的派生需求。高速公路规划建设,既是区域社会经济发展的基础,又受到其发展水平的制约,因此,制订高速公路规划要以区域社会经济发展规划、国土规划、综合交通运输规划为依据,既满足要求,又量力而行(当没有对应时期的社会经济发展规划时,则其发展趋势的预测工作显得格外重要)。

3. 公路建设工作的有关技术标准和规定

高速公路规划是区域公路网规划的重要组成部分,因此,其编制程序应遵循《公路网规划编制办法》的基本要求,在具体工作的过程中还应依据和参考《公路建设项目经济评价办法与参数》、《公路建设项目交通量分析与预测方法》、《公路工程技术标准》(JTG B01—2003)等规定及行业技术规范。

第三节　高速公路规划的基本方法

一、概述

制订科学的公路网规划及实施方案的目的,是为了提高公路网运输能力、满足公路交通需求和充分发挥投资效益,并且为领导决策提供科学的依据。作为公路网规划工作的基石,公路网规划的基本理论与方法,亦即公路交通系统的网络规划技术,目前在国内外已做了不少研究。国外学者各自根据本国的经济发展和交通状况,提出了不同的方法。我国学者根据本国的特点,也提出了适合国情的公路网规划的理论和方法。交通运输部发布的《公路网规划编制办法》(交规划发[2010]112号)中介绍了公路网规划研究常用的技术方法,规划时应根据规划区域特点和路网特性,合理选用相关技术方法。

二、预测的主要技术方法

1. 预测的一般方法

(1)回归预测法

利用回归分析研究预测对象(因变量)与相关因素(自变量)之间的相互关系,根据自变量的未来发展水平,推断因变量未来发展水平。其回归模型和变量根据实际情况合理选取。

(2)时间序列法

根据历史统计数据,以时间为自变量建立模型,预测因变量未来发展的水平。常用模型有多项式模型、指数曲线、生长曲线等。

(3)弹性系数法

弹性系数一般用预测对象和影响因素发展速度比值来计算。弹性系数法的主要步骤为:分析预测对象与影响因素的历史弹性系数,总结发展规律,预测未来弹性系数,再预测影响因素未来发展速度,推算出预测对象的未来发展速度,预测未来发展水平。弹性系数计算模型如下:

$$E = \frac{\Delta Y}{\Delta X} \tag{3-1}$$

式中:E ——弹性系数;

ΔY ——因变量(如运输量或交通量)的变化率;

ΔX ——自变量(如人口、GDP等经济社会指标)的变化率。

(4)强度指标法

强度指标法是根据现状强度指标,乘以自变量预测值得到因变量的预测值的一种方法。强度指标是因变量与自变量的比值。在现状与预测年度状况相差较大时,应考虑对强度指标进行修正,常用的强度指标有人均系数、单位GDP系数、单位面积系数等。计算模型如下:

$$Y = k \cdot X \tag{3-2}$$

式中:Y ——因变量预测值;

X ——自变量预测值;

k ——强度指标。

2. 交通量预测方法

1）四阶段预测法

交通量四阶段预测法是以现状交通分布（现状交通出行OD矩阵）为基础，通过交通生成预测、交通分布预测、交通方式分担和交通分配四个阶段预测公路交通量。

（1）交通生成预测

交通生成预测是根据经济社会和交通发展现状和趋势，预测规划区域及各交通分区的交通需求总量。前述的一般预测技术都适用于交通生成预测。

（2）交通分布预测

交通分布预测是根据各交通分区发生和吸引量，推算各分区间交通出行分布的过程。交通分布预测的方法可以分为两类：一是现在状态法，二是综合模式法。

①现在状态法

现在状态法是由现状OD表推算将来交通出行分布的一种方法。现在状态法主要有均衡增长率法、平均增长率法、底特律法（Detroit Method）和弗雷特法（Fratar Method）等几种模型形式，其中弗雷特法应用较为广泛。弗雷特法的计算模型如下：

$$Q_{ij} = Q_{oij} \cdot G_j \cdot F_i \cdot \frac{L_i + L_j}{2} \tag{3-3}$$

其中：$G_j = \dfrac{Q_{aj}}{Q_{oaj}}, F_i = \dfrac{Q_{pi}}{Q_{opi}}, L_i = \dfrac{Q_{opi}}{\sum_{j=1}^{n}(Q_{oij} \cdot G_j)}, L_j = \dfrac{Q_{oaj}}{\sum_{i=1}^{n}(Q_{oij} \cdot F_i)}$

式中：Q_{ij}——未来某预测特征年i区到j区的交通分布量；

Q_{oij}——基年i区到j区的交通分布量；

G_j——j区交通吸引量增长倍数；

F_i——i区交通发生量增长倍数；

Q_{aj}——特征年j区交通吸引量；

Q_{oaj}——基年j区交通吸引量；

Q_{pi}——特征年i区交通发生量；

Q_{opi}——基年i区交通发生量；

L_i——i区对于所有j区的位置系数；

L_j——j区对于所有i区的位置系数。

②综合模式法

综合模式法是利用区域经济活动质量和交通出行阻抗情况，预测将来交通出行分布的一种方法。综合模式法主要的模型形式是基本重力模型及其变形。重力模型基本形式如下：

$$Q_{ij} = K \cdot \frac{P_i^{\alpha} \cdot A_j^{\beta}}{D_{ij}^{\gamma}} \tag{3-4}$$

式中：Q_{ij}——i区到j区的交通分布量；

P_i——i区经济活动质量（一般可以采用经济社会指标，也可以采用i区交通发生量）；

A_j——j区经济活动质量（一般可以采用经济社会指标，也可以采用j区交通吸引量）；

D_{ij}——i区到j区的出行阻抗（常以距离、时间或费用来度量）；

K, α, β, γ——回归参数。

（3）交通方式分担预测

交通方式分担预测是预测各种运输方式的分担量。常用方法为运输方式分担率法。计算模型如下：

$$P_{ijk} = \frac{\exp(-M_k)}{\sum_{t=1}^{n}\exp(-M_t)} \quad (3-5)$$

式中：P_{ijk}——i 区到 j 区之间第 k 种运输方式的分担率；
M_k,M_t——第 k、t 种运输方式的广义费用，包括时间代价、运行费用等；
n——区域间可供选择的运输方式类型数量。

(4) 交通分配预测

交通分配是将未来交通出行分布量（OD 矩阵）分配到路网中，得到路段交通量的过程。交通分配常用的方法包括全有全无法、考虑容量限制的最短路径迭代分配法、多路径概率分配法和均衡分配法等。

①全有全无法

全有全无法是根据路线阻抗，寻求 i 区到 j 区的最短路径，将分布交通量 Q_{ij} 一次分配到最短路径上的预测方法。全有全无法仅适用于各路线阻抗相差较大或单个路线的情况。

②考虑容量限制的最短路径迭代分配法

考虑容量限制的最短路径迭代分配法的思路是将分布交通量 Q_{ij} 分割成若干份，按照全有全无法进行多次交通量的路线分配，所不同的是，每次分配要根据上一次的分配结果，结合路段通行能力重新计算路线阻抗，寻求新的最短路径。

③多路径概率分配法

多路径概率分配法的分配步骤与考虑容量限制的最短路径迭代分配法完全一样，所不同的是，每一次分配时需要根据路线阻抗，寻求 i 区到 j 区包括最短路径与次短路径在内的若干路径，然后按照一定概率把分割后的分布交通量分配到这些路线上。每条路线的分配概率可由下式确定：

$$P_k = \frac{\exp(-\theta t_k)}{\sum_{i=1}^{m}\exp(-\theta t_i)} \quad (3-6)$$

式中：P_k——第 k 条路径的交通量分配概率；
θ——分配参数；
t_i,t_k——第 i、k 条路径的路线阻抗；
m——可供选择的路径数。

在进行路线未来特征年阻抗计算时，应考虑路段通行能力或容量的变化。

④均衡分配法

均衡分配法包括用户最优均衡法和系统最优均衡法。用户最优均衡法为假设通过交通量分配，使得使用的路线路阻相等，且都小于未被使用路线的路阻。系统最优均衡法为假设通过交通分配，使得路网上所有车辆的总出行阻抗最小。在这两个假设的基础上构建数学模型，求解分配结果。

2) 趋势预测法

趋势预测法是在基于公路路段交通量预测未来公路交通量的方法，主要步骤如下：

(1) 分析公路通道交通量发展规律和特点，预测通道未来趋势交通量。

(2) 分析运输方式的交通分担情况，以及通道内的运输方式构成的变化，预测公路与其他运输方式间的交通转移率,得出未来公路承担的交通量。一般采用分担模型预测。

(3)根据通道内公路路线构成,预测不同公路路线交通量的分担比例,得出通道内不同公路路段的预测交通量。

3)运量推算法

运量推算法是根据交通节点(运输枢纽、站场等)公路集疏运量和汽车载运系数推算公路承担的交通量,主要步骤如下:

(1)分析交通节点的运输量发展状况,预测未来运输量。

(2)分析交通节点的公路集疏运比例,预测公路集疏运量。

(3)通过汽车载运系数,将公路集疏运量转换为汽车交通量。

(4)根据通道内公路路线构成,预测不同公路路线交通量的分担比例,得出通道内不同公路路段的预测交通量。

三、规划目标研究技术方法

1. 研究思路

(1)分析经济社会和交通发展需求,以及公路网现状及存在问题,研究对公路网发展的要求。

(2)根据公路网发展的价值取向和功能定位,初拟规划目标。

(3)分析实现规划目标对经济、社会、交通运输、环境和土地等方面产生的正负效益,以及目标成本。

(4)调整并最终确定规划目标。

2. 研究方法

主要研究方法有因果分析法、层次分析法和相关树法等。

(1)因果分析法

因果分析法是运用因果分析图来整理和分析规划目标的影响因素及因素间关系,并分析规划目标的方法,主要步骤为:

①分析影响规划目标的各种因素类别、性质和发展规律及对规划目标的影响程度。

②按影响因素的类别、性质和重要程度,绘制因果分析图。

③根据因果分析图确定影响规划目标的主要因素。

④提出规划目标。

(2)层次分析法

层次分析法是将多目标进行层次划分,确定隶属关系,并分析各层次目标的重要程度和次序,理顺目标体系的一种方法,主要步骤为:

①划分目标层次,即分为总目标、分目标和子目标。

②按目标的隶属关系分析不同层次目标的相关关系。

③分析相同层次目标的重要程度,并按重要性排列。

④提出规划目标。

(3)相关树法

总目标的实现依赖子目标的实现,相关树法即是把这种关系通过树状结构表现出来,判断目标层次划分和各目标的重要程度,从而确定规划目标的一种方法,主要步骤为:

①根据目标因果、从属关系,绘制目标关系树。

②分析目标的相对重要性以及对上级目标的影响。

③预估目标产生的效果,确定规划目标体系。

3. 路网规模研究

(1)连通度法

根据区域内路网节点数量以及路网期望连通度,计算路网发展规模,计算模型如下:

$$L = C \cdot \xi \cdot \sqrt{N \cdot A} \tag{3-7}$$

式中:L——路网规模(km);

C——路网连通度;

N——区域内节点数量(个);

A——区域面积(km²);

ξ——路网变形系数,各节点间实际路线里程与直线里程之比。

当 C 接近 1 时,路网布局为树状,节点多为二路连通;当 C 为 2 时,路网布局为方格网状,节点多为四路连通;当 C 大于 3 时,路网布局为三角网状,节点多为六路连通。

(2)类比法

研究类似地区路网与人口、经济发展水平、地域面积的相关关系,建立模型,再根据规划区域的人口和经济发展水平,推算路网规模。常用方法为相关分析法、国土系数法。

相关分析法模型如下:

$$L = f(I, P, A) \tag{3-8}$$

式中:L——路网规模(km);

I——人均经济指标(万元/人);

P——总人口(万人);

A——区域面积(km²)。

国土系数法模型如下:

$$L = \alpha \cdot I \cdot \sqrt{P \cdot A} \tag{3-9}$$

式中:L——路网规模(km);

α——国土系数;

I——人均经济指标(万元/人);

A——区域面积(km²);

P——总人口(万人)。

(3)效率曲线法

分析公路网节点间路段重要度,按路段重要度大小进行排序,累计路段里程和重要度,形成累计里程与累计重要度的关系曲线,寻找曲线上累计重要度增加趋缓的拐点所对应的路网规模。

$$\sum Z = f(\sum L) \tag{3-10}$$

式中:$\sum Z$——路段累计重要度;

$\sum L$——路段累计里程(km)。

(4)增长曲线法

常用的增长曲线有:

Gompertz 曲线(S 曲线):

$$L = K \cdot a^{b^t} \tag{3-11}$$

Logist 曲线:

$$L = \frac{1}{K + a \cdot b^t} \tag{3-12}$$

式中:L——路网规模(km);
　　t——时间(年);
K,a,b——常数。

(5)公路行驶量分析法

公路行驶量分析法是根据公路行驶量和公路通行能力、服务水平确定公路网发展规模的一种方法,计算方法如下:

$$L = \frac{Q}{S \cdot C} \tag{3-13}$$

式中:　L——公路网规模(km);
　　　S——服务水平系数,即饱和度;
　　　C——通行能力(辆/日);
　　　Q——公路网承担的行驶量(车 km/日);

$$Q = \left(\frac{\beta_P \cdot W_P}{r_P} + \frac{\beta_F \cdot W_F}{r_F} \right) \times \frac{1}{365} \tag{3-14}$$

W_P,W_F——公路客、货周转量(人·km/年、t·km/年);
β_P,β_F——公路网承担的客、货运输量比重(%);
r_P,r_F——客货载运系数,即客、货车平均实际运载量(人/辆,t/辆)。

四、布局研究技术方法

1. 主要技术指标

(1)节点重要度

节点重要度是判断路网节点重要程度的指标,可选取人口、地区生产总值、工业产值、运输量、商品零售总额等指标进行定量化分析,计算模型如下:

$$Z = \sum_{i=1}^{n} \left(a_i \frac{R_i}{\overline{R_i}} \right) \tag{3-15}$$

式中:Z——节点的重要度;
　　a_i——第i项指标的权重,可通过专家法或主成分分析法确定;
　　R_i——本节点的第i项指标值;
　　$\overline{R_i}$——规划区域所有节点的第i项指标平均值;
　　n——选取的指标数。

(2)路段重要度

路段重要度计算常用以下三种方法:

①预测路网未来交通量,判断路段重要度。

②选取路段沿线地区的人口、地区生产总值、客货运输量、社会消费品零售总额、路段交通

量等多种指标,确定各种指标权重,计算路段重要度。

③分析节点重要度和节点间重要度的吸引量,形成节点重要度吸引量矩阵,然后采用交通分配的方法,将节点重要度分配到路网上,得到节点间的路段重要度。

2. 技术方法

1)基于交通量四阶段预测的布局方法

本方法核心内容是采用交通量四阶段预测法预测区域路网交通量,以此作为路网布局设计的主要依据,主要步骤为:

(1)建立初始路网

根据规划目标、现状路网、未来交通分布、路网节点分布等,提出初始路网。

(2)预测交通需求

采用"四阶段"交通量预测方法,预测初始路网路段交通量。

(3)优化调整初始路网

根据路段交通量的预测结果,分析初始路网存在的主要问题,评估路段重要程度,进一步优化调整初始路网。

(4)形成路网布局

重复步骤(2)、(3),直到形成满足规划目标要求的优化路网。

2)总量控制法

总量控制法是以路网规模总量为约束条件,根据路段重要度,求解最优路网的方法。其主要步骤为:

(1)确定公路网的合理规模

预测规划期末路网的合理规模。

(2)建立初始网络

根据规划目标、现状路网、路网节点分布等,建立初步网络。

(3)计算路段重要度

选取经济社会和运输等指标计算节点重要度,通过节点重要度、路段交通量等指标,计算路段重要度。

(4)逐层展开布局

根据路网节点层次划分情况,确定公路网层次。根据路段重要度逐层求解各层次路网路段重要度的最优树,形成最优树路网。

(5)形成路网布局

以最优树路网为基础,以公路网合理规模为约束,按路段重要度进一步增加路段,形成符合规划目标要求的路网布局。

3)交通区位法

交通区位法是从经济地理出发,研究规划区域的交通区位线,即交通现象在地理上的高发地带的原理线,并转化为公路布局方案的方法。其主要步骤为:

(1)分析交通区位线

根据城市、市场、原材料产地、能源产地和军事基地的分布以及自然地理条件等因素,从政治、经济、军事等角度出发,分析区域内和对外交通区位线,以合理形态构建连接交通节点的交通区位线网络。

(2)研究交通运输线,形成基础网络

根据交通区位线网络,结合交通节点情况、地理约束条件等因素,确定交通运输线走向。根据产业社会背景及交通吸引特征,研究交通线的运输方式配置,确定公路路线。

(3)补充完善基础网络,形成布局方案

以基础网络为基础,根据规划目标补充部分路线,形成路网布局方案。

4)节点布局法

节点布局法是通过分析路网节点和选择节点间路线形成规划路网的布局方法,其主要步骤为:

(1)确定路网节点

根据路网功能定位和规划目标,确定路网连接的节点。

(2)划分节点层次

根据规划区域的城市、运输枢纽、客货集散地、重要军事要地、旅游景点和口岸等情况,分析节点重要度,划分节点层次。节点层次划分可采用重要度法、动态聚类法、模糊聚类法等方法。

(3)研究节点间连接路线

研究不同层次节点间连接采用的基本形态,分析路线重要度,确定节点间的连接路线。节点间连线的选择可采用排序法、最优树法、逐层展开法等。

(4)形成路网布局

根据规划目标,调整确定路网布局方案。

5)动态规划法

动态规划法是通过建立优化模型,优化求解,形成布局方案的方法,其主要步骤如下:

(1)建立优化模型

建立以优化目标函数(如运输时间最小、运输成本最小、重要度最大等)和约束条件(路网规模、土地、环境和资金等)构成的优化模型。

(2)研究可能方案

根据规划目标,研究多种可能方案。

(3)模型求解,形成布局方案

将各种方案输入模型,选择适当的优化算法,求解优化模型,获得实现优化目标的路网布局方案。

五、综合评价

1. 技术指标

(1)路网密度

路网密度是单位面积拥有的公路网里程,反映一个区域的公路网发展水平,其计算模型为:

$$\gamma = L/A \tag{3-16}$$

式中:γ——路网密度(km/km^2);

　　L——路网规模(km);

　　A——区域面积(km^2)。

除面积密度外,也可以采用人口、地区生产总值、运输量、车辆等作为单位指标进行计算,从不同角度反映路网发展水平。

可通过车道里程计算车道数密度。

(2)路网连通度

路网连通度反映路网节点的连通强度,计算模型为:

$$C = L/\xi \cdot \sqrt{N \cdot A} \qquad (3-17)$$

式中:C——路网连通度;

L——路网规模(km);

N——区域内节点数量(个);

A——区域面积(km^2);

ξ——路网变形系数。

(3)路网迂回率

迂回率是路网节点间最短公路里程和直线距离的比值,路网迂回率是路网所有节点间迂回率的平均值,计算模型为:

$$Y_{ij} = \frac{S_{ij}}{d_{ij}} \qquad (3-18)$$

式中:Y_{ij}——迂回率;

S_{ij}——第i节点与第j节点间的最短公路里程(km);

d_{ij}——第i节点与第j节点间的直线距离(km)。

(4)路网节点连接率

路网节点连接率是指路网连通的节点占全部节点的比例,计算模型为:

$$r = N_c/N \qquad (3-19)$$

式中:r——路网节点连通率(%);

N_c——路网连通的节点数量(个);

N——全部节点数量(个)。

(5)路网覆盖率

路网覆盖率是指路网覆盖的地域面积、人口和经济等指标占总量的比例,计算模型为:

$$r_c = A_c/A \qquad (3-20)$$

式中:r_c——路网覆盖率(%);

A_c——路网覆盖的地域面积(km^2)(或采用人口、经济等指标);

A——规划区域的总面积(km^2)(或采用人口、经济等指标)。

(6)路网平均车速

路网平均车速反映路网交通运行状况,计算模型为:

$$V = \sum (V_i \cdot L_i \cdot Q_i)/\sum (L_i \cdot Q_i) \qquad (3-21)$$

式中:V——公路网的平均车速(km/h);

V_i——公路网中第i路段平均车速(km/h);

L_i——公路网中第i路段长度(km);

Q_i——公路网中第i路段交通量(辆/日)。

(7)路网平均拥挤度

拥挤度是路段交通量与设计通行能力的比值,路网平均拥挤度为路段拥挤度的加权平均值,计算模型为:

$$S = \sum(Q_i/C_i \cdot L_i)/\sum(L_i) \tag{3-22}$$

式中：S——公路网平均拥挤度；
Q_i——公路网中第i路段交通量(辆/日)；
C_i——公路网中第i路段设计通行能力(辆/日)；
L_i——公路网中第i路段长度(km)。

(8)公路网拥挤里程占比

公路网拥挤里程占比为公路网拥挤路段里程占总里程的比例，可根据拥挤度类别分级计算，计算模型为：

$$P_s = \sum L_{si}/L \tag{3-23}$$

式中：P_s——公路网拥挤里程占比(%)；
L_{si}——公路网中第i个拥挤路段里程(km)；
L——公路网总里程(km)。

2.效益指标

直接经济效益的计算方法采用"有无"对比法，即以规划实施后路网的交通状况与规划未实施路网的交通状况进行对比计算。

(1)减少运行时间

减少运行时间效益是指规划路网实施后，路网条件改善所减少的路网车辆运行时间，计算公式为：

$$\Delta T = \left[\sum_{i=1}^{m}(Q_i \cdot L_i/V_i) - \sum_{j=1}^{n}(Q_j \cdot L_j/V_j)\right] \times 365 \tag{3-24}$$

式中：ΔT——规划实施后路网运行车辆节约总时间(h/年)；
Q_i——现状路网情况下，第i路段未来交通量(辆/日)；
L_i——现状路网情况下，第i路段里程(km)；
V_i——现状路网情况下，第i路段未来平均车速(km/h)；
m——现状路网的路段总数；
Q_j——规划路网情况下，第j路段未来交通量(辆/日)；
L_j——规划路网情况下，第j路段里程(km)；
V_j——规划路网情况下，第j路段未来平均车速(km/h)；
n——规划路网的路段总数。

(2)减少运输成本

减少运输成本效益是指规划路网实施后，路网条件改善所减少的路网车辆运输成本，计算公式为：

$$B = \left[\sum_{i=1}^{m}(Q_i \cdot C_i \cdot L_i) - \sum_{j=1}^{n}(Q_j \cdot C_j \cdot L_j)\right] \times 365 \times 10^{-4} \tag{3-25}$$

式中：B——规划实施后减少的运输成本效益(万元/年)；
Q_i——现状路网情况下，第i路段未来交通量(辆/日)；
C_i——现状路网情况下，第i路段未来车辆单位营运成本(元/车·km)；
L_i——现状路网情况下，第i路段里程(km)；
m——现状路网的路段总数；
Q_j——规划路网情况下，第j路段未来交通量(辆/日)；

C_j——规划路网情况下,第 j 路段未来车辆单位营运成本(元/车·km);

L_j——规划路网情况下,第 j 路段里程(km);

n——规划路网的路段总数。

(3)减少交通事故损失

减少交通事故损失效益是指规划路网实施后,路网条件改善所减少的路网交通事故损失效益,计算公式为:

$$B_t = \left[\sum_{i=1}^{m}(Q_i \cdot C_{ti} \cdot r_{ti} \cdot L_i) - \sum_{j=1}^{n}(Q_j \cdot C_{tj} \cdot r_{tj} \cdot L_j)\right] \times 365 \times 10^{-4} \quad (3\text{-}26)$$

式中:B_t——规划实施后减少的交通事故损失效益(万元/年);

Q_i——现状路网情况下,第 i 路段未来交通量(辆/日);

C_{ti}——现状路网情况下,第 i 路段未来单位事故经济损失费(元/次);

r_{ti}——现状路网情况下,第 i 路段未来平均事故率(次/亿车·km);

L_i——现状路网情况下,第 i 路段里程(km);

m——现状路网的路段总数;

Q_j——规划路网情况下,第 j 路段未来交通量(辆/日);

C_{tj}——规划路网情况下,第 j 路段未来单位事故经济损失费(元/次);

r_{tj}——规划路网情况下,第 j 路段未来平均事故率(次/亿车·km);

L_j——规划路网情况下,第 j 路段里程(km);

n——规划路网的路段总数。

(4)节约燃油消耗

节约燃油消耗效益是指规划路网实施后,路网条件改善所节约的车辆运行燃油消耗效益,计算公式为:

$$B_o = \left[\sum_{i=1}^{m}(Q_i \cdot C_{oi} \cdot L_i) - \sum_{j=1}^{n}(Q_j \cdot C_{oj} \cdot L_j)\right] \times 365 \quad (3\text{-}27)$$

式中:B_o——规划实施后节约的车辆燃油消耗(L/年);

Q_i——现状路网情况下,第 i 路段未来交通量(辆/日);

C_{oi}——现状路网情况下,第 i 路段未来车辆平均燃油消耗(L/车·km);

L_i——现状路网情况下,第 i 路段里程(km);

m——现状路网的路段总数;

Q_j——规划路网情况下,第 j 路段未来交通量(辆/日);

C_{oj}——规划路网情况下,第 j 路段未来车辆平均燃油消耗(L/车·km);

L_j——规划路网情况下,第 j 路段里程(km);

n——规划路网的路段总数。

3.主要方法

1)综合比较法

综合比较法是通过确定评估的指标体系,然后确定各指标的权重和评分值,加权平均计算出各种方案重要度,以此判断最佳方案的方法。其主要步骤如下:

(1)选定评估指标体系

分析影响因素,构建评估指标体系。

(2)对各方案的指标进行评分

通过定性和定量分析,判断各指标的值,采用统一的评分标准(如五分制、百分制等),计算各指标的评分。

(3)确定指标的权重

根据指标的重要性确定指标的权重。

(4)计算综合评分

根据指标权重和评分,通过加权平均计算综合评分。

(5)比选确定方案

根据综合评分进行排序,评选出最佳方案。

评分的计算模型为:

$$D = \sum_{i=1}^{n}(k_i \cdot P_i) \tag{3-28}$$

式中:D——方案综合评分;

k_i——第 i 项指标权重;

P_i——第 i 项指标评分;

n——评估指标总数。

2)层次分析法

层次分析法是通过计量数学的方法,消除不同量纲的影响,定量计算不同方案的优劣程度。其主要步骤为:

(1)明确层次结构

根据指标体系,建立指标层次结构模型。

(2)建立判断矩阵

逐层逐项对不同方案的优劣程度进行两两比较,建立判断矩阵。

(3)进行层次排序

根据判断矩阵,逐层分析排列各方案优劣顺序,汇总得出各方案优劣顺序。

第四节 我国高速公路网规划

党的"十八大"提出全面建成小康社会的奋斗目标,我国经济社会将进入新的高速发展时期,运输需求将持续快速增长。我国高速公路建设尽管取得了巨大成绩,但当前交通运输发展的任务仍然艰巨繁重,交通运输总体上还处于由粗放型向集约型加快发展的阶段,总量不足、结构不优、效率不高、实力不强,与经济社会发展和人民群众日益增长的交通运输需求之间的矛盾仍然是主要矛盾。

一、规划背景和意义

高速公路是 20 世纪 30 年代在西方发达国家开始出现的专门为汽车交通服务的基础设施。高速公路在运输能力、速度和安全性方面具有突出优势,对实现国土均衡开发、建立统一的市场经济体系、提高现代物流效率和公众生活质量等具有重要作用。目前全世界已有 80 多个国家和地区拥有高速公路,通车里程超过了 26 万 km。高速公路不仅是交通现代化的重要标志,也是国家现代化的重要标志。

从 1988 年上海至嘉定高速公路建成通车至今,中国高速公路总体上实现了持续、快速和有序的发展,特别是 1998 年以来,国家实施积极的财政政策,高速公路得到快速发展,年均通车里程超过了4 000km,到2012年底,中国高速公路通车里程已超过9.6万km。高速公路的发展,极大地提高了中国公路网的整体技术水平,优化了交通运输结构,对缓解交通运输的"瓶颈"制约发挥了重要作用,有力地促进了中国经济发展和社会进步。

当前,中国已进入全面建成小康社会的新时期,并将逐步实现现代化,经济社会发展对中国高速公路发展提出了新的更高要求,从国家发展战略和全局考虑,为保障中国高速公路快速、持续、健康发展,有必要规划一个国家层面的高速公路网。

从国家发展战略看,规划建设国家高速公路网有利于加快建设全国统一市场,促进商品和各种要素在全国范围自由流动、充分竞争,对缩小地区差别、增加就业、带动相关产业发展都具有十分重要的作用。这是世界各发达国家经济社会发展的经验总结,是中国全面建设小康社会和实现现代化的迫切需要,也是经济全球化背景下提高国家竞争力的重要条件。

从新时期经济社会发展需求看,规划建设国家高速公路网是影响全局的基础性先决条件。21世纪的前20年,中国经济总量要翻两番,这样的发展速度势必带动全社会人员、物资流动总量的升级,新型工业化对运输服务效率和质量也提出了更高的要求,特别是汽车化、城镇化和现代物流的快速发展使得制定国家高速公路网规划更显迫切。

从高速公路建设的现实需要看,迫切需要统一全面的总体规划指导布局和投资决策。中国虽然已有9.6万多公里的高速公路,但相对于中国广阔的国土、众多的人口和快速增长的交通需求,中国高速公路总量不足,运力有限,尚未完全形成网络规模效益。

规划建设国家高速公路网,还有利于保证土地资源的合理和集约利用,有利于国家环境保护和能源节约;同时,对于加强国防以及应对重大自然灾害和突发事件,都具有重大意义。

总之,随着新时期经济的快速发展,随着生活方式的转变和生活质量的提高,为满足对交通服务越来越高的要求,搞好公共服务,优化跨区域资源的配置和管理,很有必要规划和建设一个统一的国家级高速公路网。近几年交通运输部和国家发改委组织开展了大量调查、研究和论证工作,并广泛听取了各省、自治区、直辖市,以及国家有关部门和专家的意见建议,进一步修改完善了规划。2004年12月17日,《国家高速公路网规划》已经国务院审议通过,标志着中国高速公路建设发展进入了一个新的历史时期。

二、国家高速公路网规划方案

国家高速公路网是我国公路网中最高层次的公路通道,服务于国家政治稳定、经济发展、社会进步和国防现代化,体现国家强国富民、安全稳定、科学发展,建立综合运输体系以及加快公路交通现代化的要求;主要连接大中城市,包括国家和区域性经济中心、交通枢纽、重要对外口岸;承担区域间、省际以及大中城市间的快速客货运输,提供高效、便捷、安全、舒适、可持续的服务,为应对自然灾害等突发性事件提供快速交通保障。

国家高速公路网规划采用放射线与纵横网格相结合的布局方案,形成由中心城市向外放射以及横连东西、纵贯南北的大通道,由7条首都放射线、9条南北纵向线和18条东西横向线组成,简称"7918网",总规模约8.5万km,其中:主线6.8万km,地区环线、联络线等其他路线约1.7万km。

首都放射线(7条):北京—上海、北京—台北、北京—港澳、北京—昆明、北京—拉萨、北京—乌鲁木齐、北京—哈尔滨。

南北纵向线(9条):鹤岗—大连、沈阳—海口、长春—深圳、济南—广州、大庆—广州、二连浩特—广州、包头—茂名、兰州—海口、重庆—昆明。

东西横向线(18条):绥芬河—满洲里、珲春—乌兰浩特、丹东—锡林浩特、荣成—乌海、青岛—银川、青岛—兰州、连云港—霍尔果斯、南京—洛阳、上海—西安、上海—成都、上海—重庆、杭州—瑞丽、上海—昆明、福州—银川、泉州—南宁、厦门—成都、汕头—昆明、广州—昆明。

此外,规划方案还有:辽中环线、成渝环线、海南环线、珠三角环线、杭州湾环线共5条地区性环线、2段并行线和30余段联络线。

三、国家高速公路网规划的特点及效果

国家高速公路网规划的编制,坚持以人为本、全面、协调、可持续的科学发展观,切实贯彻"五个统筹"的要求,按照"把握全局、突出重点、立足现实、着眼未来,布局合理、注重效率"的原则;规划方案总体上贯彻了"东部加密、中部成网、西部连通"的布局思路,建成后可以在全国范围内形成"首都连接省会、省会彼此相通、连接主要地市、覆盖重要县市"的高速公路网络。规划方案的特点和效果如下:

1. 充分体现"以人为本"

最大限度地满足人的出行要求,创造出安全、舒适、便捷的交通条件,使用户直接感受到高速公路系统给生产、生活带来的便利。

——规划方案将连接全国所有的省会级城市、目前城镇人口超过50万的大城市以及城镇人口超过20万的中等城市,覆盖全国10多亿人口。

——规划方案将实现东部地区,平均30min上高速,中部地区平均1h上高速,西部地区平均2h上高速,从而大大提高全社会的机动性。

——规划方案将连接国内主要的AAAA级著名旅游城市,为人们旅游、休闲提供快速通道。

2. 重点突出"服务经济"

强化高速公路对于国土开发、区域协调以及社会经济发展的促进作用,贯彻国家经济发展战略。

——规划方案加强了长三角、珠三角、环渤海等经济发达地区之间的联系,使大区域间有3条以上高速通道相连,还特别加强了与香港、澳门的衔接,在三大都市圈内部将形成较完善的城际高速公路网,为进一步加快区域经济一体化和大都市圈的形成,加快东部地区率先实现现代化奠定了基础。

——规划方案将显著改善和优化西部地区及东北等老工业基地的公路路网结构,提高区域内部及对外运输效率和能力,进一步强化西部地区西陇海兰新线经济带、长江上游经济带、南贵昆经济区之间的快速联系,改善东北地区内部及进出关的交通条件,为"以线串点、以点带面"、加快西部大开发和实现东北等老工业基地的振兴奠定坚实基础。

——规划方案将连接主要的国家一类公路口岸,改善对外联系通道运输条件,更好地服务于外向型经济的发展。

——规划方案覆盖地区的GDP占到全国总量的85%以上,规划的实施将对促进经济增长、带动相关产业发展、扩大就业等作出重要贡献。

3. 着力强调"综合运输"

注重综合运输协调发展,规划路线将连接全国所有重要的交通枢纽城市,包括铁路枢纽50个、航空枢纽67个、公路枢纽140多个和水路枢纽50个,有利于各种运输方式优势互补,形成综合运输大通道和较为完善的集疏运系统。

4. 全面服务"可持续发展"

规划的实施将进一步促进国土资源的集约利用、环境保护和能源节约,有效支撑社会经济的可持续发展。据测算,在提供相同路网通行能力条件下,修建高速公路的土地占用量仅为一般公路的 40% 左右,高速公路比普通公路可减少 1/3 的汽车尾气排放,交通事故率降低 1/3,车辆运行燃油消耗也将有大幅度降低。

四、我国部分地区高速公路网规划情况

1. 西部与东北地区

根据党中央、国务院提出的"以线串点、以点带面"的西部大开发战略构想,为加快培育和发展西陇海兰新线经济带、长江上游经济带、南(宁)贵(阳)昆(明)经济区,在西部地区考虑加强对外交通联络,强化内部必要的连通,增加备选路段约 0.6 万 km。

振兴东北等老工业基地是党中央、国务院促进区域经济协调发展新的战略举措。根据东北交通实际,以提高公路交通服务水平、增强对外联系通道为重点,完善东北地区路网布局,增加备选路段约 0.6 万 km。

2. 长江三角洲、珠江三角洲和环渤海地区

长江三角洲、珠江三角洲和环渤海三个地区经济发展基础好、潜力大,是我国经济最发达、最活跃的地区。按照强化三大区域对外通道、加强相互连接、加强都市圈城际联络的原则为这三个地区增加了部分线路布局。长江三角洲、珠江三角洲和环渤海三个重点地区分别增加备选路段里程 0.2 万 km、0.1 万 km 和 0.2 万 km。

五、高速公路网路线优化原则

结合交通量宏观分布预测、路段重要程度分析、地形地质条件以及环境要求,对初步方案进一步优化,形成最终的国家高速公路网布局方案。对路线的优化比选考虑了以下原则:

(1) 针对某些节点之间存在多种路线方案的情况,依照重要度最大原则同时参照路线交通需求,确定入选路线。

(2) 考虑地形地质条件,舍去地形、地质条件复杂以及工程技术可行性差的路段。

(3) 对通过环境敏感区的局部路线采用替代路线,以避免对环境敏感区的影响。

(4) 考虑路网的合理衔接,适当增加对完善路网具有重要作用的联络线。

第五节 我国高速公路规划管理

一、概述

编制公路网规划必须坚决贯彻党和国家确定的战略方针和目标,充分体现国民经济"持续、稳定、协调发展"和"发展以综合运输体系为主轴的交通业"的方针,牢固树立全国一盘棋的思想观念,使公路网发展布局服从于社会经济发展的总战略、总目标,服从于生产力分布的大格局,服从于国家的综合运输网规划,正确处理省际、地区间以及各种运输方式间路网的衔接,使公路网规划寓于社会经济发展之中,寓于综合运输体系之中;必须坚持实事求是,讲究科学,讲究经济效益的原则,从国情、本地区特点出发,既要有长远战略思想,又要从实际出发做好安排;要严格执行国家颁布的有关法规、制度,严格执行公路工程的技术规范、标准。

公路网规划的主要内容包括:评价公路网现状,研究未来经济社会和交通发展需求,明确公路发展目标,确定路网规模、布局和技术标准,提出公路网建设总体安排以及保障规划实施的政策与措施。

论证公路网发展的总体布局方案,要研究不同路线、路段的技术等级、性质与功能,干线的覆盖程度、吸引范围及其相应配套设施,优选出建设重点,推荐最佳建设序列。

针对公路网规划总目标提出实施规划存在的问题和需要采取的对策和措施。

二、规划管理

公路网规划按公路行政等级划分,可分为国道规划、省道规划、县道规划、乡道规划,以及专用公路规划;按区域范围划分,可分为各级行政区域的公路网规划和特定区域的公路网规划。

国道规划由国务院交通运输主管部门会同国务院有关部门并商国道沿线省、自治区、直辖市人民政府编制,报国务院批准。

省道规划由省、自治区、直辖市人民政府交通运输主管部门会同同级有关部门并商省道沿线下一级人民政府编制,报省、自治区、直辖市人民政府批准,并报国务院交通运输主管部门备案。

按行政区域编制的公路网规划,由该行政区域交通运输主管部门编制,规划编就后,报该行政区域人民政府批准,并报上一级交通运输主管部门备案。跨行政区域的公路网规划可由上一级交通运输主管部门组织相关行政区域的交通运输主管部门编制。按行政区域编制的公路网规划应服从上一级公路网规划。

交通运输主管部门可根据经济社会和交通发展的新形势及规划实施情况,适时组织规划调整。当出现重大调整时,须履行相关审批程序。

编制公路网规划要广泛征询公众、相关部门和相邻行政区交通运输主管部门的意见。

公路网规划的环境影响评价按国家相关规定执行。

公路网规划研究及报告编制工作应由具有相应咨询资质的单位承担,其中承担国道和省道规划的研究单位应具备甲级咨询资质。

三、规划成果及要求

(1)规划报告一般按 A4 规格装订,相关图表视情况也可采用 A3 规格,封面为深蓝色。

(2)规划报告封面需标明报告名称、规划期限、编制单位和编制时间。报告名称为规划名称加上"报告",如"××省××公路网规划报告";规划期限采用阿拉伯数字,中间以"—"连接,外面加上括号,如"(2010—2020 年)";编制单位为编制报告的研究单位;编制时间反映到年月。

(3)规划报告设扉页,包括规划编制单位名称,单位负责人、技术负责人和项目负责人等签章,以及参加编制的人员姓名和职称,附工程咨询资格证复印件,并加盖公章。

(4)公路网规划研究应根据规划的实际情况,突出特点,注重创新。公路网规划内容具体可根据公路网规划的性质和特点做适当增减。

复习参考题

1.高速公路规划的主要任务是什么?

2. 我国高速公路规划的主要内容有哪些?
3. 高速公路规划的原则有哪些?
4. 简述我国高速公路规划的程序。
5. 高速公路规划的依据有哪些?
6. 高速公路规划的基本方法有哪些?
7. 高速公路规划管理的主要内容是什么?
8. 高速公路规划应考虑的主要问题是什么?

第四章 高速公路建设投融资管理

第一节 概 述

一、我国公路建设投融资管理模式的演变

交通运输是现代经济社会发展的命脉,是现代经济社会快速运行的保障,是市场机制作用于人类经济行为的首要物质前提。没有一个现代化的运输体系,就不可能存在一个完善的市场经济。而发达的交通运输的前提在于建设一套完整的交通基础设施。交通基础设施包括公路、铁路、枢纽站等,它们都是国民经济中的资金密集型产业。长期以来,我国公路基础差、等级低、里程短,成为国民经济发展的瓶颈。为了改变这种局面,促进公路快速发展,解决公路与国民经济需求之间的矛盾,中国公路管理体制经历了一系列变革,其中投融资体制改革为公路建设资金筹措起到了决定性作用。在我国经济不发达,财政投入有限的情况下,通过制度创新,吸纳大量公路建设资金,保证了公路近20多年来的大发展。从建国以来到改革开放的20多年中,我国公路投融资管理可以大致划分为四个具有代表性的模式。

1. 计划经济体制模式

1978年以前,我国公路建设的投资体制一直是传统的计划经济的产物,在这一阶段,是以政府直接干预、决定一切、操纵全过程为基本特征的。公路建设由中央和地方分工负责,中央政府负责国家干线公路的规划与修建,地方政府负责本区域公路的规划与修建。1958年,中央政府决定,除国防公路仍由中央政府专款投资建设外,将其他公路的建设与管理权全部下放到地方。各省、市地方政府,由于财政限制,对公路的建设资金主要采取挤用公路养路费解决,还采用民工建勤、以工代赈等方法建设公路。

在计划经济体制下,公路建设投资体制体现了政府计划的特点。投资决策权高度集中在政府,尤其是地方政府手中,资金来源单纯依靠养路费。政府通过指令性计划和行政审批程序决定具体的每一个公路建设项目投资规模、投资结构等。投资主体和资金渠道单一。政府是唯一的投资主体,私人投资被完全排斥,公路建设被认为是事业性投资,无偿使用,不计成本与效益。由于是"大锅饭"体制,无论是项目发生决策失误或是具体项目的设计、施工发生失误,都无法明确直接责任者,没有投资责任约束。这一时期,主要依靠国家投资,地方投资和自筹资金数量很少。由于观念上对基础设施重视不够,现实中国家财政资金不足,公路建设长期落后于经济发展,成为制约国民经济发展的瓶颈。这一阶段我国还没有一条高速公路。

2. 事业性投资体制模式

1978~1985年公路投融资管理体制开始进入市场经济条件下的计划经济阶段,这一阶段公路建设的投资主体仍然是政府。1980年,国家在交通运输部分项目中试行基本建设投资有偿占用制度,基本建设投资由原先的无偿拨款改为有偿贷款。当时,交通能源基础产业成为经济发展的瓶颈产业,为了解决能源、交通发展滞后严重制约国家经济快速发展的问题,加快能

源、交通建设,获得充足的资金。1983年,国家开征能源交通重点建设基金。各省也提高了公路养路费的征收标准,扩大了征收范围,使各省能从养路费中拿出更多资金用于公路建设。从此计划经济体制下传统的完全用行政手段分配资金的方法有了初步改变。1985年国务院批准征收汽车购置附加费,国产车按销价的10%征收,进口车按销价的15%征收,全部收入作为国家公路建设发展基金的资金来源,由交通部按国家规定统一安排使用。同时,各省(区、直辖市)政府也相继出台了征收客、货运附加费,公路建设基金等政策,形成了各种交通规费,进一步扩大了公路建设资金来源,该管理体制仍然是我国公路投资政策的基本制度。

事业型投资体制是市场经济条件下,公路作为政府提供的公共物品的投资模式,它与计划经济体制下的无偿拨付有了一定的差别,形成"以路养路"、"以路建路"的公路发展模式,公路"两费一金"(养路费、汽车购置费和公路建设发展基金)的事业性收费体制围绕公路使用者展开,它是在"谁受益、谁付费"的原则下进行的,该原则以后逐步演变成为谁受益谁付费的公路投融资理念,这是思想观念上的重大突破。

3. 道路收费制度模式

我国实行公路收费制度源于公路建设资金严重匮乏、拓宽资金来源的迫切需要。在建国以后很长时间内,国家对公路的投资比例很小,平均占国民生产总值的1%左右。我国实行以养路费为主的筹资体制以后,依靠公路系统内循环,筹集的资金增长缓慢。交通规费的增长主要依靠车辆增长,基本与公路里程无关,但是随着公路里程的增长,公路维护费用随之增加,用于新建、改扩建和道路养护的资金越来越紧张。

为了筹集公路建设资金,可以选择的渠道主要有:一是增加国家财政收入;二是提高规费;三是吸引新的资金来源。我国财政一直比较紧张,没有余力拿出资金来增加公路投资。提高规费是在原系统内筹集更多的资金,但是受到承受能力的限制。因此,吸引新的投资主体或者新的资金来源就成为必然出路。

广东首先进行了这方面的尝试。改革开放以来,广东省经济增长迅速,公路被星罗棋布的渡口截断,公路的网络优势与运输便捷的优势受到摆渡的制约,阻碍了商品流通,成为当时经济发展的瓶颈。广东省交通厅探索集资建桥的道路,借款修路成为当时首先选择的措施,1981年提出向外商借款1.5亿元建设广州至珠海公路上的四座大桥(3 200m);集资1亿元改造广州至深圳公路,为了使借款偿还有保障,采用收取车辆通行费的方式偿还借款。

此后,全国许多地方开始了收费公路的实践,1985年,交通部明确提出了"有水大家行船,有路大家走车"的口号,为了进一步提高地方政府对公路建设的积极性,进而实行了"谁建、谁用、谁受益"的政策。原本是为了调动地方政府投资经济性,为"收费还贷"、"收费获益"提供思想准备。但是,既然政府投资可以获得相应受益,其他方的投资没有道理不可以获得相应受益。因此,"谁建、谁用、谁受益"后来成为一种公路投资的原则。

由于高等级封闭公路,尤其是高速公路具有较强的经济性,便于收费管理,可以分段经营,具备市场化运营的基本条件。目前,我国高速公路建设需要的大量资金都不同程度地采用了贷款和集资方式筹集资金,并且绝大多数采取了收费路的形式。1988年1月,交通部、财政部、国家物价局发布《贷款修建高等级公路和大型公路桥梁、隧道收取车辆通行费规定》,第十条规定:"收取的通行费只许用于偿还贷款和收费公路、公路构造物的养护及收费机构、设施等正常开支,绝不允许挪作他用。贷款还清后即停止收费。"

这样,公路收费的范围、使用等方面得以规范,公路收费制度同时获得各方面的承认,并且以政府文件的形式明确下来。公路收费制度不仅为贷款偿还提供了制度保障,也为以后经营权转让、股份制和民营化奠定了基础。

4. 经营权转让与股份制模式

公路收费机制是公路投融资体制的重大变革,在收费制度形成以后,公路经营权转让制度是收费制度的发展必然。收费制度刚开始主要是为了偿还贷款,但是公路收费细水长流,资金积累缓慢,在公路建成的早期,交通量较低,收费额有限,收费额与贷款偿还数量并不匹配,贷款偿还的压力大,难以偿还到期本息;在公路经营到一定时期以后,现金流才会远大于贷款本息。为了解决现金流与贷款偿还之间的错位问题,考虑把未来的收益提前变现,用于偿还当期贷款。经营权转让就是把未来收益提前变现的方法,经营权转让可以把未来预计收取的通行费提前集中获得,迅速筹集资金,也达到公路资产变现的效果。

1995年以后,我国经济增长迅速,社会各方面对公路的需求很大,进入新一轮的公路建设高潮,并且20世纪80年代后期的高息贷款也相继到期。公路建设和贷款偿还负担很重,资金缺口空前加大。为了筹集偿债资金,用寅吃卯粮的方法,把以后的收益提前支取成为必然选择,经营权转让、股权转让就是快速变现的方法。

1996年9月18日,我国颁布了《公路经营权有偿转让管理办法》。第二十三条规定:"转让方获得的转让公路经营权收入,首先用于偿还被转让公路经营权的公路建设贷款和开发新的公路建设项目。""管理办法"承认了公路经营权转让的合法性,同时也承认了经营权可以作为贷款抵押、担保。通过经营权转让,不仅有助于贷款偿还,而且建立了公路投资迅速变现、盘活公路资产的渠道;通过经营权转让,公路债券、收益权得以流动,公路收益权转让,实际上,认可了产权的转让。公路收费权成为日后银行贷款重要质押物。

经营权转让使得一些原来的收费还贷的公路转让出去,由收费还贷,变为通过收取通行费获得投资收益的公司制经营模式。通过建立收费公路公司,不仅使公路进入了市场,而且实现了投资主体多元化,新的股权投资成为公路建设新的资金来源。

股份制作为一种重要的筹资方式和经营权转让制度的基础被广泛应用于公路建设。沪宁高速公路江苏段总投资47.3亿元,为了解决资金不足的问题,经过国务院批准,成立了沪宁高速公路股份有限公司,该公司分三批向国家、集体与个人发行股票,1993年发行法人股2亿元,1994年发行3亿元,同时还发行了个人股。1993年,四川省按"一路一公司"的形式,组建了川北、川南、川西、川西南、南方五家定向募集的高等级公路股份有限公司,筹集股本金6.07亿。到2004年底,全国收费路桥类上市公司达到20家,有许多效益较好的高速公路已经纳入上市公司。

综上所述,中国公路管理体制从计划经济体制开始,首先建立符合市场经济条件下公共物品投资体制的事业性收费建设体制,成为公路建设基本体制,在大量的免费公路中一直使用;针对经济效益较好,易于封闭收费的路桥,实行使用收费制度,吸引了大量贷款介入;而经营权转让、股份制经营使得公路体现出商品的属性,把公路纳入到市场经济的供给体系中。

从长期趋势来看,收费制度作为公路融资制度的一部分,只能够是阶段性政策。在公路大规模建设基本完成,公路收费权到期以后,政府收回道路的经营权,免费为公众开放,或者实行边际成本定价原则收取少量费用,用于道路养护支出或调节运输高峰,政府承担道路基础设施建设责任。公路建设投资体制具有回归的可能,即公路建设投资重新由政府提供。

二、典型发达国家投融资模式及特点

(一)典型发达国家投融资模式

高速公路投融资一直是各国在发展公路过程中最为关注的问题,很多国家都通过立法和行政手段建立起一套行之有效的公路投融资管理制度,以适应不同时期公路发展的需要。

1. 美国模式

美国州际高速公路主要是联邦投资,联邦与各州的出资比例是 90∶10,美国一般公路交通资金来源主要是 3 个渠道:地方财政、联邦补助和其他资金。其中联邦补助部分一般与各项目直接挂钩,不能挪用,且联邦直接投资部分所占比例较小。联邦政府的资金来源主要是公路信托基金。

(1) 公路信托基金

美国的公路信托基金,是依据 1956 年《公路税收法》建立的,其目的是为当时加速公路建设集资,确保州际公路系统、国防公路系统和联邦资助公路规划有可靠的资金来源。根据 1956 年《公路税收法》规定,授权利用燃油税和公路使用者税(轮胎税、卡车购置税和重型车辆使用税)的收入,建立联邦公路信托基金(由联邦财政部负责管理),从而为联邦政府资助公路建设提供专门的资金来源(此前联邦政府的公路投资来源于一般预算收入)。专门纳入于公路信托基金的有关税收,每隔一段时间由国会作出延续的决定。《21 世纪交通平衡法案》(Transportation Equity Act for the 21st century,简称 TEA—21)经美国参、众两院通过后,由当时的美国总统克林顿于 1998 年 6 月 9 日正式签署执行,有效期为 6 年,到 2005 年 9 月 30 日失效。

美国的公路信托基金,是其公路建设资金的主要来源。为了扩大资金来源,其还有其他补充方式,但这些方式所占比例较小。

(2) 其他来源

① 发行公路建设债券。债券分为三种:第一种为业主发行的长期债券;第二种为州政府发行的债券;第三种为公司债券。债券发行手续简便易行,只要项目经评估,发行债券方案经会计事务所验证通过,即可发行,债券利率比银行利率高,债券利息不纳税。

② 设立共同投资基金。成立投资基金公司,将社会闲散资金集中起来,由专家进行管理。美国现今居民金融资产的 70% 为投资基金。共同投资基金,直接投资于高速公路建设。美国不仅政府积极投资高速公路,同时,还鼓励私人部门筹资修建高速公路,但政府不担保回收。

③ 向私人企业收费。美国进入 20 世纪 80 年代以后,各地方政府在筹措公路交通等基础设施的建设资金时,面临了一系列的困难,如基础设施建设费用攀升、社会经济发展的压力、联邦财政供给的削减、增加地方税不受欢迎等。地方政府已经认识到自身无力单独解决辖区内的公路交通建设问题,他们迫切需要辖区内的大多数雇主、开发商和其他商人的资金帮助,以共同对必需的公路交通等基础设施投资,这样地方便产生了 IF(Impact Fee)、SAD(Special Assessment District)和 TIF(Tax Increment Financing)3 个收费系统。在 IF 系统里,地方政府确定一个地区为发展地区,然后向开发商一次性征收的交通影响费。在 SAD 系统里,地方政府确定一个地区为持续发展地区,然后向企业主有规律征收用于公共设施改善的费用。在 TIF 系统里,地方政府通过发行证券,征费用以改善公共设施,然后通过固定资产增长税来偿还这些费用。此外,地方政府还可以通过征收财产税、一般基金、地方公路使用税等渠道筹集公路建设维护资金。

④ 公路收费。第二次世界大战后,美国建造了很多收费公路、桥梁和隧道,这些设施都向使用者收取一定的通行费。大多数在建设费用的本息还清后,该设施停止收费,成为免费设施。1980 年以后,由于交通设施的老化和政府各级部门资金的短缺,以及电子技术的发展,使收费效率大大提高,收费成本大幅度降低,美国的收费公路又得以发展。1987 年和 1991 年美

国政府分别颁布两项法令,取消或放松了原来对收费公路的许多限制,并采取一系列措施,促进收费公路的发展,使美国收费公路的发展进入了一个新阶段。截至1999年,美国共有收费公路7 929km,其中7 296km属于国家公路系统(包括2 770km州际高速公路),应用电子技术的收费设施有118个。收费公路被认为是私人企业可以投资获利的主要领域之一。

2. 英国模式

英国的公路资金主要由中央政府的拨款和地方政府的资金构成,国家对公路的拨款来自国家的收入。国家收入来自多种渠道,但其中一个重要来源是对机动车辆的税收。在国家财政收入中,机动车税收一般占全国税收的11%~12%,远远超出国家对公路的支出,因此可以认为,这种税收就是英国用于公路的资金。

英国对机动车的税收主要有三种:车辆注册税、车辆燃油税和增值税。英国在1909年通过的《开发和公路改善基金法》规定车辆注册税对所有的车辆按一个等级标准计算,根据不同车型、自重和轴数等不同指标有所区别,从1921年起沿用至今。

3. 法国模式

法国公路的建设资金,以国家投资为主,资金来源主要有以下几种。

(1)社会经济发展基金

法国的社会经济发展基金,包括运输、能源、通信、机场的发展建设基金。它利用燃油税、水资源利用税、电站收入税和公路使用者税等的收入,建立社会经济发展基金,基金依法建立,并由社会经济发展基金会运作。该基金会由部级领导委员会和专业委员会组成,专业委员会包括运输、能源、通信、机场等专业委员会,负责对于相关行业所提出的投资项目进行审核,并为部级领导委员会审批投资计划服务。该基金是法国除高速公路以外的所有公路建设资金的主要来源。

(2)道路通行费

法国的高速公路建设不同于一般公路,其主要由特许道路公团负责。这些道路公团通过收取道路通行费来建设和运营公路。高速公路建设资金依靠四种方式来筹集:一是向国内外发行长期建设债券。二是借贷集资,利用这两种方式筹集来的资金,通过项目建成后收取车辆通行费进行偿还。从1956年开始到2003年的40多年间,法国修建了约1万多公里高速公路,其建设资金的50%来自国外银行的借贷。三是政府资金补助,但比例不大。四是私人资本,法国的高速公路建设开始并不顺利,到1970年成立了专营公司,私营企业开始参与高速公路的建设,使得私人资本可以灵活使用,才使法国的高速公路得到迅速发展。法国高速公路由1960年的120公里发展到目前的1万多公里,收费制发挥了重要作用。

4. 日本模式

日本的公路建设资金,划分为中央资金、地方资金和财政资金3个部分。

(1)中央资金

中央资金由特定财源和一般财源组成,其中,特定财源由公路税目中的全部汽油税及50%的石油气税组成。一般财源为国家的一般税收收入中用于公路建设的资金。

(2)地方资金

地方资金基本上也是由特定财源和一般财源组成,地方特定财源由柴油税、石油气转让税、汽车购置税、汽车重量税等组成,另还有一部分虽不属于税收,但专项用于道路建设的收入。一般财源为地方政府征收的有关税收收入中用于公路建设的资金。

(3)财政资金(也称财投资金)

财政资金实际上是财政投资贷款(简称财投资金),它是政府进行的投融资活动,是国家将通过金融手段筹集的社会资金,提供给政府,用以支持国家产业政策的实施,特别是用于社会基础设施建设、产业机构调整及国际合作。

财投资金来源由以下4部分组成。

①资金运用部资金(由邮政储蓄、其他存款、年金准备金三部分组成)。

②简易保险资金。

③产业投资特别会计(主要是出售国有企业股票收入,政策性金融机构上缴利润等。近年来,这部分资金主要是贷款的本息收入、国库交纳金、一般会计的收入,以及出售股票的收入)。

④政府担保债券及借款。财投是有偿使用的资金,需还本付息,它是以国家信用为基础的,其资金大部分掌握在大藏省资金运用部,这是日本政府创立的一种特殊投资体制。

财投的对象一般分为六类机构:①特别会计;②公社,如日本电信电话公社;③公库,如住宅金融公库、国民金融公库等;④公团、事业团,如日本道路公团、帝都高速交通营团等;⑤地方公共团体;⑥特殊公社。

(4)收费公路

日本的公路按公路等级或管辖区可分为三类,即干线公路、收费公路和地方公路。

收费公路事业的资金主要来源有中央资金、地方资金以及财投资金,其中财投资金是收费公路事业中的很重要的一部分财源,除此外还有信用债及充分运用民间的资金。信用债是日本公路公团等发行的债券中,政府不承担承兑和保证的一种公团债券,承兑等均需要依靠公团的信誉。

日本的收费公路绝大部分由日本公路公团管理。日本公路公团是日本建设收费公路的主体,是根据"日本公路公团法"由国家投资设立的,是以建设与管理收费公路为主要业务的特殊法人,与私人法人一样具有公团自身的决策权力和职能,但公团业务的目标和范围的基本原则是依法制定的。由于公团的公路事业涉及公共利益,国家给予公团免征法人税的待遇,对公团发行的公路债券提供担保,而公团在其公路事业计划、预算、资金计划、收费等方面要受国家的监督及认可后方可实行。

公路公团靠收取通行费、停车场使用费、与高速公路有关设施的出租费以及利息、杂费收入等业务收入来偿还公路建设贷款需要的本金和利息以及公路管理需要的费用。公路公团的建设资金来源主要有:通行费等业务收入、政府出的资金、政府补助金、社会基础设施建设事业收入、公路债券和民间贷款等。

①政府资金。政府出的资金被列入公路公团的本金中,由公路建设特别款项支付。政府补助金是为了稳定维持资金筹集成本,也由公路建设特别款项支付。

②社会基础设施建设事业收入。日本将出卖NTT(日本电讯公司)股份的收入,作为开发高速公路与一般公路出入口事业,开发停车场事业(高速健岛)的资金来源,通过公团进行无息贷付(偿还期限20年)。

③公路债券。用于收费公路的公路债券中有列入政府财政投资计划的政府保证债券、政府认购债券及公路公团独自发行的外债和内部私人债券。政府保证债券是政府保证公路公团发行的债券的本金和利息的支付,是公共筹集资金,其大部分靠银行证券公司等金融机构消化吸收。

政府认购债券是用大藏省(财政部)资金运用部的资金,以及用邮政省简易保险资金认购的债券,其发行者利率最低。外债是在海外发行的政府保证的公路债券,从1983年开始在欧洲发行。内部私人债券是公路公团作为法人发行的私人债券,或称国内信用债,是政府不给予保证或担保的私人债券,而是依靠公团自身的信用能力,由金融机构接受。

④民间借入资金。非债券方式集资,曾经有过从政府大藏省资金运用部及产业投资特别款项,包括由资金运用部保管的邮政存款、养老金存款特别款项,还有国际复兴开发银行等部门的贷款,但现在这类贷款都已经还清。从 1978 年开始,增加了从民间金融机构贷款的民间资金借入制度。

公路公团建设资金的六个来源(财投、中央资金、缘故债、外债、民间借入金、收费收入)中,以财投和收费收入占主导地位。以 1991 年为例,财投占日本公路公团资金总额的 49.68%,中央资金占 2%,缘故债占 3.2%,外债占 1.55%,民间借入金占 3.71%,收费收入占 39.86%。从近年的趋势看,财投对日本公路公团总投资比重保持在 50% 左右,最高年份所占比重达 70.2%。而中央资金对日本公路公团投入所占比重呈现下降减少趋势。2002 年日本道路公团的预算中,中央资金投入已从上年度的 305 亿日元减至零。

5. 意大利模式

意大利于 1955 年制定了建设高速公路和普通公路的法律,对高速公路建设提出了规划方案。除了核算较为困难的南部地区外,高速公路全部实行收费制度。在收费制度下,最初高速公路的建设与管理由民间专营公司负责。建设资金的筹措,主要依赖发行公路债券和借款(包括向国外银行财团借贷),并且在专营期间为了保证能够收回投资,政府向各专营公司提供投资补助,其额度根据 1955 年的法律,定为建设费的 40%,其后又根据 1966 年的法律提高到 52% ~ 58%,但实际提供的投资补助比上述比率要低。在比较落后的南部地区,高速公路的建设资金由政府从财政预算中全额拨付,并由政府机构中的公路管理部门管辖。

意大利政府对项目的投资,主要依据政府的公路发展政策以及项目的投资规模和收益水平。支持在路网发展规划中应优先建设的项目,对建设成本高的项目、收益水平低的项目政府的投入比例较高,反之则投入比例较低。

随着高速公路的快速发展,政府已无足够的财力进行高速公路建设的巨额投资。因此,国家对收费高速公路项目无偿投资补助的比例降低到 10% 以内,转而利用政府对高速公路投资的股权收入建立"担保基金",以这笔基金为公司发行的公路债券提供担保。这对于降低项目的前期财务成本,增强银行和公众对债券的信任程度的作用是很大的。

6. 西班牙模式

西班牙采用国家补贴的特许企业体制,主要是对特许公司的国外贷款提供部分担保,在这种体制下建成的收费高速公路网里程,到 1993 年已达 1 939km,约占国家高速公路总里程的 70% 以上。建设这些收费高速公路的总投资达 8 830 亿比塞塔。其各种资金来源的构成比例为:国内借款占 6.1%;国外借款占 52.7%,其中由国家担保的部分占 6.8%,无国家担保的部分占 45.9%,股本资金占 41.2%。显而易见,西班牙在过去的收费高速公路大规模建设中大量利用了外国资本,而国家在其中所承担的风险却不大。国家担保的资金仅占借款总额的 11.5%,国外借款总额的 12.9%,总投资额的 6.8%。

西班牙高速公路特许经营公司的投资主要来源于国家投入的公共资本、国际国内贷款和特许经营公司的自有资金。对外贷款须经财政部财政与财政策略总长批准。财政部所辖收费高速公路对外筹资基金会负责为公共部门的公司进行对外筹资。

(二)典型发达国家投融资特点

公路作为公用的运输基础设施,需要投入大量的资金,世界各国都面临公路资金政策的决策。通过上述典型发达国家公路建设投融资方式,可以看出各国在公路资金政策上有以下特点。

(1) 各级政府共同分担公路资金责任,并根据公路属性确定各级政府承担公路资金责任的大小。

在公路资金责任分担方面,一般由各级政府合作的方式建设各个层次的公路网络。通常中央或联邦政府负责国家公路干线系统的全部或90%(美国)的建设资金,由省或州负责省级或州级公路的建设资金,地方政府负责地方公路建设的资金。同时,中央或联邦政府以向省或州政府提供资助的方式共同建设有重要意义的省级、州级公路,中央政府及省或州政府对地方提供各种方式的补助资金,资助地方公路的建设。例如,澳大利亚联邦政府对地方政府的公路建设资助金有90%是用于乡村公路的建设的。

(2) 各国都采取公路使用者税筹集公路资金的政策,但各国税率水平差异较大。

实行公路使用者税筹集公路资金的政策,是各国筹集公路资金共有的基本特点,而且公路使用税还是公路建设的主要资金来源。在公路使用者税中,汽车燃油税是主要的税种,约占所有使用税收入总额的70%~80%。除了燃油税之外,通常还有:车辆拥有与使用有关的税费,包括车辆购置税、车辆登记税、驾驶执照税、轮胎税、重型车使用税等。

尽管各国都有公路使用者税,但是各国税率水平差别较大。如美国根据公路资金投入的需要确定税率,即采取"用多少征多少"的原则,而且将所征得的公路使用者税收纳入专设的公路信托基金,实行专款专用的政策;欧洲一些国家,如英国、荷兰、法国等,公路使用者税的税率比较高,大大高于公路的实际支出,公路税收入与公路支出之比最高为5.3:1。这些国家的公路使用者税收入不仅用于公路,也用于教育、卫生等其他公共事业,以及对亏损的铁路、水运进行补贴。就是说,这些国家不仅将公路使用者税作为公路建设的资金来源,而且作为限制私人轿车发展和平衡各种运输方式利益的一种手段。

(3) 实行车辆通行费制度,具体做法各国不一。

从各国建设高速公路的实践来看,庞大的建设资金需求使得政府很难独立担当起高速公路建设投资责任,为了缓解高速公路建设的急迫性与公共财政资金供给不足的矛盾,许多国家在高速公路的建设和管理中引入了收费道路模式。

英国、美国在历史上(铁路出现之前)都曾经大规模采用收取通行费建设公路的做法。后来美国联邦政府、英国中央政府都放弃或不主张采用收费政策。20世纪90年代之后,为利用私人资金建设公路,在特定情况下又转而采用了收费公路政策。

日本、法国、意大利等国家是典型的采取收费公路政策的国家。这些国家的收费公路的一些具体的做法也不尽相同,但充分利用民间资金、国内外贷款以及发行由政府担保的公路建设债券,是收费公路集资建设的共同特点。在收费公路建设的组织管理方面,通常都采用由政府通过立法授予收费公路建设和经营者特许经营权的做法。在发达国家也有高速公路不收费的,如加拿大、德国等。

(4) 地方政府的公路建设资金通常主要来源于房地财产税或一般财政收入。

(5) 各国都有严格的公路建设资金管理制度,以充分利用有限的资源发挥最大的效益。

三、国外公路资金的管理体制

各国公路资金的管理一般按照国家的有关法规,依据公路分级管理的原则,由中央和地方共同实施。近年来,随着收费公路的发展,许多国家对利用私人资金建造的高等级公路进行公司化管理,这部分公路资金在政府公路部门的宏观调控下,由公路公司实施管理。

1. 中央政府对公路资金的管理

各国政府对公路资金管理的主要任务是决定公路资金的分配权与使用权,一般都是先由各国立法机构对每年的公路资金总额进行审议和批准,然后再根据法律规定对批准的资金进行分配和管理。具体管理制度包括三种形式:公路基金制、国家预算拨款制和混合制。

1)公路基金制

公路基金指国家为保证公路建设的投入而专门设立的有特定财源和指定用途的公路资金。很多国家都建立了公路基金制,以保证公路事业所需的资金。公路基金的主要来源是国家对公路使用者及公路相关的各方面收取的税费,各国具体税收情况前面已详述过。另外,某些国家也从其他财政收入中划出部分资金并入公路基金,资助公路建设。

美国是典型建立公路基金制的国家,1956年以前公路资金主要从联邦政府的一般基金中拨出,用于支付联邦资助公路计划中应由联邦负担的费用和联邦直辖区公路的建设、养护及管理费用。1956年通过的《联邦资助公路法》规定建立"公路信托基金",基金主要财源为机动车燃油税及相关税收专用于各州的联邦资助公路和联邦直辖区内的公路。"公路信托基金"历年的收入见表4-1。

美国公路信托基金的收入(百万美元)   表4-1

税 种	年 份								
	1982	1983	1984	1985	1986	1987	1988	1989	1990
汽油税	4 121	6 092	8 775	9 147	9 239	9 222	9 122	9 127	9 212
柴油税	670	967	1 620	2 293	2 567	2 663	2 005	2 904	2 897
车辆购置税	949	306	837	1 249	1 242	1 330	1 442	1 555	1 675
重车使用	333	236	100	427	355	300	417	455	402
轮胎	672	616	332	201	210	232	246	250	260
小计	6 745	8 397	11 744	13 317	13 627	13 835	14 032	14 299	14 534
拨付公共交通	0	519	1 236	1 237	1 242	1 249	1 247	1 257	1 275
净收入	6 745	7 770	10 500	12 000	12 379	12 506	12 705	13 042	13 259

注:本表引自《国外交通运输管理体制》,交通部科学技术信息研究所,1991.7。

联邦资助公路计划由运输部公路管理局负责,主要用于资助各州建设和改造城乡公路,分为三大类:联邦资助系统项目、特别项目、示范项目。

(1)联邦资助系统项目。它是联邦政府资助公路计划的核心部分,包括州际公路系统、主干公路系统、支线公路系统和城市道路系统四部分。分配资金总额占80%左右,其中州际系统项目是最大的联邦资助项目,占资金总额的1/3,每年约40亿美元,资助比例为工程造价的90%,分配办法由联邦按完成州际系统的概算成本向各州拨付资金。对主干系统、支线系统和城市系统则按各州人口、土地面积和公路里程分配资金,资助比例为工程造价的75%。另外,在完成州际公路网后,美国联邦资助公路计划的重点是开始逐步转向现有公路的改造。从1981年开始,在联邦资助系统项目中增设了州际"4R"项目,1982年通过的《陆上运输资助法》规定用于主干系统、支线系统和城市系统的资助金中,至少40%要用于"4R"工程,资助比例为工程造价的90%。目前,州际"4R"项目已成为第二大联邦资助公路项目。

(2)联邦资助特别项目。特别项目分两类:第一是对全国具有重要意义,需要集中力量对待的项目,其目标是解决各系统中带有共性的问题;第二是具有全国意义的具体项目,由于工程耗资巨大,州政府无力承担,只能由联邦政府作为特别资助的项目。近年来实施的主要项目有:桥梁的改建和大修(联邦政府资助80%)、公路安全(联邦政府资助90%)、公路规划与研究(项目的开支占联邦政府资助金的1.5%)等。

(3)联邦资助示范项目。它是指为推广新技术、新方法时具有示范作用的工程项目,一般针对具体项目按年度拨款,有时也存在多年拨款的项目。

联邦资助公路计划的资金审批管理主要包括四个步骤。

①国会每隔2~4年审定各类项目的资金,通过一项联邦资助公路法令。

②联邦公路管理局依照法定公式将基金的绝大部分下拨各州,另一部分基金不按公式下拨,按行政办法分配。下拨时综合考虑人口、土地面积、公路里程、各州计划等因素,在规定时间内提前一年下拨。

③按计划分配好基金后,州际系统的建设基金可使用2年,而州际"4R"和非州际系统可使用4年。每年资金总额由上年未用完基金加上本年基金共同构成,如基金未按规定期限(2年或4年)使用,基金将被冻结,变成机动基金,转而分配给其他有州际项目的州使用,但被冻结的非州际系统的基金不能参与再分配。资金分配好后,各州明确自己应该承担的义务,做好各项准备工作,联邦政府落实工程项目实施细节后下拨分配基金,开始正式动工。

④联邦政府每年要向各州支付现金,以实现联邦政府承担款的许诺。各州提交完工的证书后,即可兑现。

2)国家预算拨款制

国家预算拨款指公路资金来自国家财政部门的收入,没有专门定向的来源。国家定期根据国民经济发展需要和投资政策对包括公路部门在内的国民经济各部门的预算进行综合平衡,经权力机构批准后,对各部门分配资金。前苏联解体后,这种拨款制逐渐被淘汰,其原因有两个:一是在这种制度下公路建设资金得不到保证,常常因各种原因被挤掉或消减;另一个原因是公路使用者税收用于公路建设更具有合理性和公平性,易于被国民所接受,其投资资助法案和预算在国家立法机关容易通过。

3)混合制

混合制指既有公路专项基金,又有国家拨款的资金管理体制。印度是典型的混合制国家。印度对公路的投资要经中央政府批准。资金的具体管理机构是中央政府的航运和运输部下属的公路局,公路局管理国家投资,又管理中央公路基金。

印度立法机构于1929年颁布法令确立中央公路基金,指定财源为汽油税。基金使用办法为:20%由中央留存,用于支付基金的管理及公路科研、交通调查等费用;另外80%由中央政府根据各邦的汽油消费量拨给各邦。1976年3月,印度通过立法确定公路基金专用于公路发展,是公路资金的主要来源。

除中央公路基金外,印度政府还通过拨款方式帮助各邦建设和改善稍低于国道的公路,并根据规划部门的建议,对邦际和有重要经济意义的公路的建设、养护和改善提供专项资金。

2.地方政府对公路资金的管理

各国地方政府对公路资金管理形式多种多样,归纳起来包括两个方面。

(1)中央拨付的,专用于指定公路项目的资金的管理。这部分资金有的是用于地方行政管辖区内的国道或干线公路的建设和养护,有的是中央政府给予地方公路资金的补助,其使用管理都受中央的制约和监督。

(2)地方财政中对地方公路事业拨款的管理。这部分拨款来自于地方的税收,由地方政府根据所属公路部门的计划,以预算的形式批准,由公路部门来具体执行。

3. 收费公路的资金管理

收费公路一般通过收取通行费来偿还贷款本利,同时在经营期内公路的维护、管理费用也从收费中支付,这部分资金的运转由公路经营公司的财务部门负责执行。由于政府往往对收费公路也投入部分资金,所以,从通行费中提出相应比例付给政府作为投资回报,而政府则将这些费用转为公路建设资金。

美国各州公路收费机构的几种主要管理模式如下:

(1)市政府或县政府。当地政府完全控制当地收费公路和桥梁的财务与所有权,地方所得税和发行债券所得留置用作特殊收费项目,按当地政府视为合适的额度收取过路费。

(2)当地权威机构或代理机构。它是指根据州法创建,类似独立州代理机构的收费实体。尽管它们可能听命于政府的分支机构或政府任命的代理机构,但它们在财政上完全独立于当地政府。这些机构对实体的财政承担最大的义务和责任,并完全自筹资金用于项目。

(3)附属于州政府的机构。这类机构实质上是作为州交通部门的财政分支部门,负责所有的债券发行,并根据租赁协议将发行债券及收费所得交给州政府,然后由州政府将其租赁所得用于债券兑付。

(4)独立于州政府的代理机构。在政治控制的某种程度上,由州长任命机构的董事会成员,机构的发行债券可能受或不受财政部门的监察,但机构在确定通行费以及兑付债券等财务方面是自治的。州政府对机构不投入任何资金,最大限度地兑付债券是机构唯一的义务。

(5)新公共设施的创新性融资机构。公有性质,其运营完全或部分依赖于经营开发费、过路费等收入来源。

(6)新公共收费公路的公私混合型融资机构。政府通常通过一当地机构对其进行控制和指导,机构对完全独立且唯一的项目进行融资,如收取的过路费不足,政府对其没有追索权。

(7)新公路的公私合伙制。私企占多数股份并在财务、建设、经营等决策中起决定作用,公有股份趋向于整体协议形成框架,支付前期发展的费用等。

(8)由私人出资的新公路,财务及风险责任完全由私人或其资助商承担,私人股本完全化与应征税债券发行的结合。

四、高速公路投融资管理的内容

高速公路投融资管理是涉及法律、法规、技术经济、管理等多学科的一项综合性管理工作。目前我国还没有专门的有关高速公路投资管理的法规。从高速公路投融资管理的要求来看,管理的内容应当包括:

(1)投资法规、政策;

(2)投资主体;

(3)投融资方式;

(4)投资的监管。

本章重点讨论高速公路的投资主体、投融资方式和投资的监管。

第二节 高速公路投资管理

一、公路建设投资的性质与分类

1993年11月十四届三中全会上通过的《中共中央关于建立社会主义市场经济体制若干

问题的决定》(以下简称《决定》)里,党中央对我国改革开放之后固定资产投资体制改革做了总结和深入的分析,把我国固定资产投资,根据其性质和特征划分为三个大的类别:竞争性项目投资、基础性项目投资和社会公益性项目投资(见图4-1)。

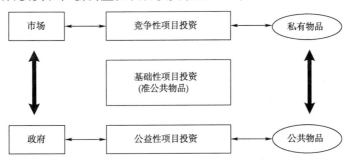

图4-1 投资项目的分类

竞争性项目投资,就是不用政府代劳的产品(劳务)生产投资的领域,它们由企业自主决策,自担风险,自负盈亏,所需资金可向银行借贷,贷与不贷也完全由商业银行根据项目的盈利情况自己决定。这一类固定资产投资在经济社会中每日每时都在大量发生,属于由市场机制配置资源的范畴。政府对竞争性项目的管理方式是用产业政策引导,不进行行政干预,用项目登记备案制度代替原先的行政审批,以市场机制来规范竞争性项目的投资。

基础性项目投资。基础性项目就是进行国家基础结构建设的项目。基础结构(道路、铁路、水库、电站、机场等)是社会管理资本,是支撑一国经济运行发展的基础,它决定着一个国家经济活力(工业、商业等)的水平。基础结构主流上是公共产品,但它们又具有一定的商品属性。根据上述特性,政府对基础性项目投资应当进行管理。《决定》规定了中央政府与地方政府在基础性项目投资上的责任分工:由中央政府负责国家全局性的重大项目,地方政府负责本地的基础性建设项目。中央或地方政府负责的基础性项目都要进行统一规划,并由国家开发银行等政府性银行,通过国家财政投资和融资;也可由上述银行通过金融债券等渠道筹资,其形式可以采取控股、参股和政策性优惠贷款等形式进行。《决定》还规定,基础性投资项目必须建立企业法人制度,企业法人对项目筹划、筹资、建设直至生产经营负完全责任,企业法人还要承担风险,归还贷款本息以及全过程负责固定资产的保值与增值。

社会公益性项目投资。社会公益性产品(服务)是典型的公共产品,例如我国对九年制义务教育发展的投资,对城市市政公共设施的投资,对社会保障和社会福利设施的投资等。由于这些产品(服务)没有商品属性,完全不能用市场机制实现其生产和资源的配置,其建设项目必须由政府负责,其资金必须从国家税收收入中开支,由政府通过国家财政统筹安排。《决定》规定,除国家财政开支外,社会公益性项目也应广泛吸收社会各界资金(例如,我国为发展九年制义务教育而设立的希望工程),以扩大社会公益性项目的资金来源。

对这种划分方法,无论从经济理论还是从政治学理论上来认识都是科学的。政府的职能是生产或提供私人企业或任何社会团体都无法提供或提供不了的公共产品(服务),而凡是私人企业或社会成员有能力通过市场机制提供的产品和劳务,政府一般都不用代劳。在私人产品生产领域,政府的作为就是通过法律等手段造就一个有利于经济发展的"软、硬"环境,例如,政府为了使市场机制充分实现其效率功能,为企业和消费者制定"反垄断法"、"保护消费者权益法";政府要对教育投资,制定发展教育和科技的法律和政策;政府要致力交通、通信和能源等基础结构的发展建设;政府对国民经济发展全过程进行宏观调控和监督等,这些都是政府的用武之地。

公路建设投资项目的性质应属于第二类——基础性项目投资。虽然公路提供的通行服务主流上是公共产品,具有一定社会公益性,但公路的某些商品属性,尤其是级差效益,使公路建设投资既不宜完全列为社会公益性项目,也不能完全列为竞争性投资项目。

一般而言,基础设施具有如下六个特征。

1. 社会性

基础设施是涉及国计民生的基础性设施及服务,其质量好坏直接影响到居民的生活和社会的正常运转。如路网设计、建设时考虑不周,设计通行能力与实际车流量偏差严重,长期塞车从而恶化交通条件、引起民怨四起,严重时影响到城市的产业布局和房地产价格。

2. 公益性

基础设施对社会公众具有积极的效用即公益性,如城市快速干道路网交通基础设施方便市民出行、通勤,节约时间。积极的效用可以被基础设施的使用者或服务者所享用,也可以通过外在性发挥作用,基础设施大致属于能够带来有益的(正的)外在性的公共产品,但是在特殊情况下如城市高架道路对沿线居民的噪声污染是属于负的外在性。

3. 共享性(非排他性)

由于基础设施是一种公共物品,决定了它通常是供社会公众所共享,即基础设施的使用一般具有非排他性:一个人在使用某个基础设施或享用其服务时不能对其独占,而排除其他人对该基础设施的使用或排除需要花费巨大的成本,"免费搭车者"问题反映的就是共享性特征。

4. 使用边际成本低

增加基础设施的一个使用者几乎不会增加基础设施的边际使用成本,或者由此增加的边际使用成本很低,这一特征从基础设施的运营成本中主要是固定成本,与使用者数量相关的变动成本一般所占比例不大可得到反映。

5. 时空性

基础设施对于空间、地域和时间具有极强的依附性,即在空间、地域和时间上的不可挪用性。因为基础设施的投资成本具有沉没性,建成后不能挪作他用,基本没有残值,一旦投资建成就必须按既定用途使用下去,否则巨额投资将无法收回。同时基础设施的时空性要求基础设施的建设和在社会经济发展的安排上,要有适当的超前意识即规划上和建设时间上的超前性。

6. 投资规模大,使用寿命长

基础设施建设投资大、周期长,政府单一投资主体难以达到基础设施长期稳定发展的目标,解决这一问题的根本途径是:扩大政府投资的同时,加快基础设施领域的市场化改革,大力引进各类投资主体,建立与完善政府投入与市场补偿相结合的投融资机制,以促进基础设施的适度超前发展。

二、高速公路建设投资项目的性质

社会产品或服务可根据其在消费上是否存在竞争性,供应上是否存在排他性,以及这种物品是否具有外部利益等特征,可以划分为三种基本类型:纯公共物品、纯私人物品和准公共物品。在现实社会中,许多物品的性质介于私用物品和公共物品之间,称之为准公共物品。

准公共物品往往是政府和市场共同发挥作用的领域,在一定条件下,可以由政府提供,也可以由市场提供,或者由两者联合提供。在公路不存在拥挤现象的情况下(此时拥挤成本为零,因为拥挤造成排队现象,浪费了时间,所以产生了成本),它表现为公共产品,具有非排他性和非竞争性的特征;而当消费者增加到一定数量,拥挤现象产生后,公路又具有排他性和竞争性的私人产品特征。

根据公共物品与私用物品的经济学定义,高速公路显然不是纯公共物品,但也不同于私用物品。与大多数基础设施与公用事业一样,高速公路是具有准公共产品特征的混合产品,具有多重经济属性。

高速公路的公共物品特性主要表现在以下几个方面:
(1)高速公路交通产生的巨大外部经济效益,不易分割,具有较强的社会性和公益性;
(2)高速公路设施具有自然垄断特点,不具备一般产业完全依靠市场竞争机制的条件;
(3)高速公路建设投资巨大,回收周期长,投资回报率较低,不可能完全依靠私人或市场为投资建设。

高速公路的非公共物品特性主要表现在以下几个方面:
(1)高速公路具有可以量化的使用价值和明确的直接受益者,具有特定的服务特性和一定的商品属性;
(2)高速公路的消费在一定条件下存在竞争性和排他性;
(3)高速公路设施产品可以提供较高的服务水平;
(4)高速公路不是纯公益物品,它具有鲜明的生产性,是国民经济的一个特殊生产部门。

三、高速公路的投资主体

所谓投资主体,就是具有独立的投资权利的实体。投资主体必须满足以下三个条件:第一,在投资过程中具有独立的投资决策权;第二,具有与投资比例相匹配的收益权;第三,对投资资产拥有所有权或经营权。

高速公路投资项目,主要体现了公路建设项目的基础性和竞争性。中央政府允许并鼓励各行各业、各种经济成分对高速公路项目投资。《中华人民共和国公路法》第二十一条规定:"……国家鼓励国内外经济组织对公路建设进行投资。开发经营公路的公司可以依照法律、行政法规的规定发行股票、公司债券筹集资金。"

根据一般的划分,高速公路投资主体分为政府投资主体(包括中央政府和地方政府)、企业投资主体(包括外商)和个人投资主体。

1. 政府投资主体

各级政府通过预算拨款、政策性收费和交通规费所筹集的资金,除部分用于非经营性投资项目外,其余可作为资本金,成立公路建设投资开发公司。公司按照国家制定的产业政策、投资政策及交通发展规划,对公路投资资金进行统筹安排、分级经营、分成回收、滚动发展。对于高等级公路建设收费项目的经营性投资资金,全部实行有偿使用。

公路建设投资开发公司按公路法的要求组建和运行,具有独立法人资格,建立投资风险和投资约束机制,明确其责、权、利的关系。

公路建设投资开发公司对各级交通部门注入的资本金承担投资建设、经营管理、收回投资本息及增值的责任风险。增值部分按一定比例上缴各级交通管理部门,用于新的公路建设项目,其余部分除按规定留成后,进入公司资本金,增加公司再投资的实力。

在与其他经济成分(包括外商)联合投资筑路修桥,或以原有旧路入股合作时,经产权界定、资产评估,公路建设投资开发公司以企业法人的资格代表交通管理部门参股,成立相应的董事会,共同进行建设、经营、管理及收益分红。

公路建设投资开发公司的资金来源,除政府投入外,主要靠银行贷款及市场融资。当然,公司承担贷款和市场融资的还本付息责任。

2. 企业投资主体

随着经济的发展和企业实力的增强,公路建设日益成为企业投资的一个热点。另外,政府也常常制定一些鼓励企业向公路建设投资的优惠政策。例如,地方政府划拨土地给企业开发,鼓励企业向公路投资;政府为了建设某条公路,拍卖公路沿线的土地使用权,并将建设该条公路的投资作为附加条件等。这些做法在全国各地已多有尝试,吸引了不少企业资金向公路投入,企业已成为公路建设中一个重要的投资主体。

3. 外商投资主体

近几年来,外商对公路等交通运输基础设施的投资发展很快,特别是第九届人大之后,很多外商已把交通基础设施建设作为一个投资热点。投资项目涉及公路、桥梁、机场、港口等,投资规模不断扩大,投资的形式也很多,有借贷款、入股、购买公路经营权、合资开发等。外资已逐渐成为补充公路基础设施建设资金的重要来源。

4. 个人投资主体

自从十一届三中全会之后,人们对公路交通运输基础设施重要性的认识日益深入,社会对优先发展交通运输基础设施已达成共识。"要致富、先修路"已驱动许多地区人民群众千方百计筹集资金修建公路。随着我国经济的发展,人民生活逐渐富裕起来,我国城乡居民的个人储蓄已达到数万亿人民币,这些都是公路建设的重要潜在资金来源。

四、高速公路的投资监管

根据交通部发布的 2006 年第 6 号《公路建设监督管理办法》中的规定,公路建设监督管理的工作包括:建设程序的监督管理;建设市场的监督管理;质量与安全的监督管理;建设资金的监督管理;社会监督。以上监管内容同样适用于高速公路。

1. 公路建设监督管理的职责

(1)监督国家有关公路建设工作方针、政策和法律、法规、规章、强制性技术标准的执行。

(2)监督公路建设项目建设程序的履行。

(3)监督公路建设市场秩序。

(4)监督公路工程质量和工程安全。

(5)监督公路建设资金的使用。

(6)指导、检查下级人民政府交通主管部门的监督管理工作。

(7)依法查处公路建设违法行为。

交通部对全国公路建设项目进行监督管理,依据职责负责国家高速公路网建设项目和交通部确定的其他重点公路建设项目前期工作、施工许可、招标投标、工程质量、工程进度、资金、安全管理的监督和竣工验收工作。

除应当由交通部实施的监督管理职责外,省级人民政府交通主管部门依据职责负责本行政区域内公路建设项目的监督管理,具体负责本行政区域内的国家高速公路网建设项目、交通部和省级人民政府确定的其他重点公路建设项目的监督管理。

设区的市和县级人民政府交通主管部门按照有关规定负责本行政区域内公路建设项目的监督管理。

县级以上人民政府交通主管部门在履行公路建设监督管理职责时,有权要求:①被检查单位提供有关公路建设的文件和资料;②进入被检查单位的工作现场进行检查;③对发现的工程质量和安全问题以及其他违法行为依法处理。

2. 建设程序的监督管理

公路建设应当按照国家规定的建设程序和有关规定进行。

政府投资公路建设项目实行审批制,企业投资公路建设项目实行核准制。县级以上人民政府交通主管部门应当按职责权限审批或核准公路建设项目,不得越权审批、核准项目或擅自简化建设程序。

政府投资公路建设项目的实施,应当按照下列程序进行:

(1)根据规划,编制项目建议书;

(2)根据批准的项目建议书,进行工程可行性研究,编制可行性研究报告;

(3)根据批准的可行性研究报告,编制初步设计文件;

(4)根据批准的初步设计文件,编制施工图设计文件;

(5)根据批准的施工图设计文件,组织项目招标;

(6)根据国家有关规定,进行征地拆迁等施工前准备工作,并向交通主管部门申报施工许可;

(7)根据批准的项目施工许可,组织项目实施;

(8)项目完工后,编制竣工图表、工程决算和竣工财务决算,办理项目交、竣工验收和财产移交手续;

(9)竣工验收合格后,组织项目后评价。

国务院对政府投资公路建设项目建设程序另有简化规定的,依照其规定执行。

企业投资公路建设项目的实施,应当按照下列程序进行:

(1)根据规划,编制工程可行性研究报告;

(2)组织投资人招标工作,依法确定投资人;

(3)投资人编制项目申请报告,按规定报项目审批部门核准;

(4)根据核准的项目申请报告,编制初步设计文件,其中涉及公共利益、公众安全、工程建设强制性标准的内容应当按项目隶属关系报交通主管部门审查;

(5)根据初步设计文件编制施工图设计文件;

(6)根据批准的施工图设计文件组织项目招标;

(7)根据国家有关规定,进行征地拆迁等施工前准备工作,并向交通主管部门申报施工许可;

(8)根据批准的项目施工许可,组织项目实施;

(9)项目完工后,编制竣工图表、工程决算和竣工财务决算,办理项目交、竣工验收;

(10)竣工验收合格后,组织项目后评价。

县级以上人民政府交通主管部门根据国家有关规定,按照职责权限负责组织公路建设项目的项目建议书、工程可行性研究工作、编制设计文件、经营性项目的投资人招标、竣工验收和项目后评价工作。公路建设项目的项目建议书、工程可行性研究报告、设计文件、招标文件、项目申请报告等应按照国家颁发的编制办法或有关规定编制,并符合国家规定的工作质量和深度要求。

公路建设项目法人应当依法选择勘察、设计、施工、咨询、监理单位,采购与工程建设有关的重要设备、材料,办理施工许可,组织项目实施,组织项目交工验收,准备项目竣工验收和后评价。

公路建设项目应当按照国家有关规定实行项目法人责任制度、招标投标制度、工程监理制度和合同管理制度。

公路建设项目必须符合公路工程技术标准。施工单位必须按批准的设计文件施工,任何单位和人员不得擅自修改工程设计。已批准的公路工程设计,原则上不得变更。确需设计变更的,应当按照交通部制定的《公路工程设计变更管理办法》的规定履行审批手续。

公路建设项目验收分为交工验收和竣工验收两个阶段。项目法人负责组织对各合同段进行交工验收,并完成项目交工验收报告报交通主管部门备案。交通主管部门在15天内没有对备案项目的交工验收报告提出异议,项目法人可开放交通进入试运营期。试运营期不得超过3年。通车试运营2年后,交通主管部门应组织竣工验收,经竣工验收合格的项目可转为正式运营。对未进行交工验收、交工验收不合格或没有备案的工程开放交通进行试运营的,由交通主管部门责令停止试运营。公路建设项目验收工作应当符合交通运输部制定的《公路工程竣(交)工验收办法细则》的规定。

3. 建设市场的监督管理

县级以上人民政府交通主管部门依据职责,负责对公路建设市场的监督管理,查处建设市场中的违法行为,对经营性公路建设项目投资人、公路建设从业单位和主要从业人员的信用情况应进行记录并及时向社会公布。

公路建设市场依法实行准入管理。公路建设项目法人或其委托的项目建设管理单位的项目建设管理机构、主要负责人的技术和管理能力应当满足拟建项目的管理需要,符合交通部有关规定的要求。公路工程勘察、设计、施工、监理、试验检测等从业单位应当依法取得有关部门许可的相应资质后,方可进入公路建设市场。公路建设市场必须开放,任何单位和个人不得对公路建设市场实行地方保护,不得限制符合市场准入条件的从业单位和从业人员依法进入公路建设市场。

公路建设从业单位从事公路建设活动,必须遵守国家有关法律、法规、规章和公路工程技术标准,不得损害社会公共利益和他人合法权益。

公路建设项目法人应当承担公路建设相关责任和义务,对建设项目质量、投资和工期负责。公路建设项目法人必须依法开展招标活动,不得接受投标人低于成本价的投标,不得随意压缩建设工期,禁止指定分包和指定采购。

公路建设从业单位应当依法取得公路工程资质证书并按照资质管理有关规定,在其核定的业务范围内承揽工程,禁止无证或越级承揽工程。

公路建设从业单位必须按合同规定履行其义务,禁止转包或违法分包。

4. 质量与安全的监督管理

县级以上人民政府交通主管部门应当加强对公路建设从业单位的质量与安全生产管理机构的建立、规章制度落实情况的监督检查。

公路建设实行工程质量监督管理制度。公路工程质量监督机构应当根据交通主管部门的委托依法实施工程质量监督,并对监督工作质量负责。

公路建设项目实施过程中,监理单位应当依照法律、法规、规章以及有关技术标准、设计文件、合同文件和监理规范的要求,采用旁站、巡视和平行检验形式对工程实施监理,对不符合工程质量与安全要求的工程应当责令施工单位返工。未经监理工程师签认,施工单位不得将建筑材料、构件和设备在工程上使用或安装,不得进行下一道工序施工。

公路工程质量监督机构应当具备与质量监督工作相适应的试验检测条件,根据国家有关工程质量的法律、法规、规章和交通部制定的技术标准、规范、规程以及质量检验评定标准等,对工程质量进行监督、检查和鉴定。任何单位和个人不得干预或阻挠质量监督机构的质量鉴定工作。

公路建设从业单位应当对工程质量和安全负责。工程实施中应当加强对职工的教育与培训,按照国家有关规定建立健全质量和安全保证体系,落实质量和安全生产责任制,保证工程质量和工程安全。

公路建设项目发生工程质量事故,项目法人应在24h内按项目管理隶属关系向交通主管部门报告,工程质量事故同时报公路工程质量监督机构。省级人民政府交通主管部门或受委托的公路工程质量监督机构负责调查处理一般工程质量事故;交通部会同省级人民政府交通主管部门负责调查处理重大工程质量事故;特别重大工程质量事故和安全事故的调查处理按照国家有关规定办理。

5. 建设资金的监督管理

对于使用财政性资金安排的公路建设项目,县级以上人民政府交通主管部门必须对公路建设资金的筹集、使用和管理实行全过程监督检查,确保建设资金的安全。公路建设项目法人必须按照国家有关法律、法规、规章的规定,合理安排和使用公路建设资金。

对于企业投资公路建设项目,县级以上人民政府交通主管部门要依法对资金到位情况、使用情况进行监督检查。

公路建设资金监督管理的主要内容有:

(1)是否严格执行建设资金专款专用、专户存储、不准侵占、挪用有关管理规定;

(2)是否严格执行概预算管理规定,有无将建设资金用于计划外工程;

(3)资金来源是否符合国家有关规定,配套资金是否落实、及时到位;

(4)是否按合同规定拨付工程进度款,有无高估冒算,虚报冒领情况,工程预备费使用是否符合有关规定;

(5)是否在控制额度内按规定使用建设管理费,按规定的比例预留工程质量保证金,有无非法扩大建设成本的问题;

(6)是否按规定编制项目竣工财务决算,办理财产移交手续,形成的资产是否及时登记入账管理;

(7)财会机构是否建立健全,并配备相适应的财会人员。各项原始记录、统计台账、凭证账册、会计核算、财务报告、内部控制制度等基础性工作是否健全、规范。

县级以上人民政府交通主管部门对公路建设资金监督管理的主要职责:

(1)制定公路建设资金管理制度;

(2)按规定审核、汇总、编报、批复年度公路建设支出预算、财务决算和竣工财务决算;

(3)合理安排资金,及时调度、拨付和使用公路建设资金;

(4)监督管理建设项目工程概预算、年度投资计划安排与调整、财务决算;

(5)监督检查公路建设项目资金筹集、使用和管理,及时纠正违法问题,对重大问题提出意见报上级交通主管部门;

(6)收集、汇总、报送公路建设资金管理信息,审查、编报公路建设项目投资效益分析报告;

(7)督促项目法人及时编报工程财务决算,做好竣工验收准备工作;

(8)督促项目法人及时按规定办理财产移交手续,规范资产管理。

6. 社会监督

县级以上人民政府交通主管部门应定期向社会公开发布公路建设市场管理、工程进展、工程质量情况、工程质量和安全事故处理等信息,接受社会监督。

公路建设施工现场实行标示牌管理。标示牌应当标明该项工程的作业内容,项目法人、勘察、设计、施工、监理单位名称和主要负责人姓名,接受社会监督。

公路建设实行工程质量举报制度,任何单位和个人对公路建设中违反国家法律、法规的行为,工程质量事故和质量缺陷都有权向县级以上人民政府交通主管部门或质量监督机构检举和投诉。

县级以上人民政府交通主管部门可聘请社会监督员对公路建设活动和工程质量进行监督。

第三节 我国高速公路建设主要融资方式

一、公路收费权益有偿转让

交通部在1994年7月发布的《关于转让公路经营权问题的通知》中规定:"为了筹集公路建设资金,加快公路建设发展速度,国家允许外商或国内非交通管理部门独资、合资建设和经营公路,对已建成的收费公路允许有偿将经营权转让给外商或国内非交通管理部门。"这是我国政府首次正式规定同意实施公路经营权的有偿转让。

1996年9月交通部正式颁布了《公路经营权有偿转让管理办法》,对公路领域租赁(经营权转让)和特许经营的审批程序进行了规定。

1997年7月3日第八届全国人民代表大会第二十六次会议通过的《中华人民共和国公路法》第六十条规定:"有偿转让公路收费权的公路,收费权转让后,由受让方收费经营。收费权的转让期限由出让、受让双方约定并报转让收费权的审批机关审查批准,但最长不得超过国务院规定的年限。"

1999年10月19日,国家计委1684号通知就基础设施资产转让问题对交通部《公路经营权有偿转让管理办法》的条款进行了修改。

由于交通部制定的《公路经营权有偿转让管理办法》出台时间较早,在当时的情况和条件下,对规范收费公路权益转让工作发挥了积极的作用。但各地对收费公路权益转让相关法律制度存在理解上的差异,在实际运作中存在一些不规范的问题。

2004年国务院颁发了《收费公路管理条例》(国务院令第417号),对公路收费权益的转让管理作出原则性的规定,并明确提出收费公路权益转让的具体办法,由国务院交通主管部门会同国务院发展改革部门和财政部门制定。

据此,2008年8月20日,交通运输部、国家发展和改革委员会、财政部令2008年第11号发布了《收费公路权益转让办法》。该办法明确了转让收费公路权益的原则、转让条件、转让程序、转让收入使用管理、收费公路权益转让后续管理及收回等。

《收费公路权益转让办法》规定,国家允许依法转让收费公路权益,同时对收费公路权益的转让进行严格控制。收费公路权益转让活动,应当遵守相关法律、法规、规章的规定,应当遵循公开、公平、公正和诚实信用的原则。

国家在综合考虑转让必要性、合理性、社会承受力等因素的基础上,严格限制政府还贷公路转让为经营性公路。

国务院交通运输主管部门主管全国收费公路权益的转让工作。国务院发展改革部门和财政主管部门依据各自职责,负责收费公路权益转让的相关管理工作。

1. 收费公路权益转让的界定

(1)收费公路,是指按照《公路法》和《收费条例》规定,经批准依法收取车辆通行费的公路(含桥梁和隧道)。收费公路包括政府还贷公路和经营性公路。

政府还贷公路,是指县级以上地方人民政府交通运输主管部门利用贷款或者向企业、个人有偿集资建成的收费公路。

经营性公路,是指国内外经济组织依法投资建设或者依法受让政府还贷公路收费权的收费公路。

(2)收费公路权益,是指收费公路的收费权、广告经营权、服务设施经营权。

(3)收费公路权益转让,是指收费公路建成通车后,转让方将其合法取得的收费公路权益有偿转让给受让方的交易活动。

转让方是指将合法取得的收费公路权益依法有偿转让给受让方的国内外经济组织,包括不以营利为目的的专门建设和管理政府还贷公路的法人组织和投资建设经营经营性公路的国内外经济组织。

受让方是指依法从转让方有偿取得收费公路权益的国内外经济组织。

2. 收费公路权益转让条件

《收费公路权益转让办法》要求:转让收费权的公路,应当符合《收费条例》第十八条规定的技术等级和规模。即:

(1)高速公路连续里程30km以上。但是,城市市区至本地机场的高速公路除外。

(2)一级公路连续里程50km以上。

(3)两车道的独立桥梁、隧道,长度800m以上;四车道的独立桥梁、隧道,长度500m以上。

有下列情形之一的,收费公路权益中的收费权不得转让:

(1)长度小于1000m的两车道独立桥梁和隧道;

(2)二级公路;

(3)收费时间已超过批准收费期限2/3。

同一个收费公路项目的收费权、广告经营权、服务设施经营权,可以合并转让,也可以单独转让。

转让收费公路权益,不得有下列行为:

(1)将一个依法批准的收费公路项目分成若干段转让收费权;

(2)将收费公路权益项目与非收费公路权益项目捆绑转让;

(3)受让方没有全部承继转让方原对政府和社会公众承担的责任、义务;

(4)将政府还贷公路权益无偿划转给企业法人。

转让尚未偿清国际金融组织或者外国政府贷款的收费公路权益的,应当按照国家相关规定在申请转让审批前经原利用国外贷款审批部门同意。

收费公路权益转让的受让方应当按照国家有关投资管理的相关规定,在申请转让审批前将投资项目申请报告报有相应管理权限的投资主管部门核准。申请核准时应当同时提交收费公路权益转让合同。

转让公路收费权,应当征得下列利害关系人同意:
(1)该公路的债权人;
(2)该公路收费权的质权人;
(3)该公路的所有投资人;
(4)公路的投资建设合同和转让公路收费权合同中约定转让及再转让时要征得其同意的人。

公路收费权的受让方应当具备下列条件:
(1)财务状况良好,企业所有者权益不低于受让项目实际造价的35%;
(2)商业信誉良好,在经济活动中无重大违法违规行为;
(3)法律、法规规定的其他条件。

单独转让公路广告经营权、服务设施经营权时,其受让方应当具备的条件,按照地方性法规和省级人民政府规章执行。

3. 收费公路权益转让的期限

《收费公路权益转让办法》第十三条对收费公路权益转让期限进行了一些规定:

转让政府还贷公路收费权,可以向省级人民政府申请延长收费期限,但延长的期限不得超过5年,且累计收费期限的总和最长不得超过20年。国家确定的中西部省、自治区、直辖市政府还贷公路累计收费期限的总和,最长不得超过25年。

转让经营性公路收费权,不得延长收费期限,且累计收费期限的总和最长不得超过25年。国家确定的中西部省、自治区、直辖市经营性公路累计收费期限的总和,最长不得超过30年。

4. 收费公路权益转让程序

《收费公路权益转让办法》规定的收费公路权益转让程序如下:

转让公路收费权,在办理转让审批前,转让方可以先向审批机关提出转让立项申请。

审批机关收到转让立项申请后,应当对申请转让的收费权是否符合转让条件进行初步审查,并出具转让立项审查意见。

转让立项审查意见可以作为转让方在作转让前期准备工作时证明拟转让的公路收费权符合转让条件的依据。

转让下列收费公路的收费权,转让方应当委托符合条件的资产评估机构,对收费权价值进行评估:
(1)政府还贷公路;
(2)有财政性资金投入的经营性公路;
(3)使用国有资本金投资的公路。

资产评估机构出具的评估报告,是确定前款规定收费公路的收费权转让最低成交价的依据。

转让方对资产评估机构出具的资产评估报告,应当按照国家有关资产评估的规定,报有关部门核准或者备案。

受让方确定后,转让方和受让方应当依法订立收费公路权益转让合同。

转让合同应当包括下列条款:
(1)转让方与受让方的名称与住所;
(2)项目名称和经营内容;
(3)经营范围和转让期限;

(4)转让价格及支付价款的时间(最长不超过合同生效后6个月)和方式;
(5)有关资产交割事项;
(6)转让方涉及的职工安置方案;
(7)转让方的权利和义务;
(8)受让方的权利和义务;
(9)公路养护和服务质量保障措施(包括建立养护维修保证金等);
(10)经营风险的承担责任;
(11)公路养护责任;
(12)公路移交的方式和时间;
(13)争议的解决方式;
(14)各方的违约责任;
(15)合同变更和解除的条件;
(16)转让合同期满后公路收费权的归属和移交事项;
(17)转让和受让双方认为必要的其他条款。

公路收费权益转让合同自公路收费权转让批准之日起生效。

转让国道(包括国道主干线和国家高速公路网项目,下同)收费权,应当经国务院交通运输主管部门批准。转让国道以外的其他公路收费权,应当经省级交通运输主管部门审核同意,报省级人民政府批准。

将公路广告经营权、服务设施经营权与公路收费权合并转让的,由具有审批公路收费权权限的审批机关批准。

单独转让公路广告经营权、服务设施经营权的审批,按照地方性法规和省级人民政府规章执行。

申请转让公路收费权的,转让方应当向审批机关提交申请文件。

审批机关应当按照《行政许可法》和相关规定的要求,办理公路收费权转让审批。

同意转让公路收费权的,审批机关应当出具公路收费权转让批准文件。

由省级人民政府批准转让公路收费权的,转让方自批准之日起30日内,应当将省级交通运输主管部门审核意见、省级人民政府批准文件和转让合同报国务院交通运输主管部门备案。

国务院交通运输主管部门应当自批准公路收费权转让之日起30日内,将批准文件抄送国务院发展改革主管部门和财政主管部门。

5. 转让收入使用管理

转让政府还贷公路权益的收入,除用于偿还公路建设贷款和有偿集资款外,应当全部用于公路建设。任何单位不得将转让政府还贷公路权益的收入用于公路建设以外的其他项目。

转让有财政性资金投入的经营性公路权益取得的收入中与财政性资金投入份额相应的收入部分,除用于偿还公路建设贷款外,主要用于公路建设。

转让全部由社会资金投入的经营性公路权益取得的收入,由投资者自行决定转让收入使用方向。

国家有关部门应当鼓励投资者将这部分收入继续投入公路建设项目。

转让政府还贷公路权益和转让有财政性资金投入的经营性公路权益取得的收入中与财政性资金投入份额相应的收入部分,纳入预算管理。转让方应当在取得上述转让收入的3个工作日内,按照规定的预算级次上缴财政。实行非税收入收缴管理制度改革的,按照改革的相关规定执行。财政主管部门应当将转让收入纳入当年财政收支预算,资金拨付按照财政国库管理制度有关规定执行。

6. 收费公路权益转让后续管理及收回

受让方依法拥有转让期限内的公路收费权益,转让收费公路权益的公路、公路附属设施的所有权仍归国家所有。

收费公路权益转让合同约定的转让期限届满,转让收费公路权益的公路、公路附属设施以及服务设施应当处于良好的技术状态,由国家无偿收回,由交通运输主管部门管理。

收费公路权益转让期限未满,因社会公共利益需要等原因国家提前收回转让的收费公路权益的,接收收费公路权益的交通运输主管部门依法给予受让方补偿。最高补偿额按照原转让价格和提前收回的期限占原批准转让期限的比例计算确定。

收费公路权益转让后,该公路路政管理的职责仍然由县级以上地方人民政府交通运输主管部门或者公路管理机构的派出机构、人员行使。

受让方在依法取得收费公路权益后,依法成立的公路经营企业应当按照国家规定的标准和规范要求,做好公路养护管理、绿化以及公路用地范围内的水土保持工作,并对收费公路及沿线设施进行日常检查、检测、维护,保证收费公路处于良好的技术状态。

公路经营企业应当根据交通运输主管部门要求,定期提供公路技术状况检测报告。

公路经营企业应当接受国务院交通运输主管部门和省、自治区、直辖市人民政府交通运输主管部门的行业管理,按要求实行联网收费,并遵守路网的其他统一要求,及时提供统计资料和有关经营情况。

收费公路权益转让后,省、自治区、直辖市交通运输主管部门应当对该收费公路的收费管理和养护情况实施监督检查。

收费公路权益转让合同约定的转让期限届满前6个月,省、自治区、直辖市人民政府交通运输主管部门应当对转让权益的收费公路进行鉴定和验收。经鉴定和验收,公路符合收费公路权益转让时核定的技术等级和标准的,公路经营企业方可按照国家有关规定,在转让期限届满时向交通运输主管部门办理公路移交手续;不符合转让收费公路权益时核定的技术等级和标准的,公路经营企业应当在交通运输主管部门确定的期限内进行养护,达到要求后,方可按照规定办理公路移交手续。转让期限届满仍未达到要求的,交通运输主管部门应当收回公路收费权,办理公路移交手续,指定其他单位进行养护,养护费用由原公路经营企业承担。

二、证券市场的融资方法

《中华人民共和国公路法》第六十条规定:"国家鼓励国内外经济组织对公路建设进行投资。开发、经营公路的公司可以依照法律、行政法规的规定发行股票、公司债券筹集资金。"这对我国发行股票、债券为公路建设提供资金来源提供了法律依据。

在公路建设中,吸收外商直接投资、借用外国政府和金融机构的贷款,虽然可以有效地解决建设资金不足的问题,但也有汇率风险大、还本付息压力大、筹资方式不够灵活等不足之处。随着我国社会主义市场经济的建立和不断完善,国内股票市场也已形成,运用股票、债券市场融资,有可能成为我国高等级公路建设筹资的一个重要手段。

1. 股票、债券融资的优缺点

(1)股票融资的优缺点

发行股票筹资主要有以下优点。

①股票筹资是一种有弹性的融资方式。由于股息或红利不像利息必须按期支付,当公司经营不佳或现金短缺时,董事会有权决定不发股息或红利,因而公司融资风险低。

②股票无到期日,其投资属永久性质,公司不需为偿还资金而担心。

③发行股票筹集资金,可降低公司负债比率,提高公司财务信用,增加公司今后的融资能力。

发行股票筹资主要有以下缺点。

①资金成本高。购买股票承担的风险比购买债券高,投资者只有在股票的投资报酬高于债券的利息收入时,才愿意投资于股票。另外债券利息可计入生产成本,而股息和红利须在税后利润中支付,这样就使股票筹资的资金成本大大高于债券筹集的资金成本。

②增发普通股须给新股东投票权和控制权,降低原有股东的控制权。

(2)债券融资的优缺点

债券筹资主要有以下优点。

①支出固定。不论企业将来盈利如何,它只需付给持券人固定的债券利息。

②企业控制权不变。债券持有者无权参与企业管理,因此公司原有投资者控制权不因发行债券而受到影响。

③少纳所得税。债券利息可计为成本,实际上等于政府为企业负担了部分债券利息。

④如果企业投资报酬率大于利息率,由于财务杠杆作用,发行债券可提高股东投资报酬率。

债券筹资的缺点有:

①固定利息支出会使企业承受一定的风险。特别是在企业盈利波动较大时,按期偿还本息较为困难。

②发行债券会提高企业负债比率,增加企业风险,降低企业的财务信誉。

③债券合约的条款,常常对企业的经营管理有较多的限制,如限制企业在偿还期内不再向别人借款,未按时支付到期债券利息不得发行新债券、限制分发股息等。所以企业发行债券在一定程度上约束了企业从外部筹资的扩展能力。

一般来说,当企业预测未来市场销售情况良好、盈利稳定,预计未来物价上涨较快,企业负债比率不高时,可以考虑以发行债券的方式进行筹资。

2. 高速公路股票融资的形式与步骤

(1)高速公路股票融资的形式

运用股票市场融资效率高,成本相对较低,可以实现风险共担,同时也可以减轻公路建设企业的负担。目前,我国通过股票市场筹集外资主要有两种形式:一是境内上市外资股,即B股,这是境外投资者用外汇买卖的境内上市股票。从1991年9月第一个B股上市到现在,已有65家B股上市,股本规模57.3亿元人民币,筹集外资30亿美元。另一种筹集外资的形式是直接在香港股票市场发行上市股票,如H股和N股。

我国高速公路建设项目以股票形式筹资起步较晚。采用的形式,既有在国内上海和深圳证券交易所发行的公路A股,也有在境内上市的外资股B股,以及在海外股票市场上市的H股等。

(2)高速公路股票融资的步骤

根据高速公路新建和已建成两种情况,实施高速公路股份制及上市发行股票的方法和基本程序有两种。

对于新建高速公路,其具体操作步骤是:按照《公司法》的要求,由几个发起人共同拟定发起人协议、章程等,经有关部门批准和工商登记即可成立有限责任公司或股份有限公司。资本金一般应占整个公路项目总造价的30%或以上,也可以按分期建设分段投资的30%作为首期资本金,以后按工程进展分期追加资本金。这样高速公路就可以按股份制进行筹资、建设和运营。

而对于已建成的高速公路进行股份制改造则比新建项目要来得复杂,但原则上也必须按照《公司法》的规定进行。

一般来说,有以下四个步骤。

①准备阶段。首先要组建高速公路股份制改造班子,负责拟定改制总体方案,选择中介机构,开展财产清查评估立项,并申请获得股票上市指标。这一阶段的最主要目的是申请得到股票上市指标,但也要注意选择好中介机构,尤其是要选择好的主承销商和好的律师。

②企业重组和预测、确定企业重组构架、拟定股票发行方案等。在确定企业重组方案后,要分别就资产及土地评估确认,国有股管理方案、税务等取得国家、省有关部门的正式批文。正式批文颁发后,就可以办理工商登记手续并召开公司创立大会。

③股票发行和上市阶段。正式向中国证监会提出发行股票及上市的申请,获得批准后,即可向证券交易所申请发行股票并上市。这个阶段的关键是与主承销商制定股票发行方案,包括价格、配售比例、推介路线等。

④上市后的运作阶段。就是按照《公司法》的要求,完善机构,制定规章制度,做好股票运行监控及募资所投项目的管理。

上面所述的境内股票市场上市及海外股票市场上市,基本上都要按照这四个步骤操作。

1992年6月30日,江苏省交通厅为了加快宁沪高速公路江苏段的建设,确保1996年年底通车,按政企分开的原则,对该建设项目实行公司企业的管理,设立江苏宁沪高速公路股份有限公司,并且得到国务院批准,成为中国内地首家由国务院特批的以股票融资和债券融资相结合的高速公路建设、管理、经营的股份有限公司。此后,经改组设立的高速公路股份有限公司相继出现。1996年11月,以经营合宁(合肥—南京)高速公路安徽段的皖通高速公路股份有限公司在香港联合交易所发行了中国内地首家高速公路H股股票,开创了中国内地高速公路建设在资本市场利用国外资本的先河。到2012年底,已先后有19家高速公路股份公司在国内外资本市场发行A、B、H股。可以预见股票、债券筹资已成为我国高速公路建设投资融资的重要方式之一。

到2004年3月底为止,我国共设立了粤高速、深圳高速、沪杭甬高速、山东基建、中原高速等19家公路上市公司,利用市场发行股票融资273.44亿元人民币,成为我国高速公路建设资金来源的重要补充。

实际上,高速公路上市公司在融资能力方面有其他融资主体所无法比拟的优势。高速公路上市公司由于有比较完善的公司治理结构,资金使用和投向都受到严格监管,相比高速公路其他经营性和非经营性的公司而言,资金使用效率更高,效益更好,成本更低,融资能力更强,江西赣粤高速公路股份有限上市以上来的融资历程就是充分的例证(表4-2)。

赣粤高速上市以来融资表 表4-2

时间	资本运作内容	融资规模	利率	主要投向
2000年4月	公开发行1.2亿A股	13.2亿元		昌樟高速建设
2002年10月	10:3的配售比例实施配股	3.56亿元		昌泰高速建设

续上表

时　间	资本运作内容	融资规模	利　率	主　要　投　向
2005年4月	利用自有资金及银行贷款	3.88亿元		收购昌樟高速30%的股权
2005年4月	利用自有资金及银行贷款	1.58亿元		收购昌傅高速30%资产权益
2005年10月	发行首期短期融资券	10亿元	2.92%	补充公司流动资金和归还银行贷款
2005年11月	利用自有资金及银行贷款	7.27亿元		收购昌泰高速36.67%股权
2006年6月	完成股权分置改革工作	38.8亿元		收购九景高速和温厚高速全部产权
2006年9月	发行2006年第一期短期融资券	9.5亿元	3.72%	补充公司流动资金和归还银行贷款
2008年2月	发行分离交易可转债	12亿	0.80%	补充公司流动资金和支付收购款项
2009年4月	发行短期融资券	10亿元	1.88%	补充流动资金,支撑项目融资
2007~2009年	商业票据	10亿元	<2%	创新养护改造工程支持方式

从赣粤高速近些年来融资历程中我们可以看出,高速公路上市公司可以在不同的时期不同的融资环境和不同的融资需求下,科学合理的选择最适合的融资方式。赣粤高速在不同时期根据资金的需求量、需求时间选择了不同的融资方式,将股票融资、债券融资、银行贷款等方式有效结合,同时以最大程度节约成本为前提,体现企业市场价值的最大化。同时赣粤高速通过丰厚的现金红利回报不但使国有资产不断增值,也更增强了公司股东和广大投资者的投资信心和热情,这也是赣粤高速每次融资都能顺利进行,其发行的债券一直受到投资者青睐的重要原因,从而使赣粤高速走向了融资—发展—回报—再融资—再发展—再回报的良性滚动发展的高速公路上来。

很可惜的是,从2004年4月开始至今,由于各种原因,股权融资没有新的进展。目前高速公路上市公司的数量仅占全部国内上市公司总数的1%左右和全国高速公路公司总数的10%以下,所筹资金对解决高速公路建设的资金缺口只能是杯水车薪。因此,在我国高速公路建设新阶段,有必要加大高速公路建设直接融资的比重,让证券市场成为高速公路建设资金筹措的重要场所,使高速公路上市公司成为高速公路建设融资的主力军。

三、高速公路项目融资

1. 项目融资的概念

项目融资在世界一些国家虽然已有20多年的实践,但作为学术用语,迄今为止还没有一个公认的定义。综观现已出版的中、外文书籍,对项目融资定义的表述有多种。尽管表述各异,但就总体而言,可把多种定义分为广义和狭义两类。从广义上讲,凡是为了建设一个新项目或者收购一个现有项目以及对已有项目进行债务重组所进行的融资,均可称项目融资;而狭义的项目融资则专指具有无追索或有限追索形式的融资。

美国财会标准手册中的定义是:"项目融资是指对需要大规模资金的项目而采取的金融活动。借款人原则上将项目本身拥有的资金及其收益作为还款资金来源,而且将其项目资产作为抵押条件来处理。该项目事业主体的一般性信用能力通常不被作为重要因素来考虑。这是因为其项目主体或是不具备其他资产的企业,或是对项目主体的所有者(母体企业)不能直接追究责任,两者必居其一。"

中国国家计委与外汇管理局共同发布的《境外进行项目融资管理办法》中的定义是:"项目融资是指以境内建设项目的名义在境外筹措外汇资金,并仅以项目自身预期收入和资产对外承担债务偿还责任的融资方式。它应具有以下性质:①债权人对于建设项目以外的资产和收入没有追索权;②境内机构不以建设项目以外的资产、权益和收入进行抵押、质押或偿债;③境内机构不提供任何形式的融资担保。"

上述定义虽然表述不同,但并无实质性的差别,都包含了以下最基本的内容。其一,项目融资是以项目为主体安排的融资,项目的导向决定了项目融资最基本方法。其二,项目融资中的贷款偿还来源仅限于融资项目本身。换言之,融资项目能否获得贷款完全取决于项目的经济强度。项目的经济强度可从两个方面来测度,一是项目未来可用于偿还贷款的净现金流量;二是项目本身的资产价值。

2. 项目融资的基本特征

项目融资既然是近年来出现的新型融资方式,它就与传统公司融资有很大的区别,项目融资与传统的公司融资相比较,其基本特征如下。

(1) 融资基础不同

项目的经济强度是项目融资的基础。换言之,贷款人能否给予项目贷款,主要依据项目的经济强度,即贷款人在贷款决策时,主要考虑项目在贷款期内能产生多少现金流量用于还款,贷款的数量、利率和融资结构的安排完全取决于项目本身的经济效益。这完全有别于传统融资主要依赖于投资者或发起人的资信。项目融资的这些特征就使得缺乏资金而又难以筹措资金的投资者,可以依靠项目的经济强度,通过项目融资方式实现融资。同时,由于贷款人关注的是项目经济实力,因此,他必然要密切关注项目的建设和运营状况,对项目的谈判、建设、运营进行全过程的监控。从这个意义上讲,采用项目融资有利于项目的成功。

(2) 追索程度不同

是完全追索,还是有限追索或无追索? 这是项目融资与传统融资的最主要区别。项目融资属于有限追索或无追索。所谓有限追索或无追索是指贷款人可以在某个特定阶段或者规定的范围内,对项目的借款人追索,除此之外,无论项目出现任何问题,贷款人均不能追索到借款人除该项目资产、现金流量以及所承担义务之外的任何财产。有限追索融资的特例是"无追索"融资,即融资百分之百地依赖于项目的经济实力。实际工作中,无追索的项目融资很少见。由于有限追索或无追索的实现使投资者的其他资产得到有效的保护,这就调动了大批具有资金实力的投资者参与开发与建设的积极性。

传统融资方式属于完全追索,即借款人必须以本身的资产作抵押,如果违约时该项目不足以还本付息,贷款方则有权把借款方的其他资产也作为抵押品收走或拍卖,直到贷款本金及利息偿清为止。可见,完全追索与有限追索的区别十分明显,人们往往把这个区别作为是项目融资还是传统融资的最主要标准。

(3) 风险分担程度不同

任何项目的开发与建设都必然存在着各种风险。项目融资与传统融资方式比较,在风险分担方面有三点显著不同:其一,通过项目融资的项目都是大型项目,它具有投资数额巨大,建设期长的特点,因而与传统融资的项目相比,投资风险大。其二,项目融资是一种利用外资的新形式,因此,项目融资的风险种类多于传统融资的风险,例如,政治风险、法律风险等。其三,传统融资的项目风险往往集中于投资者、贷款者或担保者,风险相对集中,难以分担;而项目融资的参与方有项目发起人、项目公司、贷款银行、工程承包人、项目设备和原材料供应商、项目产品的购买者和使用者、保险公司、政府机构等多家,通过严格的法律合同可以依据各方的利益,把责任和风险合理分担,从而保证项目融资的顺利实施。由此可见,能否有效、合理地分担风险是项目融资方案中十分关键的问题。

(4)债务比例不同

在传统融资方式下,一般要求项目的投资者出资比例至少要达到30%~40%以上才能融资,其余的不足部分由债务资金解决。而项目融资是有限追索或无追索融资,通过这种融资形式可以筹集到高于投资者本身资产几十倍甚至上百倍的资金,而对投资者的股权出资所占的比例要求不高,一般而言,股权出资占项目总投资的30%即可,其余由贷款、租赁、出口信贷等方式解决。因此可以说,项目融资是一种负债比率较高的融资。

(5)会计处理不同

项目融资也称非公司负债型融资,是资产负债表外的融资,这是与传统融资在会计处理上的不同之处。资产负债表外融资是指项目的债务不出现在项目投资者的资产负债表上的融资。这样的会计处理是通过对投资结构和融资结构的设计来实现的。

非公司负债型融资对于项目投资者的好处在于:可以使投资者以有限的财力从事更多的投资,同时将投资的风险分散和限制在更多的项目之中。而在传统融资方式下,项目债务是投资者债务的一部分,它必定出现在投资者的资产负债表上,这样一来,投资者的项目投资和其他投资之间会产生相互制约的现象。

在实际融资的过程中,对于投资者的深刻体会是这样的:因为基础设施的建设周期和投资回收期都很长,对于项目的投资者而言,如果把这样项目的贷款反映在投资者的资产负债表上,很有可能造成投资者(公司)的资产负债比例失衡,超出银行通常所能接受的安全警戒线,并且短期无法根本改变,这就势必影响投资者筹措新的资金和投资于其他项目的能力。如果采取非公司负债型融资则可避免上述问题。

(6)融资成本不同

项目融资与传统融资相比,融资成本较高。这主要是由于项目融资的前期工作十分浩繁、工作量大,又是有限追索性质所造成的。项目融资的成本包括融资的前期费用和利息成本两个部分。融资的前期费用包括融资顾问费、成本费、贷款的建立费、承诺费,以及法律费用等,一般占贷款总额的0.5%~2%左右;项目融资的利息成本一般要高出等同条件公司贷款的0.3%~1.5%,其增加幅度与贷款银行在融资结构中承担的风险以及对项目的投资者的追索程度密切相关。

3.高速公路项目融资的组织

与政府向国内外金融机构借款与贷款不同的另一个主要方面是,高速公路项目融资完全是企业行为,按市场规则运行。每个公路建设项目必须由若干个公司(包括国外公司)共同成立专门经营该项目的新公司,它是一个独立的经济实体,在这个实体中,牵头的公司称为主办人。在这个实体所经营的高速公路项目中,主要的参加者有六个类别。

(1)主办人

主办人负有督导该项目计划落实的责任,是主办该项目建设的政府的企业或代理组织。

(2)项目公司

项目公司是指由主办人吸收其他企业(通常包括外商)参加,共同组成的针对该公路项目的经济实体,它为该项目筹措资金并经营该项目,例如广深珠高速公路有限公司。

(3) 贷款人

贷款人是指为项目贷款的国内外信贷机构和国际金融组织,通常情况下表现为各金融机构为特定项目联合组成的银团。

(4) 担保人

担保人是指贷款人和主办人之外的第三人,对项目的完工和债务偿还等方面进行担保。担保人按担保的类别、范围不同可以细分,如差额垫支担保人、政治风险担保人等。

(5) 供应人

供应人是指按计划提供原材料和设备的供应商。有时原材料供应会直接影响项目贷款,所以供应人通过提供延迟付款可直接参与项目融资。

(6) 托管人

托管人负责收取和保管项目的收益,并保证在贷款未还清前,项目主办人不得动用该款项。其职责是:从项目的收益中直接接收所有费用,为贷款人的利益保管这些款项。

在高速公路的项目融资中,贷款人要承担项目的风险,但风险则仅限于该项目而无追索权。还款来源是该项目产生的收益,也就是限于该项目本身。在风险赔偿中,可以追索的有关项目资产包括三个方面:第一是项目形成的所有资产;第二是项目建成后的收益和权益;第三是发展商与其他股东与贷款人在合同中约定承担的义务和风险,以及所做出的承诺义务等。

在高速公路项目融资中,中方入资的方式方法并不局限于向国内银行借款一种形式,还可将辖区原有公路作价抵充入资资金,这一般用于对这条旧公路的改造或同方向新路建设的项目。也有地方政府,将公路建设与土地开发相结合,指定出让公路沿线或某特定土地开发权与外商合作建设高速公路,这实际上是以土地或土地使用权抵充资金入股。有的地方把这种办法称为"以地换路"。

四、公路建设 BOT 融资方式

BOT 是英文"Build—Operate—Transfer"的缩写,其中文的含义是"建设—经营—转让"。它是一种新型的利用私人(民营)资本进行基础设施建设的项目融资方式。BOT 的一般做法是:经授权的项目公司负责项目的资金筹集和建设(Build);建成后,在规定的经营期内,项目公司拥有该项目的所有权并收取费用,用所得收入清偿项目债务,弥补经营开支并获得预期的投资回报(Operate);经营期结束后,项目公司将整个项目移交给政府(Transfer)。

事实上,BOT 不是最近几年才出现的一种融资方式,20 年前许多国家在发展基础设施时已采用过这种类似的方式。由于基础设施和公共工程项目属于高资金密集型项目,通常是由政府垄断经营的。20 世纪 80 年代以来,随着经济的发展,对基础设施的需求增长很快,但是政府的财力有限,于是政府开始考虑如何利用私人资金。

1984 年,土耳其总理厄扎尔首先提出了 BOT 的概念,其出发点是将某些公共工程项目私营化,以解决政府的资金不足。在这种设想下,土耳其政府计划在 1985 ~ 1990 年 5 年中筹措 450 亿美元兴建电厂、高速公路等一批基础设施项目,并在 1987 年采用 BOT 方式分别同澳大利亚 sea-pac 公司、美国 Bechtel 公司、日本电力开发公司和三菱重工等达成了三个火力发电厂的建设协议,利用外资达 30 亿美元。

受土耳其的启发,亚洲一些国家也开始采用 BOT 方式。菲律宾政府 1987 年 7 月签署颁发了"建造经营转移法案",旨在利用、引进私人资金和外资参与扩建社会基础设施。此项法案的出台,吸引了不少外商和私人投资。1990 年按 BOT 方式进行的发电厂建设与旅馆建设两项投资就占该年投资的绝大部分。

巴基斯坦采用 BOT 方式建设了位于卡拉奇的长度为 16km 的轻轨系统,世界银行参与了该工程的前期工作。巴基斯坦政府为了鼓励外国投资者和承包人参与该项目的投资、建设和经营管理,制定了有吸引力的优惠政策,并承担项目建设前期大部分风险和经济责任。该项目于 1991 年 1 月开工,预计通车后,大大缓解卡拉奇目前交通运输的紧张状况。此外,泰国曼谷高速公路、我国香港东区隧道、马来西亚南北高速公路等都是采用 BOT 方式进行的。

我国第一个 BOT 基础设施项目是 1984 年由香港合和实业公司和中国发展投资公司等,作为承包人在深圳建设的沙角 B 电厂。当时 BOT 项目在我国刚刚出现,从中央到地方对该项目争议较多,焦点是承包人的回投率是否太高。经过 10 年的运作,1986 年获得英联邦大奖,更为重要的是目前沙角 B 电厂供电成本低于广东省国营电网。广东省经委曾组织人力对承包人的回报进行调查,得出的结论是回报率高是合理的。首先,B 电厂管理水平和效率较高;第二,承包人承担了一定的风险,如果项目工期延长一年,回报率将会变得很低;第三,承包人的回报率低于多数发展中国家的收益水平。目前,沙角 B 电厂模式基本得到了各级政府的认可。

继沙角 B 电厂后,我国广东、福建、四川、湖北、上海等地也出现了一批 BOT 项目,如广深珠高速公路、重庆地铁、上海延安东路隧道复线等。1984 年 8 月在美国加州注册的林同炎中国公司与北京市政工程局正式签约,取得建设、经营北京—通县快速路的权利。该公司将融资 13 亿元人民币,投资、设计、建设、运营、维护和管理京通快速路。运营特许权时间自 1996 年 5 月 1 日至 2016 年 4 月 30 日,特许经营期 20 年,以收取车辆通行费的方式回收投资,期满后移交北京市政工程局。

襄荆高速公路是湖北省"十五"规划建设的交通重点工程,是湖北省交通投资体制改革的试点项目,也是我国第一个由国家批复立项的高速公路 BOT 项目。项目北起襄樊市,与汉十、襄荆连接线相连,经荆门市,南止于荆州市,与荆州长江大桥连接线相接,全长 185.441km,总投资约 44.85 亿元。经湖北省人民政府特许,项目由葛洲坝股份有限公司控股,湖北省高速公路集团有限公司、湖北省投资公司、襄樊市交通规费征稽管理处、荆州投资公司参股组建项目业主—湖北襄荆高速公路有限责任公司,采取国内 BOT 方式、特许权经营管理,建设经营期为 35 年。工程于 2001 年 1 月正式动工,2004 年 6 月建成通车并试营运。

目前,国内已有多条 BOT 公路项目相继建成通车。2007 年 11 月,山西省第一条 BOT 公路建设项目—翼侯高速公路建成通车。2009 年 12 月,陕西省第一个 BOT 公路建设项目—榆神高速公路建成通车。2010 年 11 月,四川省首条 BOT 公路建设项目—邛名高速公路建成通车。

BOT 方式应用于交通基础设施在国内外取得的成功,又演变出许多种类。

BOO,"Build,Own and operate",即为"建设、拥有和经营"。

BOOST,"Build,own,Operate,Subsidize and Transfer",即为"建设、拥有、经营和移交"。

BTO,"Build,Transfer and Operate",即为"建设、移交和经营"。

BLT,"Build,Lease and Transfer",即为"建设、租赁和移交"。

BMT,"Build,Manage and Transfer",即为"建设、管理和移交"。

BT,"Build and Transfer",即为"建设和移交"。

1. BOT 融资方式的特点

采用 BOT 方式建设基础设施,对所在国政府来说,主要优点如下。

(1)BOT 投资的项目一般是东道国政府的一些大型项目,如电站、高速公路、铁路、桥梁、隧道、机场、供水工程等基础设施,对资金的需求很大,技术要求也高。通过 BOT 方式,吸引国内外私人投资,可以缓解政府建设资金来源不足,并且免去了政府借贷和还本付息的责任,减轻了政府的财政负担。

（2）BOT投资项目规模大，经营时间长，一般是由多国的十几家或几十家银行或金融机构组成银团提供贷款，再由一家或数家承包人组织实施。一方面，利用这种方式可以拓宽吸引外资的渠道；另一方面，由于时间跨度很大，不可避免的存在着多种风险，如政策变动、贸易和金融行市变动等。公路建设项目采用BOT方式可将项目的风险转移到私营机构。

（3）国有大型基建项目建设超支是各国政府常常碰到的普遍现象。由私营机构以BOT方式承担项目运作，会比政府部门效率更高，尤其是发达国家的大公司参与项目，所在国不仅能获得先进技术、设备和管理经验，而且可以提高建设项目的设计和施工质量，还可以缩短施工期限，降低各种费用。

（4）BOT方式可以吸引国内外投资者向公路等基础设施产业合理化过渡，使之真正取得规模经济效益，实现基础产业发展的良性循环。

（5）项目公司可以集中具有一定实力的国际大公司共同完成项目，有利于缓解基础设施部门承担某些项目能力不足的矛盾。

BOT方式的不足之处表现以下方面：

（1）由项目公司全权运作，至少在特许经营期内，政府不能拥有对基础设施建设项目的所有权和经营权。

（2）政府部门转移过来的某些风险将在较高的融资费用中反映出来，"高风险高回报"的市场原则，将使私营机构有可能得到十分丰厚的利润。

（3）BOT项目操作非常复杂，因此前期准备过程长，政府和项目公司投入的人力和费用比较多，项目运作的风险大，失败的几率也比较大。

（4）项目公司的投入资本主要来源于国外银行，而收费为所在国的货币，项目建成后，会导致大量外汇流出，加重所在国外汇储备的压力。

BOT项目涉及公众利益，项目所在国的东道国政府是否给予强有力的支持，在很大程度上决定着BOT项目能否成功。

2. BOT项目融资的组织结构

以BOT方式组织项目的实施，因其组织结构的类型、具体项目的特征、项目所在国的国情以及项目的承包人等多种因素的差别而有所不同，一个BOT项目涉及众多的参与单位和角色，典型的BOT融资模式组织结构见图4-2。

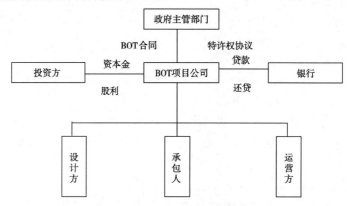

图4-2　BOT项目融资模式结构图

从图中可以看出，利用BOT融资模式建设的项目，是以项目公司为中心，涉及包括政府主管部门、投资方、银行、设计方、承包人、运营者等多个角色，每个角色与项目公司之间都是一种双边关系,即基于一系列协议之上的多种角色组合而成的严密的商业组织。

3. 公路 BOT 项目融资的基本运作程序

公路建设 BOT 项目的基本运作程序如图 4-3 所示。

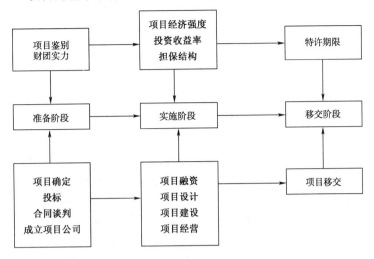

图 4-3 公路建设 BOT 项目运作程序

(1) 公路 BOT 项目的确定

在此阶段,政府的工作就是进行技术、经济和法律上的可行性研究,确定适合进行公路建设 BOT 模式的建设项目。有些公路项目由于在国家战略上处于重要地位,不适合私营或者外资企业长时间控制公路所有权和经营权,这种公路则不适合采用 BOT 模式。一般情况下,BOT 模式主要还是应用于具有稳定车流量的高速公路和独立大桥建设,因为这些项目往往投资回报率高,收益稳定,对投资具有较大的吸引力。在选择项目时,应首先考虑以下几个方面。

①投资收益水平。影响项目投资收益水平的主要因素有:公路的投资规模,道路建成后交通量的大小和增长情况,收费标准的高低,政府可以给予项目的优惠条件等。

②项目可收费性。项目可收费性是指项目是否具备收费条件,收费标准是否合理和可调整。它主要取决于本地区范围内是否已有收费道路、当地运行车辆可以承受的收费水平、项目本身是否可实现收费、政府对道路收费的有关规定等。

③项目与路网的关系。主要指该项目在路网中的作用,与其他道路的连接情况,是否有竞争性道路的存在,未来公路网的规划等。这些因素都直接影响交通量的增长。因此,投资者会十分关心项目与路网的关系。

④投资规模的合理性。合理的投规模理更有利于项目的融资,运作以及降低投资风险。

综合以上因素,BOT 公路项目选择的一般标准为:地区经济发达,经济效益较好,投资回报率较高;项目规模适中;政府急需建设,在目前和今后若干年中,没有竞争性道路出现;前期工作进行得比较充分。

(2) 公路 BOT 项目的招标准备

政府在邀请有兴趣的投资者参与 BOT 项目之前,必须做好准备工作,要建立一个能使所有投资者进行投标的基础框架,其中最重要的准备工作如下。

①项目技术参数研究,如该公路工程概况、特许条件、投标准备期、评标准则与办法、投标方法、投标标书的准备及内容、投标保证金、开标时间及地点、履约保证金等事项。

②招标文件准备,这些文件要对投标的要求以及承包人在标书中应包括的内容作具体规

定,招标文件还应明确评标准则。

③在我国,根据国家有关规定,还应按基建程序办理立项,必须符合规划要求,初期工作要有一定深度。

(3)公路BOT项目招投标过程

项目公司或项目承建单位一般都是通过公开招投标的形式选定的。充分利用招标方式的公开、公平与高效的优势,可以保证将项目特许给最优秀的投资商承建。项目招标一般包括资格预审、投标、评标、确定谈判、开标和审批及完成融资等过程。

①资格预审。邀请对项目有兴趣的公司参加资格预审,根据这些公司所提交的公司情况,包括技术力量、工程经验、财务状况等方面的资料,进行比较分析,拟定一个数量不多和参加最终投标的备选名单,一般控制数量控制在3~5个。

②投标。邀请通过资格预审的投标者投标,并按照招标文件的要求,提出详细的建议书。在投标者的建议书中,要求详细地说明所有关键方面,如:公路技术等级及相关情况;公路项目的竣工日期;公路的收费标准;履约标准资金回报预测和所建议的融资结构;外汇安排(如果有外资公司参与);不可抗力事件的规定;大修计划(对于公路BOT项目尤其重要,因为所有权要在寿命中期移交给政府);风险分析和风险规避。

③评标和决标。在评价标书时,需要考虑技术和融资两方面。一般招标文件只对技术招标规定下限值,只要投标人在投标中表明能够满足该类数值,即认为是合格的。在BOT模式下,评标的决定性因素是商业因素和融资因素,而不是技术因素。建造成本、资本结构、建设期和特许期、收费标准、公共开支等都可能成为评标要考虑的主要因素,一般选定一项指标作为决标因素,在决标因素相同的情况下考虑其他因素。

④合同谈判。决标后,应邀请中标者与政府进行合同谈判。公路BOT项目的合同谈判时间较长,而且非常复杂,因为项目牵涉到一系列的相关合同,使私营机构能为项目筹集资金并使政府能把项目交给最合适的投标者。在确定的协议签订之前,政府和承包人都必须准备花费大量的时间和精力起草合同和进行谈判。

合同必须得到同时签署的其他许多协议的支持。承包人必须谈判并签署的相关协议有:与银行的信贷协议;工程承包人的建设合同;与供应商的设备和材料供应合同;与保险公司的保险合同。

经过谈判达成并签署所有协定后,项目将开始进行财务交割,财务交割即贷款人和股本投资者预交或开始预交用于详细设计、建设、采购设备及其顺利完成项目所必需的其他资金。

(4)公路BOT项目的建设阶段

招投标工作结束后,建设阶段即正式开始。在建设阶段,投资者根据项目所在国的法律法规,按照一定的出资比例组建项目公司。项目公司与工程承包人、供应商、运营商签订合同并取得他们的担保银行的担保。项目公司与商业银行或国际银团签订贷款协议,同时可以得到项目本身的资产担保,项目本身可以用来担保的资产包括收费收入、保险、特许协议和项目协议等。

一般情况下,工程主承包人的优势在于具有管理和组织公路工程项目建设的经验,而非以公路建设工程为主要业务,因为他们通常将公路工程分包给有经验的施工企业公司承担。主承包人一般在投标前已邀请各分包商报价,通过议标而不是公开招标而确定下来。公路BOT项目的建设一般采用"交钥匙"固定价格总承包方式,工期提前进行奖励,延误则要罚款。为确保项目顺利执行,承包人通常雇佣独立的监理机构对设计、施工、费用控制和项目管理等进行检查。

(5) 公路 BOT 项目的运营阶段

在公路运营阶段,项目公司要把项目的收入放到担保受托方处,担保受托方负责用这部分收入偿还银行贷款。项目公司经营已经建成的项目,获取足够偿还贷款及自身盈利的收入。在经营期内,项目公司全权负责整个项目的生产经营管理,其经营的经济效益越好其投资风险越小,越能早日偿还贷款,尽早获得收益。因此,项目公司都会尽可能采用最先进的科学管理方法对项目实施管理。

公路 BOT 项目运行维护工作直接关系到项目的效益,所以要求运营商必须具有良好的经验和业绩,有较强的商业和合同管理能力,且有较强的专业技术力量。运营商也可将部分相对独立的工作分包,比如日常养护工作给当地有能力完成运行维护工作的公司。公路 BOT 项目的所有权最终要移交给政府,若公路平时维修不善,移交的时候可能无法正常使用,因此项目公司与运营商签订合同时以及在合同执行过程中,政府都要参与意见并监督其执行情况。

(6) 公路 BOT 项目的移交阶段

BOT 中的"T"是移交,指的是当特许期满,项目公司将一个运行良好的公路项目移交给东道国政府或其所属机构。移交标志着一个 BOT 项目的结束。

有些公路 BOT 项目的移交日期也可以改变,如果项目比预期提早实现其利润,则移交日期可以提前;如果由于某些不可抗力因素,使项目没有达到预期利润,则特许期经营可以适当延长。公路 BOT 项目的移交除了发生在特许期满后,也可能发生在其他一些特殊情况下,例如:①项目公司违约;②由于不可抗力事件的发生;③由于政府违约或运行环境发生不利变化使项目建设或运营不现实或不可能。

移交标志着一个 BOT 公路项目的结束。

五、ABS 融资方式

ABS 是英文"Asset Backed-Securitization"的缩写,中文的意思是资产证券化。它是将缺乏流动性,但能够产生稳定、可预见的现金流收入的资产转换成在金融市场上可以出售和流动的证券的行为。具体来说,它是以目标项目所拥有的资产为基础,以该项目的未来收益为保证,通过在国内外资本市场发行高档证券来筹集资金的一种证券融资方式。

ABS 融资,20 世纪 80 年代起源于美国,是美国市场上最为重要的融资工具。20 世纪 80 年代末 90 年代初,资产证券化在国际市场上开始流行。按照规范化的证券市场运作方式,在证券市场发行债券,必须对发债主体进行信用评级,以揭示债券的投资风险及信用水平。债券的筹集成本与信用等级密切相关。信用等级越高,表明债券的安全性越高,债券的利率越低,从而使通过发行债券筹集资金的成本越低。因此,利用证券市场筹集资金,一般都希望进入高档投资级证券市场,但是,不能获得权威性资信评估机构较高级别信用等级评估的企业或其他机构,都无法进入高档投资级证券市场。ABS 运作的独到之处就在于通过信用增级计划,使得没有获得信用等级或信用等级较低的机构,照样可以进入高档投资级证券市场,通过资产的证券化来募集资金。

1. ABS 融资模式的主要当事人

资产证券化需要构造一个严谨而有效的交易机构来保证融资的成功。该交易机构涉及许多当事人主题,他们各司其职,有相互联系,共同为融资过程服务。对于项目融资过程来说,ABS 融资模式的主要当事人有如下几类。

（1）发起人或原始权益人

发起人或原始权益人是被证券化的项目相关资产的原始所有者,也是资金的最终使用人。发起人一般通过"真实销售"或所有权转让的形式把其资产转让到资产组合中。

（2）特别目的公司 SPC(Special Purpose Corporation)

资产组合一般不直接转让给第三方投资者,而是转让给负责组织项目在资本市场发行高档债券的一家独立中介机构。该机构可以是一个信托投资公司、信用担保公司、投资保险公司或其他独立法人。SPC 的特征有:①必须是一个以资产证券化为唯一目的的、独立的、信用级别较高的信托实体;②必须获得国际权威性资信评估机构授予的较高级别的资信等级,一般为 AAA 或 AA 级;③注册后的公司其经营活动受到严格的法律限制,除为完成证券化业务所必需的活动外,不得从事其他活动。

（3）证券商

资产证券化的发行主体在国外一般是投资银行,在国内一般是券商。在公募发行方式,作为包销人,投资银行或券商从 SPC 那里买断证券,然后进行销售,从中获利。如果采用私募方式,投资银行或券商只是作为 SPC 的销售代理人,为其成功发售提供服务。SPC 和证券商必须共同合作,确保发行结构符合法律、规章、财务、税务等方面的要求。

（4）信用增级机构

在资产证券化过程中,信用增级机构是关键的一个环节。在某种意义上说,资产支持投资者的投资利益的实现取决于证券化产生的信用保证。信用增级,经信用保证而得以提高等级的证券将不再按照原发行人的等级或原贷款抵押资产的等级来进行交易,而是按照提供担保的机构的信用等级来进行交易。

（5）信用评价机构

因为 SPC 的特殊性,使得资信评级机构只需对与 ABS 相联系的标的资产的未来现金流量能力进行评估,以判断可能给投资者带来的违约风险。而且资信评级机构在完成评级后往往需要对该证券在整个存续期内的业绩进行跟踪监督,及时发现风险因素,以作出升级或者降级的决定,维护投资者的利益。国际上的主要评级机构有穆迪、标准普尔等公司。

（6）受托管理人

在资产证券化过程中受托管理人是服务人与投资者的中介,负责购买拟证券化的资产和发行资产支持证券,控制作为担保品的资产并负责管理现金流的收集和支付。

2. ABS 方式融资的特点

（1）ABS 融资方式通过在国际高档证券市场上发行债券、筹集资金,债息率一般较低,从而降低了筹资成本。而且国际高档证券市场容量大,资金来源渠道多样化,因此,ABS 方式特别适合大规模地筹集资金。

（2）通过证券市场发行债券、筹集资金,是 ABS 不同于其他项目融资方式的一个显著特点;无论是产品支付、项目融资,还是 BOT 融资,都不是通过证券化进行融资的,而证券化融资代表着项目融资的未来发展方向。

（3）由于 ABS 方式隔断了项目原始权益人自身的风险和项目资产未来现金收入的风险,使其清偿债券本息的资金仅与项目资产的未来现金收入有关;加之在国际高档证券市场发行的债券由众多的投资者购买,从而分散了投资风险。

（4）由于 ABS 方式是通过特殊目的公司(SPC)发行高档债券募集资金,这种负债不反映在原始权益人自身的"资产负债表"上,从而避免了原始权益人资产质量的限制。同时,SPC

利用成熟的项目融资改组技巧,将项目资产的未来现金流量包装成高质量的证券投资对象,使得一些资产流动性差的公路项目也有机会进入证券市场。

(5)作为证券化项目方式融资的ABS,由于采取了利用SPC增加信用等级的措施,从而能够进入国际高档证券市场,发行那些易于销售、转让以及贴现能力强的高档债券。同BOT等融资方式相比,ABS融资方式涉及的环节较少,在很大程度上减少了酬金、手续费等中间费用。

(6)由于ABS方式是在国际高档证券市场筹资,接触的多为国际一流的证券机构,按照国际上规范的操作规程行事,这将有助于培养我国在国际项目融资方面的专门人才,规范国内证券市场。

3. ABS进行公路项目融资的运作过程

(1)组建特别目的的公司SPC(Special Purpose Corporation)。在国外,为降低资产证券化的成本,SPC一般设在免税国家或地区,设立时往往只投入最低限度的资本。由于SPC是进行ABS融资的载体。所以成功组建SPC是公路项目ABS融资能够成功运作的基本条件和关键因素。

(2)SPC寻找可以进行证券化融资的公路项目,并与之进行结合。一般来说,只要投资的公路项目在未来一定时期内能带来现金收入,都可以进行ABS融资。公路项目能够带来现金流入量的收入形式为收费公路的通行费收入。拥有这种未来现金流量所有权的企业(项目公司)称为原始权益人。这种未来现金流量所代表的资产,是稳定、可靠且风险较小的公路项目资产。一般情况下,这些代表未来现金收入的资产,本身具有较高的投资价值,但由于各种客观条件的限制,他们自己无法获得权威资信评估机构授予的较高级别的资信等级,因此无法通过证券化的途径在资本市场筹集建设资金。而SPC与这类公路项目的结合,就是以合同、协议等方式将原始权益人所拥有的公路项目资产的未来现金收入的权利转让给SPC。转让的目的在于将原始权益人本身的风险和项目资产的未来现金收入的风险隔断。这样,SPC在进行ABS融资时,其融资风险仅与项目资产的未来现金收入有关,而与建设项目的原始权益人无关。

(3)利用信用增级手段,使公路项目资产获得预期的信用等级。首先,调整项目资产的财务结构,使公路项目融资债券实际上能够达到投资水平。然后,SPC通过提供专业化的信用担保进行信用升级。信用升级的渠道有:利用信用证、开设现金担保账户、直接进行金融担保等。

(4)委托资信评估机构对即将发行的经过担保的ABS债券进行评估。

(5)SPC直接在资本市场上发行债券筹集资金,或SPC通过信用担保,由其他机构组织债券的发行,然后将发行债券筹集的资金用在与SPC结合的公路项目的建设上。

(6)SPC通过公路项目资产的现金收入量清偿债券人的债券本息。

我国是经济发展高速增长国,其高速发展中的经济令世界瞩目,但是,随着经济的高速增长,公路建设的投资越来越大,现有的金融机构(包括世行、亚行和外国政府)贷款及利用外资进行合资合作建设等融资渠道,已很难满足实现公路建设远景目标规划巨大的资金需求量。面对市场容量高达8 000亿美元的国际高档证券市场,我国企业目前的信用等级却多在BBB级以下,无法进入该市场进行融资。一方面,ABS融资方式能利用SPC使信用等级增加;另一方面,大量优质的高速公路投资项目为ABS融资方式提供了广阔的应用空间,从而使公路项目进入国际高档证券市场成为可能。如果能够很好地利用ABS方式在国际市场上进行融资,可以缓解我国公路建设资金不足的现状。

复习参考题

1. 我国公路建设投融资管理模式经历了哪几个阶段？产生的原因以及不同阶段模式的特征是什么？
2. 国外公路建设资金的主要来源和筹措方式有哪些？
3. 高速公路投融资管理的主要内容包括哪些方面？
4. 固定资产投资可以划分为几类？不同类别的投资具有哪些基本特征？公路投资项目属于哪一类？为什么？
5. 高速公路投资项目具有哪些特征？
6. 什么是公路经营权转让？在进行公路经营权转让时应注意哪些问题？
7. 股票融资和证券融资各有什么特点？高速公路股票融资如何实施？
8. 什么是项目融资？具有哪些基本特征？高速公路项目融资的主要参与方及职责如何？
9. 公路 BOT 项目融资的主要特点及基本运作程序包括哪些？
10. 什么是 ABS 融资方式？其融资特点和运作方式如何？

第五章 高速公路建设管理

高速公路建设管理包括建设准备阶段管理、施工阶段管理及工程交竣工阶段管理三大阶段。

第一节 高速公路建设程序

一、公路建设项目的划分

项目是指在一定费用、时间等约束下,具有明确目标的一次性活动,如基本建设项目、设备大修项目、科学研究项目、新产品开发项目等。本书的重点是介绍公路工程建设项目。一个公路工程建设项目,无论是新建或改建项目均具有明显的一次性、明确的目标和约束条件,如技术标准、质量要求、投资约束及工期要求等。

公路工程建设项目可分为标段工程、单位工程、分部工程和分项工程。标段工程是根据施工招标的段落划分的,主要是为工程组织实施方便以及评比各施工单位施工质量的优劣;单位工程是在建设项目中,根据签订的合同,具有独立施工条件,可以单独作为成本计算对象的工程;分部工程是在单位工程中,按结构部位、路段长度及施工特点或施工任务划分的若干个工程;分项工程是在分部工程中,按不同的施工方法、材料、工序及路段长度等划分的若干个工程(表5-1)。

单位、分部及分项工程的划分　　　　　表5-1

单位工程	分部工程②	分项工程
路基工程(每10km或每标段)	路基土石方工程*①(1~3km路段)	土方路基*,石方路基*,软土地基*,土工合成材料处治层*等
	排水工程(1~3km路段)	管节预制,管道基础及管节安装*,检查(雨水)井砌筑*,土沟,浆砌排水沟*,盲沟,跌水,急流槽*,水簸箕,排水泵站等
	小桥及符合小桥标准的通道*,人行天桥,渡槽(每座)	基础及下部构造*,上部构造预制、安装或浇筑*,桥面*,栏杆,人行道等
	涵洞、通道(1~3km路段)	基础及下部构造*,主要构造预制、安装或浇筑*,填土、总体等
	砌筑防护工程(1~3km路段)	挡土墙*,墙背填土,抗滑桩*,锚喷支护*,锥、护坡,导流工程,石笼防护等
	大型挡土墙*,组合式挡土墙*(每处)	基础*,墙身*,墙背填土,构件预制*,构件安装*,筋带,锚杆、拉杆,总体*等
路面工程(每10km或每标段)	路面工程(1~3km路段)*	底基层,基层*,面层*,垫层,联结层,路缘石,人行道,路肩,路面边缘排水等

续上表

单位工程	分部工程[②]	分项工程
桥梁工程(特大、大、中桥)	基础及下部构造*(每桥或每墩、台)*	扩大基础,桩基*,地下连续墙*,承台,沉井*,桩的制作*,钢筋加工及安装,墩台身(砌体)浇筑*,墩台身安装,墩台帽*,组合桥台*,台背填土,支座垫石和挡块等
	上部构造预制和安装*	主要构件预制*,其他构件预制,钢筋加工及安装,预应力筋的加工和张拉*,梁、板安装,悬臂拼装,顶推施工梁*,拱圈节段预制,拱的安装,转体施工拱*,劲性骨架拱肋安装*,钢管拱肋制作*,钢管拱肋安装*,吊杆的制作与安装*,钢梁制作*,钢梁安装*,钢梁防护*等
	上部构造现场浇筑*	钢筋加工及安装,预应力筋的加工和张拉*,主要构件浇筑*,其他构件浇筑,悬臂浇筑*,劲性骨架混凝土拱*、钢管混凝土拱*等
	总体、桥面系和附属工程	桥梁总体*,钢筋加工及安装,桥面防水层施工,桥面铺装*,钢桥面铺装*,支座安装,搭板,伸缩缝安装,大型伸缩缝安装*,栏杆安装,混凝土护栏,人行道铺设,灯柱安装等
	防护工程	护坡,护岸*[③],导流工程*,石笼防护,砌石工程等
	引道工程	路基*,路面*,挡土墙,小桥*,涵洞*,护栏,等
互通立交工程	桥梁工程*(每座)	桥梁总体,基础及下部构造*,上部构造预制、安装或浇筑*,支座安装,支座垫石,桥面铺装*,护栏,人行道等
	主线路基路面工程*(1~3km 路段)	见路基、路面等分项工程
	匝道工程(每条)	路基*,路面*,通道*,护坡,挡土墙*,护栏等
隧道工程	总体	隧道总体*等
	明洞	明洞浇筑,明洞防水层,明洞回填*,等
	洞口工程	洞口开挖,洞口边仰坡防护,洞门和翼墙的浇(砌)筑,截水沟、洞口排水沟等
	洞身开挖	洞身开挖*(分段)等
	洞身衬砌	(钢纤维)喷射混凝土支护,锚杆支护,钢筋网支护,仰拱,混凝土衬砌*,钢支撑,衬砌钢筋等
	防排水	防水层,止水带、排水沟等
	隧道路面	基层*,面层*等
	装饰	装饰工程
	辅助施工措施	超前锚杆,超前钢管等
环保工程	声屏障(每处)	声屏障
	绿化工程(1~3km 路段或每处)	中央分隔带绿化,路侧绿化,互通立交绿化,服务区绿化,取弃土场绿化等
交通安全设施(每20km 或每标段)	标志*(5~10km 路段)	标志*
	标线、突起路标(5~10km 路段)	标线*,突起路标等
	护栏*、轮廓标(5~10km)	波形梁护栏*,缆索护栏*,混凝土护栏*,轮廓标等
	防眩设施(5~10km 路段)	防眩板、网等
	隔离栅、防落网(5~10km 路段)	隔离栅、防落网等

续上表

单位工程	分部工程②	分项工程
机电工程	监控设施	车辆检测器,气象检测器,闭路电视监视系统,可变标志,光电缆线路,监控(分)中心设备安装及软件调测,大屏幕投影系统,地图板,计算机监控软件与网络等
	通信设施	通信管道与光电缆线路,光纤数字传输系统,数字程控交换系统,紧急电话系统,无线移动通信系统,通信电源等
	收费设施	入口车道设备,出口车道设备,收费站设备及软件,收费中心设备及软件,IC卡及发卡编码系统,闭路电视监视系统,内部有线对讲及紧急报警系统,收费站内光、电缆及塑料管道,收费系统计算机网络等
	低压配电设施	中心(站)内低压配电设备,外场设备电力电缆线路等
	照明设施	照明设施
	隧道机电设施	车辆检测器,气象检测器,闭路电视监视系统,紧急电话系统,环境检测设备,报警与诱导设施,可变标志,通风设施,照明设施,消防设施,本地控制器,隧道监控中心计算机控制系统,隧道监控中心计算机网络,低压供配电等
房屋建筑工程	（按其专业工程质量检验评定标准评定）	

注:①表内标注*号者为主要工程,评分时给以2的权值;不带*号者为一般工程,权值为1。
　　②按路段长度划分的分部工程,高速公路、一级公路宜取低值,二级及二级以下公路可取高值。
　　③护岸参照挡土墙。

二、国内公路项目基本建设程序

我国的建设程序分为六大阶段:项目建议书阶段,可行性研究阶段,设计工作阶段,建设准备阶段,建设实施阶段,竣工验收阶段。亦可细分为:
(1)根据规划,进行预可行性研究,编制项目建议书;
(2)根据批准的项目建议书进行工程可行性研究,编制可行性研究报告;
(3)根据批准的可行性研究报告,编制初步设计文件;
(4)根据批准的初步设计文件,编制施工图设计文件;
(5)根据批准的施工图设计文件,编制项目招标文件;
(6)根据批准的项目招标文件、资格预审结果和公路建设计划,组织项目招标投标;
(7)根据国家有关规定,进行征地拆迁等施工前准备工作,编制项目开工报告;
(8)根据批准的项目开工报告,组织项目实施;
(9)项目完工后,编制竣工图表和工程决算,办理项目验收;
(10)竣工验收合格后,组织项目后评价。

县级以上地方人民政府交通主管部门根据国家有关规定,按照职责权限组织公路建设项目的预可行性研究和工程可行性研究工作。

公路建设项目的预可行性研究报告、工程可行性研究报告和初步设计文件应按照国家颁发的编制办法编制,并符合国家规定的工作质量和深度要求。

公路建设项目应当按照国家有关规定实行项目法人责任制度、招标投标制度、工程监理制度和合同管理制度。

公路建设项目法人应当依法选择勘察设计、施工、咨询监理单位,采购与工程建设有关的重要设备、材料,办理开工报告,组织项目实施,准备项目竣工验收和后评价。

公路建设必须符合公路工程技术标准。施工单位必须按批准的设计文件施工。任何单位和人员不得擅自修改工程设计。重大设计变更和概算调整,应当报原初步设计审批单位批准,未经批准不得变更。

公路建设项目实施过程中,监理单位应当依照法律、法规以及有关技术标准、设计文件、合同文件和监理规范的要求,采用旁站、巡视和平行检验形式对工程实施监理,对不符合工程质量要求的工程有权责令施工单位返工。未经监理工程师签认,施工单位不得将建筑材料、构件和设备在工程上使用或安装,不得进行下一道工序施工。

公路建设项目验收分为交工验收和竣工验收两个阶段。交工验收合格的,经项目所在地省级交通主管部门批准可以试运营;未进行交工验收或交工验收不合格的,不得试运营。试运营期最多不超过两年,试运营期结束前必须组织竣工验收,经竣工验收合格的项目可转为正式运营使用。公路建设项目验收工作必须符合交通部制定的公路工程竣工验收办法。在试运营期限内未组织竣工验收或竣工验收不合格的,停止使用。

三、世界银行贷款项目周期

世界银行贷款项目周期分为六个阶段:即项目选定(或称鉴别),项目准备,项目预评估、正式评估,项目贷款谈判及签约,项目执行与监督,项目总结评价(后评估)。

1. 项目选定

项目选定是项目周期的第一阶段。在这个阶段,主要由我国选定那些需要优先考虑并符合世界银行投资原则的项目。这些项目必须有助于实现国家和地区的发展计划,而且按世界银行标准被认为是可行的。从我国来讲,选定的项目必须具备以下条件:①已列入行业规划或五年计划;②配套资金基本落实;③具有还贷能力;④有较好的社会、经济、财务效益。项目选定后,才可列入世界贷款计划。

世界银行一般要对借款国的经济结构和发展前景进行调查,并派考察团实地考察,与借款国讨论,经双方同意确定优先项目作为世界银行贷款的预选项目,即完成项目筛选、项目考察、项目鉴别等程序的项目。

世界银行经过项目考察、项目鉴别,经研究同意后,即将其纳入贷款计划,成为拟议中的贷款项目。

项目选定后,申请借款国即可编制"项目选定简报"。简报中应明确规定项目的目标,列出项目的概要,说明完成项目的关键性问题,并安排好项目的执行时间表。"项目选定简报"送交世界银行,经世界银行研究同意后,即将其编入贷款计划,成为拟议中的贷款项目。

2. 项目准备

我国选定的项目取得世界银行初步同意后,便进入项目的准备阶段。项目准备工作,首先是对选定项目进行可行性研究,编制可行性研究报告。有时世界银行也提供部门资金,如技术合作信贷(TCC),或某些国家为世界银行提供的特别基金,或申请国寻求国际赠款用以聘请国外咨询专家协助完成这一工作,以确保可行性研究的质量。

国内工程可行性研究报告被批准后,世界银行通常派一个项目预评估团来华,在可行性研究报告的基础上,对项目的经济和财务效益进行论证。

高速公路项目交通量预测及经济分析和评价是项目评估阶段的主要内容。世界银行在对高速公路项目评估阶段还要对高速公路与城市出入口连接线问题进行评估论证;对互通立交(根据高速公路走廊经济发展情况)的数量、位置作论证。

世界银行对经济评价的标准如下。

(1)经济分析要求内部收益率 IRR 在 12% 以上(如太高,不可信;低于 8% 则不可接受)。内部收益率分考虑收费(按效益的 1/3 计算收费标准)和不考虑收费两种。

(2)要求工程设计按项目单位双方同意的和其他方面同意的设计标准。

(3)判断道路类别(有拆迁或无拆迁)。

(4)环境影响评价可接受。世界银行特别重视项目的环保问题,对环境影响要进行大量的调查和论证,特别是文物保护更加突出。因此,项目单位还要按世界银行要求准备有关环境影响评价报告及环保实施和监督行动计划。

(5)征地拆迁及安置。尽管世界银行不承认贷款与政治相关联,但在实际操作中间接地涉及一些政治敏感问题,实际上安置问题就和人权问题相关。因此世界银行在准备项目时要对征用土地、拆迁工厂、农舍、安置人员作详细调查,并要求项目单位提供详细资料,包括具体的土地种类、拆迁面树木数量、线杆、人员等,细到乡镇和具体人,并要说明其补偿标准及实施计划。在安置过程中还要实施监督并进行追踪监督和民意调查。

世界银行对项目的分析主要包括技术可行性、经济的可行性及社会可行性三个方面。完成了上述分析后,即由项目小组编制一份详细的项目报告,对项目作出全面的成本—效益估价。

项目准备阶段的重点是可行性研究,其深度至少相当于扩大的初步设计。京津塘高速公路、西三公路、成渝路、南九路、济青路、三铜路在项目准备阶段均完成了初步设计,补充了可行性研究报告,这样不仅各种资料较齐全,而且数据准确,为世界银行的评估奠定了基础。

在项目准备阶段,项目机构应向世界银行代表团提供以下报告和资料:

(1)工程可行性研究报告;
(2)连接线公路项目报告(如有);
(3)连接线项目可研报告(如有);
(4)交通工程概况;
(5)实施工期报告;
(6)高速公路和其他道路工程监理报告;
(7)人员培训计划;
(8)设备采购报告;
(9)初步设计;
(10)项目成本估算;
(11)"世界论坛"刊登招标总采购通告(GPN);
(12)提供世界银行要求的其他资料。

3. 项目评估

项目评估阶段根据项目准备情况不同,可分为预评估和正式评估。

完成项目准备工作后,即进入项目评估阶段,一般是在国内初步设计批准后进行。在这一阶段,世界银行派出评估团来华进行实地考察,全面、系统地检查项目的各个方面,与中方专家就项目的经济财务、工程技术、设计文件、组织管理、招标采购等一系列问题进行讨论和评估,同时还要决定项目的人员培训,设备采购的数量清单、方式、研究课题等具体安排。

项目评估是项目周期中一个重要阶段,因为在此阶段世界银行要对项目的各个方面进行全面审查,为项目的成立、执行和后评价奠定基础。世界银行评估团的实地考察一般需要2~3周时间,如认为该项目适合世界银行的贷款标准,就提出项目评估报告。它是世界银行内部的重要文件,需得到世界银行执董会认可,在项目执行过程中,它是重要的依据之一。在这一阶段,一般还要利用世界银行技术合作信贷(TCC)或赠款聘请国外咨询专家对设计文件和招标文件进行咨询和审查,只有通过设计审查,解决设计文件和招标文件的主要问题后,才能最终完成评估工作。

贷款项目经正式评估,并与世界银行取得基本一致意见后,项目单位应按计划管理体制或项目管理隶属关系向国家计委上报利用外资方案。批复后的利用外资方案作为贷款谈判和项目执行的重要依据。

在项目评估阶段,项目机构应向世界银行代表团提供以下资料:
(1)工程可行性研究(中、英文,必要时请国内外咨询公司协助);
(2)环保评估报告和执行概要小结(含连接公路);
(3)征迁实施计划报告(含连接公路);
(4)环保实施计划;
(5)施工图设计;
(6)土建工程采购;
(7)聘请国外监理;
(8)提供世界银行要求的资料;
(9)人员综合培训计划;
(10)设备采购;
(11)公共机构加强建议书;
(12)研究项目建议书;
(13)公路管理组织机构/养护管理情况;
(14)项目成本与资金筹措等。

4.项目贷款谈判

贷款项目完成正式评估后,世界银行项目代表团编制的职员评估报告(绿皮书)经执董会批准形成正式世界银行职员评估报告(黄皮书)。世界银行随后将安排约一周左右的时间,邀请借款人代表及项目执行机构(6人左右)的代表团到华盛顿世界银行总部进行贷款。贷款谈判主要内容包括三个方面,即中华人民共和国和世界银行之间的"贷款协定"、"项目协议"以及围绕上述两个法律文件有关技术方面的问题。贷款谈判程序为:①首先对世界银行提出的"贷款协定"、"项目协议"进行审议,修改和通过;②由借款人财政部与世界银行项目经理共同签署"贷款谈判纪要"。

项目贷款谈判完成后,"贷款协定"和"项目协议"两个法律性文件最终要经世界银行执董会批准,并经借款人授权代表在两个法律文件上与世界银行副行长共同签署。

我国一般由财政部和项目所在省份别授权驻美大使在"贷款协定"和"项目协议"两个法律文件上签署,但需要项目省至少副省长级和省级司法部门签写授权书,即副省长级对两个文件的"批准"和副省长级的"授权"及省级司法部门的"法律证明书"。

5.项目实施

项目实施又称项目执行。在这一阶段,项目单位负责项目的执行,世界银行负责对项目的监督。项目单位除了组织力量,配备技术、经济、管理等专家,按贷款、项目协议规定执行外,还需制订项目执行计划和时间进度表,主要包括:①制订土建工程实施计划;②确定施工监理队伍;③货物采购;④机电工程采购;⑤人员培训及开展有关贷款、项目协议规定的工作。

在做好项目执行计划的各种准备工作后,即可组织国际招标。项目开始采观的前提是世界银行要在联合国的《联合国发展论坛》或其他主要报纸刊登广告(GPN),然后根据项目的不同内容在英文版的《中国日报》、《人民日报》等报纸上刊登邀请参加资格预审或参加投标的广告,并发函通知有关国家驻华使馆商务机构。土建工程招标和货物及机电工程采购招标均按世界银行规定的现行采购指南进行。

组织项目的工程监理队伍对项目实施监理,如需聘用外籍专家,必须按照世界银行使用咨询专家指南的要求。监理人员培训必须在开工前进行,以便及时到位。

在完成了国内开工报告的审批后,贷款项目即可正式开工。世界银行每半年或一年一次派到项目现场进行实地跟踪检查。检查的重点是采购程序、工程质量、工程进度、财务支付等各个方面。

按世界银行规定,项目单位需定期报送进度报告,包括:

(1)从设计到基建、投产各个阶段的进度;

(2)项目的成本、开支以及世界银行贷款的支付;

(3)按贷款协议,借款方承诺保证的执行情况;

(4)项目预期收益情况。

进度报告要提交世界银行专职机构审查,如发现问题,世界银行将书面通知借款人或派工作组来华实地调查和解决。

按规定,每年还将由专门的审计部门和世界银行提供年度审计报告。在项目完成后,一般应不晚于六个月向世界银行提供项目竣工总结报告。

项目的执行主要是以中方为主,但有些文件需要世界银行确认;施工过程中,世界银行派人员到现场检查。

6. 项目总结评价

项目后评价是根据项目完成一年左右,对建设项目的立项决策、方案设计、运营管理全过程各阶段工作及其变化的成因,进行全面的跟踪、调查、分析和评价。由世界银行项目经理写出《项目完成报告》,送交世界银行业务评审局对项目的成果进行一次比较全面的总结评价。必要时,该局还将派员进行实地调查,然后提出自己的《审核报告》,直接送世界银行执行董事会。世界银行还要征求我国对该局写的《审核报告》的意见。目前,我国已建立项目的后评价制度,一般能满足世界银行的要求。

第二节 高速公路项目可行性研究

一、高速公路项目可行性研究的程序与步骤

规划建设的高速公路项目,按交通部《公路建设项目可行性研究报告编制办法》的规定,进行预可行性研究,并以预可行性研究报告为依据编报项目建议书,以批复的项目建议书为依据编制《公路建设项目预可行性研究报告》。

项目的工程可行性研究工作,由建设单位或项目法人委托或采取招标等形式选择具有相

应等级公路工程勘察设计资质的单位承担,委托书或招标文件应根据路网规划明确项目起讫点和主要控制点。高速公路、一级公路及技术复杂的独立大桥、500m以上的隧道工程由持甲级证书单位承担;持乙级证书单位可承担二级以下等级的公路;持丙级证书单位可承担三级及以下等级公路的工程可行性研究工作。

建设单位或项目法人应对《公路建设项目预可行性研究报告》进行预审,预审可邀请从事相关专业工作且有一定经验的专家、学者参加并形成预审意见,并根据《公路建设项目预可行性研究报告》和预审意见编制可行性研究报告。

建设单位或项目法人应以正式文件并附《公路建设项目预可行性研究报告》、《工程可行性研究报告》和预审意见报主管部门。如项目涉及金融、环保、水利、文物、地震、军事等部门,应附有关部门出具的相应文件。

《工程可行性研究报告》的行业审查工作由主管部门按交通运输部《公路建设项目工程可行性研究报告编制办法》规定的内容进行全面审查,可视项目难易情况组织专家论证。重点对研究结论包括必要性、交通量发展预测、建设规模、技术标准、路线走向、主要控制点、投资估算及项目经济评价等提出审查意见。公路管理局从接到省交通运输厅批转的文件之日起1个月内以局正式文件报省厅,高速公路或技术复杂项目时间可适当延长,但最长不超过2个月。

视项目的规模、技术复杂情况等因素确定是否组织评审。需评审的项目,采取组织专家评审或委托具有本专业相应等级资质的咨询机构评审的形式进行。主管部门依据行业审查意见和专家(咨询机构)的评审意见,批复《工程可行性研究报告》或提出审查意见,须省计划部门审批的项目由市向省计划部门报送《工程可行性研究报告》,省厅的《工程可行性研究报告》审查意见即作为《工程可行性研究报告》的行业审查意见;须国家部委审批的项目由省厅按规定程序报送《工程可行性研究报告》,省厅的《工程可行性研究报告》审查意见即作为《工程可行性研究报告》的预审意见。

二、高速公路项目可行性研究的主要内容

高速公路项目可行性研究应包含以下内容:

1. 概述

包括项目背景、编制依据、研究过程、建设的必要性、主要研究结论,存在问题及建议。

2. 经济社会和交通运输发展现状及规划

包括研究区域概况、项目影响区域经济社会现状及发展趋势、项目影响区域交通运输现状及发展。

3. 交通量分析及预测

包括公路交通的调查与分析、其他运输的调查与分析、交通量预测的思路与方法、交通量预测。

4. 技术标准

根据拟建项目在区域公路网中的功能与定位、交通量预测结果,综合考虑地形条件、投资规模、环境影响及与拟建项目连接的其他工程项目等影响因素,在通行能力及服务水平分析的基础上,按照《公路工程技术标准》相关规定,论证项目拟采用的技术等级、设计速度、车道数及路基宽度、荷载标准、抗震设防标准、隧道建筑界限、交通工程及沿线设施等具体指标,对于跨越有通航要求的河流上的桥梁,应明确通航标准等指标。

5. 建设方案

包括建设条件、建设项目起终点论证,即建设项目与区域路网和前后路段衔接情况与城市

衔接的关系,备选方案拟定,进行方案比选,并提出推荐方案,推荐方案概况。

6. 投资估算及资金筹措

应说明主要材料来源、材料单价和征地拆迁取值依据、标准及主要定额调整原因等,并给出各方案总估算汇总表。工程可行性研究与预可行性研究的投资估算差别较大时,应说明原因。

7. 经济评价

包括评价依据和方法、方案设定,经济费用效益分析,财务分析及评价结论。

8. 实施方案

分析工程的施工条件和特点,研究制约工程进度、质量、造价的关键环节,提出工期安排等实施方案。对于改扩建项目,应该包括施工期交通组织方案。

9. 土地利用评价

包括区域土地利用、类型及人均占有量,推荐方案占用土地、主要拆迁建筑物的种类和数量,对当地土地利用规划影响,与《公路建设项目用地指标》的符合性以及集约节约使用土地措施。

10. 工程环境影响分析

包括沿线环境特征、推荐方案对工程环境的影响、减缓工程环境影响的对策。

11. 节能评价

包括建设期耗能分析、运营期节能、对当地能源供应的影响、主要节能措施以及节能评价。

12. 社会评价

包括社会影响分析、互适性分析、社会风险分析以及社会评价结论。

13. 风险分析

对于特殊复杂的重大项目,应进行风险分析,包括项目主要风险因素识别、风险程度分析、防范和降低风险措施。

14. 问题及建议

附件

相关审查意见、会议纪要、地方意见、部门意见等。

第三节 高速公路项目招投标管理

高速公路项目招投标包括勘察设计招投标、监理招投标及施工招投标。

一、高速公路工程勘察设计招投标

1. 高速公路工程勘察设计招标

公路工程勘察设计招标是指招标人按照国家基本建设程序,依据批准的可行性研究报告,对公路工程初步设计、施工图设计通过招标活动选定勘察设计单位。公路工程勘察设计招标可以进行一次性招标、分阶段招标,有特殊要求的关键工程可以进行方案招标。招标人是符合公路建设市场准入条件,依照本办法规定提出公路工程勘察设计招标项目、进行招标的项目法人。招标人需具有与招标项目规模相适应的工程技术、管理人员。具备组织编制勘察设计招标文件和组织评标能力的招标人,可以自行办理招标事宜。

不具备规定条件的招标人,应当委托符合公路建设市场准入条件、具有相应资格的招标代理机构办理招标事宜。招标代理机构应当在招标人委托的代理范围内办理招标事宜。任何单位和个人不得以任何方式为招标人指定招标代理机构。

可自行办理招标事宜时,招标人应当在发布招标公告或者发出投标邀请书十五日前,按项目管理权限报交通部或者省级人民政府交通主管部门核备;需委托招标代理机构办理招标事宜时,招标人应当在委托合同签订后十五日内,按项目管理权限报交通部或者省级人民政府交通主管部门核备。

公路工程勘察设计招标可分为公开招标和邀请招标。公路工程勘察设计招标应当实行公开招标。

公路工程勘察设计招标实行资格审查制度。公开招标的,实行资格预审;邀请招标的,实行资格后审。资格预审是招标人在发布招标公告后,发出投标邀请书前对潜在投标人的资质、信誉、业绩和能力的审查。招标人只向资格预审合格的潜在投标人发出投标邀请书、发售招标文件。资格后审是招标人在收到被邀请投标人的投标文件后,对投标人的资质、信誉、业绩和能力的审查。资格预审文件应当要求潜在投标人提供下列基本材料:

(1)营业执照、资质等级证书、资信证明和勘察设计收费证书;
(2)近五年完成的主要公路工程勘察设计项目和获奖情况以及社会信誉;
(3)正在承担的和即将承担的勘察设计项目情况;
(4)拟安排的项目负责人、主要技术人员和技术设备、应用软件投入情况;
(5)上两个会计年度的财务决算审计情况;
(6)以联合体形式投标的,需提供联合体成员各方共同签订的投标协议和联合体各方的资质证明材料;
(7)有分包计划的,需提供分包计划和拟分包单位的资质要求。

公路工程勘察设计招标按下列程序进行:
(1)编制资格预审文件和招标文件;
(2)发布招标公告或者发出投标邀请书;
(3)对潜在投标人进行资格审查;
(4)向合格的潜在投标人发售招标文件;
(5)组织潜在投标人勘察现场,召开标前会;
(6)接受投标人的投标文件,公开开标;
(7)组建评标委员会评标,推荐中标候选人;
(8)确定中标人,发出中标通知书;
(9)与中标人签订合同。

公路工程勘察设计招标实行邀请招标的,在编制招标文件后,按上述程序的(4)~(9)项要求进行。

招标文件应当按照交通运输部或者省级人民政府交通主管部门颁布的公路工程勘察设计招标文件范本,结合招标项目的特点和实际需要进行编制。招标文件应当包括以下内容:
(1)招标公告;
(2)投标人须知;
(3)评标办法(综合评标法Ⅰ、Ⅱ);
(4)合同条款及格式(通用条款和专用条款);
(5)勘察设计技术要求;
(6)投标文件格式。

招标人对已发出的招标文件进行必要的补遗或者修正时,应当在提交投标文件截止日期十五日前,书面通知所有招标文件收受人。该补遗或者修正的内容为招标文件的组成部分。公路工程勘察设计招标资格预审结果和招标文件的审批工作由省级人民政府交通主管部门负责。其中,国道主干线,国家、部重点公路建设项目的资格预审结果和招标文件由省级人民政府交通主管部门审批后,报交通部核备。招标人应当合理确定资格预审申请文件和投标文件的编制时间。自招标公告发布之日起至潜在投标人递交资格预审文件截止时间,不得少于十四日;自招标文件发售截止之日至投标人递交投标文件截止时间,不得少于二十一日。

国务院发展计划部门确定的国家重点项目和省级人民政府确定的地方重点项目不适宜公开招标时,经国务院发展计划部门或者省级人民政府批准,可以进行邀请招标。

其他公路建设项目符合下列条件之一不适宜公开招标时,按项目管理权限经交通部或者省级人民政府交通主管部门批准,可以进行邀请招标:

(1)投标人少于三个;
(2)长大桥梁或者有特殊要求的隧道工程;
(3)涉及专利权保护或者受特殊条件限制;
(4)实行以工代赈、民工建勤、民办公助和利用扶贫资金的项目。

2. 高速公路工程勘查设计投标

投标人是符合公路建设市场准入条件,具备规定资格,响应招标、参加投标竞争的法人或者组织。两个以上法人或者组织可以组成联合体,以一个投标人身份共同投标。由同一专业的法人或者组织组成的联合体资质按联合体成员内资质等级低的确定。联合体成员各方应当签订共同投标协议,明确联合体主办人和成员各方拟承担的工作和责任,并将共同投标协议连同投标文件一并提交招标人。招标人不得强制投标人组成联合体共同投标,不得限制投标人之间的竞争。投标人拟将部分非主体、非关键工作进行分包的,必须向招标人提交分包计划,并在投标文件中载明。分包单位的资质应当与其承担的工程规模标准相适应。

投标人应当按照招标文件要求编制投标文件,投标文件应当对招标文件提出的实质性要求和条件作出响应。投标文件由商务文件、技术文件和报价清单组成。

商务文件包括下列基本内容:
(1)投标函(适用于综合评估法Ⅰ);
(1)投标函(适用于综合评估法Ⅱ);
(2)法定代表人身份证明或授权委托书;
(3)联合体协议书;
(4)投标保证金;
(5)拟分包项目情况表;
(6)资格审查表;
(7)其他资料。

报价清单包括下列基本内容:
(1)报价函;
(2)报价清单说明;
(3)公路工程勘测工作报价清单表;
(4)公路工程设计工作报价清单表;
(5)报价清单汇总。

投标文件中的商务文件应当包括资格预审文件规定的主要内容以及通过资格预审后的更新材料。勘察设计工作大纲应当包括勘察设计周期、进度和质量保证措施、后续服务措施。投标文件的报价清单中,对勘察设计取费应当按照现行公路工程勘察设计费收费标准进行计算。投标文件应当采用双信封密封,第一个信封内为商务文件和技术文件,第二个信封内为报价清单。上述两个信封应当密封于同一信封中为一份投标文件。

投标人应当在招标文件要求截止日期前,将投标文件送达指定地点。投标文件及任何说明函件应当经投标人盖章或者其法定代表人或者其授权代理人签字。投标人在招标文件要求的截止日期前,可以补充、修改或者撤回已递交的投标文件,并书面通知招标人。补充、修改的内容应当使用与投标书相同的密封方式投递,并作为投标文件的组成部分。招标人在收到投标文件后,应当签收保存,不得开启。对在投标截止日期后送达的任何函件,招标人均不得接受。投标人少于三个时,招标人应当按照本办法规定重新招标。投标人在投标过程中不得串通作弊,不得妨碍其他投标人的公平竞争,不得以行贿、弄虚作假等手段骗取中标。

3. 高速公路工程勘查设计开标、评标、中标

开标应当在招标文件确定的提交投标截止日期的同一时间公开进行。开标地点应当为招标文件预先确定的地点。开标由招标人主持,邀请所有投标人参加。需进行公证的,应当有公证员出席。开标时,由投标人或者其推选的代表检查投标文件的密封情况,也可以由招标人委托的公证机构检查并公证;经确认无误后,当众拆封投标文件的第一个信封,宣读投标人名称、投标文件签署情况及商务文件标前页的主要内容。投标文件中的第二个信封不予拆封,并妥善保存。开标过程应当记录,并存档备查。属于下列情况之一的,应当作为废标处理:

(1)投标文件未按要求密封;

(2)投标文件未加盖投标人公章或者未经法定代表人或者其授权代理人签字;

(3)投标文件字迹潦草、模糊,无法辨认;

(4)投标人对同一招标项目递交两份或者多份内容不同的投标书,未书面声明哪一个有效;

(5)投标文件不符合招标文件实质性要求。

评标由招标人依法组建的评标委员会负责,评标工作按照交通部制定的公路工程勘察设计招标评标有关规定和招标文件的有关要求进行。

评标委员会成员由招标人的代表及有关技术、经济等方面的专家组成,人数为五人以上单数,其中专家人数不得少于成员总数的2/3。与投标人有利害关系的人员不得进入评标委员会。交通部和省级人民政府交通主管部门应当分别设立评标专家库。国道主干线和国家、部重点公路建设项目的评标委员会专家,从交通部设立的评标专家库中确定,或者由交通部授权从省级人民政府交通主管部门设立的评标专家库中确定;其他公路建设项目的评标委员会专家从省级人民政府交通主管部门设立的评标专家库中确定。评标委员会成员名单在中标结果确定前应当保密。

评标委员会可以要求投标人对投标文件中含义不明确的内容作必要的澄清或者说明,但是澄清或者说明不得超出投标文件的实质性内容。评标委员会应当按照招标文件确定的评标标准,采用综合评价方法对投标人的信誉和经验,项目负责人的资格和能力,对项目的技术建议,勘察设计周期及进度计划、质量保证措施,后续服务和报价进行分别打分评议。评标委员会对投标人的第一个信封评审打分后,在监督机构到场的情况下,拆封投标人的第二个信封,对第二个信封进行评审打分。经综合评审,依据对投标人综合得分结果的排序高低推荐两名

中标候选人,并向招标人提出书面评标报告。

招标人根据评标委员会提出的书面评标报告和推荐的合格中标候选人确定中标人。招标人也可以授权评标委员会确定中标人。评标委员会经评审,认为所有投标都不满足招标文件要求的,可以否决所有投标。出现下列情况之一时,招标人应当依照本办法重新招标:

（1）所有的投标文件均未通过商务文件、技术文件符合性审查;
（2）所有的投标文件均不能满足招标文件要求。

评标委员会成员应当客观、公正地履行职责,遵守职业道德,对所提出的评审意见承担个人责任。评标委员会成员不得私下接触投标人,不得收受投标人的财物或者其他好处,不得透露对投标文件的评审、中标候选人的推荐情况以及与评标有关的其他情况。

中标人确定后,招标人应当在七日内向中标人发出中标通知书,并同时将中标结果通知所有未中标的投标人;在十五日之内,按项目管理权限将评标报告向交通部或者省级人民政府交通主管部门核备。在中标通知书发出之日起三十日内,招标人和中标人应当按照招标文件和投标文件签订合同。招标人和中标人不得再行订立背离合同实质性内容的其他协议。招标文件要求中标人提交履约保证金时,中标人应当提供。中标人应当按照合同约定履行义务,完成中标项目。若为联合体中标,联合体各方应当共同与招标人签订合同,就中标项目向招标人承担连带责任。中标人将中标项目的部分非主体、非关键性工作分包给他人完成的,中标人应当就分包项目向招标人负责,分包人就分包项目承担连带责任。招标人、中标人使用未中标人的专利、专有技术的投标方案,应当征得未中标人的同意,并给予合理的经济补偿。

二、公路工程施工监理招投标

公路工程施工监理招标分为公开招标和邀请招标。公路工程施工监理应当公开招标。符合下列条件之一的项目,经有审批权的部门批准后,可以进行邀请招标:

（1）技术复杂或者有特殊要求;
（2）符合条件的潜在投标人数量有限;
（3）受自然地域环境限制;
（4）公开招标的费用与工程监理费用相比,所占比例过大;
（5）法律、法规规定不宜公开招标。

若采用公开招标方式,招标人应当依法在国家指定媒介上发布招标公告,并可以在交通主管部门提供的媒介上同步发布。公路工程施工监理招标的招标人应当对潜在投标人进行资格审查。资格审查方式分为资格预审和资格后审。资格预审是招标人在发布招标公告后,发出投标邀请书前对潜在投标人的资质、信誉和能力进行的审查。招标人只向通过资格预审的潜在投标人发出投标邀请书和发售招标文件。资格后审是招标人在收到投标人的投标文件后,对投标人的资质、信誉和能力进行的审查。资格审查方法分为强制性条件审查法和综合评分审查法。强制性条件审查法是指招标人只对投标人或者潜在投标人的资格条件是否满足招标文件规定的投标资格、信誉要求等强制性条件进行审查,并得出"通过"或者"不通过"的审查结论,不对投标人或潜在投标人的资格条件进行具体量化评分的资格审查方法。综合评分审查法是指在投标人或者潜在投标人的资格条件满足招标文件规定的最低资格、信誉要求的基础上,招标人对投标人或者潜在投标人的施工监理能力、管理能力、履约情况和施工监理经验等进行量化评分并按照分值进行筛选的资格审查方法。

公路工程施工监理招标,应当按照下列程序进行:

(1)招标人确定招标方式。若采用邀请招标,应当履行审批手续。

(2)招标人编制招标文件,并按照项目管理权限报县级以上地方交通主管部门备案;对于资格预审方式,同时应编制投标资格预审文件,其中应当载明提交资格预审申请文件的时间和地点。

(3)发布招标公告。采用资格预审方式,同时应发售投标资格预审文件;采用邀请招标,招标人直接发出投标邀请,发售招标文件。

(4)采用资格预审方式,应对潜在投标人进行资格审查,并将资格预审结果通知所有参加资格预审的潜在投标人,向通过资格预审的潜在投标人发出投标邀请书和发售招标文件。

(5)必要时组织投标人考察招标项目工程现场,召开标前会议。

(6)接受投标人的投标文件。

(7)公开开标。

(8)采用资格后审方式,招标人应对投标人进行资格审查。

(9)组建评标委员会评标,推荐中标候选人。

(10)确定中标人,将评标报告和评标结果按照项目管理权限报县级以上地方交通主管部门备案并公示。

(11)招标人发出中标通知书。

(12)招标人与中标人签订公路工程施工监理合同。

二级以下公路,独立中、小桥及独立中、短隧道的新建、改建以及养护大修工程项目,可根据具体条件和实际需要对上述程序适当简化,但应当符合《招标投标法》的第十七条规定:招标人应当根据施工监理招标项目的特点和需要编制招标文件,招标文件应当符合交通部部颁标准《公路工程施工监理规范》中要求强制性执行的规定。二级及二级以上公路,独立大桥及特大桥,独立长隧道及特长隧道的新建、改建以及养护大修工程项目,其主体工程的施工监理招标文件,应当使用交通部颁布的《公路工程施工监理招标文件范本》,附属设施工程及其他等级的公路工程项目的施工监理招标文件,可以参照交通部颁布的《公路工程施工监理招标文件范本》进行编制,并可适当简化。

招标文件应当包括以下主要内容:

(1)招标公告(投标邀请书)

(2)投标人须知

(3)合同通用条款

(4)合同专用条款

(5)监理规范

(6)工程专用规范

(7)技术规范

(8)投标文件格式

(9)中标通知书格式

(10)监理合同协议书格式

(11)银行预付款保函格式

(12)银行履约保函格式

(13)支付担保保函格式

(14)图纸和资料

此外，招标人在招标期间发出的问题答复、补遗书和其他正式函件，均作为招标文件的组成部分，投标人应一并阅读。

招标人对重要监理岗位人员的数量、资格条件和备选人员的要求，应当符合《公路工程施监理规范》的规定。招标人要求投标人提交投标担保时，投标人应当按照要求的金额和形式提交。投标保证金金额一般不得超过五万元人民币。招标人不得在招标文件中制定限制性条件阻碍或者排斥投标人，不得规定以获得本地区奖项等要求作为评标加分条件或者中标条件。

招标公告、投标邀请书应当载明下列内容：
(1) 招标人的名称和地址；
(2) 招标项目的名称、技术标准、规模、投资情况、工期、实施地点和时间；
(3) 获取招标文件或者资格预审文件的办法、时间和地点；
(4) 招标人对投标人或者潜在投标人的资质要求；
(5) 招标人认为应当公告或者告知的其他事项。

资格预审文件和招标文件的发售时间不得少于5个工作日。招标人应当合理确定投标人编制资格预审申请文件和投标文件的时间。对于采用资格预审的招标项目，潜在投标人编制资格预审申请文件的时间，自开始发售资格预审文件之日起至提交资格预审申请文件截止之日，不得少于14日。投标人编制投标文件的时间，自发售招标文件之日起至提交投标文件截止之日，不得少于20日。招标人发出的招标文件补遗书至少应当在投标截止日期15日前，以书面形式通知所有投标人或者潜在投标人。补遗书应当向招标文件的备案部门补充备案。

开标由招标人主持，邀请所有投标人的法定代表人或其授权的代理人参加。交通主管部门应当对开标过程进行监督。开标时，由投标人或者其推选的代表检查投标文件的密封情况，也可以由招标人委托的公证机构进行检查并公证；经确认无误后，当众拆封商务文件和技术建议书所在的信封，宣读投标人名称和主要监理人员等内容。投标文件中财务建议书所在的信封在开标时不予拆封，由交通主管部门妥善保存。在评标委员会完成对投标人的商务文件和技术建议书的评分后，在交通主管部门的监督下，再由评标委员会拆封参与评分的投标人的财务建议书的信封。投标人少于三个时，招标人应当重新招标。

招标人设定的标底应当符合有关价格管理规定，并应综合考虑项目特点、要求投入的监理人员、配备的监理设备等因素，在开标时予以公布。招标人不设标底且不采用固定标价评分法时，招标人可以在规定的范围内设定投标报价上下限。

评标可以使用固定标价评分法、技术评分合理标价法、综合评标法以及法律、法规允许的其他评标方法。固定标价评分法是指由招标人按照价格管理规定确定监理招标标段的公开标价，对投标人的商务文件和技术建议书进行评分，并按照得分由高至低排序，确定得分最高者为中标候选人的方法。技术评分合理标价法是指对投标人的商务文件和技术建议书进行评分，并按照得分由高至低排序，确定得分前两名中的投标价较低者为中标候选人的方法。综合评标法是指对投标人的商务文件和技术建议书、财务建议书进行评分、排序，确定得分最高者为中标候选人的方法。其中财务建议书的评分权值应当不超过10%。

招标人和中标人应当自中标通知书发出之日起30日内订立书面合同。招标人和中标人均不得提出招标文件和投标文件之外的任何其他条件。招标文件中要求中标人提交履约担保的，中标人应当按要求的金额、时间和形式提交。若以保证金形式提交，金额一般不得超过合同价的5%。招标人应当在与中标人签订合同后的5个工作日内，向中标人和未中标的投标人退还投标保证金。

三、国内公路工程施工招投标

1. 公路工程施工招标

交通运输部 2006 年第 7 号令颁布了新的《公路工程施工招标投标管理办法》,并于 2006 年 8 月 1 日开始实施。

1)招标条件

下列公路工程施工项目必须进行招标,但涉及国家安全、国家秘密、抢险救灾或者利用扶贫资金实行以工代赈等不适宜进行招标的项目除外:

(1)投资总额在 3 000 万元人民币以上的公路工程施工项目;

(2)施工单项合同估算价在 200 万元人民币以上的公路工程施工项目;

(3)法律、行政法规规定应当招标的其他公路工程施工项目。

公路工程施工招标的项目应当具备下列条件:

(1)初步设计文件已被批准;

(2)建设资金已经落实;

(3)项目法人已经确定,并符合项目法人资格标准要求。

公路工程施工招标的招标人,应当是依照本办法规定提出公路工程施工招标项目、进行公路工程施工招标的项目法人。具备下列条件的招标人,可以自行办理招标事宜:

(1)具有与招标项目相适应的工程管理、造价管理、财务管理能力;

(2)具有组织编制公路工程施工招标文件的能力;

(3)具有对投标人进行资格审查和组织评标的能力。

若招标人不具备规定条件,应当委托具有相应资格的招标代理机构办理公路工程施工招标事宜。任何组织和个人不得为招标人指定招标代理机构。

公路工程施工招标分为公开招标和邀请招标。采用公开招标时,招标人应当通过国家指定的报刊、信息网络或者其他媒体发布招标公告,邀请具备相应资格的不特定的法人投标。采用邀请招标时,招标人应当以发送投标邀请书的方式,邀请三家以上具备相应资格的特定的法人投标。

公路工程施工招标,可以对整个建设项目分标段一次招标,也可以根据不同专业、不同实施阶段分别进行招标,但不得将招标工程化整为零或者以其他任何方式规避招标。公路工程施工招标标段,应当按照有利于对项目实施管理和规模化施工的原则,合理划分。施工工期应当按照批复的初步设计建设工期,结合项目实际情况,合理确定。

2)公路工程施工招标程序

(1)确定招标方式,采用邀请招标时,应当按照国家规定报有关主管部门审批;

(2)编制投标资格预审文件和招标文件,招标文件按照本办法规定备案;

(3)发布招标公告,发售投标资格预审文件;采用邀请招标时,可直接发出投标邀请书,发售招标文件;

(4)对潜在投标人进行资格审查;

(5)向资格预审合格的潜在投标人发出投标邀请书和发售招标文件;

(6)组织潜在投标人考察招标项目工程现场,召开标前会;

(7)接受投标人的投标文件,公开开标;

(8)组建评标委员会评标,推荐中标候选人;

(9) 确定中标人,评标报告和评标结果按照本办法规定备案并公示;
(10) 发出中标通知书;
(11) 与中标人订立公路工程施工合同。

3) 资格审查

公路工程施工采用公开招标时,招标公告发布后,招标人应当根据潜在投标人提交的资格预审申请文件,对潜在投标人的资格进行审查。招标人只向资格预审合格的潜在投标人发售招标文件。

公路工程施工采用邀请招标时,投标邀请书发出后,招标人应当根据投标人提交的投标文件,对投标人的资格进行审查。

(1) 资格预审文件内容

①引言及一般介绍

一般包括引言、工程及合同规则简介。

引言说明资金筹措来源、根据交通部及世界银行的要求、招标单位应对投标人的工程实绩、管理人员、财政、技术、设备及信誉等进行资格预审,对施工能力进行评估。

一般介绍主要包括工程简介和合同规则简介。工程简介应介绍工程简要情况、范围、主要工程量、技术标准、地形、地质、水文、气候、交通、供电、供水、通信、医疗等条件。合同规则简介应介绍合同原则性内容。

②资格预审须知

其主要包括:资格预审格式及填表须知,对投标资格的基本要求,资格预审的撤回,要求对施工方法与程序的简述,汇率。

③表格

其主要包括:资格预审调查表,工地管理人员表,形式、规模与本工程相近的已完工程项目表及其在最近十年及五年的业绩,建议采用的施工方法、施工设备与装备表,财政状况表,银行信用书格式,社会信誉。

④图纸

其主要包括:工程地理位置图,工程总体布置图,施工总体平面图。

(2) 资格预审审查标准

审查标准原则上是以资格预审文件中规定的条款为准。

①施工经历

主要审查申请单位是否具有承包本项目工程技术等级的资质及类似工程的施工经验;是否具备良好的组织及管理经历,是否有优秀的工程;对于施工经历,应有具体工地、时间,有竣工验收证书或公证单位证明。

审查时可根据资料判断分类为:经验较丰富、有一定经验及经验不足。

②管理人员

要求承包人派驻工地的主要工程管理人员包括项目经理、道路工程(基层、面层)专业工程师、桥梁工程(含基础及上部结构)专业工程师、筑路机械及机械化施工管理工程师、材料试验及合同管理工程师等 5 ~ 7 人,应有从事本专业工作十年以上经历并具有证明。

审查结果分三类:完全符合要求、基本符号要求及不符合要求。

③施工设备

审查承包人拟安排到工地的施工设备其种类、数量及性能是否适应并满足施工进度及质量要求。

审查结果分为三类：合格、基本合格(对数量不足者、已提出进口或从他地调进者)及不合格(数量、种类、性能方面不能满足要求,又未表示进口或他调或租用者)。

④财务状况

主要审查承包人是否有足够的生产能力、充裕的流动资金或可靠的资金周转能力及信誉。

⑤信誉

信誉是承包人资格合格的基本条件,了解承包人过去承包过的工程、业主的反映或评价是很重要的。完成的项目竣工报告中的验收评价是这方面的主要依据,但需有公证单位的公证,或竣工验收委员会的公章或签字证明。

4)编制招标文件

招标人应当根据招标项目的特点和需要,编制招标文件。二级及以上公路和大型桥梁、隧道工程的主体工程施工招标文件,应当按照交通部颁布的《公路工程国内招标文件范本》的格式和要求编制,其他公路工程和公路附属设施工程的施工招标文件,可参照《公路工程国内招标文件范本》的格式和内容编制,并可根据实际需要适当简化。

招标文件的主要内容如下：

(1)投标邀请书；

(2)投标人须知；

(3)公路工程施工合同条款；

(4)招标项目适用的技术规范；

(5)施工图设计文件；

(6)投标文件格式,包括投标书格式及投标书附录格式、投标书附表格式、工程量清单格式、投标担保文件格式、合同格式等。

投标人须知应当载明以下主要内容：

(1)评标标准和方法；

(2)工期要求；

(3)提交投标文件的起止时间、地点和方式；

(4)开标的时间和地点。

招标公告、投标邀请书应当载明下列内容：

(1)招标人的名称和地址；

(2)招标项目的名称、技术标准、规模、投资情况、工期、实施地点和时间；

(3)获取资格预审文件或者招标文件的办法、时间和地点；

(4)对潜在投标人的资质要求；

(5)招标人认为应当公告或者告知的其他事项。

招标人应当按照招标公告或者投标邀请书规定的时间、地点出售资格预审文件和招标文件。资格预审文件和招标文件的发售时间不得少于5个工作日。招标人应当合理确定资格预审申请文件和投标文件的编制时间。编制资格预审申请文件的时间,自开始发售资格预审文件之日起至潜在投标人提交资格预审申请文件截止时间止,不得少于14日。编制投标文件的时间,自招标文件开始发售之日起至投标人提交投标文件截止时间止,高速公路、一级公路、技术复杂的特大桥梁、特长隧道不得少于28日,其他公路工程不得少于20日。

国道主干线和国家高速公路网建设项目的工程施工招标文件应当报交通部备案,其他公路建设项目的工程施工招标文件应当按照项目管理权限报县级以上地方人民政府交通主管部门备案。交通主管部门发现招标文件存在不符合法律、法规及规章规定内容的,应当在收到备案文件后的 7 日内,提出处理意见,及时行使监督检查职责。招标人如需对已出售的招标文件进行必要的澄清或修改,应当在投标截止日期 15 日前以书面形式通知所有招标文件收受人。招标人设定标底时,可自行编制标底或者委托具备相应资格的单位编制标底。标底编制应当符合国家有关工程造价管理的规定,并应当控制在批准的概算以内。国道主干线和国家高速公路网建设项目的资格预审结果报交通部备案,其他公路建设项目的资格预审结果按照项目管理权限报县级以上地方人民政府交通主管部门备案。

2. 公路工程施工投标

投标人应当具备招标文件规定的资格条件,具有承担所投标项目的相应能力。两个以上施工单位可以组成联合体参加公路工程施工投标。联合体各成员单位都应当具备招标文件规定的相应资质条件。由同一专业施工单位组成的联合体,按照资质等级较低的单位确定资质等级。以联合体形式参加公路工程施工投标的单位,应当在资格预审申请文件中注明,并提交联合体各成员单位共同签订的联合体协议。

投标人应当按照招标文件的要求,按时参加招标人主持召开的标前会并勘察现场,应当按照招标文件的要求编制投标文件,并对招标文件提出的实质性要求和条件作出响应。根据招标文件载明的项目实际情况,拟在中标后将中标项目的部分非关键性工作进行分包时,投标人应当向招标人提交分包计划,并在投标文件中载明,分包单位的资质应当与其承担的工程规模标准相适应。

投标文件中投标书及投标书附录、投标报价部分应当由投标人的法定代表人或其授权的代理人签字,并加盖投标人印章后密封,按照招标文件规定的时间、地点和方式送达招标人。

3. 开标、评标和中标

开标由招标人主持,邀请交通主管部门和所有投标人的法定代表人或其授权的代理人参加。投标文件检查无误后,招标人应当当众拆封,并宣读投标人名称、投标价格和投标文件的其他主要内容。招标人设有标底时,应当同时公布标底。

评标由招标人依法组建的评标委员会负责。评标委员会由招标人的代表和技术、经济专家组成。评标委员会委员人数为 5 人以上单数,其中专家人数不得少于成员总数的 2/3。国道主干线和国家高速公路网建设项目,评标委员会专家从交通部设立的评标专家库中随机抽取,其他公路建设项目的评标委员会专家从省级人民政府交通主管部门设立的评标专家库中随机抽取。

公路工程施工招标的评标方法可以使用合理低价法、最低评标价法、综合评估法和双信封评标法以及法律、法规允许的其他评标方法。

合理低价法是指对通过初步评审和详细评审的投标人,不对其施工组织设计、财务能力、技术能力、业绩及信誉进行评分,而是按招标文件规定的方法对评标价进行评分,并按照得分由高到低的顺序排列,推荐前 3 名投标人为中标候选人的评标方法。

最低评标价法是指按由低到高顺序对评标价不低于成本价的投标文件进行初步评审和详细评审,推荐通过初步评审和详细评审且评标价最低的前 3 名投标人为中标候选人的评标方法。

综合评估法是指对所有通过初步评审和详细评审的投标人的评标价、财务能力、技术能力、管理水平以及业绩与信誉进行综合评分,按综合评分由高到低排序,并推荐前 3 名投标人为中标候选人的评标方法。

双信封评标法是指投标人将投标报价和工程量清单单独密封在一个报价信封中,其他商务和技术文件密封在另外一个信封中,分两次开标的评标方法。第一次开商务和技术文件信封,对商务和技术文件进行初步评审和详细评审,确定通过商务和技术评审的投标人名单。第二次再开通过商务和技术评审投标人的投标报价和工程量清单信封,当场宣读其报价,再按照招标文件规定的评标办法进行评标,推荐中标候选人。对未通过商务和技术评审的投标人,其报价信封将不予开封,当场退还给投标人。

公路工程施工招标评标,一般应当使用合理低价法。使用世界银行、亚洲开发银行等国际金融组织贷款的项目和工程规模较小、技术含量较低的工程,可使用最低评标价法,并应在招标文件中确定;招标文件中没有规定的标准和方法,不得作为评标的依据。

属于下列情况之一时,应当作为废标处理:
(1)投标文件未经法定代表人或者其授权代理人签字,或者未加盖投标人公章;
(2)投标文件字迹潦草、模糊,无法辨认;
(3)投标人对同一标段提交两份以上内容不同的投标文件,未书面声明其中哪一份有效;
(4)投标人在招标文件未要求选择性报价时,对同一个标段有两个或两个以上的报价;
(5)投标人承诺的施工工期超过招标文件规定的期限或者对合同的重要条款有保留;
(6)投标人未按招标文件要求提交投标保证金;
(7)投标文件不符合招标文件实质性要求的其他情形。

评标委员会完成评标工作后,应当向招标人提出书面评标报告。评标报告应当由所有评标委员会委员签字。

评标报告应当载明以下内容:
(1)评标委员会的成员名单;
(2)开标记录情况;
(3)评标采用的标准和方法;
(4)对投标人的评价;
(5)符合要求的投标人情况;
(6)推荐的中标候选人;
(7)需要说明的其他事项。

评标委员会推荐的中标候选人应当限定在1~3人,并标明排列顺序。招标人应当根据评标委员会提出的书面评标报告确定排名第一的中标候选人为中标人。排名第一的中标候选人放弃中标、因不可抗力不能履行合同、在招标文件规定的期限内未能提交履约担保时,招标人可以确定排名第二的中标候选人为中标人;排名第二的中标候选人因前款规定的原因也不能签订合同时,招标人可以确定排名第三的中标候选人为中标人。招标人可以授权评标委员会直接确定中标人。招标人应当将评标结果在招标项目所在地省级交通主管部门政府网站上公示,接受社会监督。公示时间不少于7日。

招标人确定中标人后,应当向中标人发出中标通知书,并同时将中标结果通知所有未中标的投标人。招标人应当自确定中标人之日起15日内,将评标报告向规定的备案机关进行备案。招标人和中标人应当自中标通知书发出之日起30日内订立书面公路工程施工合同。

招标人应当自订立公路工程施工合同之日起5个工作日内,向中标人和未中标的投标人退还投标保证金。由于中标人自身原因放弃中标,招标文件约定放弃中标不予返还投标保证金的,中标人无权要求返还投标保证金。

有下列情形之一时,招标人应当重新招标:
(1)少于3个投标人;
(2)经评标委员会评审,所有投标均不符合招标文件要求;

(3)由于招标人、招标代理人或投标人的违法行为,导致中标无效;

(4)中标人均未与招标人签订公路工程施工合同。

需重新招标时,招标文件、资格预审结果和评标报告应当按照本办法的规定重新报交通主管部门备案,招标文件未作修改的可以不再备案。

四、世界银行贷款项目招投标

1. 国际项目招标的特点

国际竞争性招标可总结为十大特点,其完全可以概括招标的原则、要求和程序。

(1)合同规模,大小适当(Suitable package);

(2)招标项目,通告在先(Early warning);

(3)公平对待,不歧不偏(Non-discrimination);

(4)方便招标,可望可及(Accessibility);

(5)国际标准,一视同仁(Neutrality);

(6)程序标准,手续正规(Formality);

(7)招标保密,不准外传(Confidentiality);

(8)符合要求,不苟不构(Consistency);

(9)客观评标,尺度在先(Objectivity);

(10)决标之前,不搞谈判(No negotiation before award)。

1)合同的规模大小必须适当(Suitable package)

实行招标的目的在于吸引最大限度的竞争。合同规模大小必须适当兼顾国内外承包商。如果合同规模过大或十分复杂,可能会减少承包商参加竞争的机会。但是,大规模合同也有优点,它可以吸引国际市场上实力雄厚的承包商投标。因此,在考虑合同规模或公路项目的标段划分上必须平衡这些因素。国际上,1亿美元以上称为大合同,200万美元以下视为小合同,1 000万美元以上即属中型。故大多数中等规模的合同多在2 000~5000万美元之间。

2)招标项目必须提早通告(Early warning)

项目一旦确定实行国际招标,就要尽早发布通告(标讯)。目前,国际上大多数国际贷款机构和政府都设有情报服务,帮助转播有关近期开展的大项目的消息,并规定公开招标或资格预审通告要登广告,并通知有关各商务代表。文告要登在官方刊物或流传面广的报纸,大的合同还登在专业杂志上;世界银行规定还要登在《联合国发展论坛》商业版上。

通知或公告应简单明了,通常应包括以下几点(按FIDIC建议):

(1)业主和监理工程师的名称;

(2)工程地点、内容、规模与范围;

(3)预计开、完工时间;

(4)发(集)资审文件和回收日期及(如可能)投标日期;

(5)申请资审文件须知和招标保证金额;

(6)提供资金的金融机构(如世界银行,亚洲开发银行)。

3)公开与不歧视原则(Non-discrimination)

世界银行规定要以公平和不歧视的方式选择投标人,要求其借款国一律实行以所有合格投标人公开的竞争性投标,要求在大型合同采用预格预审方法以确保邀请到实力相当的公司。资格预审对借款国内外、大小承包商一视同仁,有兴趣的投标人能够拿出文件来证明其有本工程要求的经验、业绩、能力和财源均可。

国际招标中通过资格预审而定出合格投标人名单,可以保证在大致同一水平上的竞争性。FIDIC 建议,定出的合格人名单不超过 7 家。

关于资格预审文件,有的称为"调查表(QUESTIONAIRES)",世行和 FIDIC 都各有一套标准格式,大同小异。其目的是使内容与要求保持一致,易填易评。文件主要是两部分内容:一是"资格预审申请人须知",也是对资格预审的基本要求,并以附录形式简要说明工程概况和主要的合同规则;二是投标人填写的情况调查表。

资格预审主要是在以下几个方面进行评定:
(1)公司过去的业绩、经验与信誉;
(2)目前的技术力量;
(3)目前拥有的施工设备,主要指专用设备或不易购到、租到的设备,包括其设备对本工程的适应性,是否能及时用到本项目;
(4)财政实力,即是否有充足的工作资金(Working Capital);
(5)目前在手的、已承揽的工程情况。

4)为投标提供条件,即投标的可行性(Accessibility)

(1)按 FIDIC 说法,"须知"的目的为:传递与通报用于投标人编标和投标人评标时期所必要的信息和指令,使投标能按业主的要求编制其标书。按照世界银行 1985 年的《工程采购》招标文件范本中"招标人须知"所述,其包括 6 个部分共 34 条。这 6 个部分分别是:

①总则,含 5 条:说明工程概述,地理条件,主要工程数量,合格条件与资格要求,资金来源,投标费用与现场考察;

②投标文件的内容,含 3 条:说明招标文件内容、招标文件的澄清、招标文件的修改;

③编写投标书,含 8 条:对投标书的语言,投标与支付的货币,投标有效期,标价,投标保证金、选择方案及标前会议等的规定;

④投标书的送交,含 4 条:标书和密封的标志、送交投标截止期、迟到的投标书、投标书的修改或撤回;

⑤开标与评标,含 8 条:开标、保密、投标书的澄清、符合性的鉴定、错误的修正、换算为一种货币、投标书的评价与比较、国内投标人优惠;

⑥授予合同,含 5 条:授予合同的标准、中标通知书、业主接受和拒绝投标的权利、合同协议书的签署、履约担保。

(2)合同专用文件编写:合同的专用条件,是按照某个工程项目具体情况,对共同条件分别进行详述、删除、修改。

(3)工程量清单与计日工报价:招标文件第三卷,包括投标书格式与附录、工程量清单与补充资料表。

工程清单的目的:一是将投标人有效而准确地编标并便于招标人对标书进行评比;二是签订合同后,成为已完成工程付款的依据,对于有变动的和追加工程的单价确定,也起着参照作用。

工程量清单的前言(总说明)也是文件的主要部分,它要阐明与招标文件其他部分的相关关系和规定单价的包容程度与计量方法、支付范围,一般可按范本格式编写。

工程量清单中的细目分章,分为总则、土石方、路面、排水结构物、公路设施、房屋、其他等八部分。但清单的章次划分,与技术规范分章紧密相关。

5)中立性或独立性(Neutrality)

主要是指招标与合同文件,在法律上应从国际中立公正的立场出发而不是站在某个国家的立场。例如招标文件中的规范,按世界银行的提法就是要有国际性,所以不论哪个国家技术标准都不可以取代或超越国际标准,而成为特殊要求。又如在设备采购中,也一概以技术性能要求为前提,而不能以某一种牌号、商标为准,或树立"名牌",非此不可。如果要求参照某家厂牌性能为标准,应当说明"或同等水平者",以便允许使用类似的产品。

6)招标的程序化和投标例行手续的正规化(Formality)

目前,国际上投标已逐渐形成了一种正规的例行手续,除了在"投标人须知"上规定的一般程序外,其投标手续必须是正式的,不能随便处理。这主要是指:标书必须以书面的规定格式递交;任何信息、资料、来往函电,最后应以信函(签字)确认,标书必须密封;标书必须在一定时间之前交到规定地点,迟到的标书要被原封不动地退回,且标书必须在规定的截止日或紧挨截止日几小时内开标。国际金融机构和许多国家政府都提倡公开开标。世界银行和若干区域开发银行(如亚行),认为公开开标对防止篡改标书是必要的保证,并不赞成实行"有记录的小组委员会自行开标"的方式。手续的正式化还包括:如果回答某一投标人的提问,必须将回答内容告知所有投标人。

7)保密性(Confidentiality)

主要要求为:开标前要检查标书包封是否完好,而且要放在安全可靠的地方,任何副本不能被取走;要采取措施保证除官方负责检查标书外,其标书内容不得外泄。审查标书的人必须按规定保守秘密,不得向外透露标书内容。这些在"投标人须知"和世行采购指南中均有具体规定。

8)标书的一致性和符合性(Consistency & Conformity)

对于收到的标书,必须检查其可能的错误;其是否正确地签署;内容是否符合招标文件要求。倘若不能达到"基本符合"或包含不允许的保留,则不能予以考虑。这些规定可能使业主难以决策,但世界银行还是给了活动余地,即所谓"实质上"符合,或符合文件的"实质要求"。这就是说,负责采购的机构可以接受小的非实质性的偏差,同时在评标时对该偏差加上某种形式的调整。

凡是经检查认为实质上符合要求的标书,都是加以严肃认真的评比。尽管业主在招标中有废弃、拒绝所有标书的权利,而作为郑重其事的公共行政部门和良好的商业政策,应在招标工作中自始至终、不迟疑地尽一切努力使招标成功,而不应常抱有半途废弃的打算。授予合同的原则,按世界银行规定仍是在考虑了报价和招标文件中说明过的其他评价标准之后,将合同授给评定标价为最低的投标人。

9)客观性(Objectivity)

这是指评标中要以客观标准而不能以主观意愿为根据。评标目的是决出最低的评定标价。最低报价不一定就是业主最有利的标,因此还要考虑所有相关的因素。报价显然是首要的标准,但不是唯一标准。业主要在招标文件事先明确说明在报价之外还考虑的因素,缺乏这种客观标准,会带来主观随意性,也易于受到行政干扰。客观评价标准最好能转换为金额,如工期、技术力量、公司威望等可以用打分法评定。

10)决标之前不进行谈判(No negotiation before award)

如上所述,竞争性招标旨在同一标准上选择一家中标人,而不与某一家投标人讨价还价。世界银行规定得很明确:任何投标人不能被要求或允许变更其投标的实质或报价。欧洲开发基金会和其他若干政府也是秉着同一原则。例如,瑞典政府就明确划分正规招标和谈判采购(即以几家有竞争性的公司提出报价为基础进行谈判)两种方式,但在正规的招标工作中不能在标前谈判。

世界贸易组织(WTO)留出了谈判的可能性,并且规定:如果由评标中看来并无一家投标者是最有利的……业主可以在其后的谈判中,在竞争的范围内对所有投标人给予平等的考虑和对待。

2. 世界银行贷款项目招标程序

国际咨询工程师联合会(FIDIC)推荐世界银行贷款项目招标流程图如图 5-1 所示。

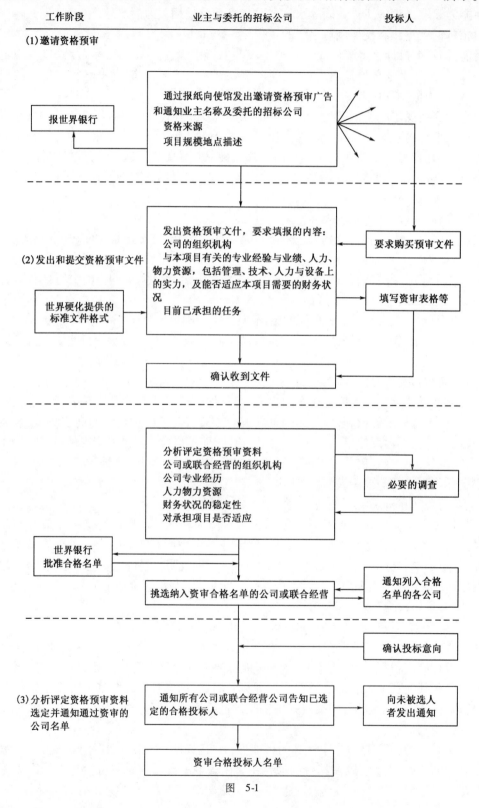

图 5-1

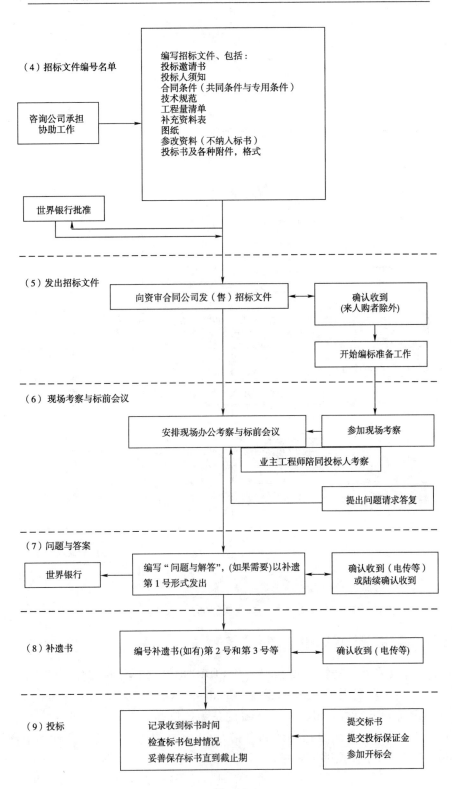

图 5-1

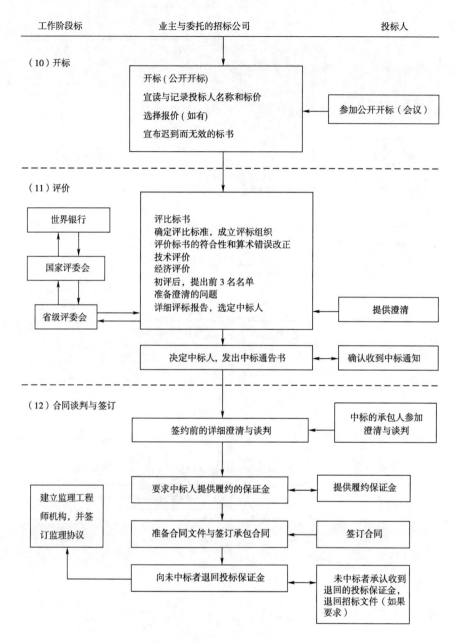

图 5-1　国际工程师联合会招标结束,发出开工令(FIDIC)推荐流程图

五、公路工程招投标计算机辅助系统

长安大学曾根据世行贷款招投标程序和 FIDIC 招投标程序并结合国内招标文件研发编制了"公路工程招投标计算机辅助系统(Computer Assisted System of Tendering and Bidding for Road Project,简称:TBRPCAS)",目的是为招投标工作提供先进的技术手段,使资格预审审查和评标定标方法更加有效和严格,以提高招投标工作的科学性和准确性。

"TBRPCAS"系统不仅能够缩短招投标工作的时间,快速准确地计算工程项目的投标报价,消除计算者的计算误差,而且有助于消除招投标过程中的诸多弊端,增加招投标工作的科学性和透明度,是业主及承包商招标和投标的有利工具。

"TBRPCAS"系统内容主要有标底、报价计算功能,资格预审功能与评标定标系统。该系统不仅考虑了标价因素,而且考虑了工期、施工质量、施工经验、安全和承包商的信誉等因素,可以对国内、国际招投标的工作进行辅助处理。"TBRPCAS"系统可利用报价系统计算道路工程标底及报价,利用资格预审系统对承包商进行资格预审,从而选出具有投标资格的投标者,剔除资格预审不合格的单位,利用评标定标系统择优选择中标单位。该系统满足世界银行关于"ICB"方式的三"E"的原则,既可用于世行项目招标也可用于国内项目招标,有助于强化公路招投标市场管理,提高决策水平。

"TBRPCAS"系统功能强大,方法先进、界面友好,为业主进行招标提高了有利的工具,大大提高了招投标工作的效率和科学性,对提高全国公路招投标水平具有重要应用价值。

1. TBRPCAS 的信息系统

为用于资格预审和评标的标准客观地量化,收集和分析信息是十分必需的,这些信息包括如下几点:

①承包人的永久地址;
②合理、快速地完成工程所需的充足的设备;
③满足工程所需要的财政能力;
④适合的技术水平和经验;
⑤ 具有完成过同种类型工程且工程规模不小于现工程规模的50%的经历;
⑥以前不能很好的履行及不能按时完成合同的次数;
⑦承包人近期情况,以便很好地履行合同;
⑧承包人与分包人和雇员的关系。

当然,对那些以前具有资格的承包人的评审,也可参考其以前的资格评审记录。总之,对用于资格预审和评标的标准评定信息可归纳为:

①普通信息,应用于管理的目的;
②财政信息;
③技术信息;
④管理信息;
⑤安全管理信息。

(1)普通信息

普通信息指业主所考虑的与承包商相关的组织信息,主要包括:公司的法律地位、所有物细目、分包人、合作公司、法律发展趋势、规模、工作年限等。

(2)财政信息

对国内、外的承包人来说,财政信息指财政状况说明以及别的经过核实能够说明承包人的财政状况的资料。通过调查其银行的委托书、社会信誉及过去的历史对其财政状况进行评估。另一方面,财政的稳定性也应考虑到信誉等级、银行筹备、保证金能力及财政申明等。

(3)技术信息

主要指在满足合同要求下劳动力和设备资源、处理工程类型、工程量及工程规模的能力,以及现场施工的能力。承包人以往的经验,包括已完成工程的类型和规模。通过现场参观施工、讨论工程进度、施工情况及业主的要求等对承包人的技术能力进行评估。

(4)管理信息

通过检查承包人对风险、合同决策、要求及变更的管理手段来考虑其组织管理水平。以下是管理资料的四个资源：
①工程的管理和组织；
②资源；
③协作控制反应；
④文件编制。

管理变更又可进一步分为三大基本领域：
①计划（远景管理、主要管理者的资历、计划工具的使用等）；
②组织（活动的集中、交流、人际关系）；
③控制（控制系统、适用能力、风险评定、分包商管理）。

（5）安全资料

通过选择安全性较高的承包人控制事故率以降低施工造价。经验变化鉴定的询问、职业稳定性、住宅经常范围率也产生承包人安全措施所需用的信息。

参加投标的承包人通常需要详细填写业主的一些调查表，业主由此得到承包人信息。已在名单之列的承包人必须提供业主所需的所有信息。这些信息必须极度保密，并且只有在承包人同意的情况下才能用于编辑、检查。它包括一般的和专门的信息。

申请表格需要填写的信息：①承包公司提供的工作种类；②公司详情；③公司提供的工作范围；④技术资源和参照；⑤现有保险的细目；⑥税收细节；⑦财政信息；⑧分包情况；⑨竞争关系；⑩施工设备；⑪健康和安全。

承包人必须提供的重要信息：①公司希望的且能够实施工程类型；②未履行合同规定条款而所应受到的财政处罚；③按合同规定条款，终止公司合同或雇佣决定；④未能一致地履行合同条款而使合同不能更新。

有潜质雇员的能力（包括工作简历、资历、以前工作的检核、试用期和人事推荐等）、技能，包括专业的、管理的、技术方面专门知识以及对公司可能适用的其他知识。

公司里职员水平，包括管理的、专业的、技术的、行政的。

雇员现有记录。

公共部门当事人实施工作的细节、名字、地址、包括监理人员、合同题名、投标价格和工作类型。

在最近3年内合同执行情况。

属于公司所有主要的工厂、设备。

（6）其他资料

通过初次的评估，满足要求的承包人数量减少，要对这些承包人进行进一步的调查。该过程中，申请人必须提供安全可靠信息。这包括保证履行责任的人的姓名、雇员，向雇员传达安全措施的方法及报告和记录事故的方法。其他信息还包括现行保险细目、税收情况、分包合同和种族关系记录。

（7）评估标准

在资格预审过程中任一阶段，即在初步审查期间或详细调查后，都有可能淘汰承包人。提供的信息不完整、未成功编写相关文件，都有可能使评估无法进行。

2. TBRPCAS 资格预审子系统

1）资格预审程序（图5-2）

2）TBRPCAS 资格预审实例分析

(1)财务条件:(financial condition)分析见表5-2。

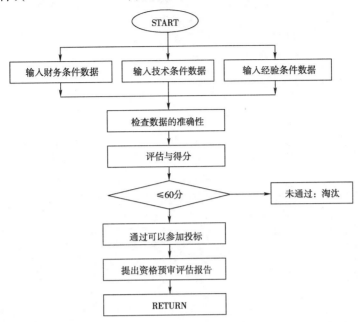

图5-2 招标子系统结构框图

财务条件分析　　　　　　　　　　　　　　　　表5-2

承包人情况		评分标准	最高分
1.每年合同收入(美元)	少于500万	0	
	500万~1 500万	1	
	1 600万~4 500万	2	
	4 100万~7 500万	4	
	7 500万以上	6	6
2.投标财务能力(美元)	少于500万	0	
	500万~1 500万	5	
	1 600万~2 500万	9	
	2 600万~4 000万	11	
	4 100万~5 000万	15	
	5 000万以上	18	18
3.可得到的贷款(美元)	少于500万	0	
	500万~1 000万	1	
	1 100万~1 500万	2	
	1 600万~2 500万	4	
	2 500万以上	6	6
总分合计			30分

(2)技术条件(technical conditions)分析见表5-3。

技术条件分析　　　　　　　　　　表 5-3

承包人情况		评分标准	最高分
1. 现场关键人员	a. 指定的人数 　不适当 　适当	0 2	
	b. 专家组成 　不满意 　满意	0 2	
	c. 胜任能力 　不可接受 　能力低 　能力中等 　能力高	0 2 4 6	10
2. 保险情况	不满意 中等 满意	0 3 6	6
3. 分包方式	a. 分包人数量 　超过四家 　0~4家	0 1	
	b. 工作分割情况 　主要工作交给分包人 　仅专业工作向外分包	0 3	4
4. 机具设备情况（应除去已用于现有合同的设备数）	a. 现有主要设备 　不适当 　稍加更换适当 　适当	1 2 4	
	b. 主要设备来源（自有设备包含长期租赁的） 　无自有设备 　50% 设备自有 　51%~75%设备自有 　75%以上设备自有	0 1 2 3	
	c. 主要设备平均使用年数 　已用过 10 年 　已用过 5~10 年 　用过 5 年以下	0 1 2	
	d. 运输车辆平均使用年数 　3 年以上 　3 年以内	0 1	10
总分合计			30

(3)施工经验(Experience)分析,按已完和现有工程合同总数计算,见表5-4。

施工经验分析 表5-4

承包人情况		评分标准	最高分
1.类似工程经验	未说明者	0	
	小于1 000万美元	3	
	1 000万~2 500万美元	6	
	2 600万~3 500万美元	11	
	3 600万~5 000万美元	14	
	5 000万美元以上	18	18
2.类似现场条件的经验	未说明者	0	
	小于1 000万美元	2	
	1 000万~2 500万美元	5	
	2 600万~3 500万美元	8	
	3 600万~5 000万美元	12	
	5 000万美元以上	14	14
3.参考条件	没有资信证明或过去的业主不满意	0	
	有一个业主表示满意	2	
	有两个业主表示满意	5	
	有三个业主表示满意	8	8
总分合计			40

3)应用示例

(1)施工合同估计金额:5 000万美元。

(2)工程内容:包括土方开挖、道路施工、混凝土构件组装、永久性设备的安装以及其他专业的工作。

(3)工程位于热带,多岛屿地区。

①首先在国内有影响的报纸上刊登广告,对有参加投标意向的承包人发招标邀请,并发售资格预审须知。提交预审材料的共有13个国家的25家承包人。资格预审的主要内容是审查承包人的财务情况、施工经验、承包人的人员、审查资力和设备情况、调查承包人的信誉情况等。

②使用TBRPCAS系统进行资格预审(表5-5~表5-7)

财务条件(Financial Conditions)A 表5-5

承包人	每年合同收入(万美元)				
	少于500	500~1 500	1 600~4 000	4 100~7 500	7 500以上
A0001				5 000	
A0002					8 000
……	……	……	……	……	……
A00025			3 800		

财务条件(Financial Conditions)B 表5-6

承包人	投标财务能力(万美元)					
	少于500	500~1 500	1 600~2 500	2 600~4 000	4 100~5 000	5 000以上
A0001		1 100				
A0002			2 400			
……	……	……	……	……	……	……
A00025					4 100	

123

财务条件（Financial Conditions）C 表5-7

承包人	可得到的贷款(万美元)				
	少于500	500~1 000	1 100~1 500	1 600~2 500	2 500以上
A0001				1 750	
A0002	400				
……	……	……	……	……	……
A00025		990			

经过运行以后,确定了其中前10家承包人具备投标资格。经与世界银行磋商后,通知了各合格承包人。并告知在规定日期发售招标文件。

3. TBRPCAS 评标定标子系统

TBRPCAS 评标定标采用多目标决策方法评标定标。

（1）流程图（图5-3）

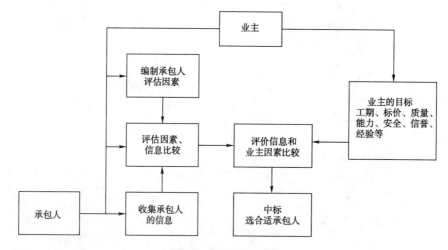

图5-3 投标评估程序表

（2）评分内容和范围

①工程报价：分值范围 50~70，均值60，权数为 G1；
②施工工期：分值范围 10~18，均值14，权数为 G2；
③质量实绩：分值范围 8~12，均值10，权数为 G3；
④施工组织管理：分值范围 6~12，均值8，权数为 G4；
⑤业绩与信誉：分值范围 6~10，均值8，权数为 G5。

（3）择优选择中标单位计算方法（表5-8）

根据以上指标与范围对投标单位进行打分,再乘以各指标权重后累加得分,以总分最高的单位中标。

定标指标的量化结构表 表5-8

编号	指标名称	量化指标	计 算 公 式	权数
1	工程报价	造价减低率 P	$\dfrac{标底-报价}{标底} \times 100\%$	G1
2	施工工期	工期缩短率 t	$\dfrac{招标工期-投标工期}{招标工期} \times 100\%$	G2
3	施工质量	质量实绩率 Q	$\dfrac{近5年承包的优良工程数量}{近5年总承包工程产值} \times 100\%$	G3

续上表

编号	指标名称	量化指标	计算公式	权数
4	施工经验	近3年承包类似工程的经验率 J	$\dfrac{近3年承包类似工程的产值}{近3年总承包工程的产值} \times 100\%$	G_4
5	业绩与信誉	优良工程率（近5年承包工程）	$\dfrac{承包工程验收优良工程数量}{同期承包工程数量} \times 100\%$	G_5
6	备注	筛选方案：工程报价合理范围[-15% ~ +5%] 工期缩短率合理范围[-5% ~ +15%]		

通过资格预审的10家投标单位称为 B0001、B0002、B0003、B0004、B0005、B0006、B0007、B0008、B0009 与 B00010 参加投标，标底"5 000万美元"及各投标单位标书中有关资料，见表5-9和表5-10。

投标商实施情况表 表5-9

投标单位	工程报价	工期	质量保证	施工组织和管理	业绩和信誉
B0001	4 950	35.0	4	3	3
B0002	4 900	33.5	5	4	5
……	……	……	……	……	……
B00010	5 100	33.0	5	5	5

各评标、定标指南的相对权数表 表5-10

标底报价	标底工期	报价权数	工期权数	质量权数	施工组织	业绩和信誉
5 000万元	36个月	60	14	10	8	8

(4)评标定标框图（图5-4）

4. TBRPCAS系统维护

系统的维护是使程序和数据始终处于最新的正确状态。由于外界环境变更和管理业务量的增减，对系统要不断维护。

(1)程序维护

当外界条件改变或程序效率不高时，需改写部分全部程序。

(2)数据文件维护：即对数据的更，如定额数据改变，材料与人工单价调整后，需对数据文件维修。

(3)代码维护

对代码的增添、删除、订正等。

(4)机器设备的维修

使计算机及其外部设备运行正常，如设备的保养、定期检修等。

总之，系统维护主要包括常用数据的维护，使用人员密码、口令、权限设置，数据库的定期整理及数据维护。为了数据的万无一失和保留适当的磁盘空间，需要把在相当长时期内不再使用的数据拷贝到磁盘上。

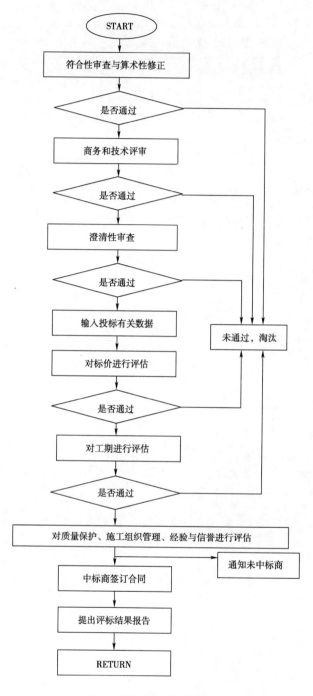

图 5-4 评标定标系统结构框图

第四节 高速公路建设期管理

高速公路建设期管理的内容主要包括：设计管理、工程招投标管理、施工控制及管理、工程交竣工管理与缺陷责任期的管理。

公路建设项目管理的任务质量目标控制、进度目标控制、费用目标控制及财务管理、合同管理、信息管理。

1. 质量控制

质量控制工作要贯穿于公路工程项目实施的设计、招投标及施工阶段全过程中。在整个过程中,每个阶段的主要工作是有所不同的。

2. 工程进度控制

工程进度控制的内容包括:收集信息、计算进度、进度报告、分析进展状态和偏差及变更进度计划。

工程进度控制的方法有横道图法、线形图法、进度曲线法、里程碑事件法和网络计划法。

进度计划实施的影响因素包括:人(项目成员未能认识到计划的重要性)、资源(项目中使用的资源不能满足要求)、环境(受不利的环境因素的影响)。

3. 工程费用控制

(1)工程费用的组成

①直接费用:消耗在工程中的材料费、机械使用费、人工费及其他费。

②间接费用:由施工管理费和其他间接成本组成。

③利润。

④税金:国家规定应计入建筑安装工程造价内的营业税、城市建设税和附加教育税。

(2)工程量清单

工程量清单是工程招标及实施工程计量与支付的重要依据,在工程实施期间,对工程经费起着控制作用。其格式如表5-11所示。

工程量清单　　　　　　　　　　　　　表5-11

项目号	项目名称	单位	数量	单价(元)	金额(元)
407-1	下部构造、基础钢筋				
407-1-1	下部构造Ⅰ级钢筋	t	2.263	4 984.55	11 280
407-1-2	下部构造Ⅱ级钢筋	t	25.085	5 107.27	128 116

(3)计量与支付

计量程序:发出计量通知或提出计量申请、审查有关计量的文件资料、填写中间的计量表。

(4)计量方法

①均摊法:按合同工期每月平均或分期进行计量。

②凭据法:凭承包人提供的票据进行计量。

③估计法:购置的仪器设备。

④综合法。

⑤断面法:计算取土坑和路堤土方的计量。

⑥图纸法:根据图纸进行计量的项目。

⑦钻孔取样法:道路面层结构的计量。

⑧分项计量法:根据工序或部位将项目分成若干子项,对完成的子项进行计量支付。

(5)工程支付

以工程计量、技术规范、报价单为依据。

(6)支付程序

①初期支付。

②中期支付:承包人提出支付申请,监理工程师审核与签认,业主付款。

③最终支付程序:承包人提出最终支付申请,监理工程师审定支付申请,业主付款。

(7)支付项目

①清单支付项目:包含以物理单位计量的支付、以自然单位计量的支付、记日工的支付及暂定金额支付。

②合同支付项目:包含动员预付款,材料、设备预付款,保留金,工程变更费用,价格调整,索赔费用,拖期违约损失赔偿金和提前竣工奖金,迟付款的利息。

4. 合同管理

(1)工程变更、转让与终止

合同内容变更的情况有:

①由于不可抗力事件出现造成合同部分不能履行;

②由于需求的变化,双方当事人就改变商品品种、规格、数量、包装等达成协议;

③合同中约定的变更条件出现;

④合同当事人一方履行合同义务已不再可能。

(2)合同转让的一般法律规定

①合同转让建立在对方当事人同意的基础之上,未经对方当事人同意的转让行为是无效行为;

②法律、行政法规规定转让权利或者转让义务应当办理批准、登记手续的,则只有在办理批准、登记手续后,其合同转让才能生效;

③合同权利转让后,受让人依法取得与债权有关的从权利(如索赔请求权);合同义务转让后,受让人应当依法承担与主债务有关的从债务(如违约赔偿);

④合同权利转让后,债务人对让与人的抗辩可以向受让人主张;合同义务转让后,新债务人可以主张原债务人对债权人的抗辩。

(3)合同的终止

①因不可抗力致使不能实现合同目的;

②在履行期限届满之前,当事人一方明确表示或以自己的行为表明不履行主要债务;

③当事人一方延迟履行主要债务,经催告后在合理的期限内仍未履行;

④当事人一方延迟履行债务或有其他违法行为,致使不能实现合同目的;

⑤法律规定的其他情形。

(4)违约责任

承担违约责任的方式:

①继续履行;

②采取补救措施;

③赔偿损失;

④支付违约金;

⑤定金罚则。

第五节　高速公路建设项目质量评定

一、评定单元划分

根据建设任务、施工管理和质量检验评定的需要,在施工准备阶段将公路建设项目划分为单位工程、分部工程和分项工程。施工单位、工程监理单位和建设单位应按相同的工程项目划分进行工程质量的监控和管理。

单位工程是在建设项目中,根据签订的合同,具有独立施工条件的工程。分部工程是在单位工程中,应按结构部位、路段长度及施工特点或施工任务划分为若干个分部工程。分项工程是在分部工程中,应按不同的施工方法、材料、工序及路段长度等划分为若干个分项工程。

工程质量检验评分以分项工程为单元,采用100分制进行。在分项工程评分的基础上,逐级计算各相应分部工程、单位工程、合同段和建设项目评分值。

工程质量评定等级分为合格与不合格,按分项、分部、单位工程、合同段和建设项目逐级评定。

施工单位应对各分项工程按《公路工程质量检验评定标准》(JTG F80/1—2004)所列基本要求、实测项目和外观鉴定进行自检,按附录J中"分项工程质量检验评定表"及相关施工技术规范提交真实、完整的自检资料,对工程质量进行自我评定。工程监理单位应按规定要求对工程质量进行独立抽检,对施工单位检评资料进行签认,对工程质量进行评定。建设单位根据对工程质量的检查及平时掌握的情况,对工程监理单位所做的工程质量评分及等级进行审定。质量监督部门、质量检测机构可依据本标准对公路工程质量进行检测评定。

二、工程质量评分

1. 分项工程质量评分

分项工程质量检验内容包括基本要求、实测项目、外观鉴定和质量保证资料四个部分。只有在其使用的原材料、半成品、成品及施工工艺符合基本要求的规定,且无严重外观缺陷和质量保证资料真实并基本齐全时,才能对分项工程质量进行检验评定。

涉及结构安全和使用功能的重要实测项目为关键项目,其合格率不得低于90%(属于工厂加工制造的桥梁金属构件不低于95%,机电工程为100%),且检测值不得超过规定极值,否则必须进行返工处理。

实测项目的规定极值是指任一单个检测值都不能突破的极限值,不符合要求时该实测项目为不合格。采用统计方法进行评定的关键项目,不符合要求时则该分项工程评为不合格。

分项工程的评分值满分为100分,按实测项目采用加权平均法计算。存在外观缺陷或资料不全时,须予减分。

$$\text{分项工程得分} = \frac{\sum[\text{检查项目得分} \times \text{权值}]}{\sum \text{检查项目权值}}$$

分项工程评分值 = 分项工程得分 − 外观缺陷减分 − 资料不全减分

(1) 基本要求检查

分项工程所列基本要求,对施工质量优劣具有关键作用,应按基本要求对工程进行认真检查。经检查不符合基本要求规定时,不得进行工程质量的检验和评定。

(2)实测项目计分

对规定检查项目采用现场抽样方法,按照规定频率和下列计分方法对分项工程的施工质量直接进行检测计分。

检查项目除按数理统计方法评定的项目以外,均应按单点(组)测定值是否符合标准要求进行评定,并按合格率计分。

$$检查项目合格率(\%) = \frac{检查合格的点(组)数}{该检查项目的全部检查点(组)数} \times 100$$

$$检查项目得分 = 检查项目合格率 \times 100$$

(3)外观缺陷减分

对工程外表状况应逐项进行全面检查,如发现外观缺陷,应进行减分。对于较严重的外观缺陷,施工单位须采取措施进行整修处理。

(4)资料不全减分

分项工程的施工资料和图表残缺,缺乏最基本的数据,或有伪造涂改者,不予检验和评定。资料不全者应予减分,减分幅度可按公路工程质量检验评定标准所列各款逐款检查,视资料不全情况,每款减 1~3 分。

2. 分部工程和单位工程质量评分

分项工程和分部工程区分为一般工程和主要(主体)工程,分别给以 1 和 2 的权值。进行分部工程和单位工程评分时,采用加权平均值计算法确定相应的评分值。

$$分部(单位)工程评分值 = \frac{\sum[分项(分部)工程评分值 \times 相应权值]}{\sum 分项(分部)工程权值}$$

3. 合同段和建设项目工程质量评分

合同段和建设项目工程质量评分值按《公路工程竣(交)工验收办法》计算。

4. 质量保证资料

施工单位应有完整的施工原始记录、试验数据、分项工程自查数据等质量保证资料,并进行整理分析,负责提交齐全、真实和系统的施工资料和图表。工程监理单位负责提交齐全、真实和系统的监理资料。质量保证资料应包括:

(1)所用原材料、半成品和成品质量检验结果;

(2)材料配比、拌和加工控制检验和试验数据;

(3)地基处理、隐蔽工程施工记录和大桥、隧道施工监控资料;

(4)各项质量控制指标的试验记录和质量检验汇总图表;

(5)施工过程中遇到的非正常情况记录及其对工程质量影响分析;

(6)施工过程中如发生质量事故,经处理补救后,达到设计要求的认可证明文件等。

三、工程质量等级评定

1. 分项工程质量等级评定

分项工程评分值不小于 75 分者为合格,小于 75 分者为不合格;机电工程、属于工厂加工制造的桥梁金属构件不小于 90 分者为合格,小于 90 分者为不合格。

评定为不合格的分项工程,经加固、补强或返工、调测,满足设计要求后,可以重新评定其质量等级,但计算分部工程评分值时按其复评分值的 90% 计算。

2. 分部工程质量等级评定

所属各分项工程全部合格,则该分部工程评为合格;所属任一分项工程不合格,则该分部工程为不合格。

3. 单位工程质量等级评定

所属各分部工程全部合格,则该单位工程评为合格;所属任一分部工程不合格,则该单位工程为不合格。

4. 合同段和建设项目质量等级评定

合同段和建设项目所含单位工程全部合格,其工程质量等级为合格;所属任一单位工程不合格,则合同段和建设项目为不合格。

第六节　高速公路项目交竣工

公路工程验收分为交工验收和竣工验收两个阶段。交工验收阶段,其主要工作是:检查施工合同的执行情况,评价工程质量,对各参建单位工作进行初步评价。竣工验收阶段,其主要工作是:对工程质量、参建单位和建设项目进行综合评价,并对工程建设项目作出整体性综合评价。

公路工程竣(交)工验收的依据是:

(1)批准的项目建议书、工程可行性研究报告。

(2)批准的工程初步设计、施工图设计及设计变更文件。

(3)施工许可。

(4)招标文件及合同文本。

(5)行政主管部门的有关批复、批示文件。

(6)公路工程技术标准、规范、规程及国家有关部门的相关规定。

交工验收由项目法人负责。竣工验收由交通主管部门按项目管理权限负责。交通部负责国家、部重点公路工程项目中100km以上的高速公路、独立特大型桥梁和特长隧道工程的竣工验收工作;其他公路工程建设项目,由省级人民政府交通主管部门确定的相应交通主管部门负责竣工验收工作。

一、公路工程交工验收

公路工程(合同段)进行交工验收应具备以下条件:

(1)合同约定的各项内容已全部完成。各方就合同变更的内容达成书面一致意见。

(2)施工单位按《公路工程质量检验评定标准》及相关规定对工程质量自检合格。

(3)监理单位对工程质量评定合格。

(4)质量监督机构按"公路工程质量鉴定办法"对工程质量进行检测,并出具检测意见。检测意见中需整改的问题已经处理完毕。

(5)竣工文件按公路工程档案管理的有关要求,完成"公路工程项目文件归档范围"第三、四、五部分(不含缺陷责任期资料)内容的收集、整理及归档工作。

(6)施工单位、监理单位完成本合同段的工作总结报告。

交工验收程序:

(1)施工单位完成合同约定的全部工程内容,且经施工自检和监理检验评定均合格后,提出合同段交工验收申请报监理单位审查。交工验收申请应附自检评定资料和施工总结报告。

（2）监理单位根据工程实际情况、抽检资料以及对合同段工程质量评定结果,对施工单位交工验收申请及其所附资料进行审查并签署意见。监理单位审查同意后,应同时向项目法人提交独立抽检资料、质量评定资料和监理工作报告。

（3）项目法人对施工单位的交工验收申请、监理单位的质量评定资料进行核查,必要时可委托有相应资质的检测机构进行重点抽查检测,认为合同段满足交工验收条件时应及时组织交工验收。

（4）对若干合同段完工时间相近的,项目法人可合并组织交工验收。对分段通车的项目,项目法人可按合同约定分段组织交工验收。

（5）通过交工验收的合同段,项目法人应及时颁发"公路工程交工验收证书"。

（6）各合同段全部验收合格后,项目法人应及时完成"公路工程交工验收报告"。

公路工程各合同段符合交工验收条件后,经监理工程师同意,由施工单位向项目法人提出申请,项目法人应及时组织对该合同段进行交工验收。交工验收的主要工作内容包括：

（1）检查合同执行情况；

（2）检查施工自检报告、施工总结报告及施工资料；

（3）检查监理单位独立抽检资料、监理工作报告及质量评定资料；

（4）检查工程实体,审查有关资料,包括主要产品质量的抽（检）测报告；

（5）核查工程完工数量是否与批准的设计文件相符,是否与工程计量数量一致；

（6）对合同是否全面执行、工程质量是否合格作出结论,按交通主管部门规定的格式签署合同段交工验收证书；

（7）按交通部规定的办法对设计单位、监理单位、施工单位的工作进行初步评价。

项目法人负责组织公路工程各合同段的设计、监理、施工等单位参加交工验收。拟交付使用的工程,应邀请运营、养护管理单位参加。交通运输主管部门、公路管理机构、质量监督机构视情况参加交工验收。参加验收单位的主要职责分别为:项目法人负责组织各合同段参建单位完成交工验收工作的各项内容,总结合同执行过程中的经验,对工程质量是否合格作出结论;设计单位负责检查已完成的工程是否与设计相符,是否满足设计要求;监理单位负责完成监理资料的汇总、整理,协助项目法人检查施工单位的合同执行情况,核对工程数量,科学公正地对工程质量进行评定;施工单位负责提交竣工资料,完成交工验收准备工作。

项目法人组织监理单位按公路工程质量检验评定标准的要求对各合同段的工程质量进行评定。监理单位根据独立抽检资料对工程质量进行评定,当监理按规定完成的独立抽检资料不能满足评定要求时,可以采用经监理确认的施工自检资料。项目法人根据对工程质量的检查及平时掌握的情况,对监理单位所做的工程质量评定进行审定。各合同段工程质量评分采用所含各单位工程质量评分的加权平均值。即工程各合同段交工验收结束后,由项目法人对整个工程项目进行工程质量评定,工程质量评分采用各合同段工程质量评分的加权平均值。工程质量等级评定分为合格和不合格,工程质量评分值大于等于75分的为合格,小于75分的为不合格。

公路工程各合同段验收合格后,项目法人应按交通部规定的要求及时完成项目交工验收报告,并向交通主管部门备案。国家、部重点公路工程项目中100km以上的高速公路、独立特大型桥梁和特长隧道工程向省级人民政府交通主管部门备案;其他公路工程按省级人民政府交通主管部门的规定向相应的交通主管部门备案。公路工程各合同段验收合格后,质量监督机构应向交通主管部门提交项目的检测报告。交通主管部门在15日内未对备案的项目交工验收报告提出异议,项目法人可开放交通进入试运营期。试运营期不得超过3年。交工验收提出的工程质量缺陷等遗留问题,由施工单位限期完成。

二、公路工程竣工验收

公路工程进行竣工验收应具备以下条件:
(1)通车试运营2年以上。
(2)交工验收提出的工程质量缺陷等遗留问题已全部处理完毕,并经项目法人验收合格。
(3)工程决算编制完成,竣工决算已经审计,并经交通运输主管部门或其授权单位认定。
(4)竣工文件已完成"公路工程项目文件归档范围"的全部内容。
(5)档案、环保等单项验收合格,土地使用手续已办理。
(6)各参建单位完成工作总结报告。
(7)质量监督机构对工程质量检测鉴定合格,并形成工程质量鉴定报告。

公路工程符合竣工验收条件后,项目法人应按照项目管理权限及时向交通主管部门申请验收。交通主管部门应当自收到申请之日起30日内,对申请人递交的材料进行审查,对于不符合竣工验收条件的,应当及时退回并告知理由;对于符合验收条件的,应自收到申请文件之日起3个月内组织竣工验收。

竣工验收准备工作程序:
(1)公路工程符合竣工验收条件后,项目法人应按照公路工程管理权限及时向相关交通运输主管部门提出验收申请,其主要内容包括:
①交工验收报告。
②项目执行报告、设计工作报告、施工总结报告和监理工作报告。
③项目基本建设程序的有关批复文件。
④档案、环保等单项验收意见。
⑤土地使用证或建设用地批复文件。
⑥竣工决算的核备意见、审计报告及认定意见。
(2)相关交通运输主管部门对验收申请进行审查,必要时可组织现场核查。审查同意后报负责竣工验收的交通运输主管部门。
(3)以上文件齐全且符合条件的项目,由负责竣工验收的交通运输主管部门通知所属的质量监督机构开展质量鉴定工作。
(4)质量监督机构按要求完成质量鉴定工作,出具工程质量鉴定报告,并审核交工验收对设计、施工、监理初步评价结果,报送交通运输主管部门。
(5)工程质量鉴定等级为合格及以上的项目,负责竣工验收的交通运输主管部门及时组织竣工验收。

竣工验收的主要工作内容是:
(1)成立竣工验收委员会。
(2)听取公路工程项目执行报告、设计工作报告、施工总结报告、监理工作报告及接管养护单位项目使用情况报告。
(3)听取公路工程质量监督报告及工程质量鉴定报告。
(4)竣工验收委员会成立专业检查组检查工程实体质量,审阅有关资料,形成书面检查意见。

(5)对项目法人建设管理工作进行综合评价。审定交工验收对设计单位、施工单位、监理单位的初步评价。

(6)对工程质量进行评分,确定工程质量等级,并综合评价建设项目。

(7)形成并通过《公路工程竣工验收鉴定书》。

(8)负责竣工验收的交通运输主管部门印发《公路工程竣工验收鉴定书》。

(9)质量监督机构依据竣工验收结论,对各参建单位签发"公路工程参建单位工作综合评价等级证书"。

竣工验收委员会由交通主管部门、公路管理机构、质量监督机构、造价管理机构等单位代表组成。大中型项目及技术复杂工程,应邀请有关专家参加。国防公路应邀请军队代表参加。

项目法人、设计、监理、施工、接管养护等单位参加竣工验收工作,但不作为竣工验收委员会成员。

参加竣工验收工作各方的主要职责是:竣工验收委员会负责对工程实体质量及建设情况进行全面检查。对工程质量进行评分,对各参建单位及建设项目进行综合评价,确定工程质量和建设项目等级,形成工程竣工验收鉴定书。项目法人负责提交项目执行报告及验收工作所需资料,协助竣工验收委员会开展工作。设计单位负责提交设计工作报告,配合竣工验收检查工作。施工单位负责提交施工总结报告,提供各种资料,配合竣工验收检查工作。监理单位负责提交监理工作报告,提供工程监理资料,配合竣工验收检查工作。接管养护单位负责提交项目使用情况报告,配合竣工验收检查工作。公路建设项目设计、施工、监理、接管养护等有多家单位的,项目法人应组织汇总设计工作报告、施工总结报告、监理工作报告、项目使用情况报告。竣工验收时选派代表向竣工验收委员会汇报。

竣工验收工程质量评分采取加权平均法计算,其中交工验收工程质量得分权值为0.2,质量监督机构工程质量鉴定得分权值为0.6,竣工验收委员会对工程质量评定得分权值为0.2。对于交工验收和竣工验收合并进行的小型项目,质量监督机构工程质量鉴定得分权值为0.6,监理单位对工程质量评定得分权值为0.1,竣工验收委员会对工程质量的评分权值为0.3。工程质量评定得分大于等于90分为优良,小于90分且大于等于75分为合格,小于75分为不合格。

竣工验收委员会按交通部规定的办法对参建单位的工作进行综合评价。评定得分大于等于90分且工程质量等级优良的为好,大于等于75分为中,小于75分为差。

竣工验收建设项目综合评价采取加权平均法计算,其中竣工验收工程质量得分权值为0.7,参建单位工作评价得分权值为0.3(项目法人占0.15,设计、施工、监理各占0.05)。评定得分大于等于90分且工程质量等级优良的为优良,大于等于75分为合格,小于75分为不合格。

负责组织竣工验收的交通主管部门对通过验收的建设项目按交通部规定的要求签发《公路工程竣工验收鉴定书》。通过竣工验收的工程,由质量监督机构依据竣工验收结论,按照交通部规定的格式对各参建单位签发工作综合评价等级证书。

三、公路工程竣工文件组成

第一部分 综合文件

一、竣(交)工验收文件

(一)竣工验收文件(附件6、7、8相关内容及竣工验收委员会各专业检查组意见)。
(二)交工验收文件(附件3、4相关内容)。
(三)工程单项验收文件(环保、档案等)。
(四)各参建单位总结报告。
(五)接管养护单位项目使用情况报告。
二、建设依据及上级有关指示
(一)项目建议书及批准文件。
(二)工程可行性研究报告及批准文件。
(三)水土保持批准文件。
(四)环境影响评价及批准文件。
(五)文物调查、保护等文件。
(六)初步设计文件及批准文件。
(七)施工图设计文件及批准文件。
(八)设计变更文件及批准文件。
(九)设计中重大技术问题往来文件、会议纪要。
(十)施工许可批准文件。
(十一)上级单位有关指示。
三、征地拆迁资料
(一)征地拆迁合同协议。
(二)征地批文。
(三)征用土地数量一览表。
(四)占地图及土地使用证。
(五)拆迁数量一览表。
四、工程管理文件
(一)招标文件。
(二)投标文件、评标报告。
(三)合同书、协议书。
(四)技术文件及补充文件。
(五)建设单位往来文件。
(六)工程质量责任登记表。
(七)其他文件及资料。
第二部分 决算和审计文件
一、支付报表
二、财务决算文件
三、工程决算文件
四、项目审计文件
五、其他文件
第三部分 监理资料
一、监理管理文件
二、工程质量控制文件

（一）质量控制措施、规定及往来文件。

（二）监理独立抽检资料。

（三）交工验收工程质量评定资料。

三、工程进度计划管理文件

四、工程合同管理文件

五、其他文件

六、其他资料

监理日志,会议记录、纪要,工程照片,音像资料。

监理机构及人员情况,各级监理人员的工作范围、责任划分、工作制度。

第四部分　施工资料

一、竣工图表

（一）变更设计一览表。

（二）变更图纸。

（三）工程竣工图。

二、工程管理文件

施工组织机构及人员,岗位责任划分,施工组织设计,技术交底文件,会议纪要等。

三、施工质量控制文件

（一）工程质量管理文件。

1. 工程质量往来文件(质量保证体系,专项技术方案等)。

2. 工程质量自检报告及工程质量检验评定资料。

3. 工程质量事故及处理情况报告、补救后达到要求的认可证明文件。

4. 桥梁荷载试验报告。

5. 桥梁基础检验汇总资料。

6. 施工中遇到的非正常情况记录、处理方案、施工工艺、质量检测记录及观察记录、对工程质量影响分析。

7. 交工验收施工单位的自检评定资料。

（二）材料及标准试验。

1. 原材料、外购成品、半成品抽检试验报告及资料。

2. 外购材料(产品) 出厂合格证书、检验报告及质量鉴定报告。

3. 各种标准试验、配合比设计报告。

（三）施工工序资料。

1. 路基工程。

(1)路基土石方工程。

i. 地表处理资料。

ii. 不良地质处理方案、施工资料、检测资料。

iii. 分层压实资料。

iv. 路基检测、验收资料。

v. 分段资料汇总。

(2)防护工程。

i. 基坑放样、开挖处理、试验检测资料。

ii. 各工序施工记录、检测、试验资料。
iii. 成品检测资料。
iv. 砂浆(混凝土)强度试验资料。
(3)小桥工程。
i. 基坑放样、开挖处理、试验检测资料。
ii. 基础施工检查、试验资料,桩基检测资料。
iii. 各分项施工工序检查、成品检测资料。
iv. 砂浆强度、混凝土强度、台背回填压实度等试验报告及汇总表。
(4)排水工程。
i. 基坑放样、开挖处理、试验检测资料。
ii. 各施工工序检查、成品检测资料。
iii. 砂浆、混凝土强度试验资料。
(5)涵洞工程。
i. 基坑放样、开挖处理、试验检测资料。
ii. 各施工工序检查、成品检测资料。
iii. 砂浆强度、混凝土强度、台背回填压实度等试验报告及汇总表。
2. 路面工程。
(1)施工工序检查资料。
(2)材料配合比抽检(油石比、马歇尔试验等)资料。
(3)压实度、弯沉、强度等试验检测报告及汇总资料。
3. 桥梁工程。
(1)基坑放样、开挖处理、试验检测资料。
(2)基础施工检查、试验资料,桩基检测资料。
(3)墩台、现浇构件、预制构件、预应力等施工工序检查、成品检测资料。
(4)各工序施工、检测记录。
(5)砂浆强度、混凝土强度、台背回填压实度等试验报告及汇总表。
(6)引道工程施工检测、试验资料。
4. 隧道工程。
(1)洞身开挖施工、检查资料。
(2)衬砌施工、检验资料。
(3)隧道路面工程施工、检查资料。
(4)照明、通风、消防设施施工、检查资料。
(5)洞口施工检查资料。
(6)各种附属设施检验施工资料。
(7)各环节工序检查、验收资料。
(8)隧道衬砌厚度、混凝土(砂浆)强度试验检测资料。
5. 交通安全设施。
(1)各种标志牌制作安装检查记录。
(2)标线检查资料、施工记录。
(3)防撞护栏、隔离栅及附属设施施工、检查资料。

(4)照明系统施工、检测资料。
(5)各中间环节检测资料。
(6)成品检测资料。

6.房屋建筑工程。
按建筑部门有关法规、资料编制办法管理、汇总。

7.机电工程。

8.绿化工程。

(四)缺陷责任期资料。

四、施工安全及文明施工文件
(一)安全生产的有关文件。
安全组织机构及人员、岗位责任、安全保证体系、施工专项技术方案、技术交底文件等。
(二)安全事故的调查处理文件。
(三)文明施工的有关文件。

五、进度控制文件
(一)进度计划(文件、图表)、批准文件。
(二)进度执行情况(文件、图表)。
(三)有关进度的往来文件。

六、计量支付文件

七、合同管理文件

八、施工原始记录
(一)施工日志。
(二)天气、温度及自然灾害记录。
(三)测量原始记录。
(四)各工序施工原始记录(未汇入施工质量控制文件的部分)。
(五)会议记录、纪要。
(六)施工照片、音像资料。
(七)其他原始记录。

第五部分 科研、新技术资料
一、科研资料
二、新技术应用资料
(批准的所有科研、新技术资料均要整理归档)。

四、竣工决算

竣工决算是确定工程实际造价,也是投资执行期投资控制的最终程序。竣工决算分为财务竣工决算和工程竣工决算。

财务竣工决算由业主按交通部及国家有关规定编制。

工程决算根据下列资料进行编制:
(1)经交通主管部门批准的设计文件,以及批准的概(预)算或调整概(预)算文件;
(2)招标文件、标底(如果有)及与各有关单位签订的合同文件;
(3)建设过程中的文件及有关支付凭证;

(4)竣工图纸;

(5)其他有关文件、资料、凭证等。

工程决算总费用由建筑安装工程费,设备、工具及器具购置费,工程建设其他费用三部分构成。对于概(预)算编制办法规定的项目及批准概(预)算文件中未列明且不能列入第一、二部分的费用列入第三部分。工程决算通过工程决算表进行计算。

工程决算文件由项目法人在交工验收后负责组织编制,竣工验收前编制完成,并将工程决算文件及工程决算数据软盘各一份上报交通主管部门,同时抄送工程造价管理部门。工程决算文件包括工程决算编制说明和工程决算表。

工程决算编制说明应包括以下内容:

(1)工程决算概况;

(2)工程概(预)算执行情况说明,其中应说明招标方式、结果及重大设计变更情况;

(3)设备、工具、器具购置情况的说明;

(4)工程建设其他费用使用情况的说明(包括征地拆迁费、建设单位管理费、监理费等);

(5)预留费用使用情况的说明;

(6)工程决算编制中有关问题处理的说明;

(7)造价控制的经验与教训总结;

(8)工程遗留问题;

(9)其他需要说明的事项。

工程决算表包括:

(1)建设项目概况表(01表);

(2)投资控制情况比较表(02表);

(3)工程数量情况比较表(03表);

(4)概(预)算分析表(04表);

(5)标底及合同费用分析表(05表);

(6)项目总决算(分析)表(06表);

(7)建安工程决算汇总表(07表);

(8)设备、工具及器具购置费用支出汇总表(08表);

(9)工程建设其他费用支出汇总表(09表)。

工程决算数据软盘包括工程决算文件和基础数据表。基础数据表包括以下内容:

(1)合同段工程决算表(10表);

(2)工程合同登记表(11表);

(3)变更设计登记表(12表);

(4)变更引起调整金额登记表(13表);

(5)工程项目调价登记表(14表);

(6)工程项目索赔登记表(15表);

(7)计日工支出金额登记表(16表);

(8)收尾工程登记表(17表);

(9)报废工程登记表(18表);

(10)工程支付情况登记表(19表)。

第七节　高速公路项目后评价

项目后评价是基本建设程序的重要组成部分,是管理周期中不可缺少的信息反馈环节。只有通过项目后评价,才能及时总结项目管理各阶段的经验教训,进一步改进和完善项目管理工作,提高项目的投资效益。

我国开展后评价工作是从20世纪80年代末期开始。1988年底和1989年8月,国家计委先后以(计外资[1988]933号)文件下发,首先要求在外资贷款项目中进行后评价工作,并先期进行了十几个项目的试点。交通部根据国家计委"今后重大项目都要做后评价座谈会",并确定沪嘉、广佛、西三、沈大四条高速公路为国家首批公路建设后评价项目。1990年4月交通部计划司又在上海召开发有上海、广东、陕西、辽宁等四省市有关人员参加的"四省市高速公路后评价工作研讨会",制订了后评价工作大纲,并对具体工作内容进行了研讨。交通部于1990年3月下发了《公路建设项目后评价报告编制办法(试行)》,对后评价工作的内容进行了规范化阐述。到1994年,上海、广东、陕西、辽宁等四省市先后完成了沪嘉、广佛、西三、沈大四条高速公路后评价报告的编制工作,取得了初步的经验和一系列富有开拓性的成果。在总结这些经验成果的基础上,交通运输部以交规划发[2011]695号文正式印发了《公路建设项目后评价工作管理办法》和《公路建设项目后评价报告编制办法》,详细规定了公路项目后评价工作的重点、必备条件和组织管理方式,同时也进一步明确了后评价报告的文本格式及内容要求。这标志着我国公路建设项目的后评价工作已经开始迈入程序化、规范化的轨道。但总的说来,我国高等级公路的后评价工作只是刚刚开始,不仅后评价方法需要进一步的研究,而且后评价报告的编制办法,也还需在实践中不断改进。

一、项目后评价的定义、对象与任务

公路建设项目后评价是指在公路通车运营2~3年后,用系统工程的思想方法,对建设项目的立项决策、方案设计、工程施工运营管理全过程各阶段工作及其变化的成因,进行全面的跟踪、调查、分析和评价。后评价的目的在于通过全面的总结,不断提高公路建设项目决策、设计、施工、管理水平,为合理利用资金、提高投资效益、改进管理、制定相关的政策等提供科学依据。

通过项目后评价,反映出项目决策过程、建设过程和运营阶段出现一系列问题,并将各类信息反馈到管理决策部门,可以检验项目投资决策的正确与否,促进项目前期工作和管理工作的不断改善。与可行性研究相比,项目后评价更具有现实性、全面性、探索性、反馈性及合作性等特点。后评价工作通常由项目法人或建设单位组织承担本项目可行性研究、设计、施工、监理、运营、管理、审计等有关部门、单位以及地方政府的有关人员参加,共同开展。

通过对具体建设项目的后评价研究工作,可以分析其实际效果与可行性研究工作中的预期效果偏差较大的原因:是由于不可预测的因素(如战争、自然灾害、国家重大经济政策的变化等)影响了项目的效果;或是由于调查、预测手段不科学,数据不可靠导致可行性研究工作受到外界干扰,而没有保证研究的公正性;或是由于在项目施工组织、物资、设备供应等方面出了问题等。由此,可总结项目可行性研究和项目管理如施工组织方式,设备、物资供应方式,招标,承、发包监理等方面一切成功的经验及教训,不断提高项目可行性研究和项目管理工作的水平。

后评价工作的重点是国家重点公路建设项目或符合下列条件之一的公路建设项目：
(1) 40km 以上的国道主干线项目或 100km 以上的国道及省道高等级公路项目；
(2) 利用外资的公路项目；
(3) 特大型独立公路桥隧项目；
(4) 上级主管部门指定的项目。

进行项目后评价的必备条件为：
(1) 根据预定目标已全部建成并通过竣工验收；
(2) 至少经过 2~3 年的通车运营实践。

二、交通项目后评价的内容

由于建设项目的类型、规模、复杂程度以及项目后评价的目的等不同，每个项目后评价的内容、程序和方法可不完全一致。但国内外的实践经验表明，要成功地推广项目后评价，发挥项目后评价的职能与作用，必须有相对稳定的项目后评价内容、程序和方法。目前尚不存在由联合国、世界银行或其他国际经济组织向世界各国推荐的比较成熟的方法体系，世界各国、各种经济组织在项目后评价的内容、程序、方法等方面都各有侧重面、自成体系，其中以世界银行的体系比较完善，项目后评价工作也开展得比较成功。我国目前是以交通运输部 2011 年正式颁发的《公路建设项目后评价报告编制办法》为依据，进行公路项目后评价。

从实现项目后评价的目的和作用出发，按项目运行过程的先后顺序划分，项目后评价的主要内容应包括以下几个方面：第一，对项目前期工作的后评价，主要包含项目立项条件再评价、项目决策程序和方法的再评价、项目勘察设计的再评价、项目前期工作管理的再评价等；第二，对项目实施阶段的后评价，主要包含项目实施管理的再评价、项目施工准备工作的再评价、项目施工方式和施工组织管理的再评价、项目监理和工程质量的再评价、项目竣工验收和工程决算的再评价等；第三，对项目运营状况的后评价，包含对项目经营管理的再评价、项目服务设施的再评价、项目预期效果达标情况的再评价、项目的社会经济环境影响再评价、项目的经济后评价等。

按照我国《公路建设项目后评价报告编制办法》的规定，公路建设项目后评价报告主要包括以下内容。

（一）建设项目的过程评价：项目前期工作、建设实施、运营管理等，重大变化及原因。

（二）建设项目的投资与效益评价：投资执行情况、资金筹措评价及经济评价。

（三）建设项目的影响评价：项目对区域的综合交通体系、经济社会、环境、能源等方面的影响。

（四）建设项目目标持续性评价：交通量、经济社会效益、财务效益、环境保护等目标的实现程度及持续能力。

（五）经验与教训，措施与建议。

三、项目后评价的程序

项目后评价是一项涉及面较广的技术经济分析工作，不仅需要科学的方法作工具，而且需要严密的程序作保证。尽管随着建设项目规模大小、复杂程度的不同，每个项目后评价的具体工作程序会有一定的差异，但从总体来看，项目的后评价都遵守一个客观的、循序渐进的基本程序。这个程序一般包括提出问题、筹划准备、收集资料、分析研究、编写报告、成果送审等六个既有区别又有联系的阶段,其具体步骤如下。

1. 提出问题,明确项目后评价的具体对象、组织机构和具体要求

项目后评价已经纳入了基建管理程序,原则上对所有竣工通车的建设项目都应进行后评价。但由于公路建设项目的投资规模和作用影响往往相差很大且又为数众多,所以本着代表性、有效性的原则,后评价工作又常常只在一定范围内进行。按照部颁《公路建设项目后评价工作管理办法》的有关规定,我国公路项目后评价工作的重点是国家重点公路建设项目、40km以上的国道主干线项目或 100km 以上的国道及省道高等级公路项目、利用外资的公路项目、特大型独立公路桥隧项目,以及上级主管部门指定的项目。

项目后评价的组织单位可以是国家计划部门、交通行政主管部门,也可是项目法人或建设单位。无论哪种形式,在组织机构上都应满足客观性、公正性的要求,同时应具有反馈检查功能,这样才能保证项目后评价的客观、公正,并把后评价的有关信息迅速地反馈到计划决策部门。从这个意义上讲,项目原可行性研究单位或实施过程中的项目管理机构都不宜作为项目后评价的组织单位。

2. 筹划准备

筹划准备阶段的主要任务是组建一个人员结构合理的工作班子,并按委托单位的要求制订一个周详的项目后评价计划。后评价计划的内容包括项目评价人员的配备、建立组织机构的设想、时间进度的安排、内容范围与深度的确定、预算安排、评价方法的选定等。

3. 深入调查,收集资料

建设项目后评价必须以项目各阶段的正式文件和项目建成通车一定时期内进行的各种调查及重要运行参数的测试数据为依据。本阶段的主要任务是制订详细的调查提纲,确定调查对象和调查方法并开展实际调查工作,收集后评价所需要的各种资料和数据。这些资料和数据主要包括以下几方面。

(1)项目建设资料,如项目建议书,可行性研究报告,初步设计、施工图设计及其审查意见和批复文件,工程概算、预算、决算报告,项目竣工验收报告及有关合同文件等。

(2)国家经济政策资料,如与项目有关的国家宏观经济政策、产业政策,国家金融、价格、投资、税收政策及其他有关政策法规等。

(3)项目运营状况的有关资料,如通车后历年的交通量情况,收费情况,设备利用情况,工程质量情况,维修养护管理费用情况,车速、交通事故变化情况,偿还投资贷款本息情况等。这些以一系列有关报表上反映出来,必要时还需做一些相应的实际补充调查。

(4)反映项目实施和运营实际影响的有关资料,如环境监测报告、对周围地区和行业的影响等有关资料。

(5)本行业有关资料,如国内外同类行业、同类项目的有关资料。

(6)与后评价有关的技术资料及其他资料。

4. 分析研究

围绕项目后评价内容,采用定量分析和定性分析方法,发现问题,提出改进措施。项目后评价所采用的定量研究方法较多,如指标计算法、指标对比法、因素分析法、准试验方法、回归分析法等。这些方法将在下面分别予以介绍。

5. 编制项目后评价报告

将分析研究的成果汇总,编制出项目后评价报告,并提交给委托单位和被评价单位。项目后评价报告是项目后评价工作的最终成果,应该按照有关文件规定的文本格式和内容要求认

真编写,既要全面系统,又要突出重点,简明扼要。后评价报告编制必须客观、公正、科学,不应受项目各阶段文件结论的束缚。

6. 成果送审

公路建设项目后评价报告编制完成后,就应按管理办法的规定上报有关部门组织审查,并及时反馈后评价成果及审查意见。建设项目的各有关部门和单位要认真对待后评价成果,从中吸取经验教训,并采取相应的对策、措施,进一步完善已建项目,改进在建项目,指导待建项目。

四、项目后评价的方法

《公路建设项目后评价报告编制办法》规定公路建设项目后评价的方法主要有:有无对比法、因素分析法、逻辑框架法、综合评价法等,可根据项目特点选择一种或多种方法。公路建设项目前期工作所采用的相关评价技术及指标量化方法原则上可用于后评价。

(1) 有无对比法

在项目评价的同一时点上,将有此项目时实际发生的情况与无此项目时可能发生的情况进行对比,以度量此项目的真实效益、影响和作用。关键是要求投入费用和产出效果的口径一致,即所度量的效果真正是由该项目所产生的。

(2) 因果分析法

因果分析法是分析和寻找影响项目主要技术经济指标变化原因的简便有效的方法,一般是采用因果分析图的方式来实现,通过对造成某项技术经济指标变化原因逐一进一步进行剖析,分清主次。轻重及关联关系,以便于总结经验教训,提出改进措施和建议。

在分析原因前,首先要进行细致的考察和调研;在分析原因时,应从小到大,由粗到细,分层剖析,直到找出问题的主要原因和次要原因。

项目投资效果的各指标,往往都是由多种因素决定的,只有把综合性指标分解成原始因素,才能确定指标完成好坏的具体原因的症结所在。这种把综合指标分解成各个因素的方法,称为因素分析法。因素分析的一般步骤是首先确定某项指标是由哪些因素组成的;其次确定各个因素与指标的关系;再次,确定各个因素所占份额。如建设成本超支,就要核算清算由于工程量突破预计工程量而造成的超支占多少份额,结算价格上升造成的超支占多少份额等。

(3) 逻辑框架法

逻辑框架法(LFA)是美国国际开发署在1970年开发并使用的一种设计、计划和评价的工具,它将项目目标及因果关系划分为四个层次,并由此形成三个垂直逻辑关系及水平逻辑关系,垂直逻辑用于分析项目计划做什么,弄清项目手段和结果,确定项目本身和项目所在地的社会、物质、政治环境中的不确定因素;水平逻辑用于衡量项目的资源和结果,通过确立客观的验证指标及其指标的验证方法来进行分析,并对垂直逻辑四个层次上的结果作出详细说明。

由于逻辑框架法能更明确地阐述项目设计者的意图,便于分析各评价层次之间的因果关系,明确描述后评价与其他项目阶段的联系,并适用于不同层次的管理需要,所以目前它已成为国外后评价的主要方法。

(4) 综合评价法

综合评价法是在对项目各阶段、各层次进行分析评价及对各项要素指标定量评分的基础上,根据项目特点和目标,按照分层递进的原则,对各项要素指标、分类指标等设定权重,再逐层加权得到单一的无量纲的综合评分,即可与设定盘踞对比评定等级,也可与类似项目对比进行量化排序,评价项目绩效与管理水平。

五、项目后评价的指标体系

由上述的项目后评价的概念、内容和方法可见,要进行项目后评价工作,首先就需要有一些能够科学地、全面地描述投资项目从准备、决策、设计、施工到通车运营全过程实际状况以及反映实际状况与预测情况偏离程度的参数或物理量,这就是项目后评价的指标体系。

1. 项目后评价指标体系应遵循的原则

(1) 全面性

建设项目后评价是对项目从提出到建成通车、运营全过程的再评价。因此,项目后评价的指标要能全面地反映建设项目从准备阶段到正常运营阶段全过程的状况,不仅要有反映项目运营阶段的成本效益方面的指标,还需有反映项目可行性研究、委托设计、招投标等前期工作如项目实施过程的实绩的指标。如果没有项目运营阶段的后评价指标,项目建成后的实际情况与前评价时的实施状况的后评价指标,项目管理的实绩就无法衡量,不利于总结项目管理的经验教训,同时也会给分析项目运营效果及其产生原因带来困难。

(2) 代表性

反映项目从准备到通车运营全过程的特征很多,从经济效益、组织管理、技术水平、工程质量、运营状态、项目影响等方面可以提炼出一系列的指标。虽然要求全面,但并不是越多越好。指标的设置要围绕后评价的目的有针对性地加以选择,每个指标的含义应科学明确,代表特征要清楚,且相互之间不应有交叉重叠。在满足全面性的前提下,指标体系应尽可能简洁明晰,富有代表性,这样才不至于给后评价的分析比较造成困难和混乱。

(3) 可比性

项目投资实绩在相当程度上取决于比较标准的选择。为使项目后评价能够客观真实地反映投资项目的实绩,首先应保证项目后评价指标与前评价和项目实施过程中的有关指标基本一致。例如,前评价时采用了内部收益率指标,后评价时也应计算项目的实际内部收益率,这样才能与预测内部收益率进行比较,确定其差距,分析其原因。项目后评价指标设置还应与国内外同类项目的有关指标具有可比性,这样才有利于进行横向的对比分析。

(4) 适用性

设置指标的目的是为分析评价服务,因此所选的指标不仅应有明确的含意,而且要有一定的外在表达形式,是能够计算或观察感受到的,这样才能在实际工作中应用,具有可操作性。后评价指标的设置,还应考虑能够尽可能利用已有的或常规的统计数据和调查方法加以确定,从而保证指标的适用性和有效性。

(5) 经济指标与技术指标相结合

经济指标是反映建设项目功能、效益、工期、投资等经济效果的指标,如投资总额、收益总额、投资回收期等,它能够全面地、综合地反映建设项目的整个经济效益的高低,在项目后评价中起主导作用。技术指标也称单项指标,是从某一方面或某一角度反映项目实际效果大小的指标,它说明项目实施中某种资源的利用程度、工程质量、生产技术水平等。如评价设计方案时所用的工程量、道路占地面积和评价工程质量时所用的工程优良品率等都是属于技术指标。

经济指标与技术指标是互相结合和补充的关系。由于经济指标所含内容繁杂,并受到很多因素的影响,使用它时有可能掩盖某些不利因素和薄弱环节,不利于对投资项目实绩作出公正、客观的评价,因此还需要用一些技术指标来补充经济指标的不足。同时,经济指标也可以克服一些技术指标反映问题的片面性。

(6)经济效益指标与社会效益指标相结合

交通是国民经济的基础,公路建设是一种公益性事业,其社会意义和对国民经济的间接效益往往远大于它自身的经济意义,所以公路建设项目的后评价不同于一般工业项目的后评价,必须充分注意到这一特点。由于我国还没有完善的公路项目社会效益和环境效益的分析计算方法,这就更需要在后评价中注重对项目实际社会经济影响和环境影响的分析,合理解决微观投资效益与宏观投资效益之间可能存在的矛盾。例如,边远落后地区的公路投资项目,无论在建设工期、造价、经济效益等方面都可能比发达地区差,就项目本身来说,投资效益可能不是很好,但它从长远上有利于逐步改变生产力布局不合理的状况,有利于充分开发利用当地资源,提高地区经济发展水平等,往往有较好的宏观投资效果。因此,在设置后评价指标体系时,既要有考核和分析项目实际微观投资效益的指标,又要有考核和分析项目实际宏观社会经济影响的指标。

2. 建设项目的过程评价

建设项目的过程评价,是对项目立项决策、建设实施及运营管理全过程的系统总结与回顾,其任务是全面评价项目前期工作及实施过程中各主要环节的工作实绩,总结预测决策和建设管理中的经验教训,分析实际情况变化的原因,鉴别实际结果偏离预期结果的合理程度,以便为今后加强前期工作和进一步改进项目管理工作积累经验。同时,还要通过对项目建成通车后的有关实际数据的观测调查,对比项目的实际运营情况与预测情况的差距大小,并分析其产生原因,从而为改善运营状况提出切实可行的对策与措施。

1)过程评价的基本内容

过程评价应涵盖项目建设的各个阶段,并能反映各阶段主要环节的特征。一般说来,过程评价的基本内容应包括以下几个方面。

(1)前期工作情况和评价

前期工作后评价要全面反映前期工作的基本情况,重新论述项目建设的必要性。同时还要结合各阶段审批文件的主要内容,分析前期工作各阶段主要指标的变化情况。具体地说,有以下几点。

①项目筹备工作的评价。主要分析和评价项目筹建机构及其领导班子是否健全;组织领导工作是否有能力;各项工作制度和岗位责任是否明确、落实;项目筹建机构的设立是否符合基本建设管理体制改革的方向等。项目筹建工作评价从分析项目筹建计划入手,重点考核和评价项目筹备工作效率并总结其经验教训。

②项目决策的评价。主要分析和评价项目可行性研究的依据是否可靠;可行性研究的内容和深度是否符合国家的有关规定,是否符合建设单位的要求;项目决策程序是否符合规定;项目决策效率如何,以及项目决策质量如何等。

③方案选择的评价。主要分析和评价方案的选择是否符合国家宏观经济政策的要求,是否满足区域建设布局和城镇建设规划的需要,是否有利于节约土地和投资,是否有利于环境保护和维护生态平衡。同时,还要详细分析与评价在可行性研究阶段、初步设计阶段及施工图设计阶段方案变化的原因和各项主要指标变化的幅度及其合理性。

④可行性研究水平的评价。主要分析和评价可行性研究的内容与深度,如项目实施过程的实际情况与预测情况的偏差,项目预测因素的实际变化与预测情况的偏离程度,主要包括投资费用、交通量、运营成本、收费收入、影子价格、国家参数和各项费率等的偏差;可行性研究各

假设条件与实际情况的偏差,包括通货膨胀率、贷款利率等的偏差;实际投资效益指标与预测投资效益指标的偏离程度;实际敏感性因素和敏感性水平等。

对可行性研究水平的总体评价,是通过对上述各项指标的考察,综合计算预测情况与实际情况的偏差幅度,然后根据设定的标准来进行的。根据国外项目后评价情况,并结合我国的实际,可行性研究深度的评价标准应该是当偏离程序小于15%时,可行性研究深度符合要求。当偏离程度在15%~25%之间时,可行性研究深度相当于预测可行性研究水平;当偏离程度在25%~35%之间时,可行性研究深度相当于编制项目建议书阶段的预测水平;当偏离程度超过35%时,可行性研究水平表现低下的原因,是预测依据不可靠,还是预测方法不科学? 是预测人员素质差,还是人为干预所致? 是预测结果失真所致,还是由客观外因界环境突变造成的等,以便为今后提高项目可行性研究水平总结经验教训。

(2)项目实施情况和评价

项目实施阶段是项目财力、物力集中投放和耗用过程,也是固定资产逐步形成时期,它对项目能否发挥投资效益有着十分重要的意义。实施阶段的后评价,要系统总结项目施工图设计和实施过程的全部情况,包括施工图设计单位及施工单位的选择、建设环境及施工条件、施工监理和施工质量检验、施工计划与实际进度比较分析等;还要根据项目开工、竣工、验收等文件内容,分析工程验收的主要结论以及实际阶段主要指标的变化情况,包括变更设计原因、施工难易、投资增减、工程质量、工期进度的影响等。

①勘察设计工作的评价。主要分析和评价承担勘察设计任务的单位资质、信誉和技术力量与建设项目工程技术的要求是否相应,是否采用了设计招标;设计效率如何,给建设项目带来了多大影响;设计质量如何,其依据的标准、规范、定额等是否符合国家规定,是否存在实际设计标准超过国家规定标准的情况;设计方案在技术上的可行性和经济上的合理性如何等。

②委托施工的评价。主要分析和评价委托施工是否体现了基本建设管理体制改革的精神,根据工程不同情况,分别采取单独招标、分批招标或整体招标等多种方法;施工队伍的资格审查情况,是否选择了那些信誉好、工期短、造价低且能保证工程质量的施工单位;工程项目招标投标过程中是否存在行政干预或其他不正常情况,其后果怎样等。

③建设环境的评价。主要分析和评价征地工作进度是否按计划要求完成,能否适应项目开工建设的需要;征用土地的标准是否符合国家有关规定,是否贯彻了节约土地资源的方针;"三通一平"(道路通、水通、电通和平整场地)工作是否按计划完成,若未能完成则其原因何在? 费用开支是否体现了勤俭节约的方针,是否符合国家的有关规定;监理及施工、试验设备是否如期进场等。

④项目开工的评价。主要分析和评价项目开工条件是否具备,手续是否齐全;项目实际开工时间与计划的开工时间是否相符,提前或延迟的原因是什么,对整个项目建设乃至投资效益发挥的影响如何等。

⑤项目变更情况的评价。主要分析和评价项目范围变更与否,变更的原因是什么? 项目设计变更与否,变更的原因是由设计质量本身造成的,还是由其他原因造成的,怎样处理的;项目范围变更、设计变更对项目建设工期、建设成本、投资总额的实际影响如何等。

⑥施工组织与管理的评价。主要分析和评价施工组织方式是否科学合理;施工进度控制方法是否科学;实际施工进度与计划施工进度比较,提前或延误的原因;在实际施工进度延误的情况下采取了何种补救措施,其成效如何;费用控制方法是否科学合理,实际成本高出或低于目标(计划)成本的原因何在;施工技术与方案有何独到之处,对施工项目进度和费用有何

影响,有何主要经验等。

⑦建设工期的评价。分析和评价的主要内容有核实各单位工程实际开、竣工日期,查明实际开、竣工日期提前或推迟的原因并计算实际建设工期;计算实际建设工期变化率,并具体分析实际建设工期与计划工期或其他同类项目实际工期产生偏差的原因。

⑧工程质量和安全情况的评价。分析和评价的内容是计算实际工程质量合格品率、实际工程质量优良品率;将实际工程质量指标与合同文件规定的或设计规定的或其他同类项目的工程质量状况进行比较,工程质量较好或较差的原因何在;有无重大质量事故,产生事故的原因是什么;计算和分析工程质量事故的经济损失,包括返工损失率,因质量拖延建设工期所造成的实际损失,以及无法补救的工程质量事故对项目投资效益的影响程度;工程有无重大安全事故发生;其原因及所带来的实际影响如何等。

⑨项目竣工验收的评价。主要分析和评价项目竣工验收组织工作及其效率,竣工验收的程序是否符合国家有关规定;竣工验收是否遵循有关部门规定的验收标准;各项技术资料是否齐备,是否按有关规定对各项技术资料进行系统整理,由建设单位分类立档,并在竣工验收后交使用单位统一保存;项目投资包干、招标投标等有关合同执行情况如何,具体形式有何特色,对今后改进项目管理有何借鉴意义;收尾工程和遗留问题的处理情况,处理方案实际执行情况等。

(3)投资执行情况和评价

投资执行情况后评价主要分析资金来源是否正当、可靠、资金总额是否符合项目开工建设的要求;是否存在"钓鱼"工程倾向;资金供应是否适时、适度,资金使用情况是否合理等。具体地讲,有以下几点,如建设资金到位情况及投资完成情况(内资、外资数额及其当年利率或汇率);工程竣工决算与初步设计概算、立项决策估算的比较分析(按单项工程分内资和外资分类计算);以及工程投资节余或超支的原因分析。

(4)运营情况和评价

项目运营阶段是指项目建设通车并交付使用后,直至报废为止的整个过程。如果说前期工作和实施阶段是财力、物力、人力的投入和消耗过程,那么运营阶段则是项目为社会提供服务和创造效益的产生过程。运营阶段后评价的目的,就是根据项目通车后实际调查的有关资料或重新预测的数据,衡量项目的实际运营情况和实际投资效益,比较项目实际运营状况与预测情况或其他同类项目的运营状况的偏离程度并分析其原因,以系统的总结经验教训,为进一步提高项目投资效益提出切实可行的建议。所以,运营阶段后评价具有十分重要的意义。由于公路建设项目后评价的时机一般选择在项目建成通车后 $2\sim3$ 年内,离项目生命期末尚有一段较长的距离,项目的实际投资效益还不能充分体现出来,所以项目运营后评价除了对项目实际运营状况进行分析和评价外,还需要根据通车后的实际数据资料来推测未来发展状况,需要对项目未来交通量的发展趋势重新进行科学地预测。

运营阶段后评价的任务,包括运营情况的调查,如运营交通量(含路段及各互通立交出入交通量)、车速等运行参数的调查,以及运营状况的评价,如评价建设项目是否达到预期的效果,分析实际交通量与预测交通量的差别及其原因,并对项目达到预期目标的情况进行分析等。项目达标情况的分析重在交通量达标年限的分析,即从项目通车运营起到实际交通量达到设计交通量标准时所经历的全部时间,一般以年来表示。项目达标年限短,意味着项目投资建设及时,效益良好;相反,如果达标年限长,则势必拖长投资回收期,降低项目的投资效益。

由于受各种因素的影响,建设项目的设计交通量年限与实际达标年限难免出现不一致的情况,实际达标年限有可能比设计年限短,也可能比设计年限长。从我国公路建设项目投资的实际情况看,实际交通量达标年限一般都比设计年限长,而且不少项目建成后达不到设计交通量标准,所以在项目后评价时,有必要对项目达标年限进行单独评价。项目达标年限评价的任务是计算项目的实际达标年限,衡量和研究实际达标年限与设计年限的偏差及其产生的原因,分析项目实际达标年限的变化给项目实际投资效益的发挥所带来的影响等,并为今后的交通量预测提供经验。

(5)管理、配套及服务设施情况和评价

管理情况和评价,主要分析项目前期至实施全过程的各分阶段各项制度、规定和程序的管理情况,各种管理机构的设置及其功能、组织形式和作用,并对其管理效果进行评价;配套及服务设施情况和评价,则包括建设项目配套及服务设施(包括通信、收费、管理所、服务区、停车场、安全防护设施、标志标线、监控系统等)的设计、方案比选及其实施情况,并对其设置的必要性和适宜性进行分析评价。

2)过程评价的主要指标

过程评价除需要对项目建设的各主要环节作大量的总结和定性分析外,还需借助一系列评价指标,对各个阶段的工作实绩做深入的定量分析。过程评价的主要指标可按项目建设前期、施工期和运营期三个阶段进行划分,具体内容如下所述。

(1)前期工作的后评价指标

①实际项目决策周期。指公路建设项目从提出项目建议书到项目工程可行性研究报告被批准时实际所经历的时间,一般以月来计算。它反映公路建设项目决策的效率。

②项目决策周期变化率。指项目实际决策周期与预计决策周期对比的变化程度,当该指标>0时,表示实际决策周期长于预计决策周期。反之,则短于预计决策周期。表达公式为:

$$项目决策周期变化率 = \frac{项目实际决策周期 - 预计项目决策周期}{预计项目决策周期} \times 100\%$$

③实际设计周期。指从公路建设单位与设计单位签订委托设计合同生效起至设计完毕并提交建设单位设计图纸为止所实际经历的时间,一般以月表示。

④设计周期变化率。表示实际设计周期与合同规定设计周期对比的偏离程度,当该项指标>0时,说明实际设计周期长于合同规定设计周期。反之,则短于合同设计周期。以如下公式表示:

$$设计周期变化率 = \frac{实际设计周期 - 合同设计周期}{合同设计周期} \times 100\%$$

(2)项目实施过程的后评价指标

①实际建设工期。指公路建设项目从开工之日起至竣工验收合格止所实际经历的有效日历天数(不包括开工后停建、缓建所间隔的时间)。它反映公路项目实际建设的速度。

②竣工项目定额工期率。指项目实际建设工期与国家统一制定的定额工期,或与设计确定的、计划安排的计划工期相比的偏离程度。当竣工项目定额工期率>1时,说明项目实际工期比定额工期或计划工期长。反之,则比定额工期短。计算式如下:

$$竣工项目定额工期率 = \frac{竣工项目实际工期}{竣工项目定额(计划)工期} \times 100\%$$

③实际建设成本。指竣工公路建设项目包括物化劳动和活劳动消耗在内的实际劳动总消耗,是以价值形式表现的对竣工公路项目的总投入。

④实际建设成本变化率。指建设项目实际成本与批准的(概)预算确定的建设成本的偏离程度,它反映了项目概算的实际执行情况。当实际成本率>0时,说明项目实际成本高于预计(计划)成本,正值越大,高出预计或计划成本越多;反之,说明实际成本低于预计或计划成本,负值越大,节约投资越多。计算式表示如下:

$$实际建设成本变化率 = \frac{实际建设成本 - 预计建设成本}{预计建设成本} \times 100\%$$

⑤实际单位工程造价。指竣工项目每公里公路实际消耗的以货币表现的物化劳动和活动之和,通过下式计算:

$$实际单位工程造价(万元) = \frac{竣工项目实际投资总额}{公路建设项目总里程}$$

⑥实际单位工程造价变化率。指实际单位工程造价与批准的(概)预算确定的单位工程造价相比的变化程度。当实际单位工程造价变化率>0时,说明实际单位工程造价高于预计单位工程造价;反之,则低于预计单位工程造价。计算式如下:

$$实际单位工程造价变化率 = \frac{实际单位工程造价 - 预计(估算)单位工程造价}{预计(估算)单位工程造价} \times 100\%$$

⑦实际投资总额。指公路建设项目竣工投入使用后重新核定的实际完成投资额(包括前期工作费、建筑安装工程费、设备与工具购置费及其他基本建设费用)。实际投资总额可静态不贴现计算,也可动态贴现计算。

⑧实际投资总额变化率。指实际投资总额与项目前评价中的预计投资总额的偏差程度,可用动态或静态两种投资总额指标计算。当实际投资总额变化率>0,说明项目的实际投资总额超过预计或估算的投资总额;反之,则少于预计或估算的投资总额。计算公式为:

$$实际工程合格率 = \frac{实际符合标准的公路里程}{验收鉴定的公路总里程} \times 100\%$$

⑨实际返工损失率。它是反映项目建设中因质量事故而造成实际损失大小的相对指标,计算公式如下:

$$实际返工损失率 = \frac{项目累计质量事故停工返工增加投资额}{项目累计完成投资额} \times 100\%$$

(3)营运阶段的后评价指标

①实际交通量达标年限。指竣工的公路建设项目从投入运营之日起到实际交通量达到设计规定的日交通量标准止所经历的全部时间,它是衡量和考核已投入使用项目效果的一项重要指标。若后评价时,交通是尚未达到设计文件规定的交通量标准,那么,这一指标的计算可按下式进行,求出式中的 n,即交通量实际达标年限。

$$\frac{设计标准交通量}{第一年实际交通量} = (1 + 实际年均交通量增长率)^{n-1}$$

②实际交通量达标年限变化率。指实际交通量达到设计标准时的年限—项目前评价中预测交通达到设计标准的年限的偏离程度,当指标>0时,说明实际交通量并没有预测交通量增长那么快;反之,则说明实际交通量增长较快,比预测年限提前达到的标准。用公式表示如下:

$$实际交通量达标年限变化率 = \frac{实际达标年限 - 预测达标年限}{预测达标年限} \times 100\%$$

③拖延达标年损失。指建设项目未按预计的年限达到设计规定的日交通量水平造成的实际经济损失,该指标说明拖延达标的年限越长,损失就会越大,或说明前评价中交通量预测有

误。计算公式为：

$$拖延达标年限损失 = \sum(设计交通量 - 实际交通量) \times 车辆平均收费标准 \times 35$$

④实际行车速度变化率。指竣工项目投入运营后的实测平均行车速度与设计计算速度对比的变化程度，这一指标反映公路目的的实际服务水平，也可以用行车时间来表示。表示公式如下：

$$实际行车速度变化率 = \frac{实测平均行车速度 - 设计平均行车速度}{设计平均行车速度} \times 100\%$$

⑤实际年运营收入额。指公路项目通车后，以实际交通量与收费标准测算的项目年收入总和，计算式为：

$$年实际营运收入额 = 实际日交通量 \times 收费标准 \times 365$$

⑥实际年运营收入变化率。指实际年运营收入与预测年运营收入的相对变化程度，若该项指标>0，说明项目实际运营经济效益比预测的要好；反之，则没有预计的好。这一指标可以通过运营以来多年的平均运营收入计算，计算式为：

$$年实际营运收入变化率 = \frac{实际年营运收入 - 预测年营运收入}{预测年营运收入} \times 100\%$$

⑦实际运输成本变化率。反映运输效益的指标，当指标结果>0时，说明新项目运输效益差；反之，则说明新项目运输效益好。计算公式为：

$$实际单位运输成本变化率 = \frac{实际单位运输成本 - 预计(老路)单位运输成本}{预计(或老路)单位运输成本}$$

⑧实际年维护管理费变化率。指公路建设项目投入使用后每年实际支付的维修管理费与前评价中预计的年维护费用的相对变化率，若指标结果>0，说明实际维护费用高于预计的维护费用水平；反之，说明实际维护管理费用低于预计水平、管理效果好。用公式表示为：

$$实际年维护管理费用变化率 = \frac{实际年维护管理费 - 预计年维护管理费}{预计年维护管理费} \times 100\%$$

3. 建设项目的效益评价

后评价中的效益评价，是以项目建成通车后的实际数据为基础而进行的经济再评价，其任务是计算项目的实际经济效益指标，比较实际指标与预测指标的偏差情况并分析原因，以便吸取经验教训，为改进投资决策服务。

项目后评价是在项目通车后进行的，其数据资料大部分都是项目准备、建设、通车运营等过程中的实际数据，但这些数据对于项目后评价还是不够的。为了与项目前评价进行对比分析，后评价需要实际情况对项目运营期间全过程进行重新预测。例如，要与项目前评价的内部收益率指标进行对比，以分析产生偏差的原因，就需要重新预测项目后评价时点以后至项目使用期止各年份的交通量和效益等。原则上，前期工作的预测方法和评价技术均要用于项目后评价，当然也可作一些适当的补充和完善。

1) 国民经济效益后评价

建设项目的国民经济效益后评价，要求参照《公路建设项目经济评价方法》，根据通车运营后的实际交通量、车速、经济成本等各项数据，计算项目的实际经济费用和效益，得出项目实际状况的经济评价结论，并与决策阶段预测的结论比较，分析其差别及原因。

(1) 国民经济效益后评价的指标

根据可比性的原则，建设项目经济后评价的指标应尽可能与前评价所采用的指标保持一致。道路项目常用的国民经济评价指标有经济内部收益率(EIRR)、经济净现值(ENPV)、经济效益成本比(EBCR)及经济投资回收期(EN)四个,后评价时仍可使用。只是后评价中所利用的数据都是实际的或根据实际情况重新预测的,所以为了与前评价的指标加以区别,对后评价的指标均冠以"实际"二字(符号R),分别记为REIRR、RENPV、REBCR和REN。根据后评价的实际经济指标及前评价的预计经济指标,就可进一步算得上述四项指标的变化率,从而明确实际经济效益与预计经济效益的差距大小及性质。

(2)国民经济效益后评价的影子价格和国家参数

进行国民经济效益后评价时,项目投入物的影子价格仍然是在将投入物划分为外贸货物(贸易货物)、非外贸货物(非贸易货物)和特殊投入物三类的基础上,分别按不同的方法确定,其具体确定方法与项目前评价相同。但要注意,可能存在这样一种情况,某种项目的投入物在前评价时属非外贸货物或外贸货物,但由于国家外贸政策或国际贸易形势的变化,原来判断属于非外贸货物的,后评价时实际属于外贸货物;原来判断属于外贸货物的,后评价时实际属于非外贸货物。在正确划分外贸货物、非外贸货物、特殊投入物基础上,可直接采用国家新近统一颁布的影子价格,或在对世界市场的变化趋势作出有根据预测的基础上,采用预测影子价格。但采用预测影子价格时要具体说明预测的依据。当预测影子价格与国家颁布的影子价格偏差较大时,还要分析偏差产生的原因及其对项目实际国民经济效益评价的影响程度。

国民经济评价的国家参数主要有社会折现率、影子汇率、影子工资和贸易费用率。后评价时,一般选用国家有关部门最新颁布的国家参数值。若新近颁布的国家参数与前评价时的国家参数偏差较大时,还应具体分析由于国家参数的变化对建设项目实际国民经济效益的影响程度。

(3)国民经济效益后评价的基本程序

总结上述内容,可将公路建设项目国民经济效益后评价的基本步骤叙述如下:

①根据项目实际投入物的品种、数量以及国家最新颁布的影子价格和国家参数计算项目的实际经济费用;

②根据项目运营后实际发生的或根据实际情况重新预测的交通量、车速及运输成本等,计算项目的实际经济效益;

③计算项目国民经济效益后评价的指标;

④计算项目国民经济效益后评价指标与国民经济前评价指标的偏离程度;

⑤分析产生偏差的原因;

⑥得出项目国民经济效益后评价的结论,总结经验教训,进一步提出提高项目国民经济效益的对策与建议。

2)财务效益后评价

建设项目的财务效益后评价,主要是对于收费公路(包括独立大桥、隧道)根据实际财务成本和实际收费收入,进行项目的财务效益分析,并与决策阶段预测的结论比较,分析其差别和原因。同时,要进一步作出收费分析,明确贷款偿还能力,并分析物价上涨、汇率变化及收费标准变化对财务效益产生的影响。

财务效益后评价同样应采用与前评价相一致的指标,分财务分析和清偿能力分析两类。由于它们是用实际发生的或根据实际重新预测的财务成本和收费收入计算的,所以也给它们冠以"实际"二字(符号R),以示与前评价指标的区别。财务分析的后评价指标一般有四项,分别为实际财务内部收益率(RFIRR)、实际财务净现值(RFNPV)、实际财务效益成本比(RFBCR)和实际财务投资回收期(RFN)。清偿能力分析的后评价指标则有实际资产负债率及实际借款偿还期等,同时还可根据后评价的实际财务效益指标及前评价的预计财务效益指标,进一步计算其变化率,分析两者的差别大小和原因。

在财务效益分析和贷款偿还能力分析的基础上,还应根据建设资金来源、投资执行情况及财务效益后评价结论,进一步对项目现有的资金筹措方式进行全面的总结与评价,分析利率变化及汇率风险的影响,总结筹资经验教训,寻求最优资金结构。

4. 建设项目的影响评价

建设项目对区域社会经济及环境的直接和间接作用,统称为项目的"外部影响"或"外部效果"。后评价中"外部影响"的衡量和计算表现得尤为重要,因为前评价时对"外部影响"的估算的描述比较粗略,间接效益和间接费用的许多内容可能被忽略。而且,与建设项目前评价相比,后评价对"外部影响"的衡量也较为方便,因为这些"外部影响"都已实际发生,因而具备客观的计算或估算依据。评价时,通常分社会经济影响和环境影响两个方面进行。

1)社会经济影响评价

建设项目的社会经济影响评价,重在分析项目对所在地区社会经济发展所发生的影响,包括土地利用、就业、地方社区发展、生产力布局、扶贫、技术进步等方面的影响和评价。

(1)公路项目的社会经济影响作用

公路建设,尤其是高等级公路建设对区域社会经济的影响作用是十分巨大的。例如高速公路通车运营后,极大地改善了沿线城市交通运输环境,使地区之间、城市之间经济、技术、市场信息传递及时,交流加快,很快形成一批新兴产业,并使产业经济结构、工厂布局趋于合理,经济发展速度远远超过其他地区,这就是高速公路沿线产业带。

高速公路快速、安全、舒适、经济、方便的多功能作用生产与流通、生产与消费周期缩短、速度加快,城市消费圈与供应圈扩大,产地靠近市场,运输费用减少,市场价格降低,这有利于促进城乡商品和经济繁荣,提高城乡消费总水平,缩小城乡差别;高速公路连接大城市与沿线小城镇,极利于发挥中心城市的经济辐射作用,促进卫星城市与小城镇资源开发利用,并使大城市人口密集、工厂集中、居住拥挤、交通阻塞、供应困难等弊病逐步消除;随着交通运输业的兴旺,一批与交通运输业密切相关的第三产业(如旅游业、饮食业、文化娱乐业等)都将迅速兴起,扩大了就业门路,增加国家、集体、个人收入。

高速公路是公路运输网络中的主骨架,它与普通公路联网,能使整个路网结构更加完善,形成干支相连、城乡相通、四通八达的公路路网;它与铁路、水路开展联运,发挥站场、港口、码头、仓库等大批量客货集流转运作用,形成较完整的国家综合运输体系,促进运输结构合理化;高速公路通过能力大、速度高,有利于公路运输实行大吨位、大牵引、列车化、集装箱运输,使公路运输组织方式发生变更,车辆使用效率提高,有力地促进了公路运输业自身发展和自我完善。

高速公路快速机动,是实施战时运输和城市紧急疏散的有力手段,部分高等级公路还能为战斗机、运输机提供起降场所,对巩固国防有重大作用。

高速公路的社会经济影响具有宏观性、间接性、区域性和长期性的特点,只有在深入调查研究的基础上,站在全局的高度,将定性描述和定量分析结合起来,综合运用多种方法,才能作出符合实际的科学评价。

(2)社会经济影响评价指标

公路建设项目社会经济的影响作用很多,概括起来可以归纳为促进社会进步、促进经济发展、促进政治稳定和提高公路部门素质四个方面。

(3) 社会经济影响的评价方法

由于社会经济影响指标大多难于直接定量计算,有的甚至无法直接定量计算,所以使得社会经济影响评价常限于定性的描述与总结。目前主要采用专家打分的方法来加以解决。

专家打分主要有两种方式:一种是专家会议法,即邀请一定数量的专家,面对面进行分析讨论,集思广益,相互启发,相互补充,从而对某一问题作出评价;另一种是德尔菲法,此法的实质是以匿名方式通过几轮咨询征集专家的意见,这种方法可以避免专家受权威人士的影响,有利于各抒己见,不受外界影响,容易发挥自己的创造性想象能力,因而在一些统计预测和决策方案的比较方面广为应用。

2) 环境影响评价

环境影响评价,旨在对照项目前评估时批准的《环境影响报告书》,重点从项目建设所引起的区域生态平衡、环境质量变化及自然资源的利用和文物保护等方面评估项目环境影响的实际效果。具体内容和方法可参阅交通部发布的《公路建设项目环境影响评价规范》(JTG B03—2006)。

5. 建设项目目标持续性评价

公路建设项目的目标,就是畅通、安全、高效益和低成本。目标的持续性,则是指在项目建成通车之后,是否还可以顺利地持续运营下去,是否有能力持续实现既定目标。所以公路项目后评价阶段的目标持续性评价,就是对该项目在其运营使用年限内维持较高服务水平能力的评价。

影响目标持续性的因素很多,分别包括社会经济发展、管理体制、公路网状况、配套设施建设、政策法规等外在条件,以及运行机制、内部管理、服务情况、公路收费、运营状况等内部条件。建设项目目标持续性评价,就是要重点研究这些条件的变化情况及其对目标持续性的影响,提出切实有效的措施改革管理体制,提高技术水平,降低运营成本,不断提高经济效益和服务能力。

鉴于我国公路项目后评价起步较晚,经验不足,对建设项目目标持续性评价的研究更是贫乏,今应按照可持续发展的思想,深入探讨建设项目目标持续性评价的内容、指标和方法,促进后评价理论的不断完善。

六、交通项目后评价报告

编制建设项目后评价报告必须以项目各阶段的正式文件和项目建成通车2~3年内进行的各种调查及重要运行参数的测试数据为依据。项目通车后需要进行的调查主要有:交通量调查、车辆运行特征调查、车辆运输费用调查、工程质量调查、项目财务状况调查、社会经济效果调查、环境调查等。项目各阶段的正式文件主要包括:项目建议书、可行性研究报告、初步设计、施工图设计及其审查意见、批复文件;施工阶段重大问题的请示及批复;工程竣工报告;工程验收报告和审计后的工程竣工决算及主要图纸等。

公路建设项目后评价报告编制必须客观、公正、科学,不应受项目各阶段文件结论的束缚。

公路建设项目后评价报告由主报告及附件两部分组成。主报告应按《公路建设项目后评价报告文本格式及内容要求》编制。附件的内容应包括各种专题报告及建设项目管理表。建设项目管理表应按《公路建设项目管理表内容要求及填表说明》编制。

七、公路建设项目后评价报告文本格式及内容要求

Ⅰ. 封面格式

××-××公路后评价报告(编制单位)

××××年××月

Ⅱ. 扉页格式

××-××公路后评价报告(编制单位)

编制单位 ×××××(盖章)

咨询证书等级 ×××××

发证机关 ×××××

证书号 ×××××

(证书复印件附此页后)

编制单位 ×××××(盖章)

单位主管 ×××(签章)

分管总工程师 ×××(签章)

项目负责人 ×××(签章)

参加人员 ×××

Ⅲ. 内容要求

目录

1　概述

2　建设项目过程评价

3　建设项目投资与效益评价

4　建设项目影响评价

5　建设项目目标持续性评价

6　结论

附件：

1. 专题报告(包括交通量分析与预测、交通安全评价、影响评价等)
2. 公路建设项目管理表
3. 有关委托、招标、评审、批复等主要文件的复印件

1　概述

1.1　背景

项目后评价任务来源,后评价工作开展情况及后评价报告的编制依据。

1.2　项目概况

项目的功能定位;项目各阶段主要时间节点,包括立项、决策、设计、开工、竣工、通车时间等;项目起讫点及建设规模、技术标准等主要技术经济指标。

附图:项目地理位置图,项目竣工平纵面缩图(内容同初步设计文件要求)。

1.3　项目各阶段主要指标的变化情况

包括建设规模、技术标准、重大方案、工程造价及建设工期等。

1.4　资金来源及使用情况

各种资金来源及具体执行情况。

1.5 主要结论

1.5.1 综合评价结论

对项目的前期工作、建设实施、运营管理、投资与效益、目标持续性等评价结论进行归纳和总结。

1.5.2 经验与教训

从项目的前期工作、建设实施、运营管理以及投融资模式等方面,总结项目主要的经验与教训。

1.5.3 问题与建议

针对项目目前存在的主要问题,提出改进的措施和建议。

2 建设项目过程评价

2.1 前期工作情况评价

2.1.1 前期工作基本情况

2.1.2 前期工作各阶段审批文件的主要内容

2.1.3 前期工作各阶段主要指标的变化分析

包括项目建议书、可行性研究、初步设计等阶段的建设规模、技术标准等指标和主要工程方案的变化情况,并对其原因进行分析。

2.2 项目实施情况评价

2.2.1 项目实施情况

包括施工图设计、施工组织与管理、工期等;建设管理模式和业主负责制、工程监理制、工程招投标制和合同管理制四项制度的执行情况。

2.2.2 项目实施的主要文件内容

主要文件包括项目开工报告、执行报告、竣工验收报告等。

2.2.3 实施阶段评价

主要包括重大设计变更、建设管理模式、工程质量、工程监理、重大责任事故、工期、工程造价等评价。

2.2.4 重大工程技术问题处理及评价

2.3 运营管理情况评价

2.3.1 运营情况评价

包括公路收费、养护情况;实测、预测交通量和前期工作预测交通量的对比分析,填写公路建设项目交通量比较表(具体要求见附件2);公路设施状况、服务水平和交通安全评价。

2.3.2 管理机构和管理模式评价

包括管理机构的设置和功能、组织形式和作用;项目运营过程的各项制度、规定和程序;管理效果评价。

2.4 交通工程及沿线设施情况评价

包括通信、收费、监控系统及服务区、安全防护设施等设置情况及评价。

2.5 创新性评价

包括新技术、新材料、新设备、新工艺的创新应用以及管理创新等。

3 建设项目投资与效益评价

3.1 投资执行情况评价

3.1.1 资金筹措情况

3.1.2 资金到位及投资完成情况
3.1.3 工程决算、概算和估算的比较分析
3.1.4 工程投资节余或超支的原因分析
3.2 经济费用效益分析
3.2.1 参数选择与确定
3.2.2 费用调整
3.2.3 效益计算
3.2.4 评价指标及计算
3.3 财务分析
3.3.1 运营成本
3.3.2 收费收入
3.3.3 参数选择与确定
3.3.4 财务评价指标及计算
3.3.5 清偿能力分析
3.4 结论
4 建设项目影响评价
4.1 交通影响评价
4.1.1 对综合交通运输体系的影响
从通道和网络的角度分析项目对公路运输以及其他运输方式的影响和作用。
4.1.2 收费影响分析
分析收费对项目吸引和分流交通量等的影响。
4.2 经济社会影响评价
4.2.1 经济影响分析
分析项目对所在地区经济发展、产业布局、资源开发、城镇化进程等方面的影响。
4.2.2 社会影响分析
分析项目对所在地区社会发展产生的效应。包括城乡发展、社区发展、就业、居民生活水平，以及土地利用、征地拆迁补偿、移民安置、扶贫等方面的影响和评价。
4.2.3 社会互适性分析
分析项目与当地社会的相互适应程度，包括相关利益群体分析，公众参与程度，当地文化、民俗或宗教等的融合程度。
4.3 环境影响评价
4.3.1 环境保护执行情况评价
环保设施与主体工程"同时设计、同时施工、同时投产"制度的执行情况，项目所采取的主要环境保护措施和其他环保措施的建设及落实情况。
4.3.2 环境监测与评价
主要包括生态环境、水土保持、大气、噪声、水的实测情况及评价。
4.3.3 改进措施与建议
针对目前项目环保存在的问题，提出预防或减轻不良环境影响的措施与建议。
4.4 节能影响评价
4.4.1 节能措施及效果

4.4.2 改进措施与建议
5 建设项目目标持续性评价
5.1 外部条件对项目目标持续性的影响
外部条件包括经济社会发展、政策法规、公路管理体制、公路网及综合交通体系发展状况、技术进步等。
5.2 内部条件对项目目标持续性的影响
内部条件包括运行机制、内部管理、公路收费等。
6 结论
6.1 结论
6.2 存在问题
6.3 经验与教训
6.4 措施与建议

八、公路建设项目管理表内容要求及填表说明

1. 内容要求

公路建设项目管理表由公路建设项目综合管理表、公路建设项目投资管理表(①公路建设项目投资管理表;②公路建设项目交通量比较表和公路建设项目效益比较表)组成。公路建设项目管理表也适用于独立大桥及隧道建设项目,其标题相应改为桥梁建设项目管理表或隧道建设项目管理表。

2. 填表说明

公路建设项目管理表应从项目立项开始时就进行填写。综合管理表和投资管理表应在工程竣工通车时编制、填写完毕;交通量比较表和效益表应在后评价完成时编制、填写完毕。

一、公路建设项目综合管理表

(一)承担单位、项目负责人填写在预可行性研究、工程可行性研究、初步设计、施工图设计及工程竣工验收项内。

(二)上报及批准机关、文号填写在项目建议书、可行性研究及初步设计项内。

(三)各阶段工作发生的日期及时间按×年×月×日至年×月×日填写在日期栏内。

(四)各阶段建设规模和主要的技术指标,应分别填写各阶段审查的(或上报的)和批准的各项内容。"上报文件"是指与"批复"相对应的项目建议书、可行性研究和初步设计。项目建设规模是指公路等级(如高速公路、一级公路、二级公路)和里程(单位为 km)。主要技术指标可填写计算行车速度(单位为 km/h)、路基宽度(单位为 m)等。桥梁建设项目建设规模是指桥长(包括主桥和引桥,单位为 m),两岸接线的公路等级、长度(单位为 km)。主要技术指标可填写桥面净宽(单位为 m),车辆荷载(包括汽车和挂车),通航净空(航道等级),两岸接线路基宽(单位为 m)等。隧道建设项目建设规模是指隧道长(单位为 m),两端接线的公路等级、长度(单位为 km)。主要技术指标可填写隧道净宽(单位为 m),隧道净空(单位为 m),两端接线路基宽(单位为 m)等。

(五)项目各阶段估算、概算和决算的总投资分别填写在工程总投资栏内(单位为万元)。资金筹措分内资和外资,内资包括养路费、国内贷款、交通运输部车购费补助等;外资包括国外贷款、华侨及港澳同胞集资等。外资折合人民币分别填入各栏内。

(六)项目各阶段估计和实际使用的四大材料分别按总用量(单位为 m^3、t)和总价值(单

位为万元)填写。

二、公路建设项目投资管理表

（一）公路建设项目从立项到实施各阶段的投资、工程量等工程指标，应按各阶段最终批准的和实际实施的指标进行填写；外资按实际使用的币种折合成人民币填写（单位为万元）；调整概算填写最后一次调概的数据。

（二）表内项目内容可根据需要增减。估算投资因分项较少，可合并填写。

（三）独立大桥和隧道建设项目投资管理表的项目内容可参照有关工程投资估算项目表。

三、公路建设项目交通量比较表

预可行性研究和工程可行性研究的交通量，是指预可行性研究和工程可行性研究报告中从预计通车年份到远景服务年份各年的预测交通量；后评价阶段的交通量是指通车运营期间的实测交通量和后评价报告中各年的预测交通量。

备注栏内注明通车运营年份。

四、公路建设项目效益比较表

将预可行性研究、工程可行性研究、后评价报告中的国民经济评价和财务评价指标值分别填写在相应栏内。

复习参考题

1. 简述高速公路建设的程序。
2. 试述世界银行贷款项目周期的内容。
3. 试述公路建设项目可行性研究的主要内容。
4. 试述高速公路勘察设计招投标管理的内容及程序。
5. 试述高速公路监理招投标管理的内容及程序。
6. 试述高速公路施工招投标管理的内容及程序。
7. 试述我国公路施工合同文件组成及含义。
8. 试述高速公路建设期管理内容。
9. 如何进行公路工程施工质量评定？
10. 简述公路工程竣(交)工验收的依据。
11. 简述公路建设项目后评价的内容与方法。

第六章 桥隧工程管理

第一节 桥隧建设成就回顾

一、桥梁建设成就

我国桥梁建设历史源远流长,早在1 300多年前建造的赵州桥,结构新颖、坚固美观。800多年前修建的卢沟桥,古朴典雅,雄伟壮丽,至今仍被誉为世界桥梁建筑史上的杰作。我国古代的石梁桥、悬臂木梁桥及铁索桥的建设成就,也达到了较高的技术水平,在国际桥梁史上占有非常重要的地位。

然而旧中国的桥梁建设长期处于落后的状态,据1949年的调查统计资料,当时全国仅有公路桥梁约30万m,而且大部分为木桥,永久式公路桥梁只有130余座。新中国成立后,我国建造了不少重要的桥梁,广大建桥职工继承和发扬了石拱桥这一中国传统的优势桥型,因地制宜,就地取材,修建了大量经济美观的石拱桥。如1960年建成了云南南盘江长虹桥,为跨径112.5m的石拱桥。1957年第一座长江大桥——武汉长江大桥的建成,结束了我国万里长江无桥的历史,标志着我国修建大跨度钢桥的水平达到了新的起点。20世纪50年代,我国在修建大量小跨径钢筋混凝土梁桥的同时,开始对预应力混凝土桥梁进行试验研究,并于1956年建成了第一座跨径为20m的预应力混凝土简支梁桥,此后这种桥得到了广泛应用并提出了装配式预应力混凝土简支梁桥的标准设计,最大标准跨径达到40m。1978年党的十一届三中全会把我国的工作重点转移到社会主义经济建设上来,不断深入贯彻执行改革开放政策,使我国的经济建设获得了迅猛的发展。在重点发展交通和能源两大战略目标的推动下,我国的公路桥梁建设事业掀起了新的高潮,在不断学习引进西方技术并结合我国具体实际情况下,取得了举世瞩目的成就。如石拱桥技术一直处于世界领先水平,其他类型的拱桥,斜拉桥及悬索桥均列世界前茅,我国的预应力混凝土梁桥,其国际地位也后来居上,1997年建成的虎门辅助航道桥为跨径270m连续刚构,建成后名列世界第一。2005年建成的润扬长江大桥名列中国第一世界第三大跨径悬索桥。2008年建成的苏通大桥在技术方面极具挑战性,难度非常大,是我国建桥史上建设标准最高、技术最复杂、科技含量最高的现代化特大型桥梁工程之一。其主跨跨径达到1088m,是世界位居第二大跨径的斜拉桥(目前最大斜拉桥主跨是俄罗斯的跨东博斯鲁斯海峡的俄罗斯岛大桥,其主跨1104m);其主塔高度达到300.4m,为世界第二高的桥塔(第一高桥塔为俄罗斯的跨东博斯鲁斯海峡的俄罗斯岛大桥,其桥塔高超过320m);主桥两个主墩基础分别采用131根直径2.5~2.85m,长约120m的灌注桩,是世界最大规模的群桩基础;主桥最长的斜拉索长达577m,也是世界最长的斜拉索。2011年全线通车的青岛海湾大桥,全长超过我国杭州湾跨海大桥与美国切萨皮克跨海大桥,是当今世界上最长的跨海大桥。

回顾过去,成就辉煌,展望未来,前程似锦。我国现代化公路桥梁建设方兴未艾,虽然在新桥型、新结构、新工艺,设计理论和计算方面已跻身于世界先进行列,部分成果亦达到国际领先水平,但在施工控制及健康监测等领域与国外还有一定的差距。随着我国桥梁建设数量不断增加,桥梁施工控制与健康监测已成为我国急需重点解决的问题。

二、隧道建设成就

在建国后的30年,我国修建的公路等级均较低,线形指标要求不高。20世纪50年代,我国仅有公路隧道30多座,总长约2 500m且单洞长度都很短。六七十年代,我国干线公路上曾修建了一些百米以上的隧道,但标准都很低。进入80年代,公路隧道的建设步伐逐渐加快,具有代表性的工程有深圳梧桐山隧道、珠海板樟山隧道、福建鼓山隧道和马尾隧道、甘肃七道梁隧道等。在大型公路隧道建设中,技术也不断提高,并学习和引进了很多国外先进技术。如福建鼓山隧道,洞内设有照明、吸音、防潮、通信、防火等装置和闭路电视监控及雷达测速系统,这是我国第一座现代化的公路隧道。为适应公路隧道建设的发展,八九十年代,交通部组织编写了公路隧道的设计、施工、通风照明设计、养护技术等规范,对我国公路隧道建设起到了促进和推动作用。

近20年来,我国在公路隧道的建设方面更是取得了令人瞩目的进步,隧道的勘测、设计、施工和营运都日渐成熟。期间新建隧道504座,27.8万延米,还建成了多座特长和宽体扁坦隧道,如中梁山隧道(3 100m×2),缙云山隧道(2 450m×2)、大溪岭隧道(4 116m×2)、二郎山隧道(4 200m×2)、飞鸾岭隧道、真武山隧道等。据不完全资料统计,我国已建成公路隧道1 208座,总里程362km。据统计,在改革开放之初的1979年,中国只有公路隧道374座。经过30多年的快速建设,截至2011年,中国(不含港、澳、台地区)公路隧道为8.522处、625.34万米。其中,特长隧道326处、143.32万米;长隧道1,504处、251.84万米。

目前,公路隧道的单洞长度越来越长,修建技术与营运技术日趋复杂。2007年1月建成的全长18.02km的秦岭终南山公路隧道为世界最长的双洞单向高速公路隧道,长为18.4km的西康线秦岭单线隧道为中国最长单线铁路隧道,其他较长的隧道还有1987年建成的长为14.295km的衡广铁路复线大瑶山双线隧道,长为9.383km的南昆线米花岭隧道等。

第二节 桥梁施工控制与管理

一、桥梁施工控制动态

1. 桥梁施工控制的重要性

随着交通事业的发展,急需修建更多的大跨度桥梁以跨越大江、大河和海湾,采用更加经济合理的混凝土桥梁,改变过去凡建大跨度桥梁,必然是钢桥一统天下的局面。为了使建桥过程中不中断通航,不设造价昂贵的河道支架,在混凝土施工中引入了钢桥自架设体系的施工方法,即将桥梁的上部结构分节段或分层进行施工,后期节段或后层是靠已浇节段或已浇层来支撑、逐步完成全桥的施工,也就是无支架而靠自身结构进行施工,人们称之为自架设系施工法。它的广泛采用,使得混凝土桥得到了较大发展,比如T型刚构、大跨度钢筋混凝土拱桥、预应力混凝斜拉桥等桥梁于20世纪在世界各地广泛地修建,不能不说是由于自架设体系施工方法应用的结果。自架设体系施工方法的采用,必然给桥梁结构带来较为复杂的内力和位移变化,为了保证桥梁施工质量和桥梁施工安全,桥梁施工控制是不可缺少的。实际上,桥梁施工控制早在以前的施工过程中,就已被人们采用,例如钢桁梁的悬臂架设,为使架设的各杆件最终满足设计高程,设计者采用预设拱度的方法来解决,即将先架设的节点预先抬高来考虑后架设节段的影响。由于钢材的匀质性和制造尺寸的准确性,预设拱度的方法在钢桁梁悬臂拼装过程中是较为成功的方法。但自架设体系施工方法应用在非匀质的混凝土桥中就不那么简单了,因为混凝土桥除了本身材料是非匀质材料和材质特性不稳定外,它还要受温度、湿度、时间等因素的影响,加上采用自架设体系施工方法,各节段混凝土或各层混凝土相互影响,且这种相互影响又有差异,这些影响因素必然造成各节段或各层的内力和位移随着混凝土浇筑或块件拼装过程变化而偏离设计值。为了保证施工质量,必须要对建桥的整个过程进行严格的施工控制。也可以说,桥梁施工控制是桥梁建设质量的保证。衡量一座桥梁的质量标准就是要保证已成桥的线形以及受力状态符合设计要求。对于桥梁的下部结构,只要基础埋置深度、尺寸以及墩台尺寸准确就能达到标准,容易检查和控制。而对采用多工序、多阶段自架设体系施工的大跨度桥梁的上部结构而言,要求结构内力和高程的最终状态符合设计要求,就不那么容易了。比如预应力混凝土刚构桥和斜拉桥在悬臂浇筑1号块件时,如预抛高设置不准,可能影响到以后各节段和合龙高程以及全桥的线形。斜拉桥除了主梁的混凝土浇筑或预制块件悬臂拼装中要考虑预抛高,使主梁高程符合设计要求外,还要求在斜拉桥建成时斜拉索的内力也达到设计要求,否则,斜拉索受力不均将影响斜拉桥的使用寿命。因为,斜拉桥是多次超静定结构,在施工过程中主梁高程的调整将影响到斜拉索的内力,某根斜拉索内力的调整又影响到主梁高程和邻近斜拉索的内力。这说明斜拉桥比混凝土刚构桥更加复杂,为确保斜拉桥施工质量,更需要随施工过程进行施工控制。目前我国计算机的应用已非常普遍,技术人员完全可以对多阶段、多工序的自架设体系施工方法进行模拟,对各阶段可预先计算出内力和位移,称之为预计值。将施工中的实测值与预计值进行比较,若有误差可进行调整,直到达到最满意的设计状态。也就是通过施工控制,使各阶段内力和变形达到预计值,最终达到设计要求,确保建桥的施工质量。我国借鉴国外的经验,从建设第一座斜拉桥起,就注意到施工过程控制的重要性,只是在对这个问题的解决上还存在差异,个别斜拉桥施工完成后线形不够理想,比如有座210m+200m跨径的单塔单索面斜拉桥,在施工中采用劲性骨架悬臂浇筑主梁,浇筑主梁时通过水箱放水减载与浇筑的混凝土重力相平衡,以此保持设计线形(设计高程),理论上是完善的,但由于上梁分边箱和中箱两次浇筑,施工工序除纵向分节段外,横向又分两次完成,工序太多,不容易控制,所以造成该桥完工后,主梁外观呈波浪形,在桥面行车时更为明显,不但影响行车舒适,也造成外观缺憾。而各斜拉索受力是否符合设计要求,就更不得而知了。这个实例也说明了,为了建设质量高、外形美观的桥梁,施工控制是绝不可少的,桥梁施工控制是确保桥梁施工质量的关键。

桥梁施工控制又是桥梁建设的安全保证。为了安全可靠地建好每座桥,施工控制变得非常重要。因为每种体系的桥梁所采用的施工方法均按预定的程序进行。施工中每一阶段的结构内力和变形是可以预计的,同时可通过监测手段得到各阶段结构的实际内力和变形,从而完全可以跟踪掌握施工进程和发展情况。当发现施工过程中监测的实际值与计算的预计值相差过大时,就要进行检查和分析原因,而不能再继续进行施工,否则,将可能出现事故。这方面实例太多,例如,跨径548.64m的加拿大魁北克桥就是因为在施工中两次发生事故而闻名于世的。该桥采用悬臂拼装法施工,当南侧锚碇桁架快架完时,突然崩塌坠落,原因是悬出的桁架太长(悬臂长176.8m),因此,靠近中间墩处的下弦杆受压力过大,致使下弦杆腹板失去稳定而引起全桁架严重破坏。尽管造成事故的原因是设计问题,但若当时采用了施工控制手段,在内力较大的杆件中布置监控测点,当发现异常现象时,及时停工检查,就不会发生突然崩塌事故。由此可知,为避免突发事故的出现,按时安全地建成一座桥,施工控制是有力的保证。也可以这样说,桥梁施工控制系统就是桥梁建设的安全系统。为确保桥梁施工的安全,桥梁施工控制必不可少,尤其对造价昂贵的大跨度桥梁更为重要。

施工控制不仅是建桥中的安全系统,也是桥梁营运中安全性和耐久性的综合监测系统。

随着交通事业的发展,荷载等级、交通流量、行车速度等必然提高,还有一些不可预测的自然破坏力也会危及桥梁的安全,若在建设桥梁时进行了施工控制,并预留长期观测点,将会给桥梁创造终身安全监测的条件,从而给桥梁营运阶段的养护工作提供科学可靠的数据,给桥梁安全使用提供可靠保证。这方面的反面事例在工程界是存在的。比如韩国圣水桥,于1994年10月突然在中跨断塌50m,其中15m掉入江中,造成32人死亡,17人受重伤的重大事故,据称造成该桥在行车高峰期突然断裂的原因是该桥长期超负荷运营,钢桁梁螺栓和杆件疲劳破坏所致。又如我国广州海印大桥,因斜拉索的防护措施不够完善可靠,造成斜拉索超应力,才使用几年就突然断裂,创造了世界损桥年限最短的记录,不但造成重大的经济损失,而且也带来不良的社会影响。以上实例说明,对于桥梁的营运阶段仍急需一套长期有效的监测系统,使桥梁养护部门能根据该桥的实际使用情况进行有效的更换和维护。而不是目前只靠外观检查等简单手段,得到粗略的依据进行不切要害的养护。要彻底改变目前我国桥梁养护部门的现状,科学地、较为主动地预报桥梁各部位营运情况,必须在桥梁施工中进行施工控制系统的建立,并使其能长期对桥梁营运阶段进行监测,这样才能确保这些耗资巨大、与国计民生密切相关的大桥的安全耐久。由此可见,桥梁施工控制是现代桥梁建设的必然趋势。

2. 桥梁施工控制发展趋势

桥梁施工控制在国外起步较早,目前,国外发达国家已将桥梁施工控制纳入施工管理工作中。控制方法已从人工测量、分析与预报发展到自动监测、分析与预报的计算机自动控制,已形成了较完善的桥梁施工控制系统。国内起步较晚,20世纪90年代以前在桥梁施工中已注意到结构应力调整和预拱度的设置,但并未将系统控制概念引入,桥梁在施工中垮塌和成桥状态不符合设计要求的情况时有发生,在某种意义上制约了大跨度桥梁的发展。20世纪90年代以后,人们逐渐从理论与实践中认识到桥梁施工控制的重要性,特别对于采用自架设体系施工的大跨度桥梁是必不可少的,但对施工控制的理论研究开展得还不够,控制手段落后,影响因素研究不透彻,预测和判断精度不高,还未建立起一套完善的施工控制系统。因此,深入研究施工控制理论,研制更加合理和实用的控制软件,提高监测的精度和自动化程度以及建立起一套完善的控制系统,是今后桥梁施工控制必须进行的工作。

目前,国外除了重视桥梁在施工过程中的控制外,也十分重视桥梁服役状态的控制工作,在桥梁中埋设测点进行长期观测、预报和分析,以随时了解服役桥梁的健康状况,避免突发事件的发生。在这方面国内起步更晚,目前主要靠目测和荷载试验来了解服役桥梁的情况,对桥梁可能存在的危险因素无法起到预报和避免的作用。但人们已开始认识到对桥梁服役状态进行监控的重要性,比如对上海杨浦大桥、香港青马大桥等特大桥已开始进行长期监控工作,但还处于初级阶段,其理论和方法急需研究解决。

智能控制是桥梁工程控制(施工控制和服役桥梁控制)的发展趋势。大型桥梁工程一般结构复杂、规模巨大,难以用一般的手段进行监测与控制,必须通过埋设新型传感器(如光纤传感器)和应用先进的信号处理技术,以及建立在线(服役)桥梁专家系统,形成智能控制系统,提高工程控制的科学性、可靠性和可操作性,这是桥梁工程控制的发展方向。

二、自架设体系桥梁施工控制

1. T型刚构桥

世界上第一座自架设体系的预应力混凝土T型刚构桥,是前联邦德国于1953年建成的沃尔姆斯桥,跨度为101.65m+114.2m+104.22m带铰的T型刚构、施工中采用悬臂施工的新工艺,使这种桥型的结构性能和施工特点达到高度的协调统一,它为混凝土桥向跨度长大化、施工机械化、装配化等方面发展开辟了新的途径。从20世纪70年代开始,美国也建造了较多的无支架悬臂施工的预应力混凝土T型刚构桥,如1972年建成的多美尼加RioHiguamo桥,主跨达190m。与此同时,我国也修建了不少的T型刚构桥、从主跨60m的红卫桥到主跨174m的重庆长江大桥,在四十多年中,全国各地建成了几十座预应力混凝土T型刚构桥,这种桥型都采用自架设体系的悬臂施工法,即在桥墩两边平衡悬臂浇筑混凝土或悬臂拼装混凝土预制块。由于施工中各节段或各预制块件是逐步悬伸的,各节段经历了浇筑、张拉、不断地加载等过程,而各节段的混凝土龄期又不同,其收缩、徐变影响较复杂,因此,它的应力和变形比悬臂拼装钢梁要复杂,其对施工控制的要求也就比较高。

现以重庆长江一桥的施工控制情况为例说明T型刚构桥的施工控制。

重庆长江一桥是我国最大的预应力混凝土T型刚构桥,它由五个小T和两个大T及每孔跨径35m的挂梁所组成。各个T构均采用悬臂浇筑混凝土的自架设体系的施工方法,混凝土的浇筑采用斜拉组合挂篮进行悬臂浇筑。

为了保证施工结束后,T型刚构的线形符合设计要求,该桥重点对各个T型刚构的悬臂浇筑混凝土的高程进行了控制。每悬臂浇筑一个节段要观测六个工况的高程:①浇筑混凝土前;②浇筑混凝土后;③预应力张拉前;④预应力张拉后;⑤挂篮移动前;⑥挂篮移动后。同时还要校核已浇相邻节段的高程,观察预拱度变化趋势。为了及时掌握T型刚构悬臂预拱度的变化情况,每施工完一个节段,都必须及时整理测量资料,以便决定下一节段施工时是否调整底模高程。由于认真控制了悬臂浇筑各节段底模高程,各个T型刚构的预拱度曲线与设计值较为吻合。

当各个T型刚构的混凝土浇筑完后,要进行挂梁架设,架设挂梁常采用架桥机进行,一般从一端至另一端,这样,必然在T型刚构的一个悬臂端产生过大变形及在悬臂根部产生较大的弯矩。该桥从已架孔向南架设时,北端产生的不平衡力矩远远大T型刚构设计时允许的最大不平衡力矩。为了保证各个T型刚构在挂梁架设阶段不致产生过大的变形,在各跨挂梁架设及架桥机通过挂梁时,在T型刚构南端加平衡重,其平衡重随架梁进度分级增加,原则上架每一片挂梁增加的平衡重的重力就是一片挂梁的重力。当架桥机由T型刚构的北端行走至T型刚构的南端时,T型刚构两端荷载发生了变化,这时应分阶段将南端的平衡重分级卸掉,以此来调整两端的高程。根据挂梁和架桥机通过时的平衡需要,分别求出各阶段的加水量和放水量,最后,当各个T型刚构相互连通时,变形值逐渐趋于均衡。

对于内力拉制,主要反映在预加力的控制上,该桥为保证预加力较为准确,除了预加力严格按施工规范进行外,还对预压及锚口损失值、孔道摩阻损失值、钢丝束张拉伸长值、锥形锚具内缩量等关键数值进行认真测定,求得较为可靠的预应力值。可以看出,当时对自架设体系的预应力混凝土T型刚构桥,已十分重视施工中的高程和内力的控制,只是控制的理论和方法还不成熟,控制的效果还不很理想。

2. 混凝土斜拉桥

自1962年委内瑞拉建成世界上第一座混凝土斜拉桥——马拉开波桥后,世界各地修建了许多混凝土斜拉桥,其最大跨度已达到530m(挪威斯卡恩圣特桥)。我国在20世纪70年代中期开始修建斜拉桥。近40多年来已建成斜拉桥100多座,其中大部分是混凝土斜拉桥。

混凝土斜拉桥多采用自架设体系的施工方法,即采用对称于桥塔的悬臂施工,在边跨和中跨处进行合龙段现浇。斜拉桥是高次超静定结构,施工方法和安装程序与成桥后的主梁线形和结构内力有密切关系,特别是斜拉桥在施工中要进行索力调整,这将引起主梁内力和高程的变化,再加上混凝土徐变、收缩的影响,使混凝土斜拉桥在施工过程中受力十分复杂。因此,必须对斜拉桥拉索张拉吨位和主梁挠度、塔柱位移等施工控制参数的理论计算值及施工程序作出明确规定,并在施工中加以有效管理和控制,以确保斜拉桥在施工过程中结构始终处于安全范围内,在成桥后主梁的线形符合设计要求,结构处于最优受力状态。由此可见,混凝土斜拉桥的施工控制是十分重要和必需的。我国《公路斜拉桥设计细则》(JTG/T D65—01—2007)明确规定,在公路斜拉桥设计与建设中,必须重视施工过程控制和运营过程中的养护。

3. 吊桥及拱桥

应该说悬索桥是自架设体系施工方法采用最早的桥型,因为任何一座悬索桥必须先架设主缆,然后才安装吊杆,再逐段安装加劲梁。早期修建的悬索桥,由于计算技术的限制,在施工中没有跟踪各工序的理论值和实测值,一般采用主缆架好后通过调整主缆长度来保证主缆线形,调整吊杆长度来保证桥面高程,这对跨度不很大的悬索桥是可行的,但随着大跨度现代悬索桥的修建,其主缆和吊杆的调整幅度减小,就必须要对各工序跟踪分析和控制,例如我国广东虎门大桥的施工控制,就是把重点放在各参数(主索弹模、构件自重、结构几何形态参数等)的测定、识别和可靠的控制分析计算上,并对每一工序进行监测、控制与调整,保证了成桥状态的索股张力与设计吻合,其最大偏差小于4%;上下游两根主缆的高程比设计值分别高出9.9cm和10.7cm;箱梁跨中预拱度为3.177m与设计值3.140m非常接近。可见,对虎门悬索桥实施施工全过程监控,取得了显著成效。

拱桥是我国修建最多的桥型,近年来在大江大河上修建了不少大跨度的混凝土拱桥,其最大跨度达到420m(重庆万县长江大桥),是世界上跨度最大的混凝土拱桥。拱桥一般采用无支架施工方法,由于拱圈又高又宽,拱圈混凝土不可能全截面一次浇筑。例如万县长江大桥的拱圈为高7m、宽16m的单箱三室箱形截面,施工中采用钢管混凝土拱形桁架作为劲性骨架,混凝土分层分段浇筑,先中箱,后边箱,每个箱室又按底板—下侧板—上侧板—顶板的顺序进行,这样必然造成各层混凝土先后参与受力和各层之间混凝土龄期的差异,随着各层混凝土的浇筑,拱圈的截面和刚度不断变化,其内力和变形也随着施工过程不断变化,它的施工过程与其他自架设体系施工方法的桥型是一样的,为了确保施工安全和成桥符合设计要求,必须对施工全过程进行监控。该桥在现场建立了应力、应变观测系统,误差分析与反馈控制系统,对影响该桥应力和变形的主要参数进行了较准确的识别,提出了最终状态能符合设计的预计值,并提出了合理的施工工序,保证了全桥施工安全和质量,为成桥状态符合设计要求提供了可靠的手段。

总之,桥梁施工控制已越来越受到工程界的重视,其理论、内容和方法在不断的发展和完善,它已逐渐成为桥梁建设管理中不可缺少的一个重要组成部分。

三、施工控制的内容与方法

1. 大跨度桥梁施工控制内容

(1)结构变形控制

桥梁结构尺寸的控制是施工控制的基本要求,但结构在施工形成过程中均要产生变形,加之施工过程中各种误差的积累,因此任何一个结构不可能达到与设计尺寸准确无误的吻合,故要尽量减少结构尺寸与设计尺寸的偏差,并将其降低到允许的程度。桥梁施工中对结构的最终误差应按现行的《公路桥涵施工技术规范》(JTG/T F50—2001)规定,把尺寸偏差控制在一定范围内。

(2)结构稳定控制

桥梁结构的稳定关系到桥梁的安全,它与桥梁的强度有着同等重要的意义。

世界上曾经有过不少桥梁在施工过程中,由于失稳而导致全桥破坏的例子,最典型的要数加拿大的魁北克(Quebec)桥。该桥在南侧锚定桁架快要架完时,由于悬臂端下弦杆的腹板翘曲而发生突然崩塌坠落。我国四川州河大桥也因悬臂体系的主梁在吊装主跨中段时承受过大的轴力而失稳破坏。因此,桥梁施工过程中不仅要严格控制变形和应力,而且更要严格地控制施工各阶段结构构件的局部和整体稳定。

目前,桥梁的稳定性已引起人们的重视,但人们只注重桥梁的稳定计算,而对施工过程中可能出现的失稳现象还没有可靠的监测手段,尤其是随着桥梁跨径的增大,受动荷载或突发情况的影响,还没有快速反应系统,所以,很难保证桥梁施工安全,更难保证营运时的安全(通车后由于失稳而致全桥破坏的例子也不少)。为此,应建立一套全面监控系统,对桥梁进行终身监控,确保桥梁安全施工、安全营运。

桥梁的稳定安全系数是衡量结构安全的重要系数,但现行规范中未详细列出各种材料、各种结构在不同工况下的最小稳定系数,有待今后完善。

2.大跨度桥梁施工控制方法

近年来,大跨度桥梁的施工控制已逐渐被工程界所重视,并形成了一些实用的控制方法,目前主要有三种。一是采取纠偏终点控制的方法,即在施工过程中,对产生主梁线形偏差的因素跟踪控制,随时纠偏,最终达到理想线形,这种方法常用 Kalman 滤波法和灰色理论等。显然,这种方法工作量大,有时控制效果还不理想。二是应用现代控制理论中的自适应控制方法,即对施工过程中的高程和内力的实测值与预计值进行比较,对桥梁结构的主要基本设计参数进行识别,找出产生实测值与预计值(设计值)产生偏差的原因,从而对参数进行修正,达到双控的目的。这种方法的重点在于对影响结构变形和内力的主要设计参数的识别上,而一般只要及时对产生偏差的主要参数进行修正(一般由计算机自动进行),则实测值与预计值就拟合得非常理想。还有一种方法是在设计时给予主梁高程和内力最大的宽容度,即误差的容许值,如香港某斜拉桥主梁线形设计的宽容度达 ±15cm(悬臂长为 215m),当然对于每一节段的误差也有限制。这种做法减少了控制的难度,但会产生其他问题,如斜拉索的制作长度问题等。

四、桥梁施工控制管理系统

1.施工控制影响因素

大跨度桥梁施工控制的主要目的是使施工实际状态最大限度地与理想设计状态(线形与受力)相吻合。要实现上述目标,就必须全面了解可能使施工状态偏离理论设计状态的所有因素,以便对施工实施有的放矢的有效控制。

(1)结构参数

不论何种桥梁的施工控制,结构参数都是必须考虑的重要因素,结构参数是控制中结构施工模拟分析的基本资料,其准确性直接影响分析结果的准确性。事实上,实际桥梁结构参数一般是很难与设计所采用的结构参数完全吻合的,总是存在一定的误差,施工控制中如何恰当地计入这些误差,使结构参数尽量接近桥梁的真实结构参数,是首先需要解决的问题。主要结构参数如下。

①结构构件截面尺寸。任何施工都可能存在截面尺寸误差,验收规范中也允许出现不超过限值的误差,而这种误差将直接导致截面特性误差,从而直接影响结构内力、变形等的分析结果。所以,控制过程中要对结构尺寸进行动态取值和误差分析。

②结构材料弹性模量。结构材料弹性模量和结构变形有直接关系。对通常遇到的超静定结构来讲,弹性模量对结构分析结果影响更大,但施工成品构件的弹性模量(主要是混凝土结构)总与设计采用值有一定差别。所以,在施工过程中要根据施工进度做经常性的现场抽样试验,特别要注意混凝土强度波动较大的情况,随时在控制分析中对弹性模量的取值进行修正。

③材料密度。材料密度是产生结构在施工过程中的内力与变形的主要因素,控制中必须要计入实际密度与设计取值间可能存在的误差,特别是混凝土材料,不同的集料与不同的钢筋含量都会对密度产生影响。施工控制中必须对其进行准确识别。

④材料热膨胀系数。热膨胀系数的准确与否也将对控制产生影响,尤其是钢结构要特别注意。

⑤施工荷载。在所有自架设体系中,都存在施工荷载,这部分临时荷载对受力与变形的影响在控制分析中是不能忽略的,一定要根据实际进行取值。

⑥预加应力或索力。预加应力是预应力混凝土结构内力与变形控制考虑的重要结构参数,但预加应力值的大小受很多因素的影响,包括张拉设备、管道摩阻、预应力钢筋断面尺寸、弹性模量等。控制中要对其取值误差作出合理估计。斜拉桥索力直接影响结构变形与受力,真实了解各阶段索力是非常必要的。所以,预加索力是斜拉桥施工控制中要考虑的重要因素之一。

(2)施工工艺

施工控制是为施工服务的,反过来,施工的好坏又直接影响控制目标的实现。除要求施工工艺必须符合控制要求外,在施工控制中必须计入施工条件非理想化而带来的构件制作、安装等方面的误差,使施工状态保持在控制之中。

(3)施工监测

监测是桥梁施工控制的最基本手段之一。监测包括应力监测、变形监测等。因测量仪器、仪器安装、测量方法、数据采集、环境情况等存在误差,所以,结构监测总是存在误差。该误差一方面可能造成结构实际参数、状态与设计或控制值吻合较好的假象,也可能造成将本来较好的状态调整得更差的情况。所以,保证测量的可靠性对控制极为重要。在控制过程中,除要从测量设备、方法上尽量设法减小测量误差外,在进行控制分析时必须将其计入。

(4)结构计算分析模型

无论采用什么分析方法和手段,总是要对实际桥梁结构进行简化和建立计算模型,这种简化使计算模型与实际情况之间存在误差:包括各种假定、边界条件处理、模型化的本身精度等。控制中需要在这方面做大量工作,必要时还要进行专门的试验研究,以使计算模型误差所产生的影响降到最低限度。

(5)温度变化

温度变化对桥梁结构的受力与变形影响很大。这种影响随温度的改变而改变,在不同时刻对结构状态(应力、变形)进行量测,其结果是不一样的,如果施工控制中忽略了该项因素,就必然难以得到结构的真实状态数据(与控制理想状态比较),从而也难以保证控制的有效性,所以,必须考虑温度变化的影响。温度变化相当复杂,包括季节温差、日照温差、骤变温差、残余温度、不同温度场等,而在原定控制状态中又无法预先知道温度的实际变化情况,所以在控制中是难以考虑的(要考虑也将是非常复杂的)。通常都是将控制理想状态定位在某一特定温度下,从而将温度变化对结构的影响相对排除(过滤)。一般是将一天中温度变化较小的早晨作为控制所需实测数据的采集时间,但对季节性温差和桥体内温度残余影响要予以重视。

(6)材料收缩、徐变

对混凝土桥梁结构而言,材料收缩、徐变对结构内力、变形有较大影响,这主要是由于大跨径桥梁施工中混凝土普遍存在加载龄期小、各阶段龄期相差大等引起的,控制中要予以认真研究,以期采用合理的、符合实际的徐变参数和计算模型。

2. 施工控制系统的建立

随着桥梁跨度的不断增大,建设规模也相应增大,施工中所受到的影响因素也越来越多。要使桥梁施工安全、顺利地向前推进,并保证成桥状态符合设计要求,就必须将其作为一个大的施工系统工程予以严格控制。由于桥梁施工控制的实施牵涉到方方面面,所以,必须事先建立完善、有效的控制系统才能达到预期的控制目标。

桥梁施工控制系统的建立及其功能的确定要根据不同的工程施工实际分别考虑,但不论是哪种类型的桥梁施工控制系统,都必须具备管理与控制的功能,即施工控制系统一般应由施工控制管理与施工现场(微机)控制两个分系统组成,而分系统又由多个支系统组成。

(1)施工控制管理分系统

如前所述,大跨度桥梁施工控制是一个较大的系统工程,它必须具备足够的人、财、物以及先进的管理手段方能使其正常运行。同时,桥梁施工通常要涉及到业主、设计、施工、社会监理、政府监督、施工控制等多个部门与单位,这些单位都将在施工控制中起到不同程度的作用。业主负责整个工程的实施,是施工控制的委托者和协调者(也有由施工单位委托控制的情况),对施工控制的内容、方案与目标发表意见,对施工控制实施过程中的有关问题进行协调;设计单位将对施工控制内容、方案、目标发表意见并予以确认,对施工控制单位根据控制需要提出的设计变更、施工方法与工艺的变更予以确认;施工单位是桥梁施工的直接实施者,是施工控制的具体实施者,严格按设计要求与控制要求进行施工,负责反馈施工控制的实施情况与效果,提出调整建议等;社会监理对施工控制内容、方案与目标发表意见,负责监督施工单位对施工控制的具体实施,对其结果进行检查、验收,对控制提出改进意见,充当控制与施工单位之间的直接联系者;政府监督对控制内容、方案、目标发表意见,并予以监督;施工控制单位(小组)则是整个施工控制的组织者和实施者,负责施工控制内容、方案、目标的制定与实施。由此可见,施工控制是多方协作、共同努力的结果。因此,在实施控制前必须首先建立一个完善的控制管理系统和组织机构,要求该系统既有分工负责,又有协同作战,做到上下、左右信息渠道畅通,令行禁止,高效运转。

(2)施工现场(微机)控制分系统

它包含整个施工控制的主要分析过程,具有数据比较、结构当前状态把握、误差分析、参数识别、前进或倒退仿真分析、未来预测等功能。

在现场控制中,首先将由设计计算确定的各施工阶段的施工控制目标数据送入微机控制分系统,然后再对当前施工阶段完成后的现场监测数据进行判别与"滤波"处理后,将其可靠数据也送入微机系统,微机系统则对两方面的数据信息进行分析处理。最后输出有关信息供施工控制组进行决策时参考。

施工现场(微机)控制分系统通常又由多个支系统组成,其中包括:

①施工控制分析支系统

施工控制分析系统必须具有很强的适应性、可操作性和可视性,以满足施工中结构的多变性要求,一般都包含有能快速准确完成多种结构施工模拟分析软件,它是判别当前结构状态是否与实际相符和对未来状态进行预测的必备工具。可用于施工控制分析的软件多种多样,一般应根据实际需要选用,但应注意所用软件最好能将计算过程中以及计算结果数据转换成几何图形及图像信息在屏幕上显示出来,并进行交互处理,以便于输入数据的正误检查,仿真显示施工过程及相应的结构内力与变形状态,形象地比较所控制项目的实测值、理论值以及参数的变化,一旦发现计算过程中有异常图形便可中断计算,并暂停施工,待查明原因或采取必要措施后再继续施工。

②结构状态监测与参数识别支系统

该系统包括:对结构设计参数进行监测以及对结构状态参数进行量测与识别两个子系统。前者主要是为控制模拟分析提供合理的基本参数,后者则是为判断当前施工状态是否与设计(预测)值相符提供实际参数。由于施工中的各种量测都将受到多种影响,所以,该支系统还必须具备对所有参数进行分析、识别的功能。

③误差分析与实时跟踪分析支系统

施工控制中总是存在误差,其中主要包括分析误差与施工误差等,这些误差均将使施工偏离理想状态和控制目标。该系统一般由基于卡尔曼滤波法等最优控制系统和施工超前预测控制系统构成,其主要功能是:①对结构理想状态、实测状态和误差信息进行分析,作出最佳调整方案,使结构施工实际状态与设计理想状态的差值控制在允许范围内;②在计入结构参数调整修改值、结构初始状态最优估计值、结构施工误差、量测误差等信息后,通过控制模拟分析系统对结构施工状态确定出超前预测控制值。

总之,施工控制是一个系统工程,牵涉面很广。要有效实施施工控制,就必须保证在施工控制管理和控制技术上的有效性,否则难以做到有效的控制。所以,在实施施工控制前需建立完善的控制系统和制订实施细则,并在实施中根据实际情况和需要进行调整。

五、桥梁施工现场监测系统

1. 几何形态监测

几何形态监测的目的主要是获取(识别)已形成的结构的实际几何形态,其内容包括高程、跨长、结构或缆索的线形、结构变形或位移等。它对施工控制、预报非常关键。

目前用于桥梁结构几何形态监测的主要仪器包括测距仪、水准仪、经纬仪、全站仪等。通常采用测距精度和测角精度不低于规定值[如 ±(2mm + 2ppm)和 ±2″]的全站仪并结合固定高亮度发光体照准目标作为需要全过程动态跟踪监测的三维几何形态参数(如悬索桥索塔位置、主索鞍位置、主缆索和加劲梁线形、索夹位置等;斜拉桥索塔位置、斜拉索锚固位置、加劲梁平面位置(线形)等;拱桥轴线线形、拱上结构位置等;连续刚构桥墩位、悬臂施工箱梁的平面位置等)的监测手段;采用精密水准仪和铟钢水准尺水准联测、活动砧标视准线法观测和精密电子倾角仪倾角测量等作为一般的高程、变形(位)等的监测手段。

对需全过程跟踪监测的结构几何形态参数的监测通过指定控制点的位置坐标监测加以体

现。一般是在结构温度趋于恒定的时间区段内(一般为夜间10:00至次日凌晨6:00),利用桥址附近的施工平面和高程控制网,采用全站仪并以安装在各控制点的高亮度发光体和测距棱镜作为照准目标进行多测回观测的极坐标和三角高程测量获取控制测点三维大地坐标,并通过坐标变换求出控制测点的施工设计位置坐标。在进行控制点位置坐标监测时,应同时对结构温度进行监测,只有在结构温度趋于稳定后,所观测到的控制点位置坐标方可作为监测结果,结构温度监测详见后续部分。对于结构温度趋于稳定的标准问题,根据经验可定为:若以结构构件同一断面上的表面测点平均温度作为结构构件断面测试温度,则构件长度方向测试断面的最大温差$|\Delta t|$应不超过2℃,在同一测试断面上测点温度的最大温差$|\Delta t|$应不超过1℃。

对需定期监测的结构几何形态参数的监测是指对那些无需全过程监测的控制量进行的定期复核性的监测,目的是了解诸如桥墩(塔)、拱座、锚碇等有无超出设计范围的异常变形或变位,属于结构安全性监测。这些监测通常采用精密水准仪、精密倾角仪等进行量测。

由于几何形态参数监测结果将直接反馈给施工控制系统,所以,不但要求其结果具有准确性,同时还要求数据整理要及时,这可通过监测数据实时处理分析系统来完成。对于定期监测的数据,按照不同等级水准测量的国家规范等有关标准规定的外业成果记录整理方法,采用手工记录、现场外业手簿计算水准联测的闭合差、测量中误差以及观测点的变形或变化值。对全过程动态跟踪的几何参数监测数据,首先对在现场手工记录的角度、距离等原始观测值进行100%的检查,在观测数据满足有关规范、标准规定的限差要求的前提下,对观测成果进行必要的改正(如棱镜常数、气象条件等),然后进行观测点的三维坐标转换(一般需转换至施工设计位置坐标)。上述实时处理分析系统可通过计算机完成,并可将其结果直接与施工控制系统相联系。

2. 截面的应力监测

结构截面的应力(包括混凝土应力、钢筋应力、钢结构应力等)监测是施工监测的主要内容之一,它是施工过程的安全预警系统,无论是拱桥、梁(刚构)桥,还是斜拉桥和悬索桥,其结构某指定点的应力随着施工的推进,其值是不断变化的。在某一时刻的应力值是否与分析(预测)值一致,是否处于安全范围是施工控制所关心的问题。解决的办法就是进行监测,一旦监测发现异常情况,就立即停止施工,查找原因并及时进行处理。

由于桥梁施工的时间一般较长,所以,应力监测是一个长时间的连续的量测过程。目前应力监测主要是采用电阻应变仪法、钢弦式传感器法等。对于要求适用于现场复杂情况、连续时间较长且量测过程始终要以初始零点作为起点的应力监测,目前基本上均采用钢弦式传感器,其主要原因是钢弦式传感器具有良好的稳定性,自然具有应变累计功能,抗干扰能力较强,数据采集方便等。不足之处是其体积仍然较大,且由于通常要埋入结构内,容易在施工时被损坏而失效,这也是今后需要进一步研究的课题。

从实际使用情况看,钢弦式传感器虽然较其他传感器优越,但总还是存在温度漂移和零点漂移等问题。为更好地适应施工控制应力监测,以及使用阶段的长期应力监测需要,有必要对监测手段作进一步研究,引进更为先进的监测技术(如遥感技术),使其应力监测更方便、更准确。

3. 索力监测

大跨度桥梁采用斜拉桥、悬索桥等缆索承重结构越来越广泛,特别是跨径在500m以上时基本上是斜拉桥、悬索桥一统天下。斜拉桥的斜拉索、悬索桥主缆索及吊索索力是设计的重要参数,也是施工监控实施中需要监测与调整的施工控制参数之一。索力量测效果将直接对结构的施工质量和施工状态产生影响。要在施工过程中比较准确地了解索力实际状态,选择适当的量测方法和仪器,并设法消除现场量测中各种误差因素的影响非常关键。

可供现场索力量测的方法目前主要有三种。

(1)压力表量测法

目前,索结构通常使用液压千斤顶张拉,由于千斤顶的张拉油缸中的液压和张力有直接的关系,所以,只要测定张拉油缸的压力就可求得索力。使用0.3~0.5级的精密压力表,并事先通过标定,求得压力表所示液压和千斤顶张拉力之间的关系,利用压力表测定索力的精度也可达到1%~2%。

千斤顶的液压也可用液压传感器来测定,液压传感器感受液压后输出相应电讯号,显示仪表在接收到讯号后即显示出压强或直接显示换算后的张拉力。由于电讯号可通过导线传输,能进行遥测,使用起来更为方便。

由于液压换算索力的方法简单易行,可直接借助施工中已有的千斤顶,故成为施工控制中索力量测最实用的方法之一。

(2)压力传感器量测法

该法是指在悬索桥主缆索股或斜拉桥斜拉索等锚下安装压力传感器,通过二次仪表读取拉索索力。这种方法量测的准确性高,稳定性较好,易于长期监测,选择恰当的传感器除满足施工控制监测需要外,还可用于桥梁使用过程中的索力量测。

(3)振动频率量测法

这种方法是利用索力与索的振动频率之间存在对应关系的特点。在已知索的长度、两端约束情况、分布质量等参数时通过测量索的振动频率,进而计算出索的拉力。根据弦振动理论,当张紧索抗弯刚度可忽略时(即柔性索),其动力平衡方程为:

$$\frac{m}{g} \cdot \frac{\partial^2 y}{\partial t^2} - T \frac{\partial^2 y}{\partial x^2} = 0 \tag{6-1}$$

式中:y——横向坐标(垂直于索的长度方向);

x——纵向坐标(沿索的长度方向);

m——单位索长的质量(kg);

g——重力加速度;

T——索的张力(kN);

t——时间(s)。

若索的两端为铰接时,可得:

$$T = \frac{4mL^2}{n^2 g} \cdot f_n^2 \tag{6-2}$$

式中:f_n——索的第n阶自振频率(Hz);

L——索的计算长度(m);

n——振动阶数(个)。

当索的抗弯刚度不能忽略(即刚性索),且索的两端为铰接时,同样可根据其动力平衡条件得到:

$$T = \frac{4mL^2 f_n^2}{n^2 g} - \frac{n^2 EI}{L^2} \tag{6-3}$$

式中：EI——索的抗弯刚度（$kN \cdot m$）。

桥梁结构中的索并不处于绝对静止状态，而是时刻发生着环境随机振动，且各阶频率混在一起，要用精密的检震器才能感受，通过频谱分析，根据功率谱图上的峰值才能判定其各阶频率。频率得到后即可据此求算索力。现有的仪器及分析手段使频率测定精度可达 0.005Hz。当索的端部约束不明显时，通常需经现场试验确定相应的换算长度。振动频率法在实施中要求现场操作人员有一定的经验。

4. 预应力监测

预应力水平是影响预应力桥梁（如连续梁、连续刚构桥等）施工控制目标实现的主要因素之一。在监测中主要是对预应力筋的张拉真实应力、预应力管道摩阻损失及其永存预应力值进行测定。对于前者，通常在张拉时通过在张拉千斤顶与工作锚板之间设置压力传感器测得。对于后两者，可在指定截面的预应力筋上贴电阻应变片测其应力，张拉应力与测得的应力之差为该截面的预应力管道摩阻损失值。

5. 温度监测

对于大跨度桥，特别是斜拉桥、悬索桥等，其温度效应是十分明显的。如斜拉桥斜拉索在温度变化时其长度将相应伸长或缩短，直接影响主梁高程；悬索桥主缆线形及矢高将随温度的改变而变化，索塔也可能因温度变化而发生变位，这些都会对主缆的架设、吊杆下料长度计算确定等产生很大影响，悬臂施工连续刚构（梁）桥高程也将随温度的变化发生上（下）挠。因此，在大跨度桥梁施工过程中对结构的温度进行监测，寻求合理的立模、架设等时间，修正实测的结构状态的温度效应，对桥梁按目标施工和实施施工监控是十分重要的。

目前，结构温度的测量方法较多，包括辐射测温法、电阻温度计测温法、热电偶测温法等。每种方法的测量范围、精度和测量仪器的体积及测量繁杂程度都有所不同。通常应选用体积小、附着性好、性能稳定、精度高且可进行长距离传输监测的测温元件。

对于悬索桥主缆架设期间的温度监测，其重点应放在基准索股和一般索股上。通常沿跨长方向选择多点（断面）进行测量，每一断面则沿索股周长上、下和左、右对称布置温度传感器，并使其紧贴于索股表面股丝之间，确保所测温度是索股表面股丝的真实温度，在基准索股线形观测的同时对各断面温度进行监测。在一般索股架设时对基准索股和欲调一般索股同时进行温度监测。根据基准索股和欲调索股的相对温差计算其间的相对高差修正值。

对斜拉桥斜拉索、悬索桥主缆等成缆结构的温度状态确定正确与否将直接影响其主梁立模高程的确定和加劲梁吊装架设的控制计算。由于钢丝间的空隙影响，缆索横截面内的温度场分布很不均匀，根据国内外经验，对直径较小的缆索，其平均温度可取主缆表面测点温度的平均值，但对直径超过60cm的缆索，应对其表面测点的平均温度进行适当地修正才能作为其平均温度（即计算温度取用值）。

对连续刚构梁体、斜拉桥和悬索桥索塔等混凝土结构的温度测量包括表面温度测量和体内温度测量两方面。对结构表面温度采用表面温度点测计测量，点测计测量灵活性大，可对任意点处的表温进行测量；对体内温度测量通常是将选好的温度传感器贴在钢筋上，在作防潮和防机械损伤处理后埋入指定截面的混凝土体内并引出导线，通过温度测量显示仪读取温度值。

由于大跨度桥梁结构的结构温度是一个复杂的随机变量，它与桥梁所处的地理位置、方向、自然条件（如环境气温、当时风速风向、日照辐射强度）、组成构件的材料等因素有着密切的关系，设计中很难预计施工期间的结构实际温度（只能根据施工进度安排和当地既有气候情况预估,若施工计划改变和气候变化则更难预估),因此,为保证大桥施工达到设计要求的内力状态和线形,必须对结构实际温度进行实地监测。监测时要特别注意对结构局部温度与整体温度相结合的测量,只有准确掌握了施工结构整体温度分布状态才能有效地克服温度对施工结构行为的影响,这就要求进一步开展对结构整体温度场监测方法的研究。

第三节 桥梁养护管理技术

一、桥梁的养护与维修

桥涵是高速公路的重要组成部分,由于高速公路全封闭交通的要求,其桥涵构造物相对要比一般公路多,因此,做好高速公路桥涵构造物的养护维修工作,使之经常处于良好技术状态,对保证汽车快速行驶具有极为重要的意义。

1. 日常养护维修内容

桥涵构造物的日常养护维修是指经常性的养护管理工作,其内容如下。

(1)桥涵构造物的小修保养。这方面的工作内容有:

①保证构造物表面的清洁完整,防止表面的风化和及时修理风化部分;

②保持排水设备处于良好状态;

③经常检查构造物各部分有无病害发生,当发现桥面有损坏、伸缩缝缺损及圬工上有裂缝、小洞、剥落、缺角、钢筋外露等局部缺陷或表面损伤时,必须及时修复;

④保证伸缩装置能自由活动;

⑤对钢筋或钢栏杆涂防锈油漆等。

(2)对桥梁结构物进行经常性检查、定期检查和特殊检查。

(3)做好超重车辆过桥及桥孔的管理工作。

(4)对原有桥涵技术进行管理,建立和保存桥涵技术档案资料。

2. 检查与技术状况评定

根据检查重要程度的不同以及时间间隔的长短,桥涵检查工作可分为经常性检查、定期检查和特殊情况下的检查等。

1)经常性检查

经常检查采用目测方法,并根据桥梁技术状况的不同,可每一至三个月检查一次,对技术状况较差的四类桥梁可每月进行一次,汛期应加强检查。其检查的项目和内容如下。

①桥面是否平整,有无裂缝,程度如何,局部坑槽、沉陷、波浪、碎边、混凝土剥离是否产生、渗漏,钢筋是否产生锈蚀,桥头有无跳车。

②排水设施是否良好,桥面泄水管是否堵塞和破损。

③桥面是否清洁,有无杂物堆积、杂草蔓生。

④伸缩缝是否堵塞卡死,支座位置是否正确、灵活,连接部件有无松动、局部破损。

⑤人行道、缘石、栏杆、扶手和引道护栏(柱)有无撞坏、断裂、松动、错位、缺件、剥落、锈蚀。

⑥河床是否受到冲刷而降低超限。

⑦墩台的基础是否受到冲刷变形、下沉。

⑧墩台是否受到船只或漂浮物撞击等。

⑨翼墙(侧墙、耳墙)有无开裂、风化剥落和异常变形。

⑩锥坡、护坡有否局部塌陷,铺砌面是否塌陷、缺损,有否垃圾成堆、灌木杂草丛生。桥头排水沟和行人台阶是否完好。

⑪交通信号、标志、标线、照明设施是否完好。

⑫其他显而易见、达到三、四类技术状况的损坏和病害。

经常检查应当场填写"桥梁经常检查记录表"(见表6-1)。

桥梁经常检查记录表　　　　　　　　　　　表6-1

路线编号		路线名称		桥位桩号	
桥梁编码		桥梁名称		养护单位	
部件名称	缺损类型	缺损范围		养护意见	
桥面铺装					
桥头跳车					
伸缩缝					
泄水孔					
桥面清洁					
人行道、缘石					
栏杆、护栏					
照明、灯柱					
翼墙					
锥坡					
桥头排水					
桥头人行台阶					
其他					
负责人		记录人		检查日期	

2) 定期检查

定期检查是按规定周期对桥梁主体结构及其附属构筑物的技术状况进行跟踪的全面检查。进行定期检查时要求有具备较高技术理论知识和丰富实践经验的专职桥梁工程师参加,并以目测观察为主,辅以必要的测量仪器、望远镜、照相机、探测工具等设备,必须尽可能地接近和进入各部件,仔细检查其功能及材料的缺损情况。总之,桥梁定期检查应按规范程序进行,检查的项目及内容如下。

(1) 墩台与基础的检查应包括下列内容。

①有否滑动、倾斜、下沉或冻拔。

②台背填土有无沉降、裂缝或挤压隆起。

③混凝土墩台及帽梁有无冻胀、风化、腐蚀、开裂、剥落、露筋等,空心墩的水下通水洞是否堵塞。

④石砌墩台有否砌块断裂、通缝脱开、变形、气体、泄水孔是否堵塞、防水层是否损坏。

⑤墩台顶面是否清洁,有无泥土杂物堆积、滋生草木,伸缩缝处是否漏水。

⑥基础下是否发生不许可的冲刷或掏空现象,扩大基础的地基有无侵蚀,桩基顶段在水位涨落、干湿交替变化处有无冲刷磨损、颈缩、露筋,有无环状冻裂,有无受到污水、咸水或生物的腐蚀。

(2)支座主要检查构件是否完好、清洁、有无断裂、错位和脱空现象。各种支座的检查应包括下列内容。

①简易支座的油毡是否老化、破裂或失效。

②钢板滑动支座和弧形支座是否干涩、锈蚀。

③摆柱支座各组件相对位置是否准确,受力是否均匀。

④四氟板支座是否脏污、老化。

⑤橡胶支座是否老化、变形。

⑥盆式橡胶支座的固定螺栓有否剪断、螺母是否松动。

⑦辊轴支座的辊轴是否出现不允许的爬动、歪斜。

⑧摇轴支座的辊轴是否倾斜。

⑨活动支座是否灵活,实际位置是否正常。

⑩支撑垫石是否破碎。

(3)钢筋混凝土和预应力混凝土桥跨结构的检查,应包括下列内容。

①混凝土有无裂缝、渗水、表面风化、剥落、露筋和钢筋锈蚀,有无活性集料硅碱反应引起的整体龟裂现象。

②预应力钢束锚固区段混凝土有无开裂,沿预应力筋的混凝土表面有无纵向裂缝。

③梁(板)式结构主要检查梁(板)跨中、支点、变截面处、悬臂端牛腿或中间铰部位;刚构和桁架结构主要检查刚构固结处和桁架节点部位的混凝土开裂和钢筋锈蚀等缺损状况。

④装配式梁桥应注意连接部位的缺损状况。

a.组合梁的桥面板与梁的结合部位,以及桥面板之间的接头处混凝土有无开裂、渗水。

b.梁(板)接缝混凝土有无开裂和钢筋锈蚀。

c.横向连接构件有否开裂,连接钢板的焊缝有无锈蚀、断裂,边缘有否横移或向往倾斜。

⑤拱桥主要检查主拱圈的拱脚、$L/4$、$3L/4$、拱顶和拱上结构的变形,以及混凝土开裂与钢筋锈蚀等缺损状况。

a.拱上立柱(或立墙)上下端、盖梁和横系梁的混凝土有无开裂、剥落、露筋和锈蚀下承式拱桥的吊杆上下锚固区的混凝土有无开裂、渗水、吊杆锚头附近有否锈蚀。

b.双曲拱桥应坠拱肋横向连接拉杆是否松动或断裂,拱波与拱肋结合处是否脱裂、拱波之间砂浆有否松散脱落,拱波顶是否开裂、渗水等。

(4)圬工拱桥的检查应包括下列内容。

①主拱圈有否变形、灰缝松散脱落、渗水、砌块有无断裂、脱落、拱铰功能是否正常。

②实拱腹的侧墙与主拱圈间有无脱落,侧墙有无变形,拱上填土有无沉陷或开裂。

③空拱腹的小拱有否变形、错位、立墙或立柱有无倾斜、开裂。

④砌体表面有无苔藓,砌缝有无滋生草木。

(5)钢桥的检查应包括下列内容:

①构件(特别是受压构件)是否扭曲变形、局部损伤。

②铆钉和螺栓有无松动、脱落或断裂,节点是否滑动错裂。

③焊缝边缘(热影响区)有无裂缝或脱开。
④油漆层有否裂纹、起皮、脱落,构件是否腐蚀生锈。
(6)吊桥和斜拉桥的检查应包括以下内容。
①主梁按相应的预应力混凝土或钢结构的要求进行检查。
②索塔有无异常的沉降、倾斜,柱身、横系梁和锚固区有否开裂、渗水和锈蚀。
③吊桥锚碇及锚杆有否异常的拨动滑移,锚碇混凝土有无开裂、渗水,锚(洞)室内的锚杆、主索锚固段和散索鞍等部件有否锈蚀、断裂。
④吊杆、拉索的两端锚固部位,包括索端及锚头、主梁锚固构造有否浸水、锈蚀和开裂、吊杆上端与主缆连接的索夹(箍)紧固螺栓有否松弛和漏水。
⑤主缆、吊杆和拉索的防护层有否破损、老化和漏水。
⑥斜拉桥索颤振是否明显,减震措施是否失效。
(7)桥面系构造的检查应包括下列内容。
①桥面铺装的保养小修情况,有无严重的裂缝(龟裂、纵横裂缝)、坑槽、波浪、桥头跳车、防水层漏水。
②伸缩缝是否小修无效、严重破损、脱落、漏水、跳车。
③人行道构件、栏杆、护栏的保养小修情况,有无撞坏、断裂、错位、缺件、剥落、锈蚀等。
④桥面横坡、纵坡是否顺适,有无积水,泄水管是否完好、畅通、桥头排水沟功能是否完好,锥坡有无冲沟。
⑤桥上信号、标志、标线、照明设施有无腐蚀、是否老化需要更换。
(8)桥梁定期检查后应提交下列主要文件。
①桥梁定期检查数据表。
②典型缺损和病害的照片及说明。
③两张总体照片,一张桥面正面照片,另一张桥梁上游侧立面照片,桥梁改建后应重新照一次。
④桥梁清单。
⑤桥梁基本状况卡片。

3)特殊检查

桥梁在下列四种情况下应做特殊检查。
①桥梁遭受洪水、流冰、漂流物、船舶撞击、滑坡、地震、风灾和超重车辆自行通过以后,实施应急检查。
②定期检查各种难以判断损坏原因及程度的桥梁。
③要求提高载重等级的桥梁(在决定加固改善方案之前)。
④桥梁技术状况为四类者。

4)桥梁检测

当采用调查、验算的方法尚不足以鉴定桥梁承载能力时,可采用荷载试验测定桥梁在荷载作用下的实际工作状况,再结合调查、验算来评定桥梁承载能力。

5)桥梁技术状况评定

经详细进行桥涵调查后,应对逐座桥涵进行技术评定。根据现行《公路养护技术规范》(JTJ 073—96)规定,桥梁的评定分为四类。

按照检查评定的分类,采取的措施是:一类桥梁进行正常养护;二类桥梁进行小修;三类桥梁需进行中、小修或加固;四类桥梁则需通过检验确定加固或改建。

3. 养护维修方法及要求

1) 桥涵构造物上部结构及结构及附属部分的养护维修

高速公路桥涵构造物上部结构及附属部分的经常养护维修工作内容和要求简要列于表6-2。

桥涵上部结构及附属部分养护维修工作内容与要求　　　　表6-2

结构部位	操作内容	要求
桥面铺装	清理积水、污物;挖补处理坑槽、裂缝;疏通泄水管道	保证桥面铺装平整、干净、无损坏
桥梁伸缩缝	清理伸缩缝内的砂、石等杂物;更换已破坏或变形的伸缩缝;更换老化、破坏的橡胶条	保持伸缩缝清洁,伸缩自由
缘石栏杆、立柱等	粉刷栏杆、立柱等设施;修补、加固缘石栏杆、立杆等	保持缘石、栏杆、立柱等完好、无损、牢固
标志号、过桥管线等	维修、更换已损坏的标志号及反光牌;维修已破损的过桥管线	保证桥涵标志号、反光牌及过桥管线的完好无损
主梁梁体	修补剥落的混凝土;对开裂的混凝土进行灌缝;对钢梁油漆	保持梁体、翼缘、横隔梁位置准确,梁体能伸缩
支座	对变形、断裂、位移的支座及时更换调整;对固定支座应注意支座垫板要平整紧密,及时拧紧安全螺栓	保持支座各部分的完整、清洁,位置准确,梁体能伸缩
涵洞	疏通管道,使洞口铺砌与上下游水槽坡道平整顺适,用水泥砂浆铺底和涵墙勾缝;保持洞中地面平顺,并有适当纵坡,不使水流发生漩涡掏深缝隙;管涵接头处填料脱落时,应用相应材料填实;倒虹吸管如发现虹顶路面出现湿斑,应及时修理端墙、翼墙	在任何情况下,水流都能顺畅的通过洞孔、洞身、涵底、进出水口、护坡,填土必须完好,清洁不漏水

2) 桥梁下部结构的养护与维修

(1) 墩台基础的养护维修

桥梁墩台基础养护维修的工作内容如下。

①必须采取措施保持桥梁墩台基础附近河床的稳定。桥梁上下游各1.5倍长,但不小于50m和不大于500m的范围内,应做到:

a. 河床要适时地进行疏浚,每次洪水过后,应及时排除清理河床上的漂浮物,使水流顺利宣泄;

b. 不得任意挖砂、取土、采石、倾倒废弃物,不得进行爆破作业及其他危及公路桥梁安全的活动;

c. 不得任意修建对桥梁有害的水工建筑物,当因抢险、防汛需要修筑堤坝、压缩或拓宽河床的,应事先报经主管部门同意,并采取有效的防护措施。

②必须保持墩台结构表面的整洁,及时清楚墩台表面的青苔、杂草、荆棘和污秽物。在条

件许可时,为延长桥梁墩台的使用寿命,每1~2年可对混凝土墩台表面粉刷一次。

③对因长期受大气影响、雨水侵蚀而发生灰缝脱落的圬工砌体,应清除缝内杂物,重新用水泥砂浆勾缝。

④桥梁墩台、桩柱排架混凝土结构物表面发生侵蚀剥落、蜂窝麻面、裂缝、露筋等病害时,应及时采用水泥砂浆修补,因受行车振动影响大,不易用水泥砂浆补牢的应考虑采用环氧树脂或其他聚合物混凝土等性能较好的材料进行修补。

⑤圬工砌体镶面部分严重风化和损坏时,应用石料或混凝土预制块补砌更换,新老部分要求结合牢固,色泽和质地与原砌体基本一致。

⑥基础局部掏空,护底、护坡等构筑物局部损坏,应及时分析情况抓紧修复。当损坏严重时,应采取加固措施。

⑦当发现墩立柱被船只碰撞发生损坏时,必须立即进行检测,包括墩台构件的损坏情况、立柱的垂直度等,并立即采取措施确保安全。

⑧对严寒地区的桥梁墩台基础的养护,应特别重视采取防冻措施,以保证河床状态稳定和加固设施可靠。

(2)钢筋混凝土墩台的养护维修

①当墩台由于混凝土温度收缩、局部应力集中、施工质量不良及基础不均匀沉降等原因而产生裂缝时,应视裂缝大小及损坏原因采取下列措施进行维修。

a. 当裂缝宽大于规定限值时,可凿槽并采用喷浆封闭裂缝的修补方法。

b. 当裂缝宽小于规定限值时,可采用压力灌浆法灌注水泥砂浆、环氧砂浆或甲凝等灌浆材料的修补方法。

c. 由于活动支座失灵而造成墩台拉裂,应修复或更换支座,并根据上述方法处理裂缝。

d. 墩台身发生纵向贯通裂缝,可用钢筋混凝土围带或粘贴钢板箍进行加固。因基础不均匀下沉引起自下而上的裂缝,则应先加固基础,后再采用灌缝或加箍的方法进行维修。

②对于钢筋混凝土墩台表层出现缺陷,且墩台身处于常水位以下时,可分别根据不同情况采用下列方法进行修补。

a. 水深在3m以下时,可筑草袋围堰,然后把水抽干。当水难以抽干时,则可浇水下混凝土封底后再抽,抽水后以混凝土填补损坏部位。

b. 水深在3m以上时,以麻袋盛装干硬性混凝土,然后通过潜水作业将袋装混凝土填塞损坏部位,并应注意要比原基础宽出0.2~0.4m。

(3)锥坡、桥台搭板及翼墙的养护维修

①锥坡应保持完好、稳定。在桥梁检查时,应同时对锥坡进行检查。锥坡受洪水冲空或其他破坏时,应及时采取措施进行维修加固。

②桥台搭板出现破损或下沉应及时维修。当因搭板下基础脱空,可采用注浆加固方法,以保证搭板的稳定。当搭板下沉,使桥头路面不平,应对路面进行加铺修理,使之连接平顺,减少桥头跳车。

③翼墙出现下沉、断裂或其他形式的损坏时,应及时维修加固。

二、桥梁养护管理系统

提高高速公路桥梁养护管理水平,引进科学管理体系,建立起现代化的桥梁管理系统,是高速公路养护管理中一项非常重要的工作。公路桥梁养护管理系统是集桥梁各种静动态数据库;数据采集方法、使用功能评价;图形、图像处理;费用分析、旧桥加固对策;统计查询功能为一体的桥梁计算机管理系统。

1. 桥梁管理系统数据库

桥梁管理系统数据库主要由桥梁静态数据、动态数据、文档、图像以及维修加固数据等四个资料库组成。它是桥梁养护与维修、安全评价的依据。数据库的建立及功能如下。

1) 数据库的建立

数据的采集与录入、建立数据库是桥梁管理系统建立极其关键的一环,数据采集质量直接影响着整个系统运行效果。因此,必须非常重视数据库的建立工作。

数据采集及录入过程中应遵守规定的编目编码进行,并重点掌握数据库设置、各种数据字段的类型、长度、含义、归属、编码字段的编码规则及代码转换技术。对已损失的内业资料要进行弥补,或通过实测加以修订。在外业数据采集中,对桥梁病害评价代码要正确理解和把握,保证数据的完整与准确。

2) 资料查询及修正

能迅速、正确地查出所需要的资料。若发现输出的某些资料有错误,可以用编好的程序进行修正。

3) 按需分类输出资料

管理人员可根据自己工作需求查询各种资料,提供桥梁维护系统的资料作相关性分析,进而评估不同维护方法的效果。

4) 提供将来工程的基本参考资料

资料库所存储的资料除了为桥梁维护工作提供依据,还可为桥梁未来的改建或其他桥梁的建设提供设计参考资料。

2. 桥梁结构检测系统

1) 桥梁检测的主要功能

①尽早发现桥梁各部位的缺陷,及时清除隐患,从而节省维护保养所需费用。

②预防桥梁坍塌,确保桥梁安全使用。

③建立制度化的检测法规。

2) 混凝土桥的检测种类、目的和方法

(1) 日常检查

以目视或放大镜检查桥梁各部位,以便早期发现混凝土裂缝、剥落损伤及其他异常现象,对易发生变化的部位作重点检查。

(2) 定期检查

使用桥梁检查车和各种仪器全面检测桥梁各部位,并对行车道、河道、公共设施和桥周围环境进行检查。检查方式有:

①目视检查桥梁是否有缺陷和异常现象;

②敲打检查,用铁锤敲打混凝土的缺陷,看混凝土构件是否有空洞和分离现象;

③照相检查构件变化情况,从而评估变化原因和程度;

④非破坏检查,目视检查和敲打检查后发现缺陷时,再利用各种仪器检测或钻芯取样分析。

这种检查以一年或两年进行一次为宜。

(3) 临时检查

在发现桥梁有异常情况时,应做临时检查,针对特定部位检查,了解构件受影响的范围及程度,检查方法与定期检查一样。发现地区性地震、台风、火灾、暴雨或桥梁被碰撞时,应及时做临时检查。

(4)跟踪检查

凡发现桥梁构件出现裂缝、倾斜、变位或地基下沉以及环境对桥梁构件影响的变化,均应做跟踪检查。使用的检测仪器与定期检查相同。

(5)特殊检测

上述各种检查如发现缺陷,但又无法确定是否需要修补,或无法确定用哪种方法修补时,应做进一步详细检测。检测方法有:①混凝土强度试验及其他非破坏性试验;②钢筋锈蚀试验;③钻芯取样试验;④加载重压试验。

3)桥梁检测仪器的种类

(1)混凝土强度试验锤

这种锤的冲击能量为 2.25N·m。仪器上装有记录仪,能够做连续试验。利用该锤可对制成的构件进行混凝土质量非破坏试验,可测定构件抗压强度。

(2)混凝土孔隙及裂缝探测器

使用超声波方法可测定混凝土、钢筋混凝土和预应力混凝土的质量。根据测定的声波速度可探测混凝土的孔隙及裂缝。

(3)钢筋探测器

测定混凝土中的钢筋位置、尺寸及混凝土层的厚度。

(4)钢筋锈蚀探测仪

利用仪器内的控制程序测定混凝土内钢筋的电位值,以便确定是否锈蚀及锈蚀程度,从而评估需要改善的措施。

3.技术状况的数据采集

1)桥梁技术状况检测的主要构件与内容

(1)桥梁缺损状况检测的主要构件(图 6-1)

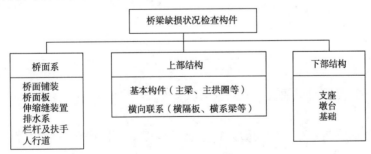

图 6-1 桥梁缺损状况检测的主要构件

(2)桥梁缺损状况检测的主要内容

①桥面

a.桥面铺装

(a)裂缝。水泥混凝土:纵横裂缝、交叉裂缝、断板、角隅断裂、接缝断裂。沥青混凝土:纵横裂缝、龟裂。

(b)坑槽。沥青混凝土:松散、坑槽。

(c)变形。水泥混凝土:拱胀、错台。沥青混凝土:拥包、车辙。
b. 桥面板
裂缝、剥落、露筋、碎裂、钢筋锈蚀、空洞。
c. 伸缩缝装置
(a)伸缩缝装置本身缺陷。U型伸缩缝:沥青的挤出或冷缩,锌铁皮拉脱。钢制板式伸缩缝:钢板破坏,角钢间缝隙被硬物卡死,连接螺栓损坏。
橡胶伸缩缝;橡胶件剥离损坏,锚固螺栓失效,伸缩缝本身下陷或高出。
(b)铺筑料缺损:接头周围部分铺筑料的剥落、凹凸不平、渗水。
d. 排水系
(a)尘土、树叶、泥等堵塞排水设施。
(b)泄水管、槽破损,管体脱落。
e. 栏杆及扶手
(a)不完整:由于交通事故或养护管理不当、部分栏杆及扶手残缺。
(b)缺损:栏杆及扶手出现剥落、碎裂、露筋等。
(c)脱落:栏杆及扶手相互连接处脱落、开裂。
f. 人行道
(a)人行道缘石表面剥落、开裂、破碎。
(b)人行道与桥面板连接不牢固。

②上部构造的基本构件

上部构造的基本构件依桥梁形式而定。拱桥指主拱圈,梁式桥指主梁。其缺损状况分为以下几种。

a. 表面缺损:混凝土剥落、露筋。
b. 裂缝:各种桥型裂缝的检查部位见表6-3。

上部构造基本构件裂缝的检查部位 表6-3

桥型	检查部位	桥型	检查部位
简支梁	跨中、四分点、支点	双曲拱	跨中、四分点、拱脚
连续梁	跨中、四分点、支点	桁架拱	受拉弦杆、腹杆、实腹段节点、拱脚处
悬臂梁	支点、牛腿		

c. 变形
梁式桥:主梁纵曲线向下翘曲。
拱桥:拱顶下沉、拱圈变形。
横向联系:横向联系对于拱桥指横系梁。对于梁式桥指横隔板,其缺损情况分为:
(a)横系梁、横隔板出现裂缝、剥落、露筋;
(b)横系梁、横隔板与主梁或拱肋连接不牢固。

③下部结构
支座部分包括如下几部分。
a. 支座本身的损坏
(a)油毛毡支座破裂、掉落、酥烂;
(b)切线弧形支座滑动面、滚动而生锈;
(c)摆式支座的混凝土摆柱剥落、露筋;

(d)支座滑动面不平整、轴承有裂纹、切口,滚轴有偏移和下降;

(e)支座螺母松动或螺栓脱落;

(f)钢筋轴支座的辊轴(或摇轴)的实际纵向位移偏大或发生横向位移;

(g)橡胶支座出现老化、变质。

b.支座座板的损坏

(a)支座座板翘起、扭曲、断裂;

(b)支座座板贴角焊缝开裂;

(c)填充砂浆裂缝;

(d)支座座板混凝土压坏、剥落、掉角。

墩台部分包括如下几部分。

a.表面缺损:混凝土墩台剥落、露筋,圬工砌体风化、灰缝脱落。

b.裂缝:水平裂缝、竖向裂缝、网状裂缝。

c.位移:水平位移、竖向位移(沉降)、倾斜。

基础部分包括如下几部分。

a.砖石基础松散、破裂。

b.桩基础受水冲刷、侵蚀,产生剥落、露筋。

c.浅基础受水冲刷而掏空。

d.桥梁缺损状况监测方法。

2)桥梁技术状况检测的主要方法

桥梁缺损状况采用以目估为主、借助仪器量测为辅的监测方法。对于一股缺损能用目测鉴别的就不必借助仪器量测。

(1)表面缺损监测方法

①桥面铺装的龟裂、坑槽、破碎板、混凝土构件的剥落、露筋均以面积计(按缺损部位外接矩形的面积计算),并估算其可观察表面积的百分比。

②伸缩缝装置、支座等构件的缺损,按目测(必要时借助简单的仪器)结合应采取的养护对策规模判断其严重程度。

③基础缺损监测对于水上部分采用目测处理,缺损严重者须进行开挖监测,对于水下部分,首先根据墩台身的缺损来判断基础的可能缺损程度,对于严重者,采用围堰开挖或潜水监测;对于缺损严重的深基础采用激光探测和振动检查方法。

(2)混凝土裂缝监测方法

混凝土裂缝的检查,一般应检查裂缝的宽度、分布及数量。除裂缝宽度的检查须借助仪器外,裂缝检查的其他项目一般可用目测进行。

检查裂缝的宽度,一般用带刻度的放大镜(或叫读数显微镜)。目前常用的是 JDX-3 型读数显微镜,放大倍数 20 倍,测量精度为 0.001mm。

检查裂缝宽度的方法如下:

①在裂缝的起点和终点,用红铅笔或红油漆作裂缝相垂直的轴线;

②在标明的裂缝上选择目测裂缝宽度较大处作为放置读数显微镜测量裂缝宽度的固定位置,量测裂缝的宽度。

(3)主梁、主拱圈变形及墩(台)位移的监测方法

主梁、主拱圈变形及墩(台)位移的监测方法一般以目测为主,必要时借助钢线尺、垂球等

简单仪器,并结合桥梁结构缺陷特征作定性判断。对目测认为变形及位移严重的重要桥梁,再采用精密水准仪进行详细测量。

4. 养护管理系统设计

(1) 系统结构

交通部推广应用的 CBMS 系统采用树形结构设计,由菜单方式调用,其结构共分四层:

第一层是总控制层,该层的作用一是提供 CBMS 版本信息,二是对下层进行调用;

第二层是子系统层,该层由数据管理、基本应用、统计处理、图形图像、评价对策、维修计划和费用分析等 7 个子系统组成,该层由总控层调用;

第三层是模块层,该层由若干管理模块组成,受对应的子系统调用;

第四层是功能层,该层设有 100 余项独立处理功能块,处理某项具体工作,各功能块由相应的上层模块调用。

CBMS 采用层层调用,层层返回的结构方式,结构清晰,各功能相互独立,便于系统维护和功能扩展。

(2) 系统功能设置

CBMS 采用 ORAVLE 关系数据库建有桥梁静态、动态、文档和加固方法等 4 个数据库、13 个库文件、155 项数据字段,与 C 语言嵌套建有数据管理、评价对策等 7 个子系统,100 余项功能,按其特点可分为六方面。

①数据管理功能。CBMS 提供了很强的数据处理功能,可进行数据输入、修改、查询、删除、校验、备份、重装、传输等处理,这些操作通过"数据管理子系统"实现。

②日常事务处理。提供固定检索、任意查询、快速制表、输出桥卡、汇总一览表、定检表以及近 40 种统计功能,满足日常管理工作需要。

③图像管理功能。提供彩色图像扫描、编辑、分类显示和印刷输出,通过图像信息决策、直观、清晰、一目了然。

④编制桥梁维修检查计划功能。系统根据数据采集员现场数据采集所提维修检查建议,编制桥梁维修计划、特检计划和定期检查计划,输出结果按桥梁病害程度、桥龄大小、路网交通量及道路类别等关键字排序。

⑤提供维修费用估价功能。系统建立多种维修方法基价,用户键入工程数量就可估算出所需费用。

⑥评价对策功能。CBMS 提供了桥梁使用功能评定及加固对策人工智能处理子系统。桥梁使用功能评定是根据桥梁的结构缺损状况、荷载承重足够性和桥面交通适应性等三方面,同时考虑交通量、道路类别、绕行距离等条件来综合评价。通过对桥梁现状评定,以确定桥梁对路网的适应程度,从而为桥梁的维修改造计划制定提供依据。CBMS 采用了 AHP 层次分析和模糊评判两种评定方法,这两种方法均为系统工程中较为有效的方法,其中层次分析法(AHP)的评价结构以分数形式表达(CBMS 中采用 100 分制),模糊评判以模糊数学为理论基础,其结果采用等级制形式表示(CBMS 采用 1~5 级制)。

桥梁使用功能评定模型计算式如下:

$$D_q = 100 - \frac{1}{5}(\alpha\beta\gamma\sum_{j=1}^{9}W_{1j}R_{1j} + \alpha\beta\lambda W_2 R_2 + \alpha\beta W_3 R_3) \tag{6-4}$$

式中:D_q——桥梁使用功能评定值(0~100);

α, β, γ——分别表示桥梁所在交通量、道路行政等级、绕行增加距离三项影响因素；

W_{1j}——层次结构中结构缺损低层第 j 个元素权重值；

R_{1j}——层次结构中结构缺损低层第 j 个元素评分；

W_2——桥梁载重标准足够性权重值；

R_2——桥梁载重标准足够性评分；

W_3——桥梁通行能力足够性权重值；

R_3——桥梁通行能力足够性评分。

桥梁使用功能评定值 D_q 越小（最低 0 分），表明功能越差，其维修需求越迫切；反之评定值越大的桥（最高 100 分），表明功能越好，其维修需求就越小。桥梁使用功能评价结构将作为旧桥加固对策模型的基本依据，CBMS 将 60 分以下的桥输送给对策模型，对策模型将根据桥梁的结构类型、年龄、地基类型及加固方法库等优选出三个以上的对策方案。

第四节 桥梁健康监测系统

一、国内外研究动态

1. 国外研究现状

早在第二次世界大战前，国外就开始探索桥梁维修技术，但是没有相应的标准和系统的规程。因桥梁功能失效和塌桥事故的不断发生，20 世纪 50 年代美国和其他一些国家首制了一些桥梁检测标准，于是国际上产生了第一代桥梁安全检测规范。1967 年 12 月，俄亥俄河上的一座主要桥梁倒塌，导致 46 人丧生，这使得人们对桥梁安全监测更加重视，1971 年美国制定了国家桥梁安全检测标准（NBIS），规范了检测方法、检测时间间隔和检测人员的资格条件。根据 NBIS 规定，要求新桥建成和结构形态发生改变时，必须进行桥梁验收检测，以及在其他特殊情况下进行损伤检测、深入检测和临时检测等。

英国在 20 世纪 80 年代后期，对北爱尔兰的 Foyle 桥，主桥总长度为 522m 的 3 跨变高度连续钢箱梁上安装了监测仪器和设备，主要检测桥梁主跨挠度、气象数据和结构应变等，试图探索一套有效的、可广泛应用于类似结构的桥梁检测系统。

在美国威斯康星州一座已有 60 多年的提升桥（lift bridge）上，安装了世界上第一套全桥远程监测系统，用于监测已达到设计寿命的桥梁裂缝扩展情况和其他工作状态的变化，美国佛罗里达的 Sunshine Skyway 桥上安装的检测设备，用于监测桥梁施工及运营阶段的结构温度、应变与位移。美国 FHWA 还资助研究开发了无线桥梁整体评估和监测系统（Wireless Global Bridge Evaluation and Monitoring System），该系统的主要监测项目有：位移、应变、挠度、转角等。

加拿大的 Quebeez 研发了一套公路桥梁测试系统，通过一系列的动力测试，量测桥梁特定部位的动应变和动位移，计算确定桥梁的动力放大系数，从而计算桥梁的频率、振幅和模态阻尼，并据此校验结构有限元模型。加拿大于 1993 年还将光纤维传感器预埋在一座碳纤维预应力混凝土公路桥梁上，在桥梁开放通车后连续监测了八个月的混凝土内部应变，通过其采集到的大量数据，运用动态规划方法，建立极值函数模型计算桥梁整体结构位移和应变，它不仅为同类桥的设计施工提供了可靠的技术数据，而且为该桥的健康状态评估和使用寿命推算提供了重要依据。

丹麦的 Great Belt Suspension Bridge 的桥梁结构监测系统中，包括 50 个通道温度、50 个通道沉降、20个通道位移、2个通道风速及42个通道锈蚀的测量。希腊的Halkis桥1994年安装有48个通道振动加速度传感器。曼谷的Rama IX桥上1995年安装了结构整体性和安全性有线报警系统(On line Alerting of Structural Integrity and Safety System, OASIS),该系统包括12个通道加速度计和3个通道的测风计及一个通道的温度测量计。

芬兰在1986年11月就成功地开发了桥梁管理系统,用于对现役桥梁维护、维修和加固提供有效可靠的决策支持工具,桥梁管理系统包括网络级(所有桥梁)和项目级(单个桥梁)两大部分,所有数据信息都保存在一个桥梁数据库中,据此进行桥梁健康监测和工作状态评估。

波兰克和班斯为桥梁检测人员研发了一套桥梁检测系统软件Bridge-1,该软件为桥梁检测和维修方法的专家系统,可以避免人为的检测错误,随后又推出了Bridge-2系统,可为桥梁优化维修提供指导策略。

综上所述,20世纪80年代后期国外才开始建立各种规模的桥梁健康检测系统,据不完全统计具有代表性国家及桥型结构见表6-4。

国外已建立健康监测系统的桥梁　　　　　　表6-4

国家	桥名	结构	主跨径(m)
美国	Sunshine Skyway	斜拉桥	440
	HAM42-092	连续梁	17+24+17
英国	Flintshire	斜拉桥	194
加拿大	Foyle	连续钢箱梁桥	总长522
瑞士	Storck's Bridge	斜拉桥	63+61
丹麦	Great Belt East	悬索桥	535+1 624+535
挪威	Skarsudat	斜拉桥	240+530+240
泰国	Rama IX	斜拉桥	166+450+160
韩国	Nambae	悬索桥	128+404+128
	Jindo	斜拉桥	70+344+70
	New Haeng Jv	斜拉桥	160+120+100
日本	明石海峡大桥	悬索桥	960+1 990+960
	栢石岛桥	斜拉桥	700
	南北赞濑户桥	悬索桥	274+1 100+274

2. 国内桥梁现状

目前国内对桥梁检测都是在设计、施工完成交付使用前,或者发现桥梁结构出现特殊情况(如结构开裂、变形过大、重载或超重车辆反复过桥、环境恶劣影响等)的时候,方对桥梁进行检测评估,采用的方法一般以人工方法为主,即在梁体的受力及变形关键部位上,外贴应变片或安装变形仪,通过实测特征值与理论计算结果对比,确定桥梁强度和刚度安全储备系数,并评估桥梁现有的承载能力。这种方法局限性较大,不仅需要专门训练的有资格能力的工程师,而且所取得的检测结果仍然不能满足桥梁的安全需要,浪费了大量的人力和物力。

我国现行桥梁检测方法,无论是从有限元或是动态规划的理论上看,都是不尽完善的,因为桥梁在使用过程中,荷载的变化、环境等因素随机性非常大,而且也非常复杂,所以最不利荷载的影响,并不一定与人工检测的定位定点相吻合;由于施工质量、安装等因素的影响,与原始设计参数势必存在着一定的误差;另外桥梁在运营过程中超载、震动、温度等因素的影响及桥梁自身的变形,从而在使用过程中最不利荷载对桥梁产生的效应,采用人工定时检测手段是无法测出的,也不能用简单几组检测数据建立一个由最不利荷载引起桥梁出现极大值的数学模型,分析桥梁设计、施工的整体质量和桥梁运营中的承载能力,这种桥梁状态评估方法显然具有相当程度的简单化。

随着传感器技术的发展,上海交通大学、南京航空学院、清华大学、华中理工大学、中国科学院武汉岩石力学研究所、重庆大学等一些科研院所,已对混凝土结构监测进行了理论上的研究,并已将研究成果应用于大坝上,取得了较好的效果。

我国香港特别行政区及同济大学、西南交通大学、福州大学、东北大学、辽宁交通科研所等高校及研究院所,近几年已经进行了一些桥梁健康监测方面的理论研究,且有部分成果已应用于实桥工程,如传感器优化布设在江阴长江大桥北塔施工监测中的应用研究。上海徐浦大桥主跨斜拉桥健康监测时,根据现有经费条件,建立了既有代表性,又便于日后扩充的结构状态综合监测系统,该系统自动监测的项目包括:车辆荷载(1个车道)、温度(20个测点)、挠度(15个测点)、应变(20个测点)、振动(16个测点)、斜拉索振动及索力(4根索)等。虽然监测规模不大,但监测数据有实用价值,且为今后条件成熟时进行系统规模升级留有接口余地。

1997年完成的香港青马大桥,安装有一个复杂的桥梁监测系统,该系统硬件部分包括传感器系统、数据采集及传输系统、数据管理系统,其硬件十分完善,但在软件分析上只有简单地分析风载、温度、应变、加速度、位移和载荷,没有对原始数据进行真正意义的桥梁健康状态评估和剩余承载能力计算,无法为交通控制和维修提供科学决策,该监测系统有待于进一步完善。

香港青马大桥、汲水门大桥和汀九大桥上安装了目前世界上规模最大的实时安全监测系统,其监测系统中的传感器类型及数量如表6-5所示。

香港三座大桥传感器类型及数量表   表6-5

传感器类型	青马大桥	汲水门大桥	汀九大桥
温度传感器	115	224	25
沉降传感器	9	5	0
位移传感器	2	2	2
应变计	110	30	84
风速仪	6	2	7
加速度传感器	17	3	45

3. 成就及问题

目前国内外在桥梁健康状态监控领域探索研究了基于结构系统识别、振动理论、振动测试及信号采集与分析等跨学科技术的试验模态分析法,并取得了以下几个方面的进展。

(1)通过强迫振动试验,能够分析模态参数对结构局部变化的影响。

(2)在车重、车速、路面及支承对桥梁模态参数的影响方面有理论上的依据和较深入的认识,证明了用环境振动法进行桥梁自动检测的可行性。

(3)对使用于桥梁健康监测的结构参数奠定了理论与试验基础。

(4)在一定程度上能够利用测试的数据进行计算模型的修正。

(5)开发了各种基于频率、振型、振型曲率、应变振型等改变量的损伤检测与定位技术,在处理方法上探寻了 MAC(模态保证标准)法、CDMAC(坐标模态保证标准)法、柔度矩阵法、矩阵振动修正法、非线性迭代法以及神经网络法等。

以上研究成果在桥梁健康状态评估系统尚属于基础性探索阶段,对桥梁健康诊断与评估,当前困扰学术界和工程界的主要问题有以下几个方面。

(1)缺乏有效的传感器优化布设算法。尽管此问题在轨道航天器的动态控制和系统认识中得到了广泛研究,但在桥梁健康监测应用中还存在不少的困难。如怎样在含噪声的环境中,利用尽量少的传感器获取全面、精确的结构参数信息;怎样获得对模态参数变化最为敏感的时程记录;怎样通过添加传感器能对感兴趣部位的模态进行数据采集,从而使测得的模态与结构模型分析建立相对应的关系等。

(2)尚未建立桥梁健康状态诊断的专家系统,还没有形成桥梁健康监测系统的智能控制技术。还没有做到监测系统与网络技术相结合,实现网络信息资源共享的目的。

(3)桥梁结构健康状态评估缺乏有效的综合指标,不能根据个别构件的缺损及严重程度对整个桥梁作出科学的评估。

(4)桥梁的剩余承载能力与结构寿命,以及结构可靠度,一直是关系到桥梁安全运营的重要问题,此问题的研究尚未起步,而承载能力和寿命是桥梁健康状态评估的重要技术指标,对指导在役桥梁的养护、维修与加固都有十分重要的意义。

(5)结构系统的复杂性,增加了状态评估的难度。桥梁是由多种材料、不同构件组成的大型综合系统,且受复杂的环境因素的干扰,造成结构参数识别、健康状态诊断与评估以及剩余承载力和结构可靠度研究困难,而且此领域研究的成本较高。

4. 健康监测发展趋势

未来大型桥梁健康监测系统的研究发展方向主要体现在以下几个方面。

(1)桥梁健康监测系统的智能控制技术。

(2)传感器的优化布设研究。

(3)实时的监测系统与现代化网络技术结合,实现信息的网络共享。

(4)自动损伤识别系统的研究,将量测系统,数据处理和识别系统一并装到桥梁监测系统中,形成自动识别诊断和反馈,达到控制目的。

(5)桥梁的剩余承载能力和结构系统可靠度的研究。

二、桥梁健康监测系统设计

1. 桥梁健康监测系统设计

桥梁健康监测就是通过对桥梁结构进行无损检测,实时监控结构的整体行为,对结构的损伤位置和程度进行诊断,对桥梁的服役情况、可靠性、耐久性和承载能力进行智能评估,为大桥在特殊气候、交通条件下或桥梁运营状况严重异常时触发预警信号,为桥梁的维修、养护与管理决策提供依据和指导。

一般大型桥梁健康监测系统对以下几方面进行监控:

(1)桥梁结构在正常车辆荷载及风载作用下的结构响应和力学状态;

(2)桥梁结构在突发事件(如地震、意外大风或其他严重事故等)之后的损伤情况;

(3)桥梁结构构件的耐久性,主要是提供构件疲劳状况的真实情况;

(4)桥梁重要非结构构件(如支座)和附属设施(如斜拉桥振动控制装置)的工作状态;

(5)大桥所处的环境条件,如风速、温度、地面运动等。

因此,桥梁健康监测不只是传统的桥梁检测技术的简单改进,而是运用现代化传感设备与光电通信及计算机技术,实时监测桥梁运营阶段在各种环境条件下的结构响应和行为,获取反映结构状况和环境因素的信息,由此分析结构健康状态,评估结构的可靠性,为桥梁的管理与维护提供科学依据。在偶发事件（如地震）发生后，可通过监测数据识别结构的损伤和关键部位的变化，对大桥结构的承载能力和抗风、抗震能力作出客观的定量的评估。

2. 监测内容及使用的传感器

桥梁健康监测系统所监测的内容主要有以下几方面。

（1）荷载。包括风、地震、温度、交通荷载等。所使用的传感器有：风速仪——记录风向、风速进程历史，连接数据处理系统后可得风功率谱；温度计——记录温度、温度差时程历史；动态地秤——记录交通荷载流时程历史，连接数据处理后可得交通荷载谱；强震仪——记录地震作用；摄像机——记录车流情况和交通事故。

（2）几何监测。监测桥梁各部位的静态位置、动态位置、沉降、倾斜、线形变化、位移等。所使用的传感器有：位移计、倾角仪、GPS、电子测距器（EDM）、数字像机等。

（3）结构的静动力反应。监测桥梁的位移、转角、应变应力、索力、动力反应（频率模态）等。所使用的传感器有：应变仪——记录桥梁静动力应变应力，连接数字处理后可得构件疲劳应力循环谱；测力计（力环、磁弹性仪、剪力销）——记录主缆、锚杆、吊杆的张拉历史；加速度计——记录结构各部位的反应加速度，连接数据处理后可得结构的模态参数。

（4）非结构部件及辅助设施。支座、振动控制设施等。

3. 健康监测的设计准则

健康监测系统的设计对于大型桥梁健康监测是至关重要的，是一切工作的基础。这里结合国内外现有几座已建立健康监测系统的大型桥梁的测点、传感器布设情况（见表6-6）可看出，各个桥梁的监测系统的监测项目与规模存在很大的差异，这种差异除了桥型和桥位所处环境因素外，主要是因为对各监测系统的投资额和建立各个系统的目的和功能不同而异的，但是桥梁健康监测系统的设计实际还是遵循某些原则的。

桥梁健康监测系统测点、传感器布置　　表6-6

传感器	青马桥	汀九桥	汲水门桥	明石桥	南备赞濑户桥	柜石岛桥	Great Belt	江阴桥	HAM 42-0992
风速仪	6	7	2	9	4	4	√		
温度计	115	75	224				√		
动态地秤	6	6	6				√		
加速度计	17	67	3	10	27	23	√	√	2
位移计	2	2	2	7	6	6	√		
倾角仪									2+1
振动弦应变仪									10
电阻应变仪	118	128	46	8					18+4
水平仪	9	0	5						
电子测距器							1月16日		
磁弹性测力仪							24		

续上表

传感器	青马桥	汀九桥	汲水门桥	明石桥	南备赞濑户桥	柜石岛桥	Great Belt	江阴桥	HAM 42-0992
剪力销								√	
速度计				12					
GPS	√								
总数							1 000		

（1）监测系统的设计应首先考虑建立该系统的目的和功能。对于特定的桥梁，建立健康监测系统的目的可以是桥梁监控与评估，或是设计的验证，甚至是以研究发展为目的。因此，一旦系统的目的和功能确定，系统的监测项目也就能确定。

（2）系统投资额的限度。监测系统中各监测项目的规模以及所采用的传感器和通信设备等的确定都需要考虑整个项目投资额的限度，必须对设计方案做成本—效益分析，再根据目的、功能要求和成本—效益分析将监测项目和测点数设计到所需范围之内。

第五节 隧道养护与管理

由于我国地域辽阔，各地自然条件差异很大，公路隧道所穿越山体的工程地质及水文地质条件复杂多变，又由于公路隧道工程的特殊性，受地质、设计、施工及运营管理和维修养护等因素的影响，出现的病害也越来越多，有些隧道已严重影响车辆的正常行驶，甚至危及行车和养护人员的安全。其主要病害有：

（1）隧道基底破损，道床下沉、失稳、翻浆冒泥。
（2）隧道因严重漏水、射水造成轨枕板严重空吊、翻浆、道床涌水，中断行车。
（3）隧道出口隧道底部积水、道床翻浆冒泥。
（4）隧道通车运营后出现的拱顶坍塌，影响正常运营。
（5）隧道衬砌厚度严重不足，掉块，严重影响行车安全，部分衬砌拆除重建。

为了确保隧道正常运营，必须加强隧道的养护与管理。

一、隧道管养项目

1. 隧道管养意义

以前我国公路隧道为数不多，长隧道则更少。这些隧道多在偏僻山区，交通量小，洞内设备简单，有的也只是一些照明灯具，既无专门机构进行经常性管理，也没有投入较多人力、物力、财力去养护与维修。

随着高速公路逐渐从平原微丘区向山岭重丘区延伸，长、大公路隧道无论从数量上或规模上均在不断地增加，而且为了车辆在洞内安全、快速、舒适行驶的需要，洞内外设备也多了起来，除标志、标线、照明外，还有通风、通信、信号、消防、供水、供电、电视以及中心监控和广播等较完善的设施。

为了使隧道的主体及其附属设施保持完好，经常顺利运转，必须做好养护和维修工作，并且还需建立、健全一些规章制度，制定一些详细的技术指标来指导隧道的养护与维修，使隧道获得及时的检查、维修和良好的养护管理。

2. 隧道养护项目

公路隧道养护、维修的项目一般分为如下几种。

主体工程:包括洞口(含明洞)、门柱、翼墙及洞身工程。

一般工程:包括引道(路堑、路堤)、路面、防护、防排水及标志标线等工程。

附属设施工程:包括通风、照明、通信、消防、供水、供电、监视监控等工程。

二、隧道的维修

隧道的主体工程和附属设施若出现问题影响使用,应及时修复隧道的维修,使其达到原有功能,其内容如下。

1. 土建结构

(1)土建结构常见的一些变形

①裂缝、渗水、漏水、结冰和挂冰。

②端墙、侧墙、翼墙及门柱的倾斜、偏移。

③拱圈变形。

④衬砌表面腐蚀、剥落。

⑤路面的破损。

(2)土建结构维修处治措施

①当发生基础下沉,地基承载力不足时,可采用扩大基础。在净空符合要求的前提下,还可在扩大基础上浇注钢筋混凝土三角撑托并加大基础。

②在路面下加设水泥混凝土或钢筋水泥混凝土倒拱或水平支撑,以分散下沉时侧向压力,阻止下沉。

③对已稳定的裂缝可用压注环氧树脂水泥砂浆或水泥砂浆加固。

④当衬砌出现鼓肚、位移或错动时,可用钢筋灌浆锚钎锚入岩体。

⑤当衬砌背面存在空隙而出现异常时,可在衬背压注水泥砂浆,使衬砌受力均匀,有效地利用衬砌强度。

⑥当衬砌厚度不足,砌体腐蚀、剥落或裂隙区域大而影响衬砌强度时,可采用喷水泥砂浆或喷水泥混凝土加强层。

2. 机电设施

(1)通风

对通风设施要做到及时检修,在洞内安装的通风检测仪器,如有害气体(CO)和烟雾浓度测定仪或自动联合测定仪等。既要做到用检测车作巡回测定,还应定期对测定器具进行保养、维修、校正。

用竖井、边窗通风的隧道要随时检查、清除井内杂物,保护井口及窗口不得灌进雨雪,影响通风效果。

对各种通风机、排烟机、送风管、机电及动力设备,应每月进行一次运转情况检修,每年进行一次全面检修保养。出现故障时应及时修复,以保证正常运转。

(2)照明

洞内照明灯具应具有防震、防尘、防水、密封等性能,并应定期检查、清扫,一旦发现有损坏,应及时维修、拆换、增补。

(3)其他

各种管线器材的维修和洞壁粉饰及装饰剥落的修复。

在寒冷、冰冻地区的隧道,应注意对洞口工程结构物防冻保温,防止防冻层(轻质膨胀珍珠岩混凝土或浮石混凝土)的损坏。

为防止洞内震动产生噪声的消音层如损坏,应用同样材料及时修补。

3. 隧道排水

(1)洞外

在隧道上洞口路基侧沟及沉砂井,应经常清除泥沙、杂物,使其疏通流畅,损坏时应及时修补。洞顶山坡坡面积水和积雪,应使其及时排除,防止山顶排水沟渠内之水流入或渗入洞里。

(2)洞内

应保持洞内各种排水工程完好,如发现渗漏应及时采取以下措施处治。

①增设衬砌背面排水系统(如盲沟、水管)将水引入边沟内。

②对裂缝集中的地方漏水,可用封闭裂缝、埋管排漏方法处治。

③对少量渗水可用在衬砌表层铺防水薄层后,外喷水泥砂浆或水泥混凝土保护层。

④在围岩与衬砌间压注防水砂浆,其中可渗入早凝剂,形成密封防渗层。

⑤当裂缝处漏水量大时,可采用表层导流方法,先用半圆管顺裂缝接水,再用引水管排入边沟内。

日本目前采取的方针是以导排水为主,配合以封堵。即对现状、面状漏水均用导引的方法,必要时还可进行山体排水处理,截断水源,而只对点状的细微渗水处进行封堵。具体方法是:

①对衬砌施工缝、伸缩缝等规则的线状漏水,沿缝凿出方形凹槽,将内包弹簧钢片的合成橡胶板条弯折插入槽中,形成"U"形导水道,与隧道边沟连通,再用树脂胶填充量测的缝隙,起密封和固定作用。

②对衬砌裂缝造成的不规则线状漏水,沿缝凿成"V"形槽,用速凝封堵材料在槽底部埋设塑料软管作为导水道,再用树脂胶抹平表面。

③对大片的面状渗漏,在衬砌上安装 SI 面板将整个表面封闭,利用面板与衬砌的间隙作为导水道,把水引入边沟 SI 板还能改善隧道内照明条件,起美化作用。

④对细小的点状渗水,可用速凝封堵材料作局部处理。

4. 病害防治

(1)当发生山体滑动可能引起隧道破坏时,可采取以下防护措施。

①山坡处修建支挡构造物。

②在易滑动山体上部减载。

③在滑动体下端增设锚固柱或抗滑墙,阻止山体滑动。

(2)当隧道处山坡上的岩层节理发育,风化严重或有坑穴、溶洞、裂缝时,应对地表做如下封闭性处治。

①用浆砌片石或石灰土填坑补洞,或用灌浆方法整修地表,稳定山坡。

②用水泥砂浆或灌浆方法固定地表松动岩石,或用 SNS 安全柔性防护网稳定岩崩、坠石。

三、隧道的检查与养护

1. 高速公路隧道检查计划安排

隧道除应进行经常性检查观测病害的变化外,一般应按月、按季进行全面定期自行检查,年终还应进行一次由上级部门派员参加的总检查。检查时间应安排在冬季、春融和雨前以及秋季洪水后,检查重点是最大的和重要的隧道。当发生意外性灾害时,还应进行特殊性临时检查。

检查时应填表登记,对检查项目、内容、所发现问题和处理措施一一填入。可积累完整的资料,指导和安排养护及维修计划,并作为日后查问和采取措施的依据。

2. 公路隧道检查内容

(1)陆上隧道

①拱圈有否变形,衬砌是否良好,侧壁和洞顶有否裂缝(裂缝的新、老性质),洞内有无渗水、漏水。

②路面平整程度和有无断裂、损坏。

③标志、信号是否齐全、整洁,标线油漆磨损情况、反光程度、污秽影响等。

④机电设施及设备、仪器完好程度及使用效果。

⑤洞内外防排水系统使用情况及效果。

⑥洞口及路基有否危石、坍塌物、堆雪、积水、挂冰。

⑦洞外绿化物生长情况,洞内外保洁情况。

⑧沿线房屋及周围环境整洁情况。

(2)水下隧道

①隧道整体包括路面、顶板、侧墙、护栏、标志、标线的完好程度。

②消防、通信、报警系统启用情况。

③洞内铁杆、木件锈蚀和腐朽情况。

④通风、照明、供水、供电等设施使用情况。

⑤排水系统是否顺畅。

⑥接头、接缝处是否有渗、漏水点出现。

3. 养护项目

隧道的土建结构和机电设施在正常运营使用条件下的养护内容如下。

(1)隧道的保洁,每天在洞内车少时对路面进行清扫尘土、杂物,保持洞内、外洁净。

(2)洞壁清洗,灯具清扫,消防器材的更新。

(3)排水系统的疏导。

(4)各种管线的检查、保护与维护。

(5)风机的定期保养。

(6)消防器材失效的定期更换与设施的维护。

(7)其他监测设施的检查与保养。

(8)洞口具有特色的雕塑、艺术品的清扫和修饰。

(9)水下隧道的养护重点是防渗漏,防沉降。

4. 防灾对策

隧道中灾害性事故常见的有交通事故和特殊地区的防风吹雪及雪崩,以及水下隧道防汛或防火灾。当隧道内发生交通事故时,应采取紧急措施及时排除。如洞内设施遇到损坏,要迅速采取临时补救措施,恢复正常交通后,再逐渐修复。

当发生火灾事故时,除首先利用本身消防设备进行扑火外,还应同时通知附近消防、医疗部门,共同配合抢救伤员,扑灭火灾。

当有雾情,应通过交通电台报告雾讯。大雾时,交通管理员应派人员指挥交通,限速慢行。

在每年汛期,应注意监视汛情,防范山体坍落和洪水灌入,影响行车和洞体安全。

5. 安全措施

隧道处的安全非常重要,必须引起高度重视,应注意安全教育,加强交通管理和行车安全,制定管理办法,并要广泛宣传。

除此而外,由于洞内空间受限制,工作条件差,在洞内进行检修作业时,特别要遵守操作规程,注意安全作业,身着施工安全服、帽。养护作业人员不应在洞口拦截搭乘来往车辆。

在需要临时封闭双洞中的一个洞时,应设立临时标志,并通过广播、电台、信号灯等方式,指挥疏导交通,确保安全。

复习参考题

1. 参与桥梁施工控制的各方有哪些?他们的作用是什么?
2. 桥梁养护包括哪些检查?什么情况应作特殊检查?
3. 试述桥梁健康监测成就和问题及发展趋势。
4. 公路隧道检查内容有哪些?
5. 公路隧道养护项目的内容哪些?
6. 桥梁施工控测的作用及发展趋势。
7. 自架设体系桥梁施工控测要点。
8. 大跨度桥梁施工控测内容,说明它与管理承包人应控测的区别与联系。
9. 桥梁施工控制的影响因素有哪些?
10. 桥梁施工现场监测系统的内容及仪器。
11. 桥梁定期检查后应提交哪些文件?
12. 高速公路隧道检查计划安排有哪些?

第七章 高速公路收费管理

第一节 概述

一、收费公路的发展和政策演变

1. 国外收费公路的发展和政策

公路收费的历史可以追溯到 200 年以前的美国。18 世纪末,美国私营公司完成的费城到兰开斯特公路是世界上第一条具有重要意义的收费公路,该公路采用的收费政策使业主不仅很快收回了投资,而且获得了丰厚的利润。由于有利可图,收费公路建设吸引了大量的私人投资。到 1880 年,美国的收费公路有了很大的发展,许多州相继成立了收费公路建设公司,修建了大量的收费公路。当时,宾夕法尼亚州成立了 86 家公司,修建了 3500km 的收费公路,纽约州成立了 135 家公司,修建了 2400km 收费公路。

但 19 世纪后期,随着铁路建设的发展和铁路运输业的崛起,运输结构发生了变化,以畜力车作运输工具的运输逐步被铁路运输取代,运输量大都转向了运输成本低、速度快的铁路,这给当时的公路运输打击很大,绝大多数收费公路出现了亏损,无法继续经营,便先后以很低的价格卖给了地方政府。从此地方政府接管了公路管理工作,开始发展本地的公路体系。在以后的近 100 年时间里,尽管公路建设有了很大的发展,但再也没有出现收费公路。

20 世纪 20 年代中期,许多国家又开始了收费公路的建设,在美国、日本等国,收费高速公路发展很快。1956 年美国颁布了《联邦补助州际道路条例》,该条例规定:凡是收费道路并入州际道路网方可享受联邦政府的经费补贴。当时,联邦资金政策一直限制国家收费道路的发展,仅对一些例外的情况允许收取通行费。80 年代后期以来,美国政府对收费道路的政策逐渐放开,1987 年的地面运输补助法(STURR)授权进行一个试验性计划,指定使用联邦基金(比例为 35%)用于非州际公路系统的收费项目(从 5 个州挑选 8 条收费公路作为试验),1991 年的"地面综合交通效率法"(ISTEA)又迈出了更大一步,联邦政府资金占收费公路总投资的比例提高到 80%。作为联邦法律,在 ISTEA 中第一次明确表示,用收费道路的收入再发展收费道路,在完成债务后,仍然可继续收费。另外,ISTEA 还首次表示私人机构可以拥有收费道路。目前,英国收费公路仅占公路总里程的 0.1%,占高速公路的 8.8%。

目前,世界上已有 60 多个国家拥有收费道路,包括发达的工业化国家和一些发展中国家。意大利、法国和日本,是当今世界上发展收费公路最具代表性的国家。这些国家收费道路的共同特点是:等级高、里程多、管理和服务水平高,已经形成了一套有关建设、管理、经营收费道路的法规和制度。因而这些国家的道路交通中收费道路的作用日益增大,效益越来越高,大大促进了公路交通事业的发展。

2. 国内收费公路的发展和政策

我国的收费公路建设是20世纪80年代开始起步的。为迅速改变公路建设的落后面貌,从1980年开始,广东省率先在全国实行贷款集资建桥修路,并采用收费办法偿还投资。1984年元旦,广东省建成第一座收费大桥——广深线中堂大桥,1984年底,第一条收费公路——中山市张家迈进港公路也宣告通车。截至目前,我国收费公路虽然只占总里程的4%,但400万公里公路总里程中包括了350万公里的农村路,95%的高速路、61%的一级路都是收费公路。

国家充分肯定了改革公路投资体制的尝试,早在1984年12月的国务院第54次办公会议上就将"贷款修路、收费还贷"作为促进公路事业发展的四项优惠政策之一。1986年10月,国家经济委员会《关于发展运输、通信若干问题的暂行规定》中明确指出:集资、贷款(含部分集资、贷款)新建、改建的高等级公路,可以采取适当收取过路费的办法归还集资或贷款。

为了进一步加强收费公路的管理,正确地引导收费公路的建设,促使收费公路朝着健康的方向发展,1988年1月,交通部、财政部、国家物价局联合颁发了《贷款修建的高等级公路和大型公路桥梁、隧道收取车辆通行费的规定》,这是我国关于收费公路的第一部法令性文件,标志着我国的收费公路建设已进入法制化的轨道。该文件对收费目的、收费条件、收费期限等作出了如下明确规定。

(1)收费目的。公路收费的目的是调动各方面修建公路的积极性,促进公路交通事业的发展,适应经济建设的需要。

(2)收费条件。凡利用贷款(包括需归还的集资)新建、改建(不包括局部改建)的高等级公路或大型公路桥梁、隧道需要偿还贷款并符合下列条件之一的工程项目,建成后由省级公路主管部门归口,报经省级人民政府批准,可对过往车辆收取通行费:

①桥梁300m以上、隧道500m以上、改渡为桥的,收费条件可适当放宽到桥长200m;

②高速公路、里程在10km以上的一级公路及里程在20km以上的二级公路。

(3)收费标准。收费标准的制定原则是:应综合考虑公路(桥梁或隧道)的长度、还款额度、收费期限、交通量大小、车辆负担能力和便利通行等因素,定出合适标准。收费标准的制定程序是:由省级公路主管部门会同省级财政部门、物价部门按上述原则提出方案,报省级人民政府批准。

(4)收费收入的使用。收取的车辆通行费,允许用于偿还贷款和收费公路构造物的收费机构、设施等正常开支,绝不允许挪作他用。

(5)收费期限。公路收费的期限应以贷款偿还期为限,贷款还清后即停止收费,个别项目有特殊情况须继续收费的,须报交通部、财政部核定。

1994年,交通部、财政部、国家计委联合颁布的《关于在公路上设置通行费收费站(点)的规定》,又把收费条件进一步规范在封闭(包括部分封闭)型的汽车专用公路;平原微丘区超过40km和山岭重丘区超过20km的一般二级公路;长度超过300m的公路桥梁和长度超过500m的公路隧道。

2004年8月修正的《公路法》第五十九条规定,符合国务院交通主管部门规定的技术等级和规模的下列公路,可以依法收取通行费:

(1)由县级以上地方人民政府交通主管部门利用贷款或者向企业、个人集资建成的公路;

(2)由国内外经济组织依法受让前项收费公路收费权的公路;

(3)由国内外经济组织依法投资建成的公路。

在具体执行时,应根据《中华人民共和国公路法》和交通部、财政部、国家物价局(88)交公路28号文件发布的《贷款修建高等级公路和大型公路桥梁、隧道收取车辆通行费规定》的原则,收取通行费。

高速公路收取的通行费只许用于偿还贷款、收费公路的养护与运营机构的正常开支,任何单位和个人不准截留、挪用、平调。车辆通行费按车辆出厂标记载重吨位(行车执照标记的吨位)、载客座位(不分重载、空载),以及行驶、出入高速公路的里程或次数计收。对高速公路超限、超载车辆的收费原则,按交通部《超限运输车辆行驶公路管理规定》及各地方的有关规定办理。

高速公路收取通行费的方式与普通公路收缴养路费的方式不同,只对通过高速公路的车辆收取通行费。具体收费的标准、范围和管理办法是由省、市级人民政府根据中央规定的原则,结合本地的实际情况制定后,经省、市或国家物价、财政部门批准颁布实施。因此,所有通过高速公路的车辆均应按当地政府规定的费额或费率标准向高速公路进出口的收费人员交费,其他任何部门、单位和个人都无权征收和擅自决定减、免通行费(军车、国务院在某一时期规定的其他车辆、战争期间、特大自然灾害期间等非常时期除外)。

收费公路经过十几年的发展,我国高等级公路网已初具规模,高速公路的总量不断增加,二级公路的建设有了长足进展,大部分交通量大的二级公路已经完成建设、改造任务,路网结构与建设需求已经发生了很大变化,因此,收费公路的设置条件也随之发生了变化。

2004年国务院颁布了《收费公路管理条例》,其中第十八条规定:建设收费公路,应当符合下列技术等级和规模:

(1)高速公路连续里程30km以上,但是,城市市区至本地机场的高速公路除外;

(2)一级公路连续里程50km以上;

(3)二车道的独立桥梁、隧道,长度800m以上;四车道的独立桥梁、隧道,长度500m以上。

技术等级为二级以下(含二级)的公路不得收费。但是,在国家确定的中西部省、自治区、直辖市建设的二级公路,其连续里程60km以上的,经依法批准,可以收取车辆通行费。

为了优化收费公路结构,完善收费公路政策,逐步建立政府提供普遍服务的普通公路网络,促进经济社会持续健康发展。2009年由国家发展改革委、交通运输部、财政部联合制订了《逐步有序取消政府还贷二级公路收费实施方案》。2009年2月17日国务院办公厅以国办发[2009]10号转发了该《实施方案》。

该《实施方案》提出的工作目标与任务是:

(1)东部地区已从2004年11月起停止发展二级收费公路;中部地区从2009年1月1日起,停止审批新的二级收费公路项目;西部地区的省(区、市)如决定取消政府还贷二级公路收费,从决定取消之日起,同步停止审批新的二级收费公路项目。

(2)从2009年起到2012年年底前,东、中部地区逐步取消政府还贷二级公路收费,使全国政府还贷二级收费公路里程和收费站点总量减少约60%。西部地区是否取消政府还贷二级公路收费,由省(区、市)人民政府自主决定。

收费公路政策的实施以及收费公路在我国的迅速发展,对我国公路事业乃至整体国民经济的运行都产生了巨大的推动作用。从1984年至今,随国家投资力度加大,我国公路总量进一步增加,路网结构进一步改善,公路技术等级和路面等级不断提高,高速公路里程快速增长,县乡公路里程大幅增长,公路通达情况进一步改善。同时,公路养护和绿化里程也不断增加。

二、高速公路收费的基础

在我国现阶段,高速公路建成通车以后,一般都要对使用高速公路的车辆收取通行费,从投资经济学的角度分析,对高速公路进行收费主要基于以下基础。

1.高速公路是一种特殊的商品

高速公路比一般公路具有更高的级差效益,并主要体现在三个方面:降低车辆运输成本产生的效益;节约车辆运行时间产生的效益;减少交通事故产生的效益。

由此可见,对使用高速公路的车辆收取的通行费只是车辆使用高速公路所获得的级差效益的一部分,因此向收费高速公路的使用者征收车辆通行费用于补偿投资支出和经营费用,符合"谁受益,谁负担"的经济原则。

2. 高速公路属于经营性基础设施

目前,由于高速公路建设资金来源的多元化,客观地决定了我国高速公路是一种经营性资产,属于经营性基础设施。各种资金都需要回收,并应获得相应的投资利润,这是对使用高速公路的车辆收取通行费的直接依据。

3. 控制交通量的需要

当高速公路的使用产生了交通拥挤而暂时又无法增加通行能力时(道路供给缺乏弹性),应当采取收费来缓解交通拥挤。

在我国现阶段,为解决高速公路的拥挤而进行收费的情况很少,大多数高速公路收费都是为了还贷和经营。由于建设资金的短缺,为了扩大资金的来源渠道,吸引更多的外资和社会资金,特许收费经营就成为必然选择。在这种情况下,特许经营公司出资向政府买断高速公路的经营权,对高速公路进行经营管理,所得的收入用于还贷、用于公司投入资金的回收和获取相应的收益。

三、高速公路收费管理的要求

高速公路作为现代公路运输基础设施,其产生和发展是国民经济发展的必然结果。从我国目前的实际情况来看,高速公路是国家为了满足经济发展的需要而通过各种集资方式修建的国家基础设施,如果不从有偿使用的角度来解决资金严重不足的问题,那么高速公路的管理、运营、养护所需的资金都将难以保证。交通部制定"贷款修路,收费还贷,有偿使用,滚动发展"的策略来发展公路事业,是一条成功的举措,对于树立公路商品属性观念,适应市场经济规律,使公路建设步入良性循环都具有十分重要的意义和作用。

高速公路收费管理是一项复杂的系统工程,通行费征收的好坏,外部涉及到社会各界的理解、支持程度,通行车辆主动按章交费,杜绝或减少漏收的情况;内部涉及到征费人员的个体素质、征费队伍的整体素质,征费单位的管理措施、硬件条件等内容。因此对高速公路收费管理提出以下要求:

1. 政策性

收取通行费是一项政策性很强的工作,牵涉到社会各界、各部门、各单位和人民群众的利益,具有广泛的社会性。高速公路管理部门在进行收费管理时,如制定收费标准和调整收费标准,应符合国家的有关政策规定。

2. 服务性

收费管理是综合管理的重要一环。管理就是服务,收费人员要树立服务意识,通过自身的热情服务和文明用语,使司乘人员真正感到满意。高速公路管理部门要通过管理措施和技术手段,不断提高收费的服务质量,吸引更多的车辆,使高速公路的社会效益和经济效益得到统一。

3. 安全性

收费管理中的安全性突出体现在四个方面:一是收费卡站的设置要有利于交通安全;二是收费人员的自身安全;三是收费设施的安全;四是通行票款的安全。

4. 先进性

收费管理的先进性主要体现在收费管理的方式、手段及管理设备的先进性等方面。总之，一切都要力求先进，充分发挥高速公路高效的使用功能。

5. 统一性

收费管理的统一性表现在统一收费时限、统一收费标准、统一收费车辆、统一收费票据、统一管理通行费五个方面。高速公路的收费管理自始至终贯穿着统一性。

6. 廉洁性

对于收费管理中的廉洁问题，应采取以下几种措施加强管理：一要加强教育，提高收费人员素质；二要完善制度，堵塞漏洞；三要改善监控方式，加强监控手段；四要严格惩处，依法治理。

7. 严肃性

收费管理体现很强的严肃性，因此要坚持收费政策的严肃性、制度的严肃性、目标管理及收费工作的严肃性。

四、高速公路收费管理的内容

高速公路的收费管理是在收取车辆通行费的活动过程中对各种要素进行决策、计划、组织、指挥、控制和激励活动的工作总称。高速公路收费活动包括：收费目标及政策的确定；收费方式的选择；收费标准的分析确定；收费站设置与人员配备；收费票证及收费款管理；收费稽查等。收费活动的要素主要包括：人、财、物三个方面。从管理层次上分，高速公路收费管理又可分为目标政策层、经济理论层、组织管理层和技术层四个层次。

1. 公路收费的政策目标

公路收费具有明显的阶段性和地域性，不同时期，不同地区有不同的政策目标和具体的目的。综合各国公路收费的实践，公路收费的政策目标为：筹集公路建设资金、交通需求管理以及环境保护和能源利用等。如表 7-1。

公路的收费政策目标　　　　　　　　　　　表 7-1

战略目标	具体目的
筹集公路建设资金	道路建设资金来源 道路养护和管理资金来源 减轻政府财政负担
交通需求管理	减少交通量 缓和交通拥挤 减少私人小汽车的使用 优先发展公共交通
环境保护和能源利用	减少废气排放量 减少交通噪声 控制能源使用量 促进低能耗车辆的研制 提倡使用替代燃料
价格和税收政策的协调	作为运输方式的公平竞争 作为国家税收政策的一种手段 作为调节收入分配的一种价格手段 让道路的价格反映它的社会价值

在制定公路收费政策时，首先要有明确的目标，目标是确定收费原则的指导，不同的收费目标，会采用不同的收费理论。如果收费是为了控制交通量，减少拥挤，则确定收费费率高低

的经济理论是微观经济学中的边际效益理论。如果收费是为了偿还修建公路所贷款的本息,收费费率的高低应取决于贷款本金、贷款利率、贷款期限以及未来的交通量。其次,道路收费政策应具有战略性、预见性、连续性和广泛的可接受性,使其能够适应未来很长一段时间内交通运输的情况,能够符合大多数人的长远利益。只有这样才能被社会理解和接受,才能保证收费政策能长期、稳定的实施下去。

2. 道路收费的理论研究

道路收费的理论研究主要包括三个方面的内容:道路定价准则;道路收费的影响评价;道路定价的基础理论研究。

道路收费的理论研究有150多年的历史,早期的研究工作是从理论上探讨拥挤道路和不拥挤道路最优定价(最优通行费)和投资准则,主要集中在城市交通问题上。第二次世界大战以后,资本主义国家由于私人汽车的发展和普及,造成了城市的交通拥挤,如何利用经济学理论来减轻交通拥挤的程度,成了经济学家关注的问题。一些学者提出了拥挤定价理论,其主要观点为:道路拥挤会产生外部不经济效果,使道路的使用效率降低;产生拥挤的原因是边际个人成本同边际社会成本相背离,因此必须向用户收取拥挤费用,大小等于边际个人成本同边际社会成本的差异;拥挤收费不是要完全消除拥挤,而是要把拥挤限制在一定的水平下,这个拥挤水平称为最优拥挤,达到最优拥挤的收费称为最优收费。西方经济学家基于微观经济学理论提出的定价准则在实际应用中受到很大的限制,几乎无法实现。其后的道路定价研究转向较为实用的公路费用分摊研究,即在不同的用户之间如何合理地分摊道路管理部门的费用,如初期建设费用、日常养护费用、大修费用、罩面费用和改建费用等。

综上所述,现有的各种道路定价准则归纳起来有两大类,见图7-1。

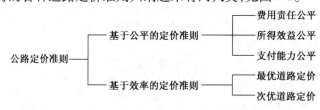

图7-1 公路定价准则

从目前国内道路收费的目标政策来看,主要是为了筹集公路建设资金,偿还贷款本息。因此,道路定价的准则应遵循效益、收益、公平三个基本原则。效益原则,是指项目应能为国家或社会提供尽可能大的社会经济效益,发挥公路的经济动脉作用;收益原则,通过对道路使用者的合理收费,使项目投资经营部门获取一定的收益,具有投资偿还能力,以维持项目生存;公平原则,是使项目使用者支付费用的大小应依据其对公路设施的损伤和占用程度决定,且其获取的直接效益应高于收费值,并有一定的剩余(消费者剩余),保证社会福利分配的相对公平,同时使项目有一定的吸引力。以上三项原则在定价中应综合兼顾。

道路收费的影响可以分为直接影响和间接影响两个方面。直接影响主要是对道路使用者而言,包括道路收费对道路使用者出行行为的影响和效用水平的变化。间接影响是指道路收费对整个社会所产生的影响,包括地区经济的发展、环境方面的影响,对国家和当地财政方面的影响,道路建设方面的影响,交通发展战略的影响等。

道路收费还要进行一些基础理论的研究,主要内容是道路寿命周期费用分析。道路寿命周期费用与车轴重、车速、交通量、环境目标有直接的关系,这些研究大多为技术性的,需要大量的实验观测数据。它是确定道路收费标准的重要依据,但是目前国内在这方面所做的研究不多。

3. 组织管理

从我国发展收费公路的实践看,目前收费公路建设和经营管理大致可分为三种模式。

一是交通主管部门直接参与收费公路的建设、经营和管理。由交通主管部门依法组建独立的法人组织,承担建设项目的贷款主体,并负责项目的建设和建成后的经营管理。该法人组织在性质上属于交通主管部门下属事业单位,但实行企业化运作。这类收费公路,其车辆通行费按照行政事业性收费管理,使用行政事业性收费票据。

二是交通主管部门利用贷款或集资建成公路或桥梁后,依法将公路收费权转让给国内外其他经济组织。交通部门通过转让方式可以尽快收回所投入的建设资金,实现滚动发展。国内外经济组织通过转让方式,取得了收费公路的经营权,避免了公路建设过程中的审批、征地、拆迁等诸多问题。由于这种方式对双方都有利,近年来有较快发展势头。

三是国内外经济组织依法投资建设的公路。这类公路由依法成立的公路企业法人建设、经营和管理,从企业设立、融资、项目建设、经营管理等都依据国家法律法规规定,按照市场化运作。

上述第一种模式的收费公路称为"政府还贷收费公路",第二、三种模式称为"经营性收费公路"。由于收费公路管理体制等多方面的原因,各地在收费公路建设过程中,普遍发展"政府还贷收费公路","经营性收费公路"相对较少。据统计,截至2003年底,全国共有收费公路14.5万km,其中政府还贷收费公路约占80%。

近几年来,随着我国高速公路里程的快速增长,管理工作中的问题越来越多,体制性和机构性问题十分突出,以"盘活存量资产"、"加强优良资产管理"、"国有资产重组"、"建立现代企业制度"等种种理由,把高速公路管理等同于其他常规企业,进行改组、改革。有的高速公路管理公司或集团,已独立于地方交通主管部门的行政管理之外,人为地分割了公路网的管理。部分经营型高速公路管理公司也拒不接受交通部门的行业管理,严重降低了高速公路的服务水平。

因此,高速公路管理体制和政府监管问题以及如何实现高速公路运行管理网络化、法制化、信息化、专业化、规范化、标准化等,都有待研究和加强。

4. 道路收费的技术

道路收费技术主要涉及到收费方式和收费设备。有关收费方式可以归纳为三大类,即人工收费、半自动收费和全自动费。收费方式选择确定之后,必须合理配置收费系统的设备,设备的功能主要在几个方面:正确识别车辆、准确选择费率、具有较高的效率、明确显示车辆是否通过、保障收费人员的人身安全。

参照发达国家的收费管理系统,先进的收费设备和财务管理系统应包括:辅助收费方式设备;地面车辆踏板仪;车辆控制电路;电子收费机;站内通信设备;车辆电子标签;汽车自动辨认系统;收费车道计算机控制器;收费机保安系统;车辆分类显示器;财务管理系统;管理中心与收费站间的信息传输系统。

究竟选择哪一种收费方式和设备,要根据收费系统的成本、资金和交通量的大小来确定。国内广泛采用的是人工半自动收费方式,也是目前收费系统设计的主潮流。全自动收费系统需要建立复杂的系统设备和信息传输网,初期一次性投入较大,且国外的设备不完全适合我国国情。国内高速公路大多在收费初期采用人工半自动收费方式,随着科学技术和管理水平的发展,交通量达到一定程度,收费收入的利润增加,财务进入良性循环后,可以考虑采用更先进的收费方式。

第二节 高速公路收费方式及种类

一、收费制式

收费制式是道路收费系统的基本体制和方式。收费制式决定了道路收费系统的建设规模、建设位置、收费流程等。在选择收费制式时,必须考虑到经济性、公平合理性、交通延误大小、对环境的影响等多方面因素,在考虑投资者利益的同时,尽可能减少对道路使用者的影响。

世界各国高速公路的收费系统通常采用四种制式:均一式、开放式、封闭式和混合式,详见图7-2。

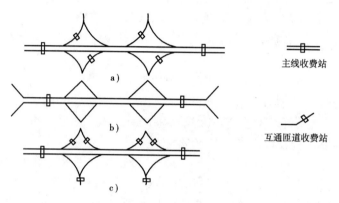

图7-2 收费系统采用的制式简图
a)均一式;b)开放式;c)封闭式

1. 均一式

均一式是最简单的一种收费方式,其收费站一般设置在高速公路的各个匝道入口处或出口处(主线两端入口或出口),车辆只需经过一个收费站交费然后驶入高速公路。收费标准仅因车种不同而不同,与行驶里程无关,且各个入口收费站都采取同一收费标准。

均一收费制式适合于都市高速公路,其特点是距离短,道路出入口(互通式立交)多而密,交通流量大。采用均一式收费制式,车辆仅需一次停车交费,且手续简便,效率很高,对交通影响较小。缺点是设站多,工作人员多,收取的费用对道路使用者缺乏公平。

2. 开放式

开放式收费又称栅栏式收费系统或路障式收费系统。其收费站建在主线上,距离较长的高速公路可以建多个收费站,间距一般在40～60km不等。各个互通式立交的出入口不再设站,这样车辆可以自由进出公路,不受控制,高速公路对外界呈"开放"状态。

每个站的收费标准和均一式一样也是固定的,仅因车种不同而变化。但各收费站的标准则因相互距离不等而有所区别,车辆通过收费站时停车交费,长途车辆可能经过多个收费站而多次交费,这样也大致体现了依据行车距离决定收费的原则。这种制式适用于较短距离或互通式立交较少的道路,或者收费的桥梁和隧道。

开放式收费优点如下:

(1)收费站和收费车道数较少;收费站与互通立交不建在一处,因而立交形式不受收费站的影响,可以选择最简单式,所以建设投资较少,管理维护费用也低。

(2)其中央若干条收费车道可以建成往复变向车道,以适应上下行交通量在一天的不同时刻出现明显差别的情况,使设施利用率提高。

(3)当需要时容易改造成免费道路。

(4)交费简便迅速,对交通影响小。

(5)收费设备简单,容易实现自动化。

(6)长途车辆因交费需多次间歇停顿,可减缓驾驶员因单调驾驶而产生的困倦,客观上有助于行车安全。

其缺点如下。

(1)当在两站之间设有两个以上互通立交时,会出现漏收情况。

(2)不能严格根据行驶里程收费,因此收费标准不易做到准确合理。

(3)长途车辆多次交费延误旅行时间,容易引起使用者反感。

(4)不能兼顾高速公路出入口的交通管理,不便阻止行人、非机动车辆及不合格车辆的进入。这对于混合交通严重且使用者缺乏现代交通意识的地区来说是很不利的。

3.封闭式

封闭式收费是在高速公路的起点、终点建立主线收费站,在所有互通立交的出、入口建立匝道收费站。车辆进入高速公路都要受到控制,但在高速公路内部则可以自由行驶,高速公路对外界呈"封闭"状态。

车辆行驶在高速公路上时全程停车两次,交费一次,领通行券一次。显然,同一辆车出入不同的收费站时缴纳的费额不同。

封闭式收费系统通常都是按入口发卡、出口收费的原则来进行设计,收费口的几何设计也是以进口的通行能力比出口通行能力高为前提进行的。但目前不少地方采用入口收费、出口验票的方式来组织收费管理。

在管理初期,采用入口收费、出口验票的方式,其优越性在于出口处通过人工校验通行票,基本上可防止作弊,比较适合于人工式收费系统。但是随着交通流量的不断增大,收费口服务水平往往不能满足使用要求,除出现排队问题外,还会因交通网络的逐步完善和规模增大,限制了客户行车路线的自由变更,缺乏机动性。

封闭式收费的优点如下。

(1)严格按车种和行车里程收费,公平合理。

(2)能控制漏收情况。

(3)停车及交费次数少,使用者容易接受。

(4)可以兼顾出入口的交通管理。

(5)借助通行券上记录的信息,可以获得多种交通情报,如各出入口的分时交通量、各立交交通量的分配、各路段交通量及平均车速等。同时,亦可依据记录的信息,对收费人员的工作量、差错率及工时利用率等实行跟踪管理与考核。

封闭式收费的缺点如下。

(1)收费站及收费车道数多;收费站与互通立交合建一处,为便于收费,立交形式需作专门考虑,造成投资增大。

(2)入口、出口车道因分别装有各自的收费设备而相对固定,不易开辟中央往复变向车道。

(3)较难改变成免费道路。

(4) 入口操作简便,但出口操作复杂,费时较多,为了不影响交通,只能增多出口车道。

(5) 收费设备复杂,造价高,管理维护费用高。

4. 混合式

混合式收费是开放式和封闭式两种收费方式的混合,其基本出发点是将两者的优点结合起来,形成一种新型的、简单有效的收费制式,适用于中长距离的收费公路。这种收费制式在主线上设一定数量的收费站,间距大于40km,在两主线站之间的部分匝道设收费站。每个收费站的标准不同,但对每一个站来说仅根据车型不同而变化,各站同一类型的收费额根据收费区间的不同而有所区别。在减少漏收和不合理收费额的前提下,收费区间要认真分析确定。

由于大多数国家的高速公路都是分阶段修建、逐渐成网的,最初修建的路段往往较短,所以有时先在主线上建一个收费站,成为开放式系统,以后随着线路的延长,从整体考虑不宜采用开放式,但原有的收费系统已经运转多年,制式很难改变,于是便发展成开放式和封闭式的混合形式。此外,还有均一式、开放式、封闭式等多种形式。

近年来,随着我国高速公路建设的迅猛发展和高速交通网络的逐步形成,在跨省高速公路和省内各地区高速公路间,由于投资主体的不同和利益差异,在收费方案选择与协调、通行费分配与监督等方面,都存在诸多需要研究与解决的问题。

根据《收费公路管理条例》第十二条的规定,高速公路以及其他封闭式的收费公路,除两端出入口外,不得在主线上设置收费站,但是,省、自治区、直辖市之间确需设置收费站的除外。非封闭式的收费公路的同一主线上,相邻收费站的间距不得少于50km。

二、收费的方式

目前,有关收费方式总的来说可以归纳为三大类,即人工收费、半自动收费和全自动收费系统。

1. 人工收费

人工收费基本上不使用微机,是由人工识别车型、收取费用、发放票据、放行车辆。一般在开放式的收费道路、桥隧收费口采用。这种方式的最大优点是:简单易行,可节省大量的建设及管理经费,缺点是:少收、漏收、闯口等现象严重,同时要求收费人员的素质条件高,若管理不善,容易引起票款差错,舞弊和贪污现象。

2. 半自动收费

半自动收费是由人工和计算机相互配合,共同来完成收费工作。根据我国国情,采用人工识别车型或仪器识别,人工收取通行费,利用计算机及自动控制技术自动读写信息、计算收费金额、打印票据、累计和汇总。这种方法既避免了设备过于复杂的问题,又对作弊行为起了很好的抑制作用。缺点是,交通高峰期会引起排队和延误现象。半自动收费按使用的通行票不同,分为纸质通行票和磁(电子)卡两大类。

3. 全自动收费

全自动收费是现代电子技术发展起来的先进收费方式,整个收费过程由安装在车道上的电子设备和收费点计算机自动完成。根据辨识方式的不同,又分为硬币式自动收费系统和全自动车辆辨认收费系统。

硬币式自动收费系统:在收费站的通道上安装硬币收费机,车辆经过时,车主把规定数额的硬币投入收费机硬币装置内,收费机收到硬币后,会自动鉴别硬币的真伪和数量,确认所投硬币正确无误时发出指令,开起收费站的栏杆或亮出可以通行的绿色信号灯,允许车辆通行。

近十余年来,这种收费机随着广泛应用其性能不断改善,如用电磁法代替机械法对硬币进行检验,有的收费机还可以接受信用卡和纸币。目前在我国推行此种收费系统尚有困难,其一,设备来源困难,靠进口要花大量外汇。其二,对设备维修人员要求很高。其三,国内流行货币以纸币为主,还需生产大量专供收费使用的有价硬币。第四,需要较高的国民素质。

全自动车辆辨认收费系统:是多种先进的计算机、通信和激光技术的合成,近几年才投入使用。采用全自动车辆辨认收费系统,需要预先在车辆规定的位置贴上与该车相对应的识别条码。车辆经过收费站时,激光判读装置自动读取识别条码并传递给计算机,计算机按接受的条码来读取预先储存的该车车型、车主姓名和所有计费信息,系统按相应的规定收费标准计取费用,此外还可以进行更为复杂的车辆管理工作。收费设备对车辆进行识别辨认后,把判读结果转换为可处理的数字信号,为收费及其他信息提供了良好条件。

值得一提的是,全自动车辆辨认收费系统不仅可以判断车型,而且可以采集到有关车辆和车主的诸多信息,这就使收费方式变得更加灵活。如车主可以预先交付一定数量的费用,车辆每次经过收费站,系统自行计费并记录储存,到一定时间按累计费额统一结账;另一种方式为车主不预先付款,定期按累计费额发寄收费单,要求车主按规定的时间和方式交费。这种系统的最大优点是车辆通过收费站时不需要停车,可以大幅度提高收费车道的通过能力,我国广东佛山大桥以及北京机场高速公路等均已开辟车道采用这种收费系统。

第三节 收费标准的分析

收费道路作为一种服务产品提供给用户,既具有普通产品的特点,也具有专卖产品的特点,因此,收费标准的制定除符合市场经济的要求外,应综合考虑成本、社会效益、用户接受程度等多方面因素。

一、影响收费标准的因素

1. 收费交通量

收费交通量是指收费下实际发生的交通量。收费交通量与收费标准相互影响,相互制约,二者成反比例关系。同时路网结构以及与收费公路平行的不收费公路的技术状况也直接影响收费交通量。一般而言,路网结构完善,平行公路技术等级高,行车条件好,则转移交通量大,收费交通量小。

2. 道路使用者的消费心理

由于出行目的不同,一般来讲,道路使用者选择高速公路时主要会考虑如下三个因素:运行成本;时间;行驶安全性与舒适性。因此在制定收费标准时,要考虑高速公路影响区域内道路使用者的构成情况。

3. 地区经济发展水平和人口增长速度

在经济比较发达的地区,收费标准自然要高于经济相对比较落后的地区。而人口的增长则反映了该地区经济的增长,特别是当一个地区外来人口较多时,就表示该地区的就业机会比其他地区要多,相应收入水平也比其他地区要高,因此收费标准也应比其他地区高。

4. 物价波动

物价波动对收费标准的影响,不仅反映在收费标准的制定上,也反映在收费标准的调整上,并且直接关系投资人、经营者、道路使用者的利益。对收费高速公路来讲,一般应根据市场的物价指数和用户效益的增长,在恰当的时间调整收费标准。

5. 环境污染和交通安全

高速公路解决环境污染和交通安全问题可以通过收费标准对交通量进行控制来达到。高速公路往往修建在交通比较拥挤和繁忙的地区,通过制定合理的收费标准,使高速公路上的流量合理,利用率达到最大,但又不会形成拥挤和堵塞,这样使得运输效益提高,解决了拥挤问题,也解决了因拥挤而带来的环境污染和交通安全问题。

二、高速公路收费的定价原则

制定高速公路收费标准时要遵循以下原则。

1. 社会效益最大原则

高速公路投资额巨大,通行能力强,服务水平高。收取车辆通行费后必然会减少交通量,降低投资效益,收费标准越高,社会效益越小。因此为了使高速公路尽可能提供最大的社会经济效益,确定收费标准时,应在满足收费还贷或公司合理盈利目标的前提下,取尽可能低的收费标准。

2. 合理收益原则

目前高速公路收费的原因主要是为了吸引多方投资,解决公路建设资金不足的问题。因此在确定收费标准时,应能保证公路还贷的要求和公司经营的合理盈利的财务目标。

3. 公平负担原则

收费标准应考虑道路使用者的负担公平问题,主要从两个方面衡量:车辆对道路的占有、破坏作用及车辆使用高速公路所获得的运营效益。

一般来说,车辆对公路的占用面积越大,单位时间内公路通行的车辆数量越小,车辆的吨位越大,对路面的破坏作用也越大,由此带来养护、维修费用的增加。

车辆的运营效益主要取决于车辆的载重吨位(座位),零部件的磨损及耗油等方面。车辆的吨位(座位)越大,单位耗油越少,行驶高速公路的效益也越大。因此不同车型、吨位的车辆收费标准不同。

实际中要同时满足上述三个原则是很困难的,收费标准往往不能同时让投资者和经营者、政府、道路使用者都满意。投资者和经营者希望尽快收回投资并获取较高的收益,因而期望较高的收费标和较长的收费年限;政府方面则希望高速公路能最大地发挥其社会效益,希望较低的收费标准和较短的收费年限;对道路使用者来说,则期望收费标准越低越好。

因此制定的收费标准应综合各方面的因素,尽可能地合理、公平,使各方都能接受。根据目前的实际情况,一般以收益为主,兼顾效益与公平。因为收益原则关系到高速公路建设的投融资方式和融资的难易程度,直接影响今后高速公路的发展速度,进而影响整个国民经济的发展速度,因此应置于第一位。在考虑收益原则的条件下,尽可能地使高速公路发挥其最大的社会效益,同时考虑对道路使用者的公平。

三、收费标准的分析

《收费公路管理条例》第十六条规定:车辆通行费的收费标准,应当根据公路的技术等级、投资总额、当地物价指数、偿还贷款或者有偿集资款的期限和收回投资的期限以及交通量等因素计算确定。按照上述要求和收费定价的原则,确定公路收费标准时,一般分为两个步骤:第一步,划分车型,分析不同车型的收费系数,初步拟定收费标准;第二步,根据初拟的收费标准、公路的投资总额、贷款额、贷款偿还期限、交通量、物价水平、建设项目的经济效益以及公司经营的合理盈利目标进行财务分析,选择适当的收费标准。

1. 车型划分及确定收费系数

划分车型的主要目的就是保证通行费征收的相对公平性。一般而言,征收的通行费应在某种程度上反映不同车辆对公路的使用和破坏,同时也要考虑收费公路的车型构成比例、车辆分类的检测手段、车型判别的简明性。因而车型分类的原则是:公平合理性和简单明确性。

我国至今为止大多数的收费公路是以车辆的额定载重为依据进行分类的,各省的分类标准不尽相同。为了规范全国机动车车型分类,解决各省、自治区、直辖市由于车型分类不统一带来的车辆通行费标准差异大、社会反映强烈等问题,并为收费公路联网收费创造条件,交通部于 2003 年 4 月 23 日发布了《收费公路车辆通行费车型分类》(交通行业标准 JT/T489—2003)见表 7-2。

收费公路车辆通行费车型分类　　　　表 7-2

类　别	车 型 及 规 格	
	客车	货车
第 1 类	≤7 座	≤2t
第 2 类	8 座 ~ 19 座	2t ~ 5t(含 5t)
第 3 类	20 座 ~ 39 座	5t ~ 10t(含 10t)
第 4 类	≥40 座	10t ~ 15t(含 15t) 20in(1 in = 0.025 4m)集装箱车
第 5 类		>15t 40in(1 in = 0.025 4m)集装箱车

在划分了收费车型之后,不同车型间的收费系数决定了不同车辆之间的付费程度,一般而言,运营效益越大的车辆,其载重量、吨位和乘客数量也越大,对路面的损害程度也越大。车辆对道路的破坏主要取决于车辆的最大轴重。车辆的总重随其轴重的增大而增大。车辆轴重和总重不但是道路和人工构造物设计的主要依据,同时也是公路确定收费额的最合理标准之一。随着经济的发展,不但交通量增加迅速,而且重型载重汽车的比例也在增加。公路路面和人工构造物的造价占公路建设投资的一半以上,研究表明,超载大型车辆是导致道路损害的致命因素。美国公路者协会 AASHO 著名的研究结果表明:汽车对路面破坏程度与汽车轴载重量的 n 次方成正比。

$$N = \left(\frac{P}{P_0}\right)^n \qquad n = 4 \sim 5 \tag{7-1}$$

式中:P_0——标准轴载重力(kN);

P——任一轴载重力(kN);

n——P 轴对路面的作用次数换算成 P_0 轴对路面的作用次数。

但如果按照上述理论测算得出的费率关系,一辆集装箱车的通行费将会是小客车的16.67倍,显然在实际中无法采用。

从社会运输的宏观角度看,一个地区和国家的经济发展水平,导致交通量的客货车种比例差别很大,不同高速公路的交通量又有其特有的交通组成规律。收费系数要能够保证吸引到足够的车量使用高速公路,如何确定不同车型之间的收费比重,是个复杂的问题。

国外高速公路的交通量构成中小汽车占80%以上,我国与发达工业国家的国情不同,目前我国车辆保有量中,中型货车所占比例约在60%以上。由此可见,确定中型货车的收费系数将起着决定性的作用。

因此,在确定收费系数时,既要考虑车辆的占有率,对道路的破坏程度,同时还应兼顾小型车、大型车和特大型车之间的利益关系,做到彼此间收费的相对合理,以最大限度地吸引各种车辆使用高速公路。

借鉴国内外收费高速公路的资料,建议不同车型的收费系数如表7-3。实践证明,按照这一收费系数确定收费标准,对车辆具有较好的吸引力,但各地方收费系数的确定,主要还应依据道路和交通的实际情况进行分析或调整。

各种车型的收费系数　　　　　　表7-3

1类车	2类车	3类车	4类车
1	1.5	1.7	2.74

2. 经济效益分析

车辆是道路的直接用户,向用户收取的费用应是用户使用高速公路所获取的部分效益。测算不同车辆使用高速公路的经济效益,采用有—无对比法,即车辆使用高速公路的效益为有此高速公路项目与无此高速公路项目车辆所节约的费用。

在确定收费标准时,车辆使用高速公路的效益主要分析以下两项:

(1) 运输成本降低的效益(b_1)

$$b_1 = C_w L_w - C_y L_y \tag{7-2}$$

式中:C_w, C_y——分别为无项目和有项目时的单位运输费用。(元/吨 km);

L_w, L_y——分别为无项目和有项目时的运输距离(km)。

(2) 运输时间节约效益(b_2)

①节约客运时间

旅客节约在途时间的价值,是以旅客旅行时间缩短,可以创造的价值来衡量,其价值以项目所在地职工人均工资总额以及节约的时间计算:

$$b_2(客) = MRTa \tag{7-3}$$

式中:M——职工人均工资总额(元/人 h);

R——平均载客人数(人/车);

T——车辆行驶高速公路节约的时间(h);

a——旅客节约时间利用系数。

②节约货运时间

货车节约的时间价值是以在途货物加快周转所节约的资金成本来计算。

$$b_2(货) = PIDT \tag{7-4}$$

式中:P——在途货物平均价格(元);

I——资金的时间价值;

D——货车平均吨位(t)。

为了有效地吸引车辆利用高速公路,在拟订收费标准时,不应将道路使用者所获的效益全部收回,必须给其留有一定的剩余。

3. 财务分析

依据初拟的收费标准、交通量、投资额、经营养护成本及收费年限进行财务分析,计算项目的内部收益率、净现值、投资回收期、贷款偿还期等财务评价指标,综合考虑各种因素后确定合理的收费标准。

第四节　高速公路收费日常管理

为维护高速公路安全、舒适、经济、快捷的行车条件,规范收费人员的公务行为,发挥高速公路的经济效益与社会效益,应根据《中华人民共和国公路管理条例》等有关法律、法规,结合高速公路的实际情况设置组织机构,制定相应的规章制度。

一、收费人员管理

1. 收费人员条件
(1)政治思想好,品行端正,遵纪守法。
(2)具备初中(或高中)以上文化水平及基本业务技能。
(3)身体健康,矫正视力在0.8以上,无色盲和其他残疾。
(4)经专业培训,由主管部门考核,审批合格后,签订合同,持证上岗。

2. 值班班长
收费人员以班为单位,每班设班长一名,按班次持续收费。值班班长是本班收费工作中各项疑难问题的第一处理人,具有以下职权。
(1)确定收费人员岗位分工。
(2)监督收费人员着装及风纪。
(3)疏导进出口车辆。
(4)按规定处理闯口车辆事宜。
(5)负责进出口巡查,检查指导本班安全防范工作。
(6)监护收费设备的完好使用。
(7)监督和检查收费亭内外卫生。
(8)负责处理临时发生的其他有关收费事宜和本班收费行政工作。
(9)遇有重大问题时,负责向上级领导请示报告。
(10)填写班组收费日志。
(11)组织全班按时列队上下岗,按军事化要求交接班。
(12)精通收费业务,了解有关收费政策、法律、法规及文件,以便于指导收费工作。
(13)负责监督检查下岗收费人员的结账并签字。

3. 上岗要求
(1)清理私人现金,不得带入收费亭内。
(2)上岗的收费人员在执行公务时,应按着装规定,统一着制式服装。着制式服装执行公务时,应加戴"服务监督胸卡",带齐有关证件。
(3)清点各种票卡,发现错票及时与票务组联系解决,否则责任自负,另外备好周转金。
(4)上岗后要把帽子、大衣(风衣)挂放指定位置。
(5)在收费亭窗口挂出收费人员"服务监督号码牌"。
(6)票据、票箱个人专用,严禁混用、借用。
(7)提前识别来车类型,核验通行卡与车型是否相符,不符时,应按实际车型收费并做好记录。

（8）核实该车进站口名称。

（9）唱清客户应付款数及客户所付钱钞面额，对大面额钱钞进行防伪鉴别。

（10）唱清应找款额及票证收据。

（11）微笑服务，使用文明用语，耐心解答客户询问。

（12）收费人员要熟知收费标准，严格按标准收费，不徇私情，做到不漏收，不弄虚作假。

（13）对不接受票证收据的客户应积极进行劝导，对遗弃的票证收据要及时撕下并加盖"废"字戳记于班后交票务组统一处理，不允许随意撕碎在收费亭内向外扔撒。

（14）为收费人员配备的保安器具放置在便于使用的位置，并随时检查其是否处于完好的待用状态。

（15）收费人员在收费亭内不允许大声喧哗、聊天、吃东西、织毛衣及干其他与收费无关的事宜。

（16）收费人员在执行公务时应按要求，积极主动与稽查人员配合，认真回答稽查人员的询问，出示被检查的票证及物饰，共同搞好收费管理工作。

4. 交接班制度

（1）接班人员应在值班长统一带领下列队按时接岗，接岗时间为接班前10min，以便于按时完成交接手续。

（2）接班值班长应向上班次值班长了解上班次情况，并查验"交接班记录"，上班次未了事宜应由上班次值班长在"交接班记录"中注明，由接班值班长安排处理。

（3）交班人员应在接班前清点自己的票款，装箱携出收费亭。

（4）人员接班时应查验收费亭内所有设备、装备有无损坏，有无上班次遗留物品，待确认合格后，由接班值班长在"交接班记录"上签字。完成交接后，如再出现问题，概由接班班长负责。

（5）为保证车流通畅，交接班时可开启备用进出口。无备用进出口时，可短时关闭一口，交替交接，但交接时间应避开交通量高峰时段。

（6）交接完成后，交班值班长应组织全班列队下岗，统一进入票款结算室结算。

5. 收费人员的培训和考核管理

收费人员的培训应建立在一整套"岗位职务职能标准"的基础上，以是否达到岗位技能标准作为培训的目标。通过培训提高收费人员的基本素质水平，提高收费的整体服务水平，提高单位或企业的外部形象和经济收益水平。

收费人员的培训应当以一线收费员为主体，同时，对与收费有关的其他岗位人员进行培训。培训内容通常分为一般性培训和专业性培训两个部分。一般性培训包括：收费制度、岗位职责、法制教育、英语会话、安全防范、文明服务、高速公路基本知识以及军训等。专业性培训包括：收费流程、车型判断、点钞、设备操作维护、表格填报、票款结算、票务管理等。

考核是管理过程中一个重要的行之有效的手段。通过考核切实履行多劳多得、奖勤罚懒的劳动分配制度，充分调动全体员工的积极性和创造性，加强部门之间你追我赶，竞争有序的工作氛围，提高整体工作效率，促进精神文明建设。

收费人员的考核管理工作包括：制定考核的细则和标准；按照事先制定的标准和原则，根据工作实绩，严格进行考核；考核结束后，将考核结果反馈给员工，使他们明白自己的工作绩效和差距。按照考核目的，分析总结考核结果，发现问题，进一步修改和完善考核内容和标准。

二、票务与稽查管理

1. 票务管理

票务管理是高速公路收费管理中比较细致、繁杂的一项工作。它依据不同的收费方式和收费制式,在管理的具体内容上有着明显的差异。

(1)票证台账的设置

采用人工收费方式时各收费站票务部门应设立以下台账:高速公路通行票据台账;通行卡回收、通行费收入台账;售出票据统计表;通行卡收发统计表;通行卡发出统计表;现金账;通行费收入统计表。以上台账作为跟踪收费工作中有价证券、通行卡、现金的全过程手段,用以达到相互制约、相互监督、机制运转正常的目的。

各收费站票务部门每月应分段定时向上级收费部门报送收费报表,上级收费部门可根据管辖范围依次汇总上报。

(2)票据(证)的请领

①各收费站票务部门在向上级收费部门请领各种有价票证及车辆通行卡时,必须签写一式二联的收据,各执一联作为各自记账凭证入账。

②票务部门负责验收所请领的票证数量、质量,发现数量有误或印刷错误要及时上报上级收费部门纠正,错票如数上交,不得自行销毁。否则视为丢票。

(3)票据(证)的使用

①收费时发现通行卡与车型不符时,除按实际车型收费并做好记录外,应填写"错卡、闯口统计表"。

②票据(证)应逐本逐号使用,填写时要字迹清楚,内容齐全,计算准确,不得涂改。如发生填写差错,必须经站收费部门负责人查验后,全份加盖作废章,随同存根联妥善保存。

(4)票据(证)的保管与核销

票据(证)的核销是整个票据(证)管理的关键。

①收费站票务部门负责对所使用的各种票证的保管,做到安全防火、防盗、防潮、防鼠咬,做到储存定位、有序,标志醒目。

②各种票证存根每500张(10本)为一组,由票务人员负责记入"回收票根台账"。

③收费站票务部门负责确定收费人员周转金数额,并报上级收费部门备案。

④回收的通行卡及其存根封存时间一般为3个月,有价证券存根封存时间为12个月,对其销毁时应由下级收费部门书面形式报告上级收费部门,经批准后在指定时间、地点、监察销毁(通行卡及存根销毁时间为下一季度末,有价证券存根销毁时间为转年的4月中旬)。

⑤有关现金记账凭证、数据存根按财务规定,每月装订成册,封存待查期为15年后方可注销。

(5)票款结算

①收费员下岗后,直接到票务部门将所收通行费与收据存根核对无误,并根据回收通行卡数填写"高速公路日通行卡、通行费收入统计表",再根据收据存根填写"售出票据统计表",连同现金(包括回收通行卡)一并上交站票务部门核收、点清现金,由其开出一式三联现金收据,双方签字,其中一联交收费员作为交付现金的凭证,一联为存根,另一联为收费记账原始凭证。

②收费人员对未售出票证按规定妥善保管,不得擅自委托他人保管。

③为确保有价证券与现金核实无误,收费管理人员、收费员对所保管、使用的有价证券,如

若丢失,要依价赔偿。收费员若发生现金短缺或误收伪钞须由本人赔偿,对多收款应主动上交、查明情况尽可能退还多交款者。

④票款结算应统一在票款结算室内进行。结算包括:结清票款、通行票据号以及各类通行卡数。

随着收费管理工作的进一步与国际接轨,目前我国已有部分高速公路采用"钱袋"式收费结算方式。也就是说收费人员不再进行现场结算,而是将收到的钱款在下岗时放入"钱袋"按规定封装,直接由银行收款人员取走,并在有一定监督措施的条件下打开"钱袋",按收费人员填写的有关记录或计算机提供的跟踪数据进行结算,同时验证收费员的工作,发现差错由收费员本人承担。

(6)处罚

①对于文明服务方面,各单位应制定考核指标,将服务水准与奖金挂钩,对于严重违纪人员要进行行政处理。

②收费员由于失误出现长、短款时,应将长款额交于本站票务部门,由票务部门开收据;短款时应在班长监督下将差额补齐。站长、班长要做好记录备查。长、短款次数较多者,下岗培训,经考试合格后上岗。

③收费人员贪污票款应给予严肃处理,正式职工除按其贪污金额给予加倍罚款外,还应按其贪污金额给予行政处分、离岗检查或除名。

临时工、合同工贪污票款除按其贪污金额加倍罚款外,应一律除名。本人如不交罚款,由其担保人负责。正式工、临时工、合同工贪污票款情节严重违法者送交司法机关处理。

2. 稽查管理

为维护高速公路收费工作的正常秩序,保证各收费管理单位或个人严格按照收费标准依法收费,杜绝违纪现象发生,在高速公路收费管理中建立稽查制度是非常必要的。特别是采用人工收费方式的高速公路,更应当及时建立相应的专、兼职稽查机构,加强对收费人员的管理。

(1)稽查的职能作用

高速公路收费的稽查工作是高速公路管理部门为保证国家收费政策和法规得以认真贯彻执行而采用的一种内部经济监督活动,它具有十分重要的作用。稽查作用主要有以下几个方面。

①通过稽查的威慑作用,使被稽查人员产生一种心理效应,强化收费管理工作。通过稽查和正面宣传教育,提高收费人员及过往驾驶员遵纪守法、照章收、交费的自觉性,从而保证收费任务的完成。

②有利于收费队伍的廉政建设,通过内部稽查,促使收费人员不断提高思想觉悟,防止违法乱纪行为的发生,不断促进收费队伍素质的提高。

③保证和促进收费管理工作各项制度的落实和管理水平的提高。通过对收费管理部门的稽查,促使其按照收费管理有关规定和财经纪律,做好收费票卡发放、票据结算、票款解缴、账表等基础工作,达到以查促收的目的。

(2)稽查组织和人员纪律要求

①组织形式。稽查队伍的建立,可根据收费机构的组织情况,分级建立稽查网络,采取上下结合、专兼结合。局(处)应成立稽查主管机构,负责管理稽查的日常工作。其下属各级机构均应建立相应的专兼职稽查组织。收费站及各收费班组应以自查为主,发现问题,及时整改。

②人员要求。稽查人员应具备一定的基本业务素质,熟悉掌握各种车型的识别和收费标

准,经过专业培训后方可上岗执行公务。稽查人员还应具有一定的政策水平,要了解和掌握有关收费工作的政策规定,严格执法;具有一定的书写能力和口才,善于做好说服教育工作;具有较好的身体素质,适应高速公路全天候的稽查工作;具有独立处理和解决问题的能力,判断准确,处理得当;具有较高的政治素质,不怕苦,不怕累,不怕打击报复和冷嘲热讽,敢于同违法乱纪行为作斗争。

③纪律要求。高速公路稽查工作是高速公路管理部门的对外窗口之一,其一言一行直接影响高速公路收费管理部门的声誉和形象,因此要求稽查人员在执行公务时:应自觉执行国家各项法规、政策规定;严格按照高速公路有关规章制度办事,不得超越稽查工作职权范围;不得乱扣车,乱罚款;着装整齐,佩带稽查标志,执法证件齐全;做到文明稽查,讲究职业道德,正确使用稽查语言,举止端庄,动作规范,处理问题实事求是,以理服人,自觉维护高速公路收费、稽查人员形象;不断提高自身业务知识,提高稽查工作质量。

(3)稽查的方法

①定期稽查与不定期稽查相结合。各收费站、班组应建立定期稽查制度,上级收费管理部门则一般采取不定期抽查,以便及时发现问题。

②稽查与自查相结合。各收费班长应在班内开展经常性的自查互查,不断提高收费人员政治、业务素质,上级收费管理部门应在此基础上组织稽查,推动收费管理工作。

③专业稽查与兼职稽查相结合。除上级主管部门进行专门业务稽查外,应组织其他业务管理干部学会并参与稽查,这样做不仅扩大了稽查力度,也可使管理干部充分熟悉收费业务,协助收费工作的开展。

(4)稽查的内容

收费公路的稽查工作分为内部稽查和对外稽查。内部稽查工作包括如下几点。

①检查收费亭内有无闲杂人员,收费票证、用具、通信设备、警械是否按规定摆放和完好。

②收费人员着装是否整齐、文明服务是否符合要求。

③收费员有无作弊问题。

④收费人员下岗后票款结算情况,所留周转资金是否超出规定限额。

⑤检查票务工作、票款、账目是否日清日结。票据领发、保管、使用、核销等手续是否齐全,有无发生丢失票证现象。票证填写是否齐全、准确,有无涂改。退票、退款是否按规定手续办理。

⑥各种账目、报表是否准确,报出是否及时、记账是否符合规定,是否做到账证相符、账账相符、账款相符、账表相符、所收钱款是否及时送缴银行。

⑦各项基础管理工作是否健全,安全保卫工作措施是否落实。

对外稽查工作主要有如下几点:

①核对其车型与行车里程,考核收费是否合理。

②拦截闯口车辆。

③检查车主交费收据是否齐全,无收据时要与收费人员查对。

随着我国高速公路收费工作逐步采用计算机管理之后,由于其系统设计的严密性和收费站上秩序的逐渐好转,收费人员的违纪现象及闯口车辆也在不断减少,很多地方的收费稽查重点已开始向设备维护和文明服务等内容转移。还有些收费部门,将出入站口的交通疏导、安全保卫等与稽查工作结合起来,使稽查工作增添了很多新的内容。

三、资产管理

资产管理是指对收费站站区内所有的收费及附属设施、管理用物品在添(购)置、领用、使用、保管、维修保养等环节的管理。

1. 资产分类

根据资产的用途和管理性质，主要分为以下几类。

(1) 固定资产

使用年限超过一年的房屋、建筑物以及与生产管理有关的设备、器具、工具或单价在 2 000 元以上使用年限在二年以上的物品。主要包括如下几部分。

收费设施——收费亭、自动栏杆、IC 卡读写器、电脑显示器；空调设备。

通信设施——通信电缆、播音扩音器材。

监控设施——监控电视屏幕、监控电脑、数据处理系统、录放像机、电源设备、监控镜头等。

房屋——站部管理综合用房、设备用房、匝道辅助用房等。

建筑物——收费棚、地下通道、收费道口(包括安全岛)、照明灯具、收费区域绿化带等。

安全设施——收费区域护栏、护网、金库防盗系统、防撞设备。

其他设备——办公用照相机、复印机、电脑、传真机、电动伸缩门、对讲机等。

(2) 低值易耗品

单位价值较小、不能作为固定资产的各种用具物品。包括收费员工作箱、自卫器材、灭火器材、黄沙箱、防撞柱、办公椅、桌、柜、一般维修工具、饮水机、电话机、缴款钱包等。

(3) 其他物品

其他物品包括日常办公用品、生活用品、车主欠费抵押品等。

2. 资产的添置及使用

(1) 资产添置的计划管理

因收费管理的需要增添设备、设施等固定资产，收费站必须于年初编制设备、设施添置按年分月计划，经职能部门汇总分管领导审核、主管领导批准后，由职能部门统一办理。

临时应急所需物品，按上述审批程序办理追补计划，办理相关手续。

(2) 资产的添置、领用管理

固定资产的添置按照先急后缓、保证一线需要的原则，在批准的计划范围内由职能部门组织采购。实施采购时，通过比价比优选定供应商，对金额较大或数量较多的资产购置，应签订购销合同，并实行银行结算方式，控制价格，保证质量。职能部门组织站内相关人员参加验收后办理交接手续。

低值易耗品及其他物品的添置，由上级职能部门按计划统一购置、统一保管、统一发放，收费站在批准的计划或定额范围内由经办人填写领料申请单，办理领用手续，职能部门发放人员及时登记物品收发台账。对此类物品的考核管理可按不同类别分别实行使用年限法、定额包干法、申报审批法等管理方式，控制不合理的费用开支，防止浪费。

(3) 资产的使用管理

设备、设施等资产使用人员应严格按有关规定程序操作，收费站定期组织相关人员进行业务培训和业务交流，努力提高操作技能和操作水平。严禁私自修改电脑程序，严禁外来软件进入收费、监控电脑系统，房屋、建筑物不得任意改变其结构。

低值易耗品及其他物品的使用，贯彻"谁使用、谁保管、谁维护"原则，按有关规定正确使用、保管,未达到规定使用年限或超过定额标准而确需添置或领用的,一方面要追究当事人的经济责任,另一方面按规定办理相关手续。

收费站各项资产有着特定的用途,任何人不得任意改变其用途,原则上现有资产不得调出本部门或利用现有资产对外搞其他营利性活动,如确因工作需要进行资产的调拨,应由收费部门或相关部门提出申请,上级职能部门签署审核意见,分管领导批准后方可进行,并办理交接手续,登记资产调拨台账。

3. 资产的维护及修理

(1) 资产的日常维护、保养

收费站区设备设施等资产的日常维护、保养工作由收费站各职能部门或专业人员负责完成,使用人员或职能部门应加强日常巡查和定期检查维护保养工作,并做好台账记录,发现问题及时调整修复,重大或疑难问题及时报上级职能部门解决。

(2) 资产的修理

资产的修理主要包括零星修理和计划修理。设备、设施等的零星修理或应急修理,由使用部门提出申请报上级,职能部门组织维修人员实施修复。如需购置材料配件的,由上级职能部门根据实际情况提出材料采购申请,按规定报批后,方可办理材料的采购、验收入库、领用手续;如本单位维修人员无修理能力需请外来人员协助修理的,职能部门应及时联系解决,并就外协单位、外协费用等上报有关领导审批同意后,方可实施。由于应急修理项目的时间性要求较高,职能部门应及时安排维修人员到位施工,并监督维修质量达到规定的要求。因修理时间、质量问题影响正常收费工作,将追究相关人员的责任,情节严重的,给予行政处分。

资产的计划修理由上级职能部门于每年年初编制按年分月修理计划,报分管领导审核,主管领导或办公会议批准。计划落实时,职能部门应提出实施方案,在与收费站主管领导取得一致意见后,方可组织实施。要通过多种途径,采取多种措施,确保收费设备、设施始终处于完好状态,达到提高设备、设施的完好率,满足收费工作的正常需要的目的。

4. 资产的保管

(1) 资产的登记

上级管理部门设置"固定资产明细分类账"、"固定资产登记卡"、"低值易耗品登记簿"、"办公及管理用品登记台账";收费站设置"固定资产备查簿"、"低值易耗品备查簿"、"办公及管理用品领发台账"、"抵押品登记台账";对固定资产、低值易耗品实行统一编号,统一登记;购置费用由职能部门登记后,财务部门方可办理报销手续;物品领发必须双方签字认可,并登记相关台账;收费部门应明确专人负责资产的登记工作,定期与有关部门、人员核对,做到账、卡、物相符。

(2) 资产的保管

按照"谁使用、谁保管"的原则,个人专用物品由使用人负责保管;共用设施、物品保管由收费部门行政管理人员、保安人员负责;库存物品的保管由专(兼)职保管人员负责;通行费欠款抵押品由收费部门指定专人负责。保管人员应做好防火、防盗、防潮、防破坏、防病毒、防腐蚀工作,不得擅自挪用。

(3) 资产的盘点

保管人员应定期进行账物核对,确保账、物相符。年终组织有相关部门参加盘点清查,属于正常范围内的盘盈、盘亏、毁损物品按财务制度的有关规定报经批准后,进行账务处理;属于非正常情况的,追究相关人员的责任。

(4)资产的报废和废旧物品的处理

固定资产因超过规定使用年限或技术改造的需要而报废,由上级职能部门提出申请,分管领导审核,主管领导批准后,按有关规定办理。低值易耗品及其他物品报废,由使用部门提出申请,职能部门审核,分管领导批准后,按有关规定处理。属于人为破坏或工作失误导致损坏的,由职能部门提出处理意见,报上级领导审批同意后,追究当事人和相关人员的责任。

资产报废后的废旧物资及过期无人认领的抵押品应上缴上级职能部门,由职能部门提出处理方案,报经上级领导批准后方可实施,款项全额上缴财务部门。

第五节 高速公路联网收费管理

一、高速公路联网收费概述

1. 高速公路联网收费的提出

目前,我国大部分地区的高速公路是按照"一路一公司"、"建管一体化"的方式进行建设、运营管理的,这样就出现了在高速公路路网的主线上,一条线路有多个公司设点、收费的现象,除给使用者带来诸多不便外,重复建设收费站、低效率的服务水平也制约了高速公路的发展。为了保证国道主干线的畅通,减少道路使用者在途中交费次数,一些省(市)提出联网收费的想法,交通部公路司也于2000年开会研讨,并颁布了《高速公路联网收费暂行技术要求》。在技术要求上提出了实行区域或省域联网收费的意见。具体做法是将区域(或省域)内几家公司(或管理部门)管理的若干条路(或路段)纳入到一个封闭式系统里面联合收费,系统内部管段之间或路与路之间不再设主线收费站或互通立交匝道收费站,行驶的车辆在出口一次性交费,收取的通行费在区域或省域的结算中心按在各管段内实际行驶里程进行拆分。

2. 高速公路联网收费的必要性

随着高速公路投入运营里程的不断增加,高速公路路网日益显示出它的规模效益,同时也给高速公路的运营管理提出了管理理念时代化、管理设施现代化、管理手段科技化、服务水平标准化、服务方式多样化,以及统一集中管理的要求。高速公路联网收费是高速公路收费模式发展的必然趋势。高速公路联网收费的意义和必要性在于:

(1)提高了高速公路的使用效率,提高了车辆通行能力,缩短行车时间,充分发挥了高速公路高效快捷的特点;

(2)提高了高速公路收费管理水平,减少了许多中间主线站收费,降低了运营成本,堵住了收费管理的漏洞,防止资金的流失;

(3)可以对全路网进行监控,大大提高了指挥处理突发大型交通事件的能力;

(4)提高了高速公路服务质量,方便车辆通行,使车辆运行更加快捷、安全;

(5)节约收费站和各种设备的投资,减少收费员的开支;

(6)减少车辆停车的次数,从而减少汽车尾气排放,减少环境污染;

(7)可以解决目前其他收费模式的诸多问题,处理好高速公路服务与收费的关系,扭转人们心目中高速公路到处设卡收费的不良形象,产生巨大的经济效益和社会效益。

3. 高速公路联网收费的条件

由于各条高速公路的建设时期、设备、投资者均不同,导致各路段收费系统的技术标准不统一。要实现区域内封闭式联网收费,必须满足下列条件:

(1)路网内必须采用统一的收费制式和收费方式、统一的技术标准以及统一的收费费率;

(2)采用同类型、统一数据格式的通行券,以及通行券通读设备;

(3)采用统一的车辆分型标准,这是实施联网收费的前提条件;

(4)采取统一的数据传输格式和通信协议;

(5)对路网内收费站、车道进行统一编码和定义;

(6)需要建立一个具有公正性和权威性的收费结算中心,对各路公司的通行费进行结算和清分,保证各路公司的公平收益;

(7)合理制止逃费问题。

二、高速公路联网收费的技术要求

联网收费系统总体框架结构一般由收费结算中心和联网收费区域内各路段的收费系统两部分组成。

1. 收费结算中心

收费结算中心的基本功能是:

(1)制定和下传联网收费系统运行参数(费率表、时间同步、系统设置参数等);

(2)接收收费站、收费中心上传的所有原始收费数据并对通行费进行拆分和复核,与指定银行进行账目信息交换和通行费结算、账务分割;接收收费中心上传的收费统计等数据;

(3)联网收费系统操作、维修人员权限的设置与管理;

(4)通行券、票证的管理;数据库、系统维护、网络管理;汇总、统计、查询、打印收费、管理、交通量等报表;

(5)数据存储、备份和安全保护。

可扩展的主要功能有:预付卡和电子不停车收费的管理;客户服务和抓拍图像的管理等。

2. 各路段收费系统

各路段收费系统包括:收费中心、收费站和收费车道。

各路段收费中心的基本功能是:

(1)接收和下传联网收费系统运行参数;

(2)准确可靠地收集管辖区内每一收费站上传的原始收费数据与资料;

(3)处理收集到的数据与资料,汇总、统计、查询、打印收费、管理、交通量等报表,并上传所有数据和文件给收费结算中心;

(4)通行券、票证的管理;联网收费系统中操作、维修人员权限的管理;

(5)数据库、系统维护、网络管理等;

(6)数据、资料的存储与备份和安全保护;抓拍图像的管理等。

收费站的基本功能是:

(1)轮询所有收费车道,实时采集收费车道每一条原始数据;

(2)对收费车道的运行状况实施实时检测与监视,具有故障自动检测功能;

(3)向收费中心/收费结算中心传输收费业务数据(收入、交通、管理);

(4)接收收费中心下传的系统运行参数并下传给收费车道;

(5)收费员录入班次的收费额;值班员录入欠(罚)款和银行缴款数据;通行券、票证的管理;抓拍图像的管理等。

收费车道的主要功能是:

(1) 按车道操作流程正确工作,并将收费处理数据实时上传收费站计算机系统;
(2) 接收收费站下传的系统运行参数;
(3) 对车道设备的管理与控制,具有设备状态自检功能;
(4) 可降级使用,但不丢失数据;
(5) 当通信中断时具有后备独立工作能力;
(6) 为车辆通行提供控制信息;将各种违章报警信号实时传送到收费控制室。

三、高速公路联网收费管理模式

高速公路投资主体的多元化,使得我国高速公路的管理体制也比较杂乱,既有省政府直接授权并领导的高速公路,又有省高管局直接管理的高速公路,还有企业法人投资建设并管理的高速公路。随着高速公路的不断建成和互联互通,这种分割路网、机构重复、低效运行的缺陷逐渐暴露,也给高速公路联网收费系统的建设和运营管理带来巨大的困难以及资金和人力资源的极大浪费。如何协调各管理主体的不同要求,兼顾公路服务的公益性和维护经营者的合法权益,成为高速公路联网建设中必须正视和解决的问题。根据适应高速公路经营管理实行企业化运作的发展方向和要求和已建立联网收费系统省市的成功经验,在联网收费系统的建设中,应坚持政府牵头组织协调,以企业为主体的建设、管理模式。这样既有利于维护各经营主体的合法权益,又可以调动其建设的积极性,推进高速公路联网收费的发展。

1. 联网收费协调管理部门

按照这一思路,针对目前我国联网收费牵涉到不同的路段业主、投资主体或管理单位的现状,可采用在各省成立高速公路联网收费协调管理委员会,协调委员会成员由路网内各路段业主、投资主体和管理单位按各联网单位收费里程或收费总额按比例分派。协调委员会是一个非营利性的跨单位的行业服务单位,其职能是负责高速公路联网收费的运行管理、重大问题的决策、协调网内各单位的联网收费工作,而协调委员会与政府交通主管部门的关系是:在省交通厅的指导和监督下规范运作,自觉接受交通主管部门的行业管理,重大决策和无法协调的问题由交通主管部门裁决。

2. 联网收费结算中心的组建模式

目前,国内联网收费结算中心的组建大约有四种模式。

一是省交通厅主管部门管理的属事业单位性质的结算中心模式。这种管理机构具有较强的政府职能,但高速公路企业化管理已经是一种必然的趋势,在联网收费工作多路段业主、多投资主体或多管理单位的省份,不一定能体现其公平、公正和公开性,容易产生许多不必要的矛盾和摩擦,同时这种管理模式主要靠行政调节,与政企分开、事企分离的原则不符。

二是属企业性质的单位。它是由高速公路集团公司等类似的单位管理的结算中心,如江苏省联网收费结算就是这种模式,运作上完全属企业行为,在行业上属交通厅领导,交通厅只起行业指导和监督功能,这种模式仅适合有一两家集团控股的省市,其在管理和通行费拆分过程中没有公平与否之顾虑。

三是独立的股份制形式。即联网结算中心由路网上各管理单位以股份制形式组成。上海市和无锡市跨省市的公交一卡通的成功运作模式表明,这是一种很值得提倡的运作模式,它完全由城市公交、出租、地铁、高速公路轻轨等交通部门自愿组成的公共交通卡公司,完成公交一卡通的运营管理、拆分清账管理等工作。这种模式比较适合路网上多管理单位的省市,也符合十六大精神,给企业发展有一个宽松的发展环境。

四是由省高管局下属的部门进行联网结算管理。因省高管局属交通厅管理,在高管局下设联网结算中心从体制上来讲比较顺,辽宁等省就采用这种模式。

3.联网收费结算中心的资金结算模式

归纳起来,资金结算模式大致有全额划拨和差额划拨两种形式。

全额划拨是一种集中式处理模式,形式是路网上每个收费站当天的收费额在规定时间上缴到由联网收费结算中心指定的结算账户上,上传各站的收费数据,联网收费结算中心在收到所有收费站的收费金额和收费数据后,进行统一的清算和拆分,然后划拨回各收费站的银行账户。但集中式处理模式最致命的弱点是,路网上任何一点软硬件若发生故障,都不能保证及时地上传,从而完成不了清算和拆分;另一个缺点是对联网收费结算中心和路网上的软硬件系统的要求非常高,系统建设规模庞大。而且当系统运行若干年后,因某一网络节点的设备发生故障,将不能保证全路网的及时清算和拆分。

差额划拨形式是一种分布式处理模式,路网上每一个收费站当天的收费额存在各自的银行账户下,只是将各车道每一笔收费数据实时上传到联网收费结算中心,每完成一笔收费额或在规定时间内,就可在站级车道完成清算和拆分,然后在各路网管理单位进行差额划拨,联网收费结算中心只进行校核和监督,避免了全额划拨资金在银行之间的来回周转。这种模式较适合路网多管理单位的情况,结算中心属企业性质,符合高速公路企业化运作的趋势,能较好地维护路网各管理单位的利益。

4.联网收费结算中心管理经费来源

联网收费结算中心负责在联网路段内,将同一时段内所收通行费准确清算和拆分给各路段。该机构的运营经费在国内目前有三种方式:一是由交通主管部门成立的事业性机构,该机构的运营经费由交通主管部门承担;二是由交通主管部门成立的事业性机构,但运营经费是由联网路段管理单位分摊;三是由联网路段各管理单位共同组成的企业性单位,其运营经费由各联网单位共同承担。此种方式被多数省份采用,因为它有如下优点。

第一,联网收费结算中心是由路网各联网单位共同派员组成的机构,运营经费共同分担不会产生异议。

第二,路网各联网单位共同派员组成的机构,有利于公开、公正、公平、准确、及时原则的实施,并能减少路网各联网单位利息损失,机构的运营经费有保障,各联网单位相互信任没有心理压力和负担。

复习参考题

1. 国家对公路收费政策的主要内容包括哪些方面?
2. 从投资经济学的角度分析,高速公路收费的理由是什么?
3. 高速公路收费管理包括哪些主要工作内容?
4. 高速公路的收费制式有几种?各有什么特点?
5. 在分析收费标准时,应考虑哪些影响因素?如何考虑?
6. 在制定收费标准时,应遵循哪些定价原则?如何体现这些原则?
7. 收费标准分析要经过哪几个步骤?每个步骤的主要工作内容是什么?
8. 高速公路收费的日常管理工作主要包括哪些方面?
9. 为什么要提出高速公路联网收费?实现高速公路联网收费的条件是什么?
10. 调查了解高速公路计重收费的实施情况。

第八章 高速公路路面养护管理

近年来,随着国民经济的高速发展,我国道路里程迅速增长,公路里程现已突破410万公里。其中,高速公路已达9.6万公里。道路交通量日益增大,车辆大型化且严重超载,使公路路面面临严峻考验。许多高等级公路沥青路面建成后通车不久,便发生较为严重的早期破损现象。路面的破损对车辆行驶速度、燃油消耗、行车舒适、交通安全、环境保护以及路面承载力等造成较大的影响,因此路面的维修养护就成为保证其服务质量和延长使用寿命的重要手段。对路面进行预防性、经常性、及时性、周期性的养护维修,使其保持平整完好、横坡适度、排水畅通,并具有足够的强度和抗滑性能,从而达到高等级公路路面养护的质量标准,以适应交通运输快速发展的需要。

第一节 路面数据采集

一、调查内容

1. 沥青路面调查内容

路面调查主要包括路面破损状况、路面结构强度、路面平整度、路面抗滑能力四项内容。同时还需进行交通量观测,并根据需要增加对桥头、通道两侧以及涵洞的不均匀沉降观测。

(1) 破损状况调查

路面在使用过程中会随着行车荷载和环境等因素的作用及路面龄期的增长而出现各种损坏。这些损坏会不同程度的影响着路面的使用性能。因此,对路面损坏状况的调查,是确定养护方法的重要依据。

破损状况调查的指标为综合破损率(DR),其调查的主要内容有损坏类型、轻重程度、范围,重点调查破损情况包括裂缝率、车辙深度、修补面积等。

(2) 强度调查

路面强度也即路面结构承载力,它是路面结构抵抗外部荷载及环境因素作用,保持自身状况完好的能力。通常可描述为路面在到达预定的损坏状况之前,还能承受的行车荷载作用次数,或为还能使用的年数。

路面的结构承载能力是路面服务能力的基础,与损坏状况有着内在的联系。因此,需要对路面强度进行调查,其调查指标为路面弯沉值。

(3) 平整度调查

路面平整度可定义为路面表面诱使行驶车辆出现振动的高程变化。路面平整度好坏不仅影响到行车舒适性、行驶安全、路面损坏和车辆损坏等方面,而且直接关系到养护工程量的大小和路面使用的耐久性,是路面养护的一个重要方面。

路面平整度的调查指标为国际平整度指数,各种方法的测定结果应建立与国际平整度指数之间的对应关系。

(4)抗滑能力调查

随着车轮的不断磨损,路表面的抗滑能力因集料被磨光而逐渐下降,当表面的抗滑能力下降到不安全或不可接受的水平时,需采取措施(如铺设抗滑磨耗层)以恢复其抗滑能力,否则将会影响车辆行驶安全。

路面抗滑能力的调查指标为横向力系数(SFC)和摆值(BPN)。

(5)交通量观测

交通量的主要调查内容有年平均双向日交通量、交通组成、实测轴谱、交通量增长率等。

当调查与评价路段有交通量观测数据时,应直接采用,如交通量观测数据不满足要求时,可按规范规定的方法进行补测。

此外,还应调查路面环境条件,包括沿线气候条件、地下水位以及路基和路面的排水状况等。收集旧路面设计、施工、养护的有关资料,包括调查路床范围内路基土的压实度、分层含水率与土质类型等,分析路基的稳定性、强度以及路基路面范围内排水状况等,为路面养护提供充分的信息资料。

2. 水泥路面调查内容

为了解路面现状,选择相应的养护措施,制定养护政策,规划养护工程项目,编制养护计划,进行路面改建设计等都应进行路面状况调查和评定。

水泥路面状况调查应包含7个方面,即路面破损状况、结构承载能力、行驶质量、抗滑能力、交通状况(车辆组成和轴载)、路基和路面排水状况以及路面修建和养护历史。

按调查需求和路面状况的不同,分别选择不同的调查内容和调查深度或细度,采用不同的评定指标和标准。

(1)路面破损状况调查

水泥路面破损状况以病害类型、轻重程度和出现的范围或密度三项属性表征。各种病害和轻重程度出现的范围或密度,以调查路段(或子路段)内出现该种病害和轻重程度等级的混凝土板块数占该路段(或子路段)板块总数的百分率计。同一板块内存在多种病害或轻重等级时,以最显著的种类或最重的程度计入系数。

调查主要内容有损坏类型、轻重程度、范围及修补措施等,由断板率和接缝错台两个指标表征。

(2)结构承载力调查

考虑路面破损严重或路面需承受比原设计标准轴载数大得多的车辆荷载而进行设计,应进行现有路面的结构承载能力调查和测定。

调查的指标主要有弯沉值、强度和模量等。

(3)行驶质量调查

行驶质量调查主要指标为平整度,以国际平整度指数(IRI)表征。其他测定方法得出的指标应统一换算成国际平整度指数。

平整度测定沿调查路段的各个车道逐公里进行。在路面使用初期,进行一次全线平整度测定,尔后视交通量大小每隔2~4年进行一次测定,或者按情况需要对平整度差的路段进行测定。

(4)抗滑能力调查

抗滑能力调查包括路面表面摩阻系数和构造深度测定两项。以路表面抗滑值(SRV)、侧向力系数(SF)、滑移指数(SN)或路表面构造深度表征。

在路面使用初期,对各路段进行一次全面测定。按路段内各个车道路表面的构造情况,分为若干个均匀段落,分别选择代表性测定地点,尔后每隔 2~4 年进行一次测定,或根据需要对抗滑性能差或行车安全有疑问的路段进行测定。

(5) 其他

除了上述四项主要的调查内容,还应调查交通状况(车辆组成和轴载),路基和路面排水状况以及路面修建和养护历史等内容。

3. 复合式路面调查

水泥混凝土与沥青混凝土复合式路面是一种"刚柔相济"的新型路面结构形式。它既有刚性路面耐久性的优点,又有柔性路面行车舒适的优点,具有良好的发展前景。

复合式路面状况调查应包含功能性状况调查(平整度、抗滑、车辙、裂缝率);结构性状况调查;交通状况(车辆组成和轴载);路基和路面排水状况;路面修建和养护历史。结构性状况调查可采用落锤式弯沉仪(FWD)进行路面弯沉值及弯沉盆的测定。测定时以承载板板中为标准荷载位置,弯沉测点沿行车道的纵向中线布置,测点间距 50m,每 km 测定 20 点。为了便于计算,每 km 可取最接近平均弯沉值的弯沉点。功能性状况调查可参照《公路沥青路面养护技术规范》。

二、现行规范路面数据采集方法

1. 沥青路面数据采集方法

《公路沥青混凝土路面养护技术规范》(JTJ 073.2—2001)规定现有沥青路面数据采集应由具有较丰富的养护路面实践经验,并熟悉路面病害类型区分和人员负责参与,以确保数据的真实性与可靠性。

路面数据的采集方法各异,规范中对上述调查内容的具体数据采集方法做了规定和说明。

(1) 路面破损数据的采集

路面破损状况的调查主要是直尺等直观的调查设备,其具体采集方法如下:

①应仔细查看路面上存在的损坏状况,正确区分病害类型和严重程度,丈量其损坏面积,按病害类型及其严重程度,计入沥青路面损坏情况调查表,准确至平方米,不规则形状的损坏面积计算时先当量面积计算,然后根据破损程度乘上系数确定;评价段次按 100m 设定,每张表为一个路段的实测记录。

②对于各种单条裂缝,其损坏面积按裂缝长度乘以 0.2m 计算。

③车辙的损坏面积按车辙的长度乘以 0.4m 计算。对于车辙、拥包、波浪、坑槽、沉陷等类损坏,可用 3m 直尺测其最大垂直变形,以确定其严重程度。

④调查结果应按路段汇总,填入沥青路面损坏总表。路段长度宜采用 1000m,以整公里桩号为起终点,并考虑以公路交叉及行政区分界为分段点。

⑤对调查路段按 5%~10% 的比例进行抽查数据校核,偏差范围在 ±10% 以内为合格,不合格时应重新进行调查。

通常,高速公路和一级公路路面破损数据调查,宜采用先进快速的调查方法,其他等级的公路可采用人工调查的方法。

(2) 路面结构强度数据采集

规范中规定的路面结构强度数据采集设备主要是贝克曼梁弯沉仪及弯沉车。贝克曼梁弯沉仪测定路面结构承载力的方法属于传统方法,其速度较慢,为静态测试,但技术上较成熟,为目前的标准方法。

(3)路面平整度数据采集

平整度的测试设备分为断面类和反应类两大类。反应类指标最常用的设备是车载式颠簸累积仪。归案规定的平整度测试方法为3m直尺法和连续平整度仪法。所测得的指标最大间隙h和标准差σ均应换算成国际平整度指数IRI,以统一评价路面平整度状况。

(4)路面抗滑能力测定

目前路面抗滑性能一般通过实测道路表面摩擦系数进行评价,其测试方法主要有:摆式仪法,铺砂法和摩擦系数测定车法。摆式仪法测试指标为摆值BPN,定点测量,原理简单,不仅可以用于室内,而且可用于野外。铺砂法测构造深度,该方法也为定点测量,原理简单,便于携带,结果直观,适用于评定路面表面的宏观粗糙度、排水性能和抗滑性。但高速、一级公路一般都不允许采用摆值,而须采用摩擦系数仪测定的摩擦系数。

(5)路面车辙深度测定

车辙是在道路横断面上由于车辆轮胎重复行驶久而久之产生的一种路面沉陷现象。通常用车辙深度来反映路面车辙病害的严重程度。规范规定采用路面车辙测试仪测定路面车辙深度。

现行沥青路面养护规范规定的沥青路面数据采集方法汇总如表8-1所示。

规范中沥青路面数据采集方法　　　　　　表8-1

调查内容	测定设备
路面破损状况	人工目测、直尺等直观调查设备
路面结构强度	贝克曼梁弯沉仪及弯沉车
路面平整度	3m直尺、路面平整度仪
路面抗滑能力	摩擦系数仪
路面车辙深度	路面车辙测试仪

2. 水泥混凝土路面数据采集方法

《公路水泥混凝土路面养护技术规范》(JTJ 073.1—2001)规定现有水泥路面数据采集应由具有较丰富的养护路面实践经验,并熟悉路面病害类型区分和人员负责参与,以确保数据的真实性与可靠性。

路面数据的采集方法各异,规范中对上述调查内容的具体采集方法做了规定和说明。

(1)路面破损状况数据采集

水泥路面破损状况数据采集通常采用目测和仪具量测方法。主要采集的数据有裂缝、破碎板块、错台量、沉陷、胀起、唧泥等。目前主要采用人工目测或有条件时采用摄像车进行调查测定。

(2)结构承载力测定

水泥路面结构承载力调查测定采用无破损试验和破损试验二者结合的方式进行。无破损试验主要采用承载板、静态弯沉仪(长杆)等仪器,测定试验荷载作用下的路表挠度曲线,评定接缝传荷能力,判断板底脱空情况。破损试验为钻取各结构层的试样,量取其厚度,并在室内进行强度和模量测定。

(3)平整度测定

水泥路面行驶质量调查采用平整度值作为表征指标,其测定可采用反应类仪器或断面类仪器,包括3m直尺和连续平整度仪,但最后测试指标应统一换算成国际平整度指数(IRI)。

(4)抗滑能力数据采集

抗滑能力主要通过路面表面摩阻系数和构造深度两项指标来反映。摩阻系数可采用摆式仪测定路表面抗滑值(SRV),或者采用偏转轮拖车测定侧向力系数(SF),或者采用锁轮拖车测定滑移指数(SN)得到。路表面构造深度采用砂容量法测定。

现行水泥路面养护规范规定的水泥路面数据采集方法汇总如表8-2所示。

规范中水泥路面数据采集方法　　　　　　　表8-2

调查内容	测定设备
路面破损状况	人工目测、直尺等直观设备
路面结构强度	承载板、静态弯沉仪(长杆)
路面平整度	3m直尺、连续平整度仪
路面抗滑能力	摆式仪、偏转轮拖车、锁轮拖车、砂容量法

三、路面数据采集新方法

我国路面数据采集技术虽然近年来发展较快,但由于起步晚,基础薄弱,其总体水平还比较落后。存在的主要问题有:

(1)现行规范中大多数检测手段测速慢、精度低、可靠性差。有些以人工操作为主的检测手段已沿用了几十年;

(2)路面无破损检测技术发展缓慢,特别是路面强度、厚度的测定,仍然依赖破坏性较大的取芯法;

(3)路面评价基本上依赖经验方法,计算机辅助工程(CAE)技术比较薄弱,建立在科学检测与理论分析基础上的实用化路面评价软件十分缺乏;

(4)近年来引进了一些国外的检测设备,但大多缺乏配套技术的开发,有的是国际上逐步淘汰的产品,造成进口设备不能充分发挥作用,甚至长期闲置;

(5)检测体制尚未完善、检测人员缺乏、技术素质有待提高。

从上述可知,规范中各种路面数据采集设备都较老,且自动化程度不高,有些只适用于低等级公路。在高等级公路尤其是高速公路迅猛发展的今天,应研究和使用更加先进、自动化程度更高、更适用于高等级公路特点的新方法。近20年来,国外路面检测与评价技术的发展十分迅速,总体趋势是:由人工检测向自动化检测技术发展,由破损类检测向无破损检测技术发展,由一般技术向高新技术发展。以下介绍几种目前正逐步被应用于各工程路面数据采集的新方法。

1. 落锤式弯沉仪(FWD)

落锤式弯沉仪(FWD)是目前应用较为广泛的弯沉检测设备,代表了弯沉检测的发展方向。它的基本原理是通过液压系统提升和释放荷载块对路面施加冲击荷载,荷载大小由落锤质量和起落高度控制,荷载时程和动态弯沉盆均由相应的传感器测定。

研究表明,FWD的冲击荷载与时速60~80km的车辆对路面的荷载相似,可以较好地模拟行车荷载作用,并且测速快,精度高,因此自20世纪80年代初以来,FWD在国际上得到日益广泛的应用,至今已有50多个国家和地区引进了FWD。美国联邦公路局经过对比分析,确认FWD是较理想的路面承载能力评定设备,并选为实施SHRP计划中路面承载能力评定部分的重要设备;壳牌石油公司也已正式将FWD的应用纳入壳牌路面设计手册。

我国也有部分单位拥有FWD,但与国外的使用情况有较大的区别,据了解,我国绝大部分

FWD 用户单位没有配套的分析软件,FWD 也仅作为一种高精度的弯沉测量仪器在使用,仅有少数研究性单位在进行深入探讨。引进落锤式弯沉仪用于路面承载能力及路面破损状况的调查检测,对于制定准确的路面养护策略具有重要的意义。

图 8-1、图 8-2 为落锤式弯沉仪的图片。

图 8-1　EP-73011 型落锤式弯沉仪

图 8-2　轻便拖车式 JDF WD—5T 落锤式弯沉仪

2. 路面雷达

路面雷达(图 8-3、图 8-4)是利用电磁波在路面结构层和路基中的传播和反射,根据回波的传播时间、波幅与波形,确定目标体的空间位置或结构。

路面雷达用于路面测试最早出现于 20 世纪 70 年代,80 年代后期在设备技术上和应用水平上有很大的进步。路面雷达的测试速度与采样频率直接相关,通常约 60km/h 左右。目前国内约有 20 台路面雷达,并且每年都在增加。这些设备的品牌不同,主要产于美国和欧洲,但测试原理基本相同。可以说,路面雷达为路面厚度测试、相对高含水区域检测、结构层完整性判定等提供了难以替代的手段。

目前的路面雷达在沥青混凝土面层厚度检测上的精度约为 3%,在水泥混凝土面层厚度检测上的精度约为 5%;在结构层完整性,如水泥混凝土板的脱空判定、桥面铺装的剥离等方面的研究正在逐步深入和不断完善。

图 8-3　中国电波所 LTD 探地雷达

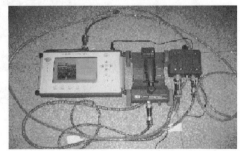
图 8-4　美国 GSII 公司 SIR 系列雷达

3. 激光路面平整度仪

激光路面平整度仪(图 8-5、图 8-6)的基本原理是:通过对应于轮迹位置的激光传感器测得距路面的高度,随着车辆的行驶可以得到路面纵向断面,即可计算纵向平整度,其中车辆振动带来的影响通过加速度传感器(对应左右轮迹各一个)记录数据的两次积分来扣除;惯性运动传感器(1个)可以反映水平纵向、水平横向和竖向的角度。

激光类激光路面平整度测定仪是一种与路面无接触的测定仪器,测试速度快,精度高,收集数据准确,工作效率高,设备自动化程度高。20世纪60年代激光技术发展以来,激光平整度仪发展迅速,如英国TRRL激光平整度仪、瑞典的RST、澳大利亚的RRDAS、丹麦的DYNATESTRSP等。

图8-5　LP-300S激光平整度仪　　　　图8-6　LIPRES激光惯性高速平整度仪

4. JG-1型激光三维路面状况智能检测车

JG-1型激光三维路面状况智能检测车(图8-7)是新一代集智能化、多功能、全内置、全车道的激光三维路面状况检测设备。它是按照国际公路检测标准和中国交通部最新行业标准规程要求,创新性提出激光三维路面构形成像技术,通过信息处理,能实时快速检测路面11类21种路面破损状况并给出数值报表和图表,与目前世界先进的高速公路检测设备相比,在多项关键技术性能方面有重大技术创新,并已取得多项国家发明专利,其检测技术属国际首创,拥有多项国际首创的专利成果。

图8-7　JG—1型激光三维路面状况智能检测车

该检测车具有如下特点:

(1)可实现对高速公路的平整度、车辙、路形、裂纹等路面状况参数的质量评价和检测。

(2)平整度高程测量精度:0.1mm。车辙深度测量精度:1mm。坑槽尺度检测精度:5mm。裂纹检测精度:2mm。路面错台检测精度:5mm。

(3)检测时速:80km/h。工作环境温度:-35~+40℃。路况拍摄速度:5~25幅/s。

(4)检测仪表全内置、不占用车道、不破坏车的外观结构。

(5)检测路面宽度:确保全车道检测;操作简单(只需1人);简单易懂;定位系统采用:GPS+里程计(100km误差5m);实时给出国家新标准样的平整度检测报表;快速给出国家新标准样的路面破损状况调查统计表。

(6)检测系统采用模块式结构设计,便于自检、维护、升级;检测车整车设计人性化、功能齐全、配置先进。

5. 车载多功能路面检测系统

车载多功能路面检测系统(图8-8)包括两部分。

(1)5R2T激光系统

通过一台高性能计算机,控制车前的激光横梁上安装的5个激光器及2个加速度器来采集数据。经专用的数据分析工具处理后,可以快速得到国际平整度指数(IRI)、路面构造深度(TD)和车辙的数据,并可以自动输出道路行驶质量指数(RQI)值。

(2)4I2C数字成像系统

通过两台高性能计算机,控制车顶行李架上安装的4台高清晰摄像机。其中有3台彩色摄像机,采集路面前方及侧向的信息(包括前方路段的大致路况、中央隔离带、防撞护栏、标志标牌的状况);一台黑白摄像机向下俯视,对地面实施连续拍摄,拍摄宽度为3.3m。采集范围涵盖了车道上容易发生病害的所有区域。专业人员通过专用的分析软件,可以在室内工作站判读、记录病害种类和面积,计算路面综合破损率(DR)和路面状况指数(PCI)。

车载多功能路面检测系统是快速高效的路面检测设备。正常采集的时候,视天气情况最大采集速度能达到80km/h,基本不影响高速公路正常通车。国际平整度指数(IRI)、道路行驶质量指数(RQI)、路面宏观构造(DR)和车辙值(RUT)可以立即输出结果,路面状况指数(PCI)也能够在较短时间提供给客户(图8-8)。

图8-8 车载多功能路面检测系统

我国高速公路事业发展极为迅猛,通车里程突破4.5万km。为了保障高速公路的服务性能,实现高速公路的设计寿命,必须对路面进行科学的管理和养护。但是,评价路面状况的各项指标的采集手段相对落后,不能快速有效地提供相应的数据,高速公路养护事业的发展迫切需要一种先进、高效的路面检测设备。因此,在我国逐步的引进上述路面数据采集新方法及新技术,为养护工作提供高精度的数据资料具有十分重要的意义。

第二节 路面使用性能评价指标与评价方法

一、评价指标与标准

1. 沥青路面使用性能评价指标与标准

沥青路面使用性能主要从损坏状况、结构承载能力、行驶质量和路面抗滑能力四个方面进行评价。

(1)路面损坏状况

沥青路面破损状况的评价指标为沥青路面破损率(DR)、路面状况指数(PCI)。

沥青路面综合破损率(DR)可以按下式计算:

$$\mathrm{DR} = D/A \times 100 = \sum\sum D_{ij}K_{ij}/A \times 100 \tag{8-1}$$

式中:DR——路面综合破损率;

D——调查路段内的折合破损面积(m^2),$D = \sum\sum D_{ij}K_{ij}$;

A——调查路段的路面总面积(m^2);

D_{ij}——第 i 类损坏 j 类严重程度的实际破损面积(m^2);如纵、横裂缝其破损面积为:长度(m)×0.2m;车辙破损面积为:长度(m)×0.4m。

路面损坏状况 PCI(Pavement Condition Index):

$$\mathrm{PCI} = 100 - 15\mathrm{DR}^{0.412} \tag{8-2}$$

根据路面的破损情况,相应于百分制把路面的损坏状况分为若干个等级(例如:为优、良、中、次、差五个等级),并为每一等级规定相应的分数级差范围,同时考虑使用要求的满足程度提出了需要采取的指导性养护类型(表8-3)。

路面破损状况评价标准 表8-3

评价等级	优	良	中	次	差
路面状况指数 PCI	≥85	≥70~<85	≥55~<70	≥40~<55	<40

(2)路面强度评价

沥青路面强度评价指标有回弹弯沉值、弯沉盆、路面强度指数(SSI)、当量回弹模量等。主要以路面强度指数作为评价指标(表8-4)。

路面强度指数 SSI(Structure Strength Index)按下式计算:

$$\mathrm{SSI} = \frac{路面容许弯沉}{路面代表弯沉} = \frac{L_R}{l_0} = \frac{L_d A_T}{l_0} \tag{8-3}$$

式中:l_0——计算路段的代表弯沉值;

L_R——容许弯沉值;

L_d——路面设计弯沉值;

A_T——弯沉逐年变化系数按式(8-4)计算。

$$A_T = f(T) = 0.2616 + 0.005T + \frac{0.20}{1+2.9T^3} + \frac{1}{1+\left(\dfrac{0.72}{0.74+0.16T}\right)e^{-(0.655T-1.39)^2}} \tag{8-4}$$

路面强度评价标准 表8-4

评价指标	优		良		中		次		差	
公路等级	高速、一级	其他等级	高速、一级	其他等级	高速、一级	其他等级	高速、一级	其他等级	高速、一级	其他等级
强度系数	≥1.0	≥0.83	0.83~1.0	0.66~0.83	0.66~0.83	0.5~0.66	0.5~0.66	0.3~0.5	<0.5	<0.3

(3) 路面行驶质量

沥青路面行驶质量评价指标有：国际平整度指数(IRI)、行驶质量指数(RQI)。

根据 DYNATEST 5051RSP 激光平整度测试车测出国际平整度指数 IRI 值，并按照下式进行修正：

$$\text{IRI}_{wp修正值} = 0.9682 \text{IRI}_{丹麦激光断面仪} + 0.2825 \quad (R = 0.9964) \tag{8-5}$$

按照下式计算行驶质量指数(RQI)：

$$\text{RQI} = 11.5 - 0.75 \times \text{IRI} \tag{8-6}$$

行驶质量分为五个等级。各个等级的行驶质量标准见表8-5所示。

行驶质量等级评定标准 表8-5

评定等级	优	良	中	次	差
行驶质量指数	≥8.5	8.5~7.0	5.5~7.0	4.0~5.5	<4.0

(4) 路面抗滑性能

沥青路面抗滑性能采用抗滑系数作为评价指标，抗滑系数以侧向力系数 SFC 或抗滑值 SRV、构造深度表示。其评价标准应符合表8-6的规定。

路面抗滑能力等级评定标准 表8-6

评价等级	优	良	中	次	差
构造深度(mm)	≥0.8	0.7~0.6	0.5~0.4	0.3~0.2	<0.2
抗滑值 SRV	≥65	64~55	54~45	44~35	<35
横向力系数 SFC	≥50	40~50	30~40	20~30	<20

2. 水泥路面使用性能评价指标与标准

水泥路面使用性能的评价也按照路面破损状况、结构承载力、行驶质量和抗滑能力等四个方面进行。

(1) 路面破损状况

采用路面状况指数(PCI)和断板率(DBL)两项指标评定水泥路面破损状况。

依据路段破损状况调查得到的病害类型、轻重程度和密度数据，按下列式子确定该路段的路面状况指数，以百分制表示。

$$\text{PCI} = 100 - \sum_{i=1}^{n}\sum_{j=1}^{m_j} \text{DP}_{ij} W_{ij} \tag{8-7}$$

$$\text{DP}_{ij} = A_{ij} D_{ij} B_{ij} \tag{8-8}$$

$$W_{ij} = \begin{cases} 2.5R_{ij} & R_{ij} < 0.2 \\ 0.5 + 0.686(R_{ij} - 0.2) & 0.2 \leq R_{ij} < 0.55 \\ 0.74 + 0.28(R_{ij} - 0.55) & 0.55 \leq R_{ij} < 0.8 \\ 0.81 + 0.95(R_{ij} - 0.8) & R_{ij} \geq 0.8 \end{cases} \quad (8-9)$$

$$R_{ij} = \frac{DP_{ij}}{\sum_{i=1}^{n}\sum_{j=1}^{m_j} DP_{ij}} \quad (8-10)$$

式中：i、j——病害种类和轻重程度；

n——病害种类总数；

m_j——i 种病害的轻重程度等级数；

DP_{ij}——i 种病害和 j 种轻重程度的单项扣分值,它是破损密度 D_{ij} 的函数；

D_{ij}——i 种病害和 j 种轻重程度的板块数占调查路段板块总数的比例；

A_{ij} 和 B_{ij}——系数,可参照表 8-7 所示确定；

W_{ij}——同时出现多种破损时,i 种病害和 j 种轻重程度扣分值的修正系数；

R_{ij}——各单项扣分值占总扣分值的比值。

计算单项扣分值的系数 A_{ij} 和 B_{ij} 表 8-7

系数 轻重程度 病害	A_{ij}			B_{ij}		
	轻	中	重	轻	中	重
纵、横、斜向裂缝	30	65	93	0.55	0.52	0.54
角隅断裂	49	73	95	0.76	0.64	0.61
交叉裂缝、断裂板	70	88	103	0.60	0.50	0.42
沉陷、胀起	49	65	92	0.76	0.64	0.52
唧泥	25	—	65	0.90	—	0.80
错台	30	60	92	0.70	0.61	0.53
接缝碎裂	23	30	51	0.81	0.61	0.71
拱起	49	65	92	0.76	0.64	0.52
纵缝张开	30	—	70	0.90	—	0.70
填缝料损坏	10	35	60	0.95	0.90	0.80
纹裂或网裂和起皮	22	60	90	0.70	0.60	0.50
磨损和露骨	20	—	60	0.70	—	0.50
坑洞	—	30	—	—	0.60	—
活性集料反应	25	47	70	0.90	0.80	0.70
修补损坏	10	60	90	0.95	0.60	0.54

根据《公路水泥混凝土路面设计规范》(JTG D40—2011),水泥混凝土路面损坏状况分为

4个等级,各等级断板率和平均错台量的分级标准见表8-8。

路面损坏状况分级标准　　　　　　　　　　表8-8

等级	优良	中	次	差
断板率(%)	≤5	5~10	10~20	>20
平均错台量(mm)	≤3	3~7	7~12	>12

计算方法:依据路段破损状况调查得到的断裂类病害的板块数,按断裂种类和严重程度的不同,采用不同的权系数进行修正后,由下式确定该路段的断板率(DBL),以百分数表示。

$$DBL = (\sum_{i=1}^{n}\sum_{j=1}^{m_i} DB_{ij} W'_{ij})/BS \tag{8-11}$$

式中:DB_{ij}——i种类裂缝病害j种轻重程度的板块数;

W'_{ij}——i种类裂缝病害j种轻重程度的修正权系数按表8-9确定;

BS——评定路段内的板块总数。

计算断板率的权系数 W'_{ij}　　　　　　　　　表8-9

裂缝类型	交叉裂缝			角隅断裂			纵、横、斜向裂缝		
轻重程度	轻	中	重	轻	中	重	轻	中	重
权系数 W'_{ij}	0.60	1.00	1.50	0.20	0.70	1.00	0.20	0.60	1.00

断板率的计算主要根据四类水泥混凝土面层的断裂裂缝:纵向裂缝、横向或斜向裂缝、角隅断裂、交叉裂缝和断裂板。

纵向、横向或斜向裂缝和角隅断裂病害,按裂缝缝隙边缘碎裂程度和缝隙宽度,可分为三个轻重程度。

①轻微——缝隙边缘无碎裂或错台的细裂缝,缝隙宽度小于3mm;或者,填封良好、边缘无碎裂或错台的裂缝。

②中等——缝隙边缘中等裂缝或错台小于10mm的裂缝,且缝隙宽度小于15mm。

③严重——缝隙边缘严重碎裂或错台大于10mm,且缝隙宽度大于15mm。

交叉裂缝和断裂板病害,按裂缝等级和板断裂的块数可分为下列三个轻重等级。

①轻微——板被轻微裂缝分割为2~3块。

②中等——板被中等裂缝分割为3~4块,或被轻微裂缝分割成5块以上。

③严重——板被严重裂缝分割成4~5块,或被中等裂缝分割成5块以上。

(2)路面结构承载能力

水泥路面结构承载能力评价指标有:接缝传荷系数、脱空度、平均弯沉值与弯沉差、基顶回弹模量等。

①接缝传荷系数按下式计算

$$k_j = \frac{w_u}{w_l} \times 100(\%) \tag{8-12}$$

式中:k_j——接缝传荷系数;

w_u——未受荷板接缝边缘处的弯沉值;

w_l——受荷板接缝边缘处的弯沉值。

旧混凝土面层的接缝传荷能力分为4个等级,分级标准见表8-10。

接缝传荷能力分级标准 表8-10

等级	优良	中	次	差
接缝传荷系数 k_j (%)	>80	60~80	40~60	<40

②脱空度

板底脱空状况的评定是很复杂的,目前国内外还没有一个公认的方法。《公路水泥混凝土路面设计规范》建议在板角隅处应用 FWD 进行多级荷载作用下的弯沉测试,利用测定结果,可点绘出荷载—弯沉关系曲线。当关系曲线的后延线与坐标线的相截点偏离坐标原点时,板底便可能存在脱空。这种评定板底脱空状况的方法,虽已在部分实体工程中得到了良好的应用,但也仅是近似的估计方法。

因此,根据国内外已有的工程实践及专家经验,在实际评定时,根据上述方法,以弯沉值>0.2mm 为标准判定是否存在板底脱空,同时结合雨后观察唧泥现象、边缘和角隅处锤击听音等经验方法加以综合判断。

③采用落锤式弯沉仪(标准荷载 100kN、承载板半径 150mm)量测板中荷载作用下的弯沉曲线,基顶回弹模量按下式确定:

$$E_t = 100 e^{(3.60 + 24.03 w_0^{-0.057} - 15.63 SI^{0.222})} \tag{8-13}$$

$$SI = \frac{w_0 + w_{300} + w_{600} + w_{900}}{w_0} \tag{8-14}$$

式中:w_{300}、w_{600}、w_{900}——距离荷载中心 300mm、600mm 和 900mm 处的弯沉值(μm);
　　　　E_t——基层顶面的当量回弹模量标准值(MPa);
　　　　SI——路面结构的荷载扩散系数;
　　　　w_0——荷载中心处弯沉值(μm)。

当采用落锤式弯沉仪的条件受到限制时,才可选择在清除断裂混凝土板后的基层顶面进行梁式弯沉测量后按下式反算或根据基层钻芯的材料组成及性能情况依经验确定。

$$E_t = 13739 W_0^{-1.04} \tag{8-15}$$

式中:W_0——以后轴重力 100kN 的车辆进行弯沉测定,经统计整理后得到的原路面计算回弹弯沉值(0.01mm)。

④接裂缝两边弯沉差计算

$$\Delta_d = w_u - w_l \tag{8-16}$$

式中:w_u——未受荷板接缝边缘处的弯沉值;
　　　　w_l——受荷板接缝边缘处的弯沉值。要求补强后的接缝弯沉差 Δ_d 小于 0.06。

⑤旧水泥混凝土板承载能力计算

$$\overline{D} = \frac{w_u + w_l}{2} \tag{8-17}$$

分级:$\overline{D}<0.42mm$,板承载力满足要求,对板不处理;

$0.42mm \leq \overline{D} \leq 0.5mm$,板承载力不满足要求,对板维修加强;

$\overline{D}>0.5mm$,板承载能力不足,换板或采用破碎板处理。

(3)行驶质量

以行驶质量指数(RQI)作为评定指标,以 10 分制表示。可参照下式确定行驶质量指数。

$$RQI = 10.5 - 0.75 IRI \tag{8-18}$$

行驶质量分为五个等级。各个等级的行驶质量标准,见表8-11。

行驶质量等级评定标准　　　　　　　　　　　　　　　　表 8-11

评 定 等 级	优	良	中	次	差
行驶质量指数	≥8.5	8.4~7.0	6.9~4.5	4.4~2.0	<2.0

（4）路面表面抗滑能力

采用侧向力系数 SFC 或抗滑值 SRV 和构造深度作为评价指标。

路面抗滑能力分为五个等级。各个等级的评定标准见表 8-12。

路面抗滑能力等级评定标准　　　　　　　　　　　　　　表 8-12

评 价 等 级	优	良	中	次	差
构造深度（mm）	≥0.8	0.7~0.6	0.5~0.4	0.3~0.2	<0.2
抗滑值 SRV	≥65	64~55	54~45	44~35	<35
横向力系数 SFC	≥0.55	0.54~0.45	0.44~0.38	0.37~0.30	<0.3

3. 复合式路面使用性能评价指标与标准

（1）平整度采用国际平整度指数 IRI 评价，其评价标准分为五个等级。各个等级的评价标准见表 8-13。

平整度的评价标准　　　　　　　　　　　　　　　　　　表 8-13

等 级	优	良	中	次	差
标准（IRI）	≤4	4~6	6~8	8~10	>10

（2）路面的抗滑性能采用抗滑系数作为评价指标，抗滑系数以横向力系数（SFC）或摆式仪的摆值（BPN）来表示。评价标准应符合《公路沥青路面养护技术规范》（JTJ 073.2—2001）中的规定。

（3）裂缝采用裂缝率作为评价指标，其评价标准分为五个等级。各个等级的评价标准见表 8-14。

裂缝的评价标准　　　　　　　　　　　　　　　　　　　表 8-14

等 级	优	良	中	次	差
裂缝率（CR）（%）	≤4	4~7	7~10	11~13	>13

（4）车辙的评价标准分为五个等级。各个等级的评价标准见表 8-15。

车辙的评价标准　　　　　　　　　　　　　　　　　　　表 8-15

等 级	优	良	中	次	差
标准（RD）	≤10	10~15	15~20	20~25	>25

（5）对于结构性评价，可通过落锤式弯沉仪测定沥青层上的弯沉值，按照沥青层上的压缩量，计算水泥混凝土板上的弯沉，然后对水泥混凝土板进行评价。

二、路面使用性能综合评价指标与方法

路面使用性能评价提供路面状况数据，是合理制定养护维护计划、进行投资决策的重要依据之一。随着社会经济的迅猛发展，高等级公路建设也高度发展，且投资者、建设者、管理者、使用者都对道路提出了更高的要求。因而，对路面使用性能进行正确的评价，及时决策是否需要采取修补措施，既能节省大量的资金投入，又能满足道路使用者的要求。

路面使用性能的综合评价是为了使各路面的路面状况具有可比性而建立的一种对路面使

用性能的总体评价。在单项评价中,是从各个不同的侧面来反映路面使用至今的功能及结构状况,但仅有单项评价,只能说明路面在某个方面是什么情况,而不能说明路面使用性能的整体状况。因此,需结合单项评价的结果,并根据各单项因素所占的比重大小,建立模型对路面使用性能进行综合评价。

从目前国内外路面使用性能评价方法来看,比较成熟的主要有四类,即基于回归模型法的路面使用性能评价方法,基于系统分析法的路面使用性能评价方法,基于灰色理论的路面使用性能的评价方法和其他的一些路面使用性能评价方法如集对分析法、属性理论法等。

1. 基于回归模型法的路面使用性能评价方法

(1)概述

路面系统是一个复杂的体系,在研究初期通常都是依靠专家评分技术,用多元回归的方法来建立客观与主观、因与果的联系,实现对路面使用性能的评价。世界上第一个路面使用性能评价模型 PSI(present serviceability index)便属此类。

PSI 是由美国 AASHTO 于 20 世纪 60 年代提出的,其评价方法是将评分人员按背景的不同分组,分别乘坐选定的车辆,以选定的速度行驶在选定路段上进行评分,给出每个实验段的个人评分值 IPSR(individual present serviceability rating),从而得到该路段的专家总体评价值 PSR(present serviceability rating);与此同时,道路检测人员对路面进行检测,得到路面状况的数据资料,并对数据进行分析、检验、整理,用多元回归的方法建立这些路面路况指标与各路段 PSR 值之间的关系,得到路面服务能力指数 PSI(present serviceability index):

①沥青混凝土路面

$$\text{PSI} = 5.03 - 1.91\lg(1 + \overline{\text{SV}}) - 1.38\,\overline{\text{RD}}^2 - 0.01\sqrt{C+P} \tag{8-19}$$

②水泥混凝土路面

$$\text{PSI} = 5.41 - 1.80\lg(1 + \overline{\text{SV}}) - 0.09\sqrt{C+P} \tag{8-20}$$

式中:$\overline{\text{SV}}$——轮迹处纵向平整度离散度;

C——裂缝度(%);

P——修补度(%);

$\overline{\text{RD}}$——车辙深度(cm)。

除此之外,以美国 PSI 为范例的加拿大的路面质量指数 PQI(pavement quality index)与舒适性指数 RCI(riding comfort index)、日本的路面养护指数 MCI(maintenance control index)与路面处治指数 PRI(pavement rehabilitation index)以及我国规范上至今仍在使用的 PQI、PCI、RQI 都属于此类。

(2)应用举例

以河北省石家庄和保定试验路段路面性能评价为例,介绍基于回归模型法的路面使用性能评价方法。

为建立河北省路网内路面使用性能的评价模型及标准,采用专家评分法从舒适性和路面损坏程度两个方面进行。并在石家庄和保定两地区不同等级、不同交通量的路线上选取了 24 个试验路段,评价路段长度从 100m 到 1 000m 不等。在路段实测数据及专家平分的基础上,建立了如下评价模型:

$$\text{PCI} = 10 - a_1 \text{DR}^{0.33} - a_2 [\lg(1 + \text{BI})]^{8.49} \tag{8-21}$$

$$\text{DR} = \frac{\sum_{i=1}^{23} A_i \omega_i}{A} \tag{8-22}$$

式中：DR——路面破坏率(%)；

BI——路面平整度(mm/km)；

a_1, a_2——常数；

A_i——第 i 类破损的面积(m^2)；

ω_i——破损权重；

A——路面面积(m^2)。

经多元回归分析后,可得到 $a_1 = 0.73, a_2 = 4.22 \times 10^{-5}$,此时,上式的相关系数达到0.92。

2. 基于系统分析法的路面使用性能评价方法

(1)概述

基于系统分析法的路面使用性能评价方法以层次分析法和模糊数学为代表,层次分析法将评价指标体系分为总目标 U(1个目标)、评价准则层 O(3个准则)、损坏类别层 D(4个类别)、评价指标层 E(10个指标)4个层次；根据此层次分析模型上一层次因素与下一层次因素之间的关系,制定排列判断矩阵元素调查表,通过专家咨询,构造出各个判断矩阵,并用计算机进行层次排序及总层次排序计算,得到各个评价指标的权重：沉陷 $\omega = 0.216$,龟裂 $\omega = 0.210$,坑槽 $\omega = 0.130$,车辙与波浪拥包 $\omega = 0.110$,修补 $\omega = 0.049$,块状裂缝 $\omega = 0.043$,纵向裂缝与横向裂缝 $\omega = 0.035$,磨损 $\omega = 0.015$；进而对路面使用性能加以评价。路面综合耐用指数 CSI(comprehensive serviceability index)是模糊数学的代表。它首先进行因素分析,选定年平均日交通量 AADT、路表弯沉、国际平整度指数 IRI、路况指数 PCI 作为评价指标,并对其无量纲化处理,然后在一定的原则与调查分析的基础上,建立了各个评价指标的隶属度函数,得到路面综合耐用性指数 CSI。

$$CSI_t = \frac{1}{4}(A_1 + A_2 + A_3 + A_4) \tag{8-23}$$

式中： CSI_t——第 t 年的综合耐用性指数；

A_1, A_2, A_3, A_4——交通量、弯沉、平整度、路况指数的量刚化的参数。

(2)应用举例

应用实例为：研究对象空间 X = {路面},属性空间 F = {路面使用性能}, F 分为5类, C_1 = {优}, C_2 = {良}, C_3 = {中}, C_4 = {次}, C_5 = {差},对每一路面有4个评价指标, I_1 = {行驶质量指标 RQI} = 7.2, I_2 = {路面状况指数 PCI} = 61.4, I_3 = {路面强度系数 SSI} = 1.17, I_4 = {横向力系数 SFC} = 0.38。

①计算4个指标属性测度为 μ_{xjk}(0,0.63,0.37,0,0),(0,0,0.93,0.07,0),(0.35,0.65,0,0,0),(0,0.3,0.7,0,0)。

②用层次分析法计算各项指标权重为(0.21,0.34,0.34,0.11)。并计算多指标属性测度 μ_{xk} 为(0.119,0.3863,0.4709,0.0238,0)。

③由公式 $k_0 = \min\left\{k: \sum_{l=1}^{k}\mu_{xl} \geq \lambda, 1 \leq k \leq K\right\}$,其中($C_1, C_2, C_3, C_4, C_5$)评价集,假设其是有序的, $C_1 > C_2 > C_3 > C_4 > C_5, \lambda$ 为置信度, $0.5 < \lambda < 1$。取 λ 的值为0.6,结果为 $k_0 = 3$,即路面使用性能属于中等水平。

3. 基于灰色理论的路面使用性能的评价方法

(1)概述

路面评价过程中有不少信息或者机理还不完全清楚,也不可能在了解路面的全部信息后再对路面进行评价。针对路面系统本质是灰色这一特点,将灰色理论引入路面使用性能评价中,得到了很大的成功。首先,其在遵循实用性、客观性、全面性的原则的基础下,选定了路面破损状况、路面抗滑系数、平整度作为评价指标,将每一评价指标分为优、良、中、差4级,确定了灰类;其次,对路面评价指标进行了无量纲化的处理,并统一了各个指标的取值范围;再次,根据灰色理论确定了各个灰聚类的白化权函数形式,并且通过路况评价指标分级标准确定了白化权函数的各个特征值;最后,根据评价指标原始样本矩阵与白化权函数求得路面状况评价对象各个评价指标关于每种灰类的聚类值,得出路面评价对象的聚类:

$$\text{GMIDX}_{ik} = \max(\sigma_{ik}) \tag{8-24}$$

式中:GMIDX_{ik}——第 i 个评价对象属于第 k 类;

$\max(\sigma_{ik})$——$\sigma_{i1}, \sigma_{i2}, \sigma_{i3}, \sigma_{i4}$ 中的最大者。

(2)应用实例

利用某段公路沥青路面的调查数据进行路况评价,路况实测的原始资料如表 8-16 所示。

路段各指标原始计算数据　　　　　表 8-16

编号	起点桩号	终点桩号	RQI	PCI	SSI	BPN
1	K1504+760	K1504+860	2.25	23.7	0.5	33.7
2	K1505+470	K1506+000	6.75	62.7	0.72	28.9
3	K1510+515	K1512+000	5.25	76.6	0.36	37.9
4	K1512+000	K1513+000	8.15	72.8	0.87	32.6
5	K1527+000	K1528+200	9.6	92.0	1.3	38.3

利用实测数据,根据建立的白化权函数公式,确定各个路段的白化权函数 $f_{ik}(d_{ij})$,在沥青路面使用性能评价中,各聚类指标的量纲不同且数值差别较大,因此,需按照 $\gamma_{jk} = S_{jk}/S_j$ 作无量纲处理,然后按照 $\eta_{jk} = \gamma_{jk} / \sum_{j=1}^{m} \gamma_{jk}$ 计算灰色聚类权值 η_{jk},计算结果如表 8-17 所示。

灰色聚类权值 η_{jk}　　　　　表 8-17

指标	优级	良级	中级	次级	差级
RQI	0.256 995	0.255 037	0.247 481	0.240 95	0.231 366
PCI	0.256 995	0.255 037	0.247 481	0.240 95	0.231 366
SSI	0.256 064	0.250 678	0.249 477	0.242 623	0.241 006
BPN	0.229 946	0.239 247	0.255 562	0.275 476	0.296 261

将上述结果代入 $\sigma_{ik} = \sum_{j=1}^{m} f_{jk}(d_{ij}) \cdot \eta_{jk}$ 中计算灰色聚类系数 σ_{ik},并得到灰色聚类矩阵。

$\sigma_c = [差级,次级,中级,良级,优级]$。

$\sigma_{路段1} = [0.284\ 831, 0.308\ 782, 0.189\ 116, 0, 0]; \max\{\sigma_{路段1}\} = 0.308\ 782,次级。$

$\sigma_{路段2} = [0.020\ 442, 0.299\ 17, 0.604\ 508, 0.098\ 954\ 5, 0]; \max\{\sigma_{路段2}\} = 0.604\ 508,中级。$

$\sigma_{路段3} = [0, 0.244\ 399, 0.208\ 556, 0.371\ 613, 0]; \max\{\sigma_{路段3}\} = 0.371\ 613,良级。$

$\sigma_{路段4} = [0, 0.132\ 229, 0.286\ 669, 0.504\ 407, 0.064\ 287]; \max\{\sigma_{路段4}\} = 0.504\ 407,良级。$

$\sigma_{路段5} = [0, 0.086\ 909, 0.157\ 903, 0.770\ 054]; \max\{\sigma_{路段5}\} = 0.770\ 054,优级。$

表 8-18 即为利用灰色聚类决策对该路段使用性能的评价结果并列出了规范推荐评价方法计算的评价结果。

各个路段使用性能评价结果　　　　　　　　　　表 8-18

路　　段	1	2	3	4	5
灰色聚类法	次级	中级	良级	良级	优级
规范方法	次级	中级	良级	良级	优级

通过比较可以看出,灰色聚类方法能较全面地反映各评价因素的影响,评价结果比较客观地划分了路段的分类,且提供了各路段归属于各级别标准的程度的信息。

4. 其他路面使用性能评价方法

近年来,随着科技的发展,学科的交叉及计算机技术的成熟,一些新的思想与方法,如集对分析、神经网络、遗传算法等逐渐地被引入到公路工程中来。

集对分析理论的核心是将系统内的确定性予以辩证的分析和数学处理,认为不确定性是事物的本质属性,并将不确定性和确定性作为一个系统进行综合的考察,将系统的确定性分为"同一"与"对立"两方面,而不确定性定义为"差异",从同、反、异三个相互联系、相互制约的方面分析事物及其系统。该理论在路面评价中的应用有点类似于灰色理论,但又有差异,体现了随机、模糊、灰色多个方面的不确定性。模糊神经网络是模糊逻辑和神经网络的有机结合,模糊逻辑模仿人脑的逻辑思维,用于处理模型未知或不精确的评估与控制问题,而人工神经网络可以学习和适应不确定的系统,能同时处理定量和定性知识,具有分布特性,适用于复杂系统,两者相互借鉴和利用,形成了新的结构体系。遗传算法的优化过程是通过编码、复制、交叉、变异等操作完成的,具有全局搜索、自动寻优、并行快速的特点,在路面工程优化中得到了较好的应用。

5. 综合评价指标和方法分析

对目前常用的路面使用性能综合评价指标和方法进行分析,得到如下结论。

(1) 基于回归模型法的路面使用性能评价方法

①基于回归模型法的路面使用性能评价方法优点

回归模型是在分析了路况综合评价指标与各影响因素之间的相互关系的基础上,对大量的统计数据进行分析,建立它们之间的函数关系模型。该方法以实测数据为基础,有一定的科学性。

②基于回归模型法的路面使用性能评价方法缺点

首先路面本身是一个复杂系统,存在着复杂性、随机性、模糊性,数据的偶然性大且存在着误差,在路面作用性能评价中又有主观与客观相联系的关系,单纯的回归分析难以准确表达因素与结果、客观与主观的复杂的对应关系,导致评价结果与实测数据的相关性不太理想。

其次,正是因为评价模型是建立在特定的统计数据之上,所以使用时会受到地域条件的限制。

再次,一般回归分析采用的是最小二乘估计,计算复杂,操作不易程序化。

(2) 基于系统分析法的路面使用性能评价方法

①基于系统分析法的路面使用性能评价优点

该评价方法主要以层次分析法和模糊数学方法为代表。层次分析法将复杂问题中的各种因素通过划分为相互联系的有序层次,条理清楚;模糊数学的方法则避免了部分的含混与模糊性。

②基于系统分析法的路面使用性能评价缺点

这两种方法中,都要用到专家调查评分,由于人们对各种影响在看法和认识上的不同,造成了判断结果的差异,时常出现不同的人对相同路段评价结果完全不同的现象,人为因素影响太重,客观性不强,难以得出客观公正的路况评价。

(3)基于灰色理论的路面使用性能的评价方法

①基于灰色理论的路面使用性能的评价方法优点

灰色理论的引入与应用较好的解决了路面使用性能评价中评价指标复杂、模糊的问题,是目前一种较为先进、科学、客观的评价方法。

②基于灰色理论的路面使用性能的评价方法缺点

该方法中权函数仍然要由各指标的经验范围来确定,其评价结果是各个指标聚类分析的总和,存在着各个指标对评价结果的影响平均化的嫌疑,而且当各个聚类相差不大时,难以取舍。

(4)其他的路面使用性能评价方法

虽然目前有人将集对分析、遗传算法、神经网络等方法引入到公路工程,但其重点在于路面结构的优化、路面使用性能的预测等方面,而且这些理论本身也存在着不足,还需要更加深入的研究与改善。同时这些方法与思想也只是刚刚引入,研究还处于起步阶段,成果十分不完善,尚未达到推广的地步,还需要更进一步的研究,以期取得理想的效果。

通过上述分析总结,可以看出,目前较成熟的四类路面使用性能综合评价方法均有不同的优缺点,因此,应针对不同的公路实际情况,选择合适的路面使用性能评价体系,为养护决策提供合理准确的数据信息。

第三节 预防性养护技术

预防性养护作为一个完整的概念出现在20世纪的80年代,是许多国家在公路网重建过程中总结以往经验教训的基础上得出的。其重要意义体现在四个方面:保持路面良好的使用性能;延长路面的使用寿命;减少路面寿命周期的成本;节约养护维修资金。它是一种费用—效益优良的养护措施。

美国联邦公路管理局对预防性养护措施的定义如下:为防止路面早期破坏和延迟路面破坏的进程而采取的措施。目的是延缓路面的破坏率,增加路面的使用寿命。我国定义为通过定期路况调查,及时发现路面轻微破损与病害迹象,分析研究其产生原因,对症采取保护性养护措施,以防止微小病害进一步扩大,减缓路面使用性能恶化速度,使路面始终保持良好服务状态的一种养护方法、理念。美国的战略性公路研究项目(SHRP)中第三个子项目"养护费用—效益"(Maintenance Cost - Effectiveness)就是专门从改善费用—效益的角度来研究养护技术的。预防性养护的巨大经济和社会效益使其得到迅速发展。

一、沥青路面预防性养护评价指标与标准

1. 路面结构强度指标与标准

结构性能良好的路面是进行预防性养护的前提。《公路沥青路面养护技术规范》(JTJ 073.2—2001)对路面强度指标采用强度系数 SSI 来表示,以此来评价现有路面的承载能力,用路面允许弯沉值与路段代表弯沉值的比值来表示。公路养护技术规范规定高速公路和一级公路的 SSI 值应大于等于 0.83,其他等级公路应大于等于 0.66。该强度系数与采取的预防性养护措施及其期望寿命和预防性养护前后路面结构性能变化有关。

2. 路面破损状况指标与标准

对于预防性养护,路面破损除了裂缝和车辙外,其余破损所占比重较少。

1)裂缝

沥青路面开裂以后,其危害在于:一方面破坏了结构的整体性和连续性,影响了路面的使用品质和路面美观;另一方面,外界的水可以不断的由裂缝处渗入,并积存于路面内部。这些都会导致路面出现大变形破坏。因此,需要及时对裂缝进行预防性养护,以延长路面使用寿命。

(1)裂缝率

对路面裂缝状况评价以裂缝率(CR)为指标。对于块状或网状裂缝直接量测其面积(m^2),按平行于道路中线的外接矩形面积计算;对于单根裂缝,测量实际长度(m)后取其计算宽度为0.2m折算成面积:

$$CR = (C_A + L \times 0.2)/A \qquad (8-25)$$

式中:CR——沥青路面裂缝率(m^2/m^2);

C_A——龟裂及块裂的总面积(m^2);

L——单根裂缝的总长度(m);

A——评价路段路面面积(m^2)。

裂缝率间接地反映了路面的破损趋势。在高速公路路面使用性能评价中增加裂缝率这个评价指标很有必要。即使裂缝率处于优的范围,仍应尽早处治。当裂缝率由"良"变为"中"时就适宜进行预防性养护。

(2)裂缝宽度

对于预防性养护来说,裂缝的宽度指的是裂缝的表面宽度。现行的《公路沥青路面养护技术规范》(JTJ 073.2—2001)和《高速公路养护质量检评方法》(试行)中,均以缝宽5mm作为分界,大于5mm的裂缝需进行及时灌缝。研究发现,缝宽在3mm以下时渗水系数变化速率缓慢,大于3mm时变化速率增大。因此,当缝宽达到3mm以上时就应该采取预防性养护措施进行处理。

2)车辙

车辙已成为高等级道路最严重的破坏形式。我国的高等级公路一般采用半刚性路面,行车荷载通过后经由半刚性材料层作用在土基顶面的应力较小。因此我国高速公路车辙主要取决于沥青面层的混合料性质和面层厚度,由面层产生的车辙深度约占总车辙深度的90%。

《公路沥青路面养护技术规范》(JTJ 073.2—2001)将高速公路和一级公路的车辙容许深度定为15mm,其他等级公路不做要求。《高速公路养护质量评定手册》中,将车辙深度25mm作为分界。

容许车辙深度[RD]是指道路使用过程中允许出现的最大车辙深度,当路面车辙达到容许车辙深度时,该路段即需要维修。容许车辙深度建议值如表8-19所示。

容许车辙深度[RD]建议值 表8-19

道路等级	高速公路	其他等级道路	
		非交叉口路段	交叉口路段
[RD](mm)	10~15	15~20	25~30

车辙深度 10mm 以下不需做处理,大于 10mm 需要进行预防性养护,大于 25mm 的路面不适宜进行预防性养护。

3)路面状况指数

路面状况指数(PCI)已在世界各国得到广泛应用,被认为是行之有效的路面损坏综合指标,我国也将 PCI 指标纳入了规范。PCI 的变化率能反映路面性能的发展情况。路面状况指数采用沥青路面破损率(DR)(除裂缝和车辙外)计算得出。其数值范围为 0 ~ 100。其值越大,路况越好。

我国《公路养护技术规范》(JTG H10—2009)中规定:在满足强度要求的前提下(SSI 为中等以上时),高速公路以及一级公路 PCI 为中及中以下(二级或二级以下公路为次及次以下),应采取中修罩面。所以,高速公路及一级公路 PCI 小于 85 时应进行预防性养护,小于 70 时不适宜进行预防性养护;二级及二级以下公路 PCI 小于 85 时应进行预防性养护,小于 55 时不适宜进行预防性养护。

3. 路面抗滑性能指标与标准

当路面的抗滑性能低于某一限度时,可通过经济有效的预防性养护措施(微表处等)来恢复路面的抗滑性能。《公路沥青路面养护技术规范》(JTJ 073.2—2001)规定的沥青路面抗滑能力分级评价指标为横向力系数 SFC。当 SFC 评级由"优"变为"良"时,沥青路面可进行预防性养护。我国《公路养护技术规范》(JTG H10—2009)中规定:在满足强度要求的前提下(SSI 为中等以上时),高速公路以及一级公路 SFC < 40(二级及二级以下公路 SFC < 33.5),需加铺罩面等提高抗滑能力,适宜采取预防性养护。

4. 路面行驶质量指标与标准

(1)平整度

路面的功能性设计愈来愈引起人们的重视。由于路面不平整引起的车辆振动,对车辆磨损、燃油消耗、行驶舒适、路面损坏和交通安全等产生直接影响。因此,平整度成为度量路面使用性能的一项重要指标。沥青路面平整度指标养护标准如表 8-20 所示。

沥青路面平整度指标养护标准(mm) 表 8-20

量 度 指 标	需要维修的标准	要求达到的标准
均方差 σ(mm)	6	≤1.2
IRI(m/km)	10	≤2.0

沥青路面的平整度超过要求达到的标准,即当路面平整度大于 2.0,就可以采取预防性养护措施,对路面进行处理,以保证路面的长期使用性能。

(2)路面行驶质量指数

路面的行驶质量采用行驶质量指数(RQI)作为评价指标,行驶质量指数由国际平整度指数(IRI)计算:我国《公路养护技术规范》(JTG H10—2009)中规定:在满足强度要求的前提下(SSI 为中等以上时),高速公路以及一级公路 RQI 为中及中以下(二级或二级以下公路为次及次以下),应采取罩面等措施提高平整度;为保证路面良好,建议高速公路及一级公路的 RQI 标准应该控制在 7.0 以上,二级及二级以下公路应该控制在 5.5 以上。

5. 预防性养护评价指标标准

沥青路面可以进行预防性养护的使用性能指标范围见表 8-21。

沥青路面进行预防性养护的使用性能指标标准范围　　　　表8-21

指　标	进行预防性养护的范围	
	高速公路及一级公路	二级及二级以下公路
路面结构强度系数 SSI	[0.83,1.5]	[0.66,1.5]
裂缝率 CR	[1%,5%]	[1%,5%]
车辙深度 RD	[10,25]	[10,25]
路面破损状况（除裂缝和车辙外）PCI	[70,85]	[55,85]
横向力系数 SFC	[40,50]	[33.5,50]
行驶质量指数 RQI	[7.0,9.6]	[5.5,8.9]

沥青路面预防性养护的路况评定在表8-21的范围内，应进行预防性养护。评定结果低于下限要求的，不适宜进行预防性养护，高于上限要求的可不进行预防性养护，路段进行预防性养护后，各项指标的检测结果应高于上限。

高速公路及一级公路和大交通量的沥青路面，可参照表8-21中高速公路及一级公路的标准执行；二级及二级以下公路和中小交通量的沥青路面可参照表8-21中二级及二级以下公路的标准执行；山区路段和陡坡路段抗滑性能要求可做相应提高。

二、预防性养护方法

目前广泛应用的预防性养护技术主要有裂缝填封、表面涂刷、表面封层和薄层罩面四种类型。

1. 裂缝填封类预防性养护方法

裂缝是沥青路面常见的一种病害，从养护工艺的角度来看，裂缝可按其缝宽分为微裂缝或发裂（3mm以下）、微小裂缝（3~5mm）、小裂缝（5~12.7mm）、中裂缝（12.7~25mm）、大裂缝（>25mm），其中5mm以内的裂缝属于预防性养护的范围。裂缝填封是道路养护最经济的方法之一，恰当的技术能大大延长道路的使用寿命。目前主要有以下几种裂缝填封方法：

（1）普通热沥青或改性热沥青灌缝

沥青具有黏弹特性，可以保证封堵裂缝，防止水分的侵入。具体做法为：将沥青加热（150~160℃）后直接灌入裂缝中，待沥青温度降至常温后即可开放交通。此种方法操作简单，投入的设备和人员较少，修补费用较低，速度较快。但存在以下缺点：①由于裂缝未清扫，裂缝面两侧黏结不牢，通常次年需重新灌缝，造成累计费用增加；②夏季高温时，沥青体积膨胀溢出路面被行车带走，既污染路面又使封缝材料流失；③冬季低温时，沥青容易脆断而失效；④未经开槽处理，不能保证灌入深度；⑤施工作业面广、离散且作业时间长。总体来看，这类灌缝材料易老化，养护效果不佳。

（2）溶剂型常温改性沥青材料灌缝

溶剂型改性沥青，就是在普通沥青中加入 SBR 等改性剂改性而成的，常温下具有流动性，具有良好的低温稳定性和渗透性。这种方法设备简单，每套设备每天可完成800~1000m 灌缝，灌缝效果较好，使用寿命一般在3~5年，但材料较贵。具体方法是将溶剂型改性沥青盛入改装过的煤气罐（不超过其体积的2/3）中，气泵加压至4MPa，向裂缝中灌入，一般灌缝2~3遍，撒细砂抹平，即可开放交通。

（3）灌缝胶处理裂缝

灌缝胶(又称密封胶)绝大多数是从国外引进的,根据材料组成和性质可将灌缝胶分为两类:一类为沥青改性类;另一类为化工胶类。在选择材料时,应根据产品特点及所在地区的气候条件、养护道路的情况等综合考虑选定,以获得最佳的使用效果。由于增加了开槽清槽步骤,使得缝面更加规整,增加了与灌缝材料的黏结性能,灌缝胶处理裂缝效果好,因而应用很广。

(4)抗裂贴处理裂缝

抗裂贴为1.3mm厚的聚合防水膜涂在0.3mm厚的抗皱重载型聚丙烯机织物上,二者经碾压制成宽97.8mm的卷材。抗裂贴适用于裂缝病害已发展,面层边部一定范围内混合料已发生松动,但结构层尚好,单纯灌缝处理不能较好解决水分浸入的情况。该方法是将病害处切槽清出,灌缝后进行抗裂贴处理,加铺新面层。

(5)压缝带处理裂缝

压缝带是一种以沥青、改性剂为主要成分的宽度不等的带状产品,其上有一层塑料薄膜保护压缝带的上表面不受污染,分为自黏型和热黏型两种。自黏型压缝带黏度较大,黏结力强,常温下即可使用;热黏型压缝带使用前要用液化气喷枪烧烤缝面,并用余温烧烤压缝带使其软化后方可使用。压缝带处理裂缝施工简便,将标准宽度为12cm的压缝带,根据路面裂缝的实际宽度,裁剪成需要的宽度,采用液化气灌和一支喷枪安装,用工具轻压撒砂,可即时开放交通。

2.表面涂刷(喷洒)型预防性养护方法

雾封层和还原剂封层主要是采用喷洒(涂刷)的施工方法,在沥青路面表面增加一个养护层来达到防水、封缝、抗老化等预防性养护的目的。采用这种工艺的材料统称为表面涂刷(喷洒)型预防性养护材料,相应的技术方法就称为表面涂刷(喷洒)封层技术。这类技术具有抗老化、防渗水、耐油污性能和抗滑耐磨耗性能,典型表面涂刷型材料介绍如下。

(1)雾封层(fog seal)

雾封层就是利用专用雾封层洒布车在沥青面层上喷洒一层高渗透性乳化沥青或改性乳化沥青,以形成一层严密的防水层将路面封闭,起到隔水、防渗、保护路面功能的作用,能最大限度地减少路面水损造成的不利影响,加大沥青路面骨料间的黏结力,由此达到延长路面使用寿命和节约养护资金的目的。雾封层采用沥青洒布车一次性施工,为一超薄喷洒层,要求喷洒层与下面层接触紧密、均匀,并具有良好的抗磨耗能力。雾封层一般用于轻度到中度细料损失或松散的道路,各种交通量道路均可使用雾封层,但施工后需要较长时间才能开放交通。

(2)还原剂封层(reducing agent seal)

还原剂封层就是将专门研制的还原剂或再生剂通过一定的技术手段喷洒在已经老化的沥青路面上,其目的是更新和还原表面已经发生老化的沥青膏体,同时保护尚未被老化的那部分沥青,使其维持原有性能,减缓老化的时间。通常应用在沥青路面老化严重的路段上。还原剂主要有 TL-2000 聚合路面强化剂、沥再生 RejuvaSeal™、魁道沥青复原剂(CAP)、ERA-C 型沥青再生剂、STAR-SEAL Supreme 封涂层。

3.表面封层类预防性养护方法

石屑封层、同步碎石封层、稀浆封层、微表处等作为表面封层类,从施工方法上讲区别于前面所述的表面涂刷型预防性养护材料,是将预先设计好的配合比通过专门的拌和摊铺等机械将砂石黏结材料组成的混合料铺设在原沥青路面上,形成一层沥青磨耗层,一般摊铺厚度不大,主要起到增加沥青路面的抗滑耐磨耗性能、提高平整度、提高路面防渗水性能等作用。这里将石屑封层、同步碎石封层、稀浆封层、微表处封层归纳在一起,统称为封层型预防性养护措施。

(1)石屑封层(Chipseal)

单层的石屑封层是最早出现的预防性养护技术,方法是在路面上喷洒一层沥青材料,紧接着撒布砂、单粒径或适当级配的集料,并紧跟着进行碾压。石屑封层是一种敷设简单、易行,价格低廉的养护方法。它的缺点是要有较长的初期养护时间,高速行驶时噪声过大,路面上的松散集料还会被高速行驶的车轮带出而撞击、黏附在车身和挡风玻璃上,集料的损失还会导致抗滑能力的衰减,所以一般很少用于大交通流量和高速行驶的道路,但随着材料改进与技术的发展,石屑封层也越来越多地用于重交通量的道路。

(2)同步碎石封层(Synchronous Surface Dressing)

同步碎石封层,就是用专用设备即同步碎石封层车将碎石及黏结材料(改性沥青或改性乳化沥青)同步铺洒在路面上,通过自然行车碾压形成单层沥青碎石磨耗层,主要作为路面表处层使用。同步碎石封层技术的最大优点是同步铺洒黏结材料和石料,实现喷洒到路面上的高温黏结料在不降温的条件下即时与碎石结合的效果,促使碎石颗粒立即与刚喷洒的黏结剂相接触,由于热沥青或乳化沥青的流动性较好而使石屑能更深地埋入黏结剂内,并更好地渗入到路面的裂缝中。同步碎石封层的粗糙表面大大提高了原路面的摩擦系数即防滑性能,用于道路养护可延长路面使用寿命 10 年以上,工序简单、施工速度快、可即时限速开放交通,并有效降低道路的维修养护成本。

(3)乳化沥青稀浆封层(Emulsified Asphalt Slurry Seal)

乳化沥青稀浆封层,是以乳化沥青为结合料,加粉料(水泥、石灰、粉煤灰、矿粉等)、添加剂和水按一定的配合比拌和而成的流动状态的沥青混合料,均匀摊铺在路面上而形成的沥青表面处治薄层。我国习惯上将稀浆封层分为普通稀浆封层和慢裂快凝稀浆封层。稀浆封层在水分蒸发干燥硬化成型后,其外观与细粒式沥青混凝土相似,可以使磨损、老化、裂缝、光滑、松散等病害迅速得到修复,具有耐磨、抗滑、防水、平整、施工快、造价低、用途广、能耗省等优点。

(4)微表处封层(Micro-Surfacing)

微表处封层可以有效防止路表水的下渗,提高路面的抗磨耗性能和抗滑性能并同时完成对车辙的修复,微表处施工后可在 1~2h 内开放交通,最大限度地减少施工对交通地影响。它是在乳化沥青稀浆封层的基础上发展起来的,由慢裂快凝的高分子聚合物改性乳化沥青、100%破碎的集料、矿粉、水和添加剂组成的稀浆混合物。微表处封层厚度可达 10~15mm,抗滑阻力和抗耐久性也比普通的稀浆封层要好,并具有某些修复性功能,可用于修补车辙、轻度松散、泛油等病害的校正等,且具有非常好的路面封水效果。

4. 薄层罩面类预防性养护方法

薄层罩面作为一项预防性养护技术,给原沥青路面提供一个崭新的表面,使原沥青路面的平整度大大增加,减小了行车的振动,减少了行车对路面的激振破坏并增加行车的舒适性;恢复了表面粗糙度,使抗滑能力提高,增加了行车的安全性;使路面原有的许多表面破坏,如坑洞、裂缝、辙槽等都得到了一定程度的治理,并延长了路面使用寿命。

(1)冷薄层罩面(Cold Thin Overlay)

冷薄层罩面就是将乳化沥青或者改性乳化沥青和砂石材料在常温下拌和均匀、摊铺、压实的一种工艺。它具有以下优点:①节约能量;②延长施工季节,在潮湿的雨季和阴冷的秋冬季节,沥青路面常易出现病害,可以在发现病害后及时处理,不必等到夏季高温季节再进行处置,从而争取了施工时间,带来了长远收益;③节省沥青用量,阳离子乳化沥青与石料有良好的黏附性,沥青用量可以减少10%~20%;④减少污染,保护环境,乳化沥青混合料拌和、生产在常温下进行,因而没有烟气和粉尘排放,对环境不会造成危害。

(2)热薄层罩面(Hot Thin Overlay)

热薄层罩面是一种很早采用的传统预防性养护方法,它是在原有路面上加铺一层厚度不超过2.5cm的热拌沥青混合料。热薄层罩面可以有效地防止品质正在下降的路面继续恶化,改善路面平整度、恢复路表面的抗滑阻力,校正路面的轮廓,对路面也有一定的补强作用。

热薄层沥青混凝土罩面技术是一种经济适用的沥青路面修补技术,同时也可用于新建的沥青路面表面的抗滑磨耗层,广泛应用在沥青路面的预防性养护或中修养护中。

(3)温拌沥青混合料罩面(Warm Asphalt Mixture Overlay)

所谓温拌沥青混合料就是一种拌和温度介于热拌沥青混合料(150~180℃)和冷拌(常温)(10~40℃)沥青混合料之间,性能达到或接近于热拌沥青混合料的新型混合料。有研究表明:温拌沥青混合料与热拌沥青混合料相比,减少燃料消耗、节省能源30%左右,减少沥青烟的排放,降低施工中的环境污染和对施工人员的健康的损害,减轻热拌过程中的沥青老化,延长沥青路面的使用寿命。

三、沥青路面预防性养护方法选择

沥青路面预防性养护是根据路况性能预测的结果并考虑未来交通量的增长所采取的路面养护措施,其目的是维持或提高道路的使用性能。在选择预防性养护措施时,应综合考虑其影响因素以及选取原则,从而能针对不同病害选取适宜的预防性养护措施。

1. 预防性养护措施选择影响因素

在制定预防性养护措施时,通常需要考虑以下因素:

(1)路面破损状况:路面破损状况包括两部分——路面状况指数(PCI)和主导损坏类型。PCI的大小决定了是否需要罩面及罩面层的厚度,路面主导损坏类型决定采取措施前需要采取何种预处理措施。即使PCI相同时,若路面主导损坏类型不同,所采用的对策也可能不同。

(2)路面行驶质量:路面平整度反映了路面形式质量。在决定罩面厚度时,应考虑路面的平整度。平整度越差,罩面应该越厚。

(3)路面抗滑:抗滑能力的大小决定路面是否需要加铺抗滑表层。

(4)路面车辙深度:作为平整度的参考因素,当车辙评价较低时,可以认为路面行使质量较差。

(5)交通等级:交通量是路面所受的最主要荷载,交通量越大,罩面或补强的厚度应越大。

(6)行政因素:行政干预、政策因素也会影响到路面预防性养护措施的选择。

2. 预防性养护措施选取原则

在预养护对策选择方法的确定和预养护对策的选择过程中,需遵循:技术上满足要求,经济上比较节约,性能上符合工程特点。

具体养护措施的选择应遵循以下原则:

(1)预防性养护措施不是由措施的种类决定的,而是由措施应用的目的和措施的效果决定的。各预防性养护措施的效果见表8-22。

预防性养护措施的效果 表8-22

措 施	平 整 度	抗 滑	降 噪	延长使用寿命	防 水
封层				×	√
雾封层				×	√
稀浆封层	√	√	√	√	×
微表处	√	√	√	√	×
超薄抗滑表层	√	√	√	√	√
薄层罩面	√	√	√	√	√

注:√——主要效果;×——次要效果

(2)预防性养护措施的选择主要考虑路面状况和平整度,将抗滑指标单独处理。

(3)沥青路面预防性养护应加强水损坏的防范。在水损坏频繁的路段宜考虑对排水系统、防水层进行合理有效布置。对面层空隙率过大引起水损坏的路段,宜尽早采取罩面等措施。

(4)路面预防性养护应重视新材料、新工艺的开发研究与推广。

(5)对各种养护方案以及实施时机、实施顺序的确定,需要建立路面预防性养护效果——费用模型对各方案在生命周期内的效果、费用进行分析。

3. 基于目标的预防性养护对策库

根据各种预防性养护措施的适用性,针对治愈不同病害的目标,不同等级和不同交通量的预防性养护措施对策见表8-23、表8-24。

高等级公路和大交通量沥青路面预防性养护措施推荐 表8-23

应用的情况	措施	裂缝填封	沥青再生剂	雾封层	微表处	(同步)碎石封层	薄层罩面	超薄磨耗层
龟裂	轻	√	√	√	√	√	√	
纵横向裂缝	轻	√		√	√	√	√	√
	重	√						√
不规则裂缝	轻	√			√		√	
松散	轻		√	√	√	√		
	重				√		√	√
沥青老化	轻		√	√				
	重		√					
泛油	低、中				√	√	√	√
抗滑性差					√	√	√	√
渗水		√	√	√	√			
车辙	≤10mm				√			
	10mm<R<25mm				√		√	√
平整度	低				√			
	高						√	√
补丁	轻				√			
	重						√	√

普通和中小交通量沥青路面预防性养护措施推荐　　表8-24

应用的情况	措施	裂缝填封	沥青再生剂	雾封层	稀浆封层	微表处	石屑封层	(同步)碎石封层	薄层罩面
龟裂	轻	√	√	√	√	√	√	√	√
纵横向裂缝	轻		√	√	√	√	√	√	√
纵横向裂缝	重	√							
不规则裂缝	轻	√			√	√			√
松散	轻		√	√	√	√	√	√	√
松散	重					√			
沥青老化	轻		√	√	√				
沥青老化	重		√						
泛油	低、中				√	√	√	√	
抗滑性差					√				
渗水		√	√	√	√				
车辙	≤10mm					√			√
车辙	10mm<R<25mm					√			√
平面度	低				√	√			√
平面度	高					√			√
补丁	轻				√	√			√
补丁	重							√	√

注:√——代表有效可行。损坏类型参照《公路沥青路面养护技术规范》(JTJ 073.2—2001)中相关规定。

4. 基于目标的预防性养护措施选择方法

为解决预养护路段的确定和预养护措施的选择问题,实现治愈不同病害的目标,利用前面确立的路面预防性评价体系,结合形成的基于目标的预防性养护对策库,进行路面预防性养护决策。

(1)路面强度评价。检测路面强度,只有强度指标达到要求的路面才考虑进行预防性养护。

(2)初级阶段预防性养护技术措施决策。路面强度满足要求的路面,根据路面路况进行必要的局部缺陷修补、裂缝填封以及车辙修复。裂缝填封和局部缺陷修补属于不确定性实施措施。

(3)路面单项评价指标值的分析。对路面进行全面评价形成单项评价指标,这些评价指标是进行预防性养护的基础。实际上每个单项指标都应该存在一个阈值,以便用来进行预防性养护决策。

(4)中、高级阶段预防性养护技术决策。在对各单项指标的评价值进行分析之后,根据交通量确定相应的封层或薄层罩面等预防性养护措施。表面封层和薄层罩面属于确定性实施措施。

针对不同的单项评价指标定义两种阈值。

第一种阈值为控制性阈值:即当评价指标值达到设定值之前都可以采取预防性养护措施,而一旦超过此值则不再适合预防性养护,此类阈值适用于路面破损指标——裂缝率和路面破损状况(除裂缝和车辙外)。

第二种阈值为极限阈值:即当评价指标值到达设定值时必须采取一定的养护措施,此类阈值适用于路面舒适性和安全性指标的评价。

根据相应的评价标准,然后结合主客观判断给出各单项指标阈值的推荐值,见表8-25。在确定评价指标的阈值时,需要结合气候分区深入研究路面性能的衰变过程。

各单项指标预防性养护决策阈值表　　　　表8-25

评价指标	控制性阈值			极限阈值				控制指标	
	裂缝率(%)	路面破损状况(除裂缝和车辙外)		抗滑系数(SFC)		路面行驶质量(RQI)		强度指数(SSI)	
		高速及一级公路	二级及二级以下公路	高速及一级公路	二级及二级以下公路	高速及一级公路	二级及二级以下公路	高速及一级公路	二级及二级以下公路
阈值	5	70	55	40	33.5	7.0	5.5	0.83	0.66

预防性养护措施的选择应综合考虑各种因素,利用路面预防性评价体系,结合形成的预养护对策库,按图8-9所示流程选择沥青路面预防性养护措施。

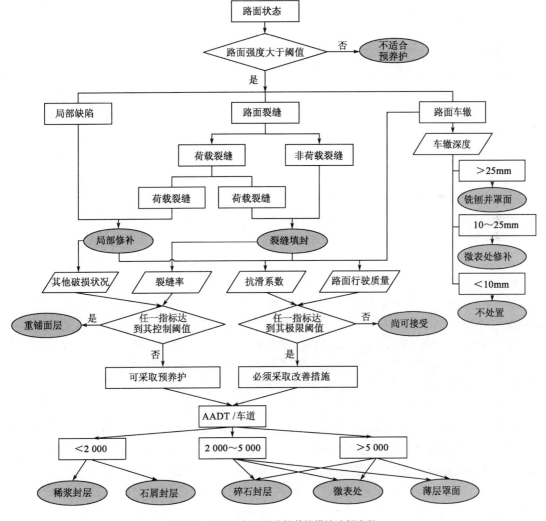

图8-9　基于目标的预防性养护措施选择流程

四、预防性养护最佳时机

路面维护(Pavement Preservation)指为了延长路面寿命、提高路面性能、减少行车延误、确保维护措施的效益费用比,对现有道路进行的维护投资和养护活动。路面维护包括预防性养护和小修活动,不包括路面大修和重建。其中预防性养护计划是一种随着时间采用一系列预防性养护措施的系统方法。及时合理的路面预防性养护能增加路面的使用年限,延迟路面大修和重建。预防性养护的效益取决于路面结构特征,破坏类型、程度和范围,以及别的因素如排水、材料等。

1. 选择恰当的路段

要识别适合采用预防性养护的路段,需对所有路面进行调查。路面破坏种类、程度和范围的调查是路面管理系统的一个重要组成部分,同时也是预防性养护计划的必要部分。对预防性养护来说,有必要识别具体的路况且找出需进行预防性养护的早期信号。

2. 选择恰当的措施

选择正确的预防性养护措施主要包括以下4个方面:

(1)可能的技术措施;

(2)对具体路段采用的措施;

(3)路网中需要进行预防性养护路段的优先度;

(4)材料和施工方法的选择。

3. 选择恰当的时机

预防性养护措施必须在路面加速破坏前实施,不能影响路面性能和期望寿命。预防性养护太晚会导致差的路面性能,太早应用预防性养护又会引起别的问题和资金浪费。

目前的实际应用中,路面预防性养护时机的确定方法主要有:行驶质量指数和破坏指数法、基于时间或路况的方法、费用效益评估法、排序法、生命周期费用评估法和决策树/决策矩阵等。

(1)行驶质量指数法(RQI)及破坏指数法(DI)

国外有的机构研究用行驶质量指数 RQI(Ride Quality Index)或破坏指数 DI(Distress Index)来确定路面预防性养护的时机。如密西根州运输部(MDOT)在路网管理中用 DI 和 RQI 来表示路面性能。目前进行路面维修和预防性养护决策的主要依据是 DI。当行驶质量很差时,DI 所达到的界限值才用作路面大修的决策,这种情况下 RQI 的应用是比较消极的。

为了延迟由不平整度和动载引起的路面破坏,MDOT 资助了用 RQI 作为各种路面的预防性养护阈值(RQI thresholds)的研究。如果有了这种新的 RQI 界限,通过采取预防性养护措施就可以提高路面平整度,减小动载影响来增加路面的服务期。为了达到这个目的,密西根州立大学开发了一个采取预防性养护最佳时间的可靠性模式——用新的 RQI 阈值和实际路面的 RQI 增长值来确定平整度阈值。其研究结果表明,提高平整度的预防性养护措施比较适合于刚性路。

(2)基于时间或路况的方法

预防性养护是为了保持路面的良好功能,使其不致出现功能失效而进行的养护。所以预防性养护理论的研究就必须弄清功能失效的时间,养护应在路面功能还保持一定水平时进行。因此,可以选取基于时间或基于路况作为预防性养护的两种方法。

通常每个路段大致都有一个需要进行预防性养护的时间,各种预防性养护的实际时间随交通水平和环境有所不同。表8-26 给出了沥青路面需要在不同时间进行的预防性养护措施,管理部门可据此确定所辖路段进行预防性养护的大致时间。

不同预防性养护措施应用的时间　　　　　　　表 8-26

技术措施	雾状封层	裂缝填封	石屑封层	稀浆封层	薄层罩面
预防性养护的时间(年)	1~3	2~4	5~7	5~7	5~10

基于路况的预防性养护就是从路面的实际破坏状况出发,找出进行预防性养护的临界破坏状态。运用 HSRM(Highway Sufficiency Ratings Manual)评分体系进行预防性养护时机的选取,建议柔性路面预防性养护需在6分及以上时进行,刚性路面的预防性养护需在8分及以上时进行。

(3)效益费用评估法

效益费用法是用效益与费用的比值来衡量,费用根据单价,效益根据预防性养护后期望延长的路面寿命或根据性能曲线的变化,即性能曲线下增加的面积。性能曲线是由路面数据(诸如路况、荷载、气候和维修养护)来确定的,由于实行了路面预防性养护而导致了路面性能的变化。

每一种策略的费用都根据管理部门费用和用户费用来确定。管理部门费用包括设计费、初期修建费、养护费、改建费和残值,用户费用包括车辆运营费、延误费、行程时间费和事故费。

(4)排序法

预防性养护的各种特征对管理部门是非常重要的,但有些特征不容易定量化,这些特征包括交通分布、当前预防性养护的经验及适合施工的气候条件等。除了效益费用比外,还可对所采取的预防性养护措施进行整体评分排序。

排序法通常是先初步安排养护的时间和对策,然后考虑预算的约束和优先次序的要求,决策一年或多年的项目规划。预防性养护时间的安排可以遵循某一事先设定的标准进行,如采用使用性能标准 PCI,当路段路面的 PCI 低于此标准时,该路段即需采取预防性养护措施。此时,进行预防性养护的时机和措施是分别考虑的,通常采用使用性能参数进行各项目的排序。当然也可以采用经济分析参数进行排序,此时预防性养护的时间和措施的确定是同时进行的。

(5)生命周期评估法

生命周期费用分析(Life Cycle Cost Analysis)是在一定的时期内,通过分析某一路段的初建费用和以后的折扣费用来评价其经济价值。生命周期评估法是目前应用比较广泛的一种方法。预防性养护推迟了路面大修活动,但预防性养护要求提前支付养护费用。在不同时期支付同样多的费用有不同的经济价值,所以有必要进行经济分析。分析的方法是将分析期内不同时间支出的费用,按某一预定的贴现率转换为现在的费用(现值)。通过转换成单一的现值,可在等值的基础上比较各种方案。

(6)决策矩阵、决策树法

国外有些公路管理部门用决策矩阵作预防性养护的决策,如密西根州运输部认为:薄层罩面的目的不是为了提高沥青路面的结构强度,因此将其纳入预防性养护措施中;当路面出现严重的不平整和疲劳裂缝时就不可以用微表处这种预防性养护措施;当路面出现严重的车辙、横、纵向裂缝和少量的疲劳裂缝时,应用微表处措施也并不一定有效。

决策树是动态模型研究中常用的一种方法。密西根运输部的标准是以 RQI 和 DI 作为预防性养护的标准而建立的决策树。当 RQI<54,RD<3mm,如 20<DI<25,进行单层石屑封层即可;如 25<DI<30,需进行双层石屑封层;如 DI>40,预防性养护措施就不适合了,此时就需进行路面大修。

(7)基于老化的方法

沥青路面的老化主要体现为表面的氧化老化及路面内部的热老化。路面表面老化用薄膜烘箱试验(TFOT)+压力老化容器试验法(PAV)模拟,路面内部老化用 TFOT + 100℃缺氧加热模拟。试验和现场都表明路面内部老化比表面老化缓慢得多。对于表面密封性能良好的路面,在一定的服务期内,可以不考虑路面内部的老化。该试验为基于沥青路面老化的预防性养护提供了理论依据。并提出第一次预防性养护的时机应在相当于 10~20hPAV 老化程度之前的某个时间,大致相当于路面投入使用 4~8 年。

基于老化的方法在确定养护时机时需采用 PAV 法模拟沥青路面表面老化。

(8)基于全寿命的方法

基于全寿命预防性养护最佳时机确定方法采用现值法,即把分析期内投入和发生的各种费用和效益按照某一预定的贴现率换算成现在的费用和效益,对可选方案用现在价值尺度进行比较。现值法包括费用现值和净现值两种,由于进行费用分析和比较的主要目的不是为各个设计方案作出准确的费用或效益估计,而是对各个设计方案的经济价值作出相对的评价,因此不必对所有的费用或效益考虑的十分全面和准确,而只需要考虑影响各个方案评价结果的主要费用和效益,且要求在选用时对各个方案协调一致。考虑到与道路性能相关的某些效益难以计量,所以仅考虑费用而不考虑效益,采用费用现值法。

(9)基于时段的预防性养护时机与对策一体优化方法

基于数据包络分析的预防性养护对策和时机一体优化模型以预防性养护时段内预防性养护措施的费用为输入指标,以预防性养护措施的耐久性、行车舒适性、抗滑性、防水、美观和降噪作为输出指标。并采用专家打分法对耐久性、行车舒适性、抗滑性、防水、美观和降噪这六项指标进行定量分值确定。在此基础上建立基于数据包络分析的预防性养护对策和时机一体优化模型,结合当地经验,在预防性养护时段内对沥青路面在不同时机采取一系列的预防性养护措施进行优化,得出最适宜的预防性养护对策和时机的优化组合。

对于具体项目,需考虑的因素较多,预防性养护措施的选取过程要复杂得多。在选择预防性养护措施时要综合考虑路面类型、路面结构特性、路面破坏类型、范围和严重程度,当地经验、费用效益等。同时,具体项目预防性养护时机的选取通常还需进行实地的现场评估。

第四节 机械化养护技术

一、概述

机械化包括两个方面:一是用机械作业代替手工操作,生产工具是机械;二是在整个生产过程中,机械作业占绝大多数。机械化程度是指对某项工程所投入的机械数量多少而言,其评价指标是机械作业部分占工程总量某个比重时所投入机械的量值。机械化水平是对机械化作业的程度、工期、质量、效益等方面所作出的综合性评价,它包括机械化程度、装备率、完好率、利用率、协调性、合理性等因素。由此可见,没有足够的机械装备数量就谈不上机械化,再多的机械装备只要不用于工程作业就无从谈机械化程度,较高的机械化程度并非就具有较高的机械化水平。实现机械化并提高机械化水平的根本目的就是要把养路工人从繁重的人工养护作业中摆脱出来,安全、高效、高质量地完成养护作业,轻视机械作用,盲目追求机械数量,忽视机械整体效能的行为都是片面的和不切实际的。

养护机械化是指养护作业中全部主要和辅助的繁重劳动过程均由技术参数互相协调的配

套机械系统完成,这一机械系统能在给定的作业条件下以最佳的技术经济指标保证该养护作业的质量和速度。高速公路养护的要求是快捷、安全、养护质量高、对行车影响小。而机械化养护的特点又可归结为"安、快、好、省",即安全、快速、质量好、降低养护作业成本,可以满足高速公路养护的要求。

发展高速公路养护机械化的一个主要问题是"养护机械的配置"的问题。养护机械是公路养护生产力的一个重要组成部分,是保证和提高高速公路养护质量、速度、效率、安全和道路服务水平的物质基础。合理的机械配置是保障公路运输经济大动脉安全畅通,延长公路使用寿命,充分发挥和提高其综合社会效益的重要保证。就机械化养护来说,机械要按全面养护的要求进行选型和配备,要适应养护路段的地理环境和路面结构特点,并且使机械的功能和生产能力配套。对于机械化养护公司而言,重点是提高公路大中修、路面病害处理的机械化程度,以提高路面维修和养护的质量;并使材料运输、混合料拌和、路基路面压实、路面挖补和摊铺等主要工序实现机械化;路面清扫、路肩清理、公路绿化和抢险救护等更要达到机械化作业水平。

二、路面养护机械的基本要求

为满足高等级路面养护作业的需要,养护机械须满足以下基本要求。

1. 性能稳定、质量可靠

这是保证作业质量和及时完成作业任务的关键。与公路施工机械发展相似,近年来为提高公路养护机械的水平,国产养护机械已开始采用机-电-液一体化技术,并且在配套件的选择上,广泛采用了进口或合资生产的电器和液压元件,以满足公路管养的需要。

2. 机动灵活

高等级路面的养护作业范围较大,首先移动速度要快,否则会因空驶而消耗掉大量的作业时间,常用的机械底盘最好为汽车底盘,非常用机械宜采用车载式或轮式行走结构;其次养护机械作业时应占用尽可能少的车道,同时作业速度要快,以减少对行车的影响。

三、养护机械的选型和配备原则

养护机械的选型和配备是一项较为复杂的工作。气候条件、路况、通行车辆情况、管养条件、作业要求、施工工艺等都会影响到选型和配备的结果。养护机械的选型和配备首先应做到机械的技术性能与养护质量及先进工艺相适应;其次以机械的规格、养护作业内容为基础,做到数量与作业量相适应,并充分考虑配套性,达到经济效果,并遵循以下原则。

1. 系统原则

从养护管理的全局出发,以养护作业系统整体目标最优为准绳,制定养护机械的配备方案。

2. 可行性原则

对养护机械投资方案进行可行性分析,使需求与现实条件有机的结合起来。必须考虑需求的合理性与市场状况及资金来源的可能性;建立合理的养护机械装备优先次序,逐步提高机械化程度,应避免过度投资或提前投资,以减少因机械闲置而造成的不必要的浪费。

3. 信息充分原则

信息是决策的基础,充分而准确的信息是科学决策的先决条件。制定装备计划前必须掌握养护工艺、作业量及机械产品的规格、性能等方面的信息资料,通过市场调研和科学分析才能制定出可行的实施方案。

4. 对比优先原则

只有一种方案就谈不上决策问题，必须提供两种以上方案，依据科学理论方法，对其实施效果进行对比分析，才能确定出较优的方案。

5. 管理方案配套原则

当养护机械的配备方案确定后，应同时定出相应的管理方案。如果没有科学的机械使用、维护及考核制度，影响到机械的能力和效益的充分发挥，甚至导致机械的早期破坏，最终影响作业成本和投资效果。管理方案包括管理机构和管理制度两方面，要针对每种机型确定具体的管理机构及相应的管理措施。

四、路面的养护机械配置示例

根据养护机械的基本要求和配备原则，参考某公司养护处的机械配置（表8-27），提出复合式路面一般养护的机械配置如表8-28所示。复合式路面的养护维修，应根据需要和可行性参照表8-28配备一定数量的机械设备。

养护机械设备一览表　　　　　　　　　　表8-27

序号	机械名称	型号及规格	车牌号	数量	产地	购买时间	原值（万元）	备注
1	东风补坑车	EQ1050G8D		1台			19.5	
2	英达修路车	PM400-48-TRK	A20272	1台				实业公司
3	东风洒水车	YGJ5131GSSEQ	L-02496	1台			18.5	
4	清扫车	GROSSWIND	A21788	1台	美国	1996.5	96	
5	奔驰养护车	UNIMOG1450	A20272	1台	德国	1996.9	254	
6	移动标牌	TS-2000	A62490	1台	美国	1996.8	20	
7	东风自卸	EA3092F19D5A	A30137	1台	湖北	1998.7	7	
8	油罐	LG5170GYY	C02483	1台	山东			报废
9	振动压路机	YZC2.8	YZC2.8	1台	江苏			
10	电子显示屏			2台	郑州			
11	照明车	ZLJ1440	ZLT440	1台	北京			
12	切割机	GQR400		1台	日本		42 000	实业公司
13	冲击夯	TV-60NK	TV-60NK	1台	大旭			
14	振动平板	AR2000		1台				
15	振动夯	HZB-100		1台	北京		0.11	
16	空压机	W24/5E		1台	山东		4 000	
17	牵引标牌	WCB-25		1台	西安			报废
18	照明车	L8A-7MH		1台	美国			
19	史丹利液压工作站	HPRI		1台	美国		9.5	
20	草坪机	本田（HONDA）5.5		1台	日本	2002.7		
21	割草机	BK4300FL		3台	日本		0.38	
22	清洗机	PX-30D		1台				

RCC－AC 复合式路面养护机械

表 8-28

项目	机械名称	型号	产地	规 格	备 注
日常养护机械	强力清刷机	QS1500	河南	最大扫宽 1.5m	—
	洒水车			500L	
	犁式除雪机			除雪宽度 2~3m	
	清障车	SQZ 系列	沈阳	最大托起质量 1 500~10 000kg,最大拖拽能力 3 000~30 000kg	—
	路面划线机	YD 系列	沈阳	150mm 或 200mm 宽分道线、400mm 或 450mm 宽斑马线	手推式
RCC板修补机械	路面破碎机械			—	液压或气压力破碎装置
	拌和机			出料量 250~350L	强制式,自动计量
	切缝机	HONDA GX160		刀片直径 200mm、切缝深 25mm、切宽 3mm	—
	补缝机	KERA145D	加拿大		
	板下封堵设备			—	包括封堵机、水箱、钻孔设备
	水泥注浆车	GYZJ2320D	河南		
	表面抹光机			抹盘直径 800mm	—
基层机械	稳定土厂拌设备			—	连续式路拌站
	稳定土摊铺机	JT5000 型	河南	摊铺宽度 7.5-12.5 m	配履带式行走系统
	沥青混凝土拌和设备	ASTEC LB3000	美国	产量 240t/h	
	沥青加热及处理设备				包括加热炉、沥青脱桶机、乳化设备
	多功能沥青路面修补车	AD5070TLZ	鞍山	注浆泵送量:$2 \times 3\ m^3/h$ 搅拌罐容积:$2 \times 1\ m^3$	
	稀浆封层机	GYXF1235C	河南	—	可选用多种摊铺箱
	路面铣刨机	RH120 型	徐州	最大铣刨宽度 1200mm	冷铣式
	沥青灌缝机	Breining		—	—
	沥青路面热再生设备	RLB 系列		—	现场热再生
	综合养护车		杭州		
	乳化沥青再生拌和机	ARC300E	—		
	乳化沥青洒布机	CLB50	咸阳		
	沥青混合料摊铺机	LT1200	西安	摊铺宽度 2.5~12m	
	压路机			—	
	冲击夯	TV-60NK	大旭		

续上表

项目	机械名称	型号	产地	规格	备注
运输机械	自卸大货车	EQ3092F	武汉	—	—
	装载机	ZL40	厦门	—	—
	重型油罐车	NJZ5091	南京	—	—
动力机械	空压机	S-4/5	浙江	—	—
	液压动力站	PAC30	瑞典	—	—
	发电机组	EF6600	雅马哈	—	—

五、典型路面养护机械

1. GYQS1500 强力清刷机（图 8-10）

QS1500 型强力清刷机主要用于清除路桥表面水泥浮浆、泥土结块等固体附着物；清扫路桥表面的浮尘等杂物。

性能特点：该设备为自行走正三轮设备，结构新颖、简洁，行走转向轻便灵活。各种动作均为液压驱动，行走速度可以实现无级调速，清扫程度可以调节，被清除物可以定向抛出。

2. GYXF1235C 稀浆封层机（图 8-11）

GYXF1235C 型稀浆封层机主要用于沥青路面面层养护施工，以增强路表防水、坑槽、耐磨等功能，也可用于新建路面的层间处理。

图 8-10　强力清刷机　　　　　　图 8-11　稀浆封层机

该机为具有国际先进水平的道路养护设备，料仓容积大，提高了工程施工效率；摊铺宽度可调，可满足不同路面的施工要求；双轴强力搅拌，拌和无死角，成浆效果好；并可调节左右出料量。历经多年的施工实践，不断优化，是目前进行道路微表处施工的理想机械。

3. GYZJ2320D 水泥注浆车（图 8-12）

GYZJ2320D 水泥注浆车主要用于水泥路面的养护施工，以解决板底脱空、板块沉陷、错台等病害，还可用于边坡处理等工艺。该车为自主研制，历经多年施工实践，不断优化，具有很强的实用性，性价比高。

4. 沥青再生设备（图 8-13）

RLB 系列沥青混合料再生设备，是适合中国道路现状、功能齐全的沥青混合料再生设备，可以解决大量沥青道路混合料的回收再利用和所涉及的环保和成本等诸多问题；彻底解决了旧沥青加热过程干燥筒粘料、旧沥青破碎筛分及有害蓝烟排放等技术难关。

5. 综合养护车(图8-14)

脱卸式沥青路面综合养护车是一种专门为公路和城市道路等沥青路面的修补养护、运输等作业而设计制造的特种车辆。

图8-12　水泥注浆车

图8-13　沥青再生设备

它的主要功能是：沥青路面的养护和修补(路面切割、破碎、开挖坑槽填补、底基层夯实、沥青混合料加热搅拌、旧料再生、路面压实、沥青喷洒等多道工序)同时又可作为运输车辆,大大地提高了车辆的使用率,是道路养护工人的一种理想的综合养护车。

6. 多功能沥青路面修补车(图8-15)

多功能沥青路面修补车是修补沥青路面多功能公路养护设备,可对新、旧沥青混合料加热再生,为修补沥青路面提供热料;发电机组可为外接电动工具等提供动力,液压动力输出接口,可满足多种需要液压机具使用,随车带有振动压路机,以满足修补后路面的振动压实功能。

图8-14　结合养护车

图8-15　多功能沥青路面修补车

7. 同步碎石封层车(图8-16)

同步碎石封层车可同步喷洒沥青和撒布集料,可喷洒橡胶沥青、热(改性)沥青、稀释沥青、乳化沥青等多种沥青,也可用于新建路面下封层,桥面防水层施工、水泥路面白改黑防水层施工,以及沥青路面预防性养护的磨耗层施工。

图8-16　同步碎石封层车

第五节 高速公路的改建与拓宽

高等级路面的修建,推动了沿线经济及社会的发展,但就目前国内外沥青路面和水泥路面使用状况而言,还存在着不少问题,尤其是早期修建的高等级路面不同程度地出现了结构性破坏和功能性缺陷,严重影响了道路的服务水平及车辆的行驶安全。特别是近几年,随着我国社会主义市场经济的迅速发展,交通的日益重型化及交通量的大幅度增长,加之设计、施工、养护、使用等多种综合因素的影响,加速了路面的损坏,目前国内很多高等级路面正处于维修、待修状态,高速公路的改建与拓宽势在必行。由于高等级公路上交通量大,而沥青混凝土加铺层具有修复周期短、行车舒适、对行车干扰小等优点,同时能充分利用原有路面的强度,且造价低、施工方便、对交通及环境影响小,因此高等级公路旧路面加铺沥青混凝土层已成为我国一种切实可行、简单有效的改建措施。同时,由于交通流量的日益增加,原高速公路的设计通行能力已远不能满足日益增长的交通需求,路面的拓宽无疑是解决高速公路运输能力不足的有效方法。本节主要研究沥青混凝土路面加铺层及路面的拓宽技术。

一、国内外高速公路拓宽状况

1. 国外道路拓宽现况

美国盐湖城 I-15 公路的改扩建工程,有 27km 的道路位于强度较低、固结时间长的软弱地基上,但路基容许施工期限很短(12~18个月),为保证路堤施工的稳定性并减小工后不协调变形,采取了多项工程措施。其中包括:设置塑料排水板、置换地基、路堤分期施工、轻质路堤、加筋挡墙和设置桩基础等。

澳大利亚交通部门曾对南澳洲一条高速公路拓宽改建时,对拓宽部分软弱地基表层土体,出于对当地部门对环保的要求,采用专门机械翻松表层土,再掺加一定比例的生石灰、粉煤灰和路邦(roadbond)液体固化剂进行混合搅拌来进行处治。处治后通过落锤式弯沉仪检测路基路面整体抗变形能力满足设计要求。通车两年后道路状况良好,未发现相关病害产生。

日本对软土地基上路基不均匀沉降控制方面进行了多方面的研究,其中包括针对半幅拓宽路堤提出了一系列工程措施。公路拓宽时将原有双向车道保留,作为拓宽后新路的一个方向的行车道,而在不远处(相距1~3m)增设一新路堤作为新路的另一个方向的行车道。此时原有修筑的路堤已经完成固结沉降而处于稳定,而由于拓宽路堤的影响,老路堤也倾向于新路堤一侧沉降,导致老路堤表面平整度下降,路面开裂。推荐采取的措施一般有:通过在原有路堤外侧路肩处竖向打入一定深度的板桩,使新拓宽路堤的沉降隔离在板桩处,以起到消除由于新路堤的沉降给老路堤带来的连带沉降影响;或通过在新路堤地基部分设置挤实砂桩、石灰桩等复合地基来减小新路堤的沉降量,最终达到减小老路堤的影响;以及通过在新填路堤地基处打入预制桩来减小新路堤的沉降。

国外针对软土路基上加宽路基填筑施工提出了间隙法(The Gap-method)(见图8-17)施工,这是一种二步填筑法,先在距离老路基一定距离外填筑部分新路基,新老路基之间留有一定间隙(Gap),待地基固结一段时间后再填筑新老路基之间的间隙。由于在第一阶段新路基填土自重作用下的固结会使新老路基间隙下的软土强度和水平应力提高,因而可以有效减小第二阶段填土对老路基产生的附加变形,而且这种分步填筑法要比一次性整体填筑对老路基产生的变形要小。

2. 国内道路拓宽现况

广佛高速公路从1997年开始扩建,是我国首例高速公路加宽扩建工程,采用沿老路两侧加宽的方式建设,1999年10月竣工。广佛高速公路全长14.8km,其中约6.86km按8车道扩建,路基宽度约41m,另外约7km按6车道扩建,路基宽度33.5m。软土厚度约为10~20m,老路基采用排水固结法进行处理,为解决新老路基拼接过程中的沉降及稳定问题,广佛高速公路采用粉喷桩加固处理以形成复合地基,粉喷桩的处理长度约为10m,在处理深厚软基的拼接加宽工程上,没有形成具体的设计、施工方法。

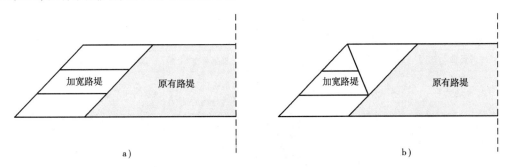

图 8-17 加宽路堤填筑方法
a) 水平法填筑;b) 间隙法填筑

沈大高速公路于2002年5月开始改造成八车道高速公路,在沈大高速公路改造加宽项目中,新旧路基的结合是关键技术。通过对新填路基的一些特殊处理工艺和铺设土工格栅来提高整体路基的承载力及整体性,可以防止新旧路基的不均匀沉降以及由此造成的路面反射裂缝等病害。

沪宁高速公路立交处,在匝道桥接坡直接拼宽段采用了粉喷桩复合地基处理,在分离式路堤拼接处采用了高压注浆形成地下连续沉降隔离墙的措施,来消除由于新填路堤的沉降给老路堤带来的附加沉降。

杭甬高速公路在拼接拓宽过程中,对结合部采取了填料控制(采用宕渣和砾石砂作填料)、防水(新老路面基层顶面洒铺封层油)、排水(在结合部面层下设置开级配碎石排水带,将渗入老路路面结构内的水排至新建部分的级配碎石底基层排出)、加筋(在路基顶面铺设一层土工格栅,在接缝处0.5m宽范围内沥青混凝土面层采用玻璃纤维格栅加筋)、台阶挖设等措施。并首次将路堤桩用于高速公路的地基处理中,达到了控制差异沉降的目的,但没有提出具体的设计方法。

海南环岛高速公路是同江—三亚国道主干线最南段的一部分,受投资限制,采取分两次半幅修建的方式进行。为减少扩建工程对老路的影响,将原设计的塑料排水板地基全部改为粉喷桩加固处理,如存在稳定问题则采用反压护道的方式处理。

锡澄高速公路与沪宁高速公路的连接,采用分离式拼接,通过在新老路基之间打设分隔墙(地下连续墙)的处理方法,并提出了沉降计算方法及差异沉降的控制标准,成功地实现了拼接,丰富了拼接技术,为后续工程的设计和施工提供经验。但其需要较长的预压时间,在工期紧的情况下难以满足要求,且在预压时存在老路路面的排水问题,必须严格控制新拼接路基的工后沉降量,否则会引起新老路基较大的差异沉降,从而导致路面的拉裂。

以上国内高速公路均成功实现了拼接,运营后道路使用质量良好。几条高速公路设计时均意识到差异沉降的影响,但都没有形成整套的软基上高速公路拼接的计算方法及控制标准等,也没有合理评价老路基的沉降稳定及强度等方面的变化,使地基处理设计带有一定的盲目性。

我国主要高速公路改扩建工程概况见表8-29。

我国主要高速公路改扩建工程概况 表8-29

项目名称	全长(km)	改扩建日期	拼接方式	原设计方案	扩建方案
广佛高速公路	6.9	1997.8~1999.10	两侧拼接	双向四车道	部分双向八车道、部分双向四车道
海南环岛东线	251	1997.1~2001.12	两侧拼接	非标准四车道	扩建左幅双向四车道
沈大高速公路	348	2002.5~2004.9	两侧拼接	双向四车道	双向八车道
沪杭甬高速公路	248	2002.12~2007.12	两侧拼接	双向四车道	分段拓宽成双向八车道
沪宁高速公路	249.5	2003.5~2006.6	两侧拼接为主局部分离为辅	双向四车道	双向八车道
沪陕高速公路叶信段	185	2003.6~2005.10	两侧拼接	双向四车道	双向八车道
南京绕城高速公路	29	2003.9~2005.7	两侧拼接	双向四车道	双向六车道
安徽合宁高速大陇段	43	2006.8~2009.9	两侧拼接为主局部分离为辅	双向四车道	双向八车道
京港澳高速公路郑漯段	120	2008.3~2010.10	两侧拼接	双向四车道	双向八车道
京港澳高速公路安新段	113	2008.4~2010.10	两侧拼接	双向四车道	双向八车道
京港澳高速公路漯驻段	96	2009.10~2011.9	两侧拼接	双向四车道	双向八车道
连霍高速郑州至洛阳段	106	2008.11~2010.10	两侧拼接	双向四车道	双向八车道
连霍高速西潼段	130.09	2008.11~2010.11	两侧拼接	双向四车道	双向八车道
连霍高速公路西宝段	158	2008.12~2011.11	两侧拼接	双向四车道	双向八车道部分双向六车道
京津塘	157	2008.12~2009.12	两侧拼接	双向四车道	双向八车道部分双向六车道
佛开高速公路	47	2008.12~2011.2	两侧拼接局部两侧分离	双向四车道	双向八车道
阜蚌高速公路	187	2009.8~2010.12	两侧拼接	双向四车道	双向八车道
福夏漳高速	270	2007.11~2011.1	两侧拼接	双向四车道	双向八车道
连霍高速郑州至商丘段	198	2009.10~2012.9	两侧拼接	双向四车道	双向八车道
连霍高速洛阳至三门峡段	195	2009.12~2012.11	单侧拼接为主两侧拼接为辅	双向四车道	双向八车道
广清高速公路	58	2010.2~2012年底	两侧拼接	双向四车道	双向八车道

二、道路拓宽主要技术问题

1. 原有道路路基路面承载能力对拓宽道路的影响

对原有道路路基路面承载能力进行评价,对路面破坏原因进行分析,有利于在改扩建工程中充分利用原有路面的结构层强度,减少工程费用。主要有以下几方面意义:

(1)确定原有路面的利用程度

通过对安新高速原有路面承载能力的调查,评定为"中"、"次"的路段占了很大一部分,若在安新高速改扩建工程中继续利用原有路面,不仅不能满足现有交通量的要求,而且新旧路面路容路况差异大,严重影响美观和司机视觉心理。建议安新高速在路面承载能力评定为"中"以下的路段铣刨路面面层,铣刨路面后对基层状况进行现场测定,若基层松散、横向裂缝连续且间距小 10m 的路段需挖除重建。对于"良"以上的路面,根据安新高速公路改扩建设计文件进行修补。

为了保证铣刨的路面面层和新铺路面面层的统一、连续、美观,铣刨路面面层以路段为单位,而不按行车道区分。即若超车道评定为"次",行车道评定为"良",则建议整个路段内超车道、行车道均铣刨。

(2)计算不均匀沉降的参数确定

安新高速改扩建工程中引起的新旧路基差异沉降是其研究重点,而原有路面的利用情况,原有路面的强度,尤其是路基的强度、压实度、固结度等是计算不均匀沉降必须考虑的问题。原有路基经过结构自重和行车荷载的反复压实,并经过长期固结,压缩模量要比新路基有所提高。全线路基模量(动态模量)的变化范围较大,因此在后面计算中一般路段取旧路基压缩模量 50MPa,在填方高于 8m 或软土地区,根据实测动态模量换算成压缩模量计算。

(3)对施工的影响

原有路基强度不够的,需在改扩建工程中重新压实。尤其对于原有路基边缘区,在先前施工中难以压实,则需要根据实际情况进行处理,以降低不均匀沉降和提高新旧路基的统一性,具体措施见后面章节。

2. 拼接段纵向裂缝的防治

在分析拼接段纵向裂缝产生机理的基础上,从其根源寻找防治措施与对策,使拼接段达到最大限度地减少和延缓纵向裂缝产生的目的。纵向裂缝作为公路拓宽改造中的质量通病,防治应遵循"预防为主,及时处治"的原则,在设计和施工过程中通过合理设计,提高施工工艺和施工质量等方法进行有效预防,努力减小路基的差异沉降,最大限度地减少和延缓裂缝产生的发展、恢复路面功能、延长路面的使用寿命。

目前,解决纵向裂缝的处理措施主要有:选取合适的地基处理方法并保证处理质量;边坡削坡和台阶开挖(表 8-30);土工合成材料的采用;路堤的压实度控制;采用高强度的路基填料等。

我国高速公路已改扩建工程中的削坡及台阶开挖方式　　　　表 8-30

工程项目	削 坡 方 式
广佛高速公路	粉喷桩处理:第一阶段按 1:0.8 的坡率开挖老路边坡,第二阶段施工,按 1:0.5 的坡率继续开挖边坡 旋喷桩处理:按 1:0.5 的坡率开挖老路边坡
沪杭甬高速公路	挖成台阶状,台阶高度控制在 80cm 左右,宽度为 100~200cm
沈大高速公路	从土路肩向下挖出 1:0.5 坡度,并挖成高度不大于 80cm 的台阶,台阶底面向路中心横坡 3%,台阶挖至与原地面平齐
海南环岛东线高速公路	从坡脚向上挖成宽 100~150cm,内倾 2%~4% 的反向台阶
沪宁高速公路	清除表层 30cm 压实度不够的土,挖成台阶状,台阶高度控为 50~60cm,宽度为 90~100cm
南京绕城公路	从坡顶向下挖成台阶状,台阶高度控制在 80cm 左右,宽度为 100~200cm
沪宁—锡澄高速	挖成台阶状,每个台阶高度 80cm,底宽 120cm,台阶底面向公路直接拼接段路中心横坡 2%,台阶挖至与原地面齐平

3. 拼接段软弱路基处治对策

要保证软基路段的拼接工程质量,减小新老路基的差异沉降,新老路基下的软基处治是最为关键的措施。围绕减小新老路基差异沉降这个中心,可以从两方面进行着手考虑:一是提高地基承载力,从加固软土地基入手,提高软土地基土压缩模量,来减小差异沉降的发生。其核心要找到经济上和技术上都可行的地基处治方法。二是减小路堤荷载,(同时保证满足路堤边坡稳定所需的路堤本身强度与变形),使软土路基所承受的上覆路堤荷载减小,进而可减小地基的压缩变形量,使路堤沉降量减小。通过采用新型填筑材料,满足公路行车安全又质量较轻的材料,减小其对软土地基的附加应力影响来达到减小差异沉降的目的,这些都涉及到软基处治优化选择的问题。加宽或拼接工程中土工合成材料铺设层数和位置见表8-31。

高速公路软基处理方法很多,但对于扩建工程而言,软基处理较新建高速公路具有更高的要求。目前,根据软土地基的生成原因和地基的厚度及其所处的位置,在扩建工程中最常用的软基处理方法在高速公路地基处理中,应用的有排水预压(超载预压)、隔离墙、复合地基法(包括粉喷桩、CFG桩、旋喷桩、预制管桩等)、轻质路堤法等。具体情况见表8-32。

加宽或拼接工程中土工合成材料铺设层数和位置 表8-31

加宽或拼接工程	土工合成材料铺设层数和位置
广佛高速公路加宽工程	路基底部铺设一层土工布和一层土工格栅,其中下层为土工格栅,上层为土工布,两层间距50cm,中间填砂和风化土
沈大高速公路加宽 锡澄—沪宁高速直接拼接段 宁连—雍六高速公路拼接段	基底开始铺设一层土工格栅,以后每个台阶顶面均铺设一层土工格栅
沪杭甬高速公路加宽工程	路基顶面铺设一层土工格栅
马芜—芜宣高速公路拼接段	路床顶铺设25cm厚土工格室装碎石,宽度为300cm,新老路基交接处左右各150cm宽
庐铜—老合铜路拼接段	每隔50cm设置一层高纤维土工格栅;新老路基顶结合部铺设一层宽600cm,厚15cm的土工格室进行加筋,土工格室内部用级配碎石填充密实,新老路基拼接处两侧各布设300cm

高速公路改扩建工程中软基处理方案详述 表8-32

处理方案	原理	优缺点	工程实例
隔离墙+塑料排水板+预压	是一种侧向约束方法,通过在路堤两侧或一侧堤角附近打入水泥墙,来限制基底软土的挤动,从而减小边载对原路堤引发的附加沉降,塑料排水板+预压可以加速扩建部分软基的固结	处理需要降低地下水位的段落时,效果可靠。可以隔离拓宽荷载对老路的影响,但需要堆载预压,工期较长,造价高	锡澄—沪宁高速公路分离式拼接段
塑料排水板	增加排水通道,缩短排水距离,加速固结,减少工后沉降	理论较成熟,设计、施工经验丰富;但是工期较长,对老路影响较大	沈大高速公路扩建工程、沪杭甬高速公路(红垦至沽渚段)扩建工程

续上表

处理方案	原理	优缺点	工程实例
Geosynthetic-reinforced and pile-supported (GRPS) embankments 桩网复合地基	考虑桩—承台—基土—土工织物—路堤协调作用,大部分荷载由桩体承担,同时充分发挥桩间土的承载潜力	为了降低工程造价,可以配置桩帽,疏化桩间距;可以采用现浇和预制的方法,施工方便,工期快;处理效果明显,工后沉降小	沪宁高速公路扩建工程、沪杭甬高速公路(红垦至沽渚段)扩建工程、南京绕城公路扩建工程等
水泥搅拌桩(粉喷桩或湿喷桩)复合地基	水泥和土体发生一系列物理力学反应,改善土体物理力学性质,从而提高地基承载力和降低地基压缩性,减少地基沉降,为半刚性复合地基	理论较成熟,处理效果明显。需严格控制施工工程,保证桩体质量。处理深度有限,对20m以上的软土处理效果难保证	广佛高速公路扩建工程、沪杭甬高速公路(红垦至沽渚段)扩建工程、沪宁高速公路扩建工程、南京绕城公路扩建工程
CFG桩复合地基	由水泥、粉煤灰和碎石或石屑形成的一种可变强度桩,与褥垫层形成一种刚性复合地基。可以显著降低地基沉降,提高地基承载力	具有承载力高,沉降变形小,变形稳定快,工艺性好,灌注方便,易于控制施工质量,工程造价较低等特点	南京绕城公路扩建工程等
轻质路堤(以EPS为例)	填料自身质量轻,明显降低地基中的附加应力从而明显降低软土地基沉降和不均匀沉降	稳定性高,耐久性好;施工装配简单;易于维修,特殊条件下损坏时,局部整修简单有效。同时采用立板式挡墙,可进一步节省用地	沪宁高速公路扩建工程试验段

4. 路基拓宽差异沉降机理

1) 差异沉降机理

地基土体在上部结构荷载作用下产生应力和应变,其中竖直方向的变形即为沉降。土体的沉降变形同土体的压缩性能密切相关。一般天然土受力变形,实际是土颗粒压缩,孔隙中的水和气的排出,土体积减小的过程。

路基沉降主要由两部分组成,即地基在路基自重作用下的固结压缩及路基本身的固结压缩变形。根据应力扩散原理,由于路基分层施工,路基土承受压路机的轮压作用明显,可认为已经得到很大程度的压实,而地基的压实效果不明显。路基的工后沉降主要由地基土的沉降固结引起。

路基拓宽后的不均匀沉降,主要是由公路拓宽工程的工程特点决定的。路基差异沉降的主要原因有:

(1)由于土基地质差,导致新老路基底部土基因荷载的增加发生沉降。但原路基下的地基因在改造时已基本固结沉降到位并且所增加的荷载远小于新拓宽部分。

(2)新老路基结合部位工艺较复杂,施工难度较大,往往在此产生人为的质量不合格因素,如密实度达不到设计标准、开挖台阶没有达到设计要求、老路边坡没有处理完全等。由于各种施工原因造成了结合部的强度不足,新路堤本身出现沉降。

(3)新老路基改扩建处理后结合部位路基材质和路面结构层厚度、强度不一,特别是一边为新路基,一边为原路基,质量存在差异。拓宽路基填料较差,抗风化性能、抗淘蚀性能不足。施工过程中路基填料多半就近从挖方断面上直接获取,对材料粒径、级配及材料本身的物理力学品质等方面控制不严,填料中含有有机植物根茎及腐蚀性耕植土的现象较为普遍。

(4)在新老路基结合部没有设置土工格栅,或土工格栅和填土没有充分咬合、土工格栅埋入老路部分长度不够,致使土工格栅未能充分发挥其加筋性能。

(5)由于新老路基修建历史、填料和压实度的差异在新老路基顶面产生不协调变形。路堤在自身荷载作用下会发生压缩变形,老路基已经通车运行一段时间,在老路基荷载作用下的压缩变形已经完成,而新填路堤在施工结束后仍发生部分压缩变形。土基及新路基的固结下沉未到位,工后沉降大。拓宽路基荷载通过老路边坡传递到老路基上,使老路基顶面发生不协调变形。

(6)排水设施不完善,设施布置不合理,导致地表水下渗,形成滞水、积水和渗水。路基土受水浸泡而湿软,强度急剧下降。另外,若道路边沟养护不及时而淤塞,可导致路基上侧雨水漫过路面,从路面渗入路基。若路面已经开裂,雨水自裂缝进入路基,加剧裂缝扩张并导致路基强度下降。

一般认为,在新路基的路肩边缘处沉降量最大,而旧路基中心线处沉降量最小。由于新旧路基的相互作用与影响,拓宽路基顶面沉降曲线是一条非线性变化的曲线。

2)差异沉降的控制指标

路基的不均匀沉降会使路面产生较大的附加应力,造成路堤开裂,路面不平,甚至影响其正常和安全使用,从而产生一系列相关的病害。与新老路基结合不良有关的相关病害主要有四类:路基失稳、支挡结构损坏、路面损坏、路面整体性能下降。所以,必须对差异沉降提出控制指标。

一般以基层顶面的最大附加拉应力作为控制指标,以 $\sigma < \sigma_R$ 作为路面不开裂的条件。而路基的稳定性应该以路基的最大附加剪切应力为控制条件,即 $\tau < \tau_k$。对于安新高速公路改扩建工程路面结构设计参数计算得到路面早期开裂基层顶面容许拉应力 $\sigma_R = \sigma_{sp} = 0.5\text{MPa}$,路基顶面最大差异沉降超过 4cm 路面将发生开裂。路面后期开裂基层顶面容许拉应力 $\sigma_R = 0.21\text{MPa}$,路基顶面最大差异沉降超过 1.5cm 路面将发生开裂。路基容许剪切应力 $\tau_R = 39\text{kPa}$,路基顶面最大差异沉降超过 4.3cm 路面将发生开裂。对于相同的差异沉降,不同宽度的拓宽路面具有不同的力学响应效果,拓宽路面宽度越大,则允许的差异沉降越大,反之越小。故应该用变坡率描述差异沉降的控制标准。

$$i = \frac{\Delta S_{\max}}{\Delta B} \tag{8-26}$$

式中:i——变坡率(%);

$\Delta S_{\max}$——最大差异沉降(cm);

ΔB——最大差异沉降两点间水平距离(cm),一般取新路基边缘与旧路基中心线之间距离。

我国对高等级公路的拓宽工程主要采用工后不均匀沉降差及新老路基变坡率作为拓宽路基差异沉降控制指标。

作者通过研究京沪高速改扩建工程,提出了京沪高速路基差异沉降控制标准。即考虑路面结构材料的抗拉破坏能力时,可以将变坡率 0.56% 作为差异沉降控制标准;考虑沥青路面材料的疲劳衰减性能时,以变坡率 0.25% 作为差异沉降控制标准。并得出以下结论:对于相同的拓宽宽度,双侧加宽能使得加宽路堤重力分配到旧路两侧,极大地改善了新旧路基沉降曲线形态,有利于路面结构的受力状况,可减少拓宽所需土石方量。另外,对不同的差异沉降级别,应采取不同的相应沉降处置措施。

5. 路面拼接及再生

1) 路面拼接

高速公路的扩建在局部范围的横向分布上有直接拼接方式及分离扩建两种方式。

(1) 直接拼接方式

直接拼接方式是新路基在老路基的一侧或两侧直接拼接,最终在两个行车方向中的任何一个行车方向形成一个整体式断面的方式。横断面布置如图 8-18 所示。

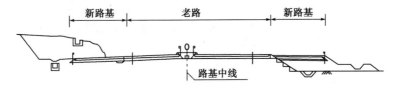

图 8-18　路基两侧直接拼接方式示意图

综合近年来国内多条高速公路改扩建方式,直接拼接方式主要有以下两种。

① 双侧加宽

双侧加宽是在原路基两侧直接拼接,基本保持原路线形,原中心线留作加宽后公路的中心线。这种模式以已建成的沈大、沪宁、沪杭甬等线为代表,适用于平原区,沿线地形平坦,原设计标准较高,有直接加宽条件。

② 单侧加宽

单侧加宽是指在老路的一侧新建路基直接拼接出最终所需宽度的半幅路基作为一个行车方向,然后将老路由原来的双向行驶变为单向行驶从而成为最终扩建后的半幅,最后共同形成一个新的高速公路断面,使两个行车方向中的任何一个行车方向都能形成一个整体式断面。目前主要有连霍线郑州至洛阳段高速公路改扩建工程,在山岭重丘区采用单侧加宽方案,基本保持现有高速公路路基完整,原有车道改为同向,新建半幅作为另一个方向车道。

(2) 分离扩建方式

分离扩建方式是在原路两侧或一侧适当位置新建两条单向或一条双向公路,与原路一起组成多车道的高速公路。在新老路基之间设分隔带或将新老路基拉开一定的距离,使平、纵面同时分离。如图 8-19 所示为两侧分离扩建的横断面布置。

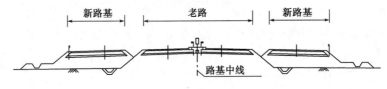

图 8-19　两侧分离扩建方式示意图

分离扩建方式除用于集散道路这些功能性路段处,还可用于处理不能直接拼接的特殊路段。

(3) 高速公路各基本扩建形式特点

各种扩建形式都有各自的特点,适用于不同的道路条件和建设条件,具体如表 8-33 所示。

高速公路基本扩建形式特点　　　　　　　　　表 8-33

加宽形式			优　点	缺　点
单侧加宽	拼接加宽	A. 平、纵面均与老路相同	将老路的设计线移到路肩,新加宽部分平纵面标准与老路保持一致,主要优点是施工组织方便,在断面达到 10 车道时原有工程利用率较高	1. 老路基宽度与新建部分多不相同,要改建成相同宽度就会大范围影响交通。 2. 老路基为双向横坡,要调整为单向坡在构造物处难实现。 3. 中央分隔带需改造为路面,交通工程要重建。 4. 互通、服务设施、上跨分离式立交需作大规模的改建
	分离加宽	B. 平面分离加宽	相当于新建分离式路基,加宽侧的布置相对自由	1. 新建路基宽度大,工程量较 A 形式大。 2. 互通、服务设施、上跨分离式立交均需作大规模的改建。 3. 老路基为双向横坡,要调整为单向坡在构造物处有较大的难度。若不调整横坡、不取消原中分带,对交通组织和行车安全不利。 4. 需两套交通工程设施
		C. 纵面分离加宽	平面可基本不变,困难地段可平、纵面同时分离	与 B 形式相当。纵面抬高路段多需采用高架桥形式,工程量巨大
两侧加宽	拼接加宽	D. 平、纵面均与老路相同	1. 平纵面与老路相协调。 2. 工程量最小。 3. 可充分利用已征用的土地。 4. 互通、交通工程、服务设施、上跨分离式立交改造工程最小	1. 加宽宽度小时不方便施工。 2. 部分明通、桥梁有净空不足的问题需采用特殊结构或下挖被交路方式解决。 3. 存在路基、构造物拼接处理的技术问题
	分离加宽	E. 平面分离加宽	当加宽车道较多时可采用该形式。在遇到复杂工程时采用该方法可化解矛盾。可以构建集散加快速的交通组织模式,利于城市路段及互通密集路段的交通组织	1. 互通、服务设施前后处理较为复杂,会出现左进右出的技术问题。 2. 不论采用路基分离或桥梁分离,工程费用均高于 D 形式。 3. 用地数量仅次于新建工程
		F. 纵面分离加宽	往往与 E 形式共同采用,优点基本相同	与 E 形式基本相同,规模更大
混合加宽		G. 单侧加宽与两侧加宽的组合	其优点在于遇到特殊困难条件时多了一种选择,可以适应一些路段的特殊要求	与上述方案有一些共同缺点,但也能够结合具体路段,通过合理组合解决复杂问题

2) 路面再生

路面再生种类繁多,按旧路面性质可分为沥青路面再生和水泥混凝土路面再生;按再生形成的层位不同可分为再生面层、再生基层和再生底基层;按再生方式的不同可分为热再生和冷再生;按拌和地点的不同可分为现场再生和厂拌再生。

我国的沥青再生技术主要可分为以下 5 种类型:厂拌热再生(Hot Recycling)、现场热再生(Hot In-place Recycling)、厂拌冷再生(Cold Recycling)、现场冷再生(Cold In-place Recycling)、全深再生(Full Depth Reclamation)。全深再生在我国基本包括在现场冷再生的范畴里。另外,冷再生根据其稳定剂不同又主要可分为水泥冷再生、乳化沥青冷再生、泡沫沥青冷再生等。

(1)厂拌热再生

厂拌热再生技术是先将旧沥青混凝土路面铣刨(一般在气温较低的季节进行)并清除黏附的泥土和杂质,然后运回工厂,通过破碎、筛分,并根据旧料中沥青的含量、沥青老化程度、碎石级配等指标,掺入设计所需的新集料、沥青再生剂进行拌和,使混合料达到规范规定的各项指标,按照与新建沥青混凝土路面完全相同的方法重新铺筑,其性能通常能够相当于甚至优于传统的热拌沥青混合料。

(2)现场热再生

现场热再生技术也称为表层再生技术。该技术通过现场对旧沥青路面加热软化、翻松、收集旧料、添加新集料、补充新沥青(再生剂)、拌和、摊铺、振实、熨平、碾压等工序,一次性实现现场旧沥青路面再生,具有无须运输废旧沥青混合料,工效高,对公路运营影响低等优点。

(3)厂拌冷再生

厂拌冷再生是将回收的沥青路面材料(RAP)和沥青再生剂相混合进行再生后作为底面层混合料的一种技术。该法就是将回收的沥青路面在拌和厂破碎,然后在特定的冷拌设备中与液态稳定剂拌和均匀,从而增加路面的承载能力。厂拌冷再生的再生范围可以达到路表面以下150mm的厚度。冷拌再生沥青混合料的摊铺、碾压与热拌沥青混合料相似。厂拌冷再生可以使用多种冷再生剂或乳化沥青、泡沫沥青等将旧沥青胶结料的性能恢复或接近原有状态。将回收材料破碎成适宜的级配,然后通过试验确定适量的添加剂,再摊铺、碾压到要求的密度,表面再铺以热沥青薄层罩面、表面处治层等罩面。

(4)现场冷再生

现场冷再生(CIR)是指原有路面材料被现场利用的一种路面改建技术。主要指旧路面材料在现场拌和而不需要加热,旧路面经过铣刨、破碎得到沥青路面再生材料(RAP),加入新的集料或路面再生剂,然后摊铺、压实。采用现场冷再生可以使路面恢复所需的线形、断面,消除原路面的车辙、不规则和不平整的区域。还可以消除横向、纵向和反射裂缝。

6. 沥青混凝土加铺层

采用沥青面层作为原有路面的加铺层是一种非常典型的补强方法。对于沥青路面,施工方便且改善路面使用性能效果显著;对于水泥路面,该路面结构形式能吸收二者的优点,原有水泥层可提供坚实稳定的基层,沥青加铺层可提供功能性好的表面层,大大改善了路面的使用性能。沥青混凝土加铺层设计相关问题如下。

1)反射裂缝的防治

国外早在20世纪30年代就对反射裂缝产生的机理开始了研究,并尝试了各种防治措施。先后采用的防治措施有:增加沥青层厚度、设置应力、应变吸收薄膜夹层(麻袋布、土工织物)、加筋沥青层(纤维织物、土工网)、设置隔离层(石屑、砂)以及处置旧路面板(封填裂缝、破碎稳定旧路面)等。研究者们针对各种措施,在不同的时期都进行了相应的研究。随着纺织技术的发展,土工织物也日新月异。因此,应用土工织物的加筋沥青罩面层和应力、应变吸收薄膜夹层一直是各国研究者关注的热点。但由于试验方法、试验条件及室内外试验的差异使得试验结论不甚一致,因此反射裂缝的防治措施有待进一步研究。

2)加铺方案的选择

(1)沥青混凝土路面加铺沥青层方案选择

国内外原有沥青混凝土路面加铺沥青层结构形式较多,归纳起来主要有:

① 处置原有沥青路面 + 沥青加铺层;在裂缝不太多的情况下,通常采用这种结构来恢复

路面表面功能。

② 处置原有沥青路面+夹层+沥青加铺层；夹层材料的铺设有利于减少反射裂缝，约束沥青面层的横向变形。这种结构适合于各种情况下的沥青路面加铺。

③ 铣刨原有沥青路面+（夹层）+沥青加铺层；在桥梁、隧道或高程受限路段，要对原有路面进行铣刨，再加铺沥青层。

④ 铣刨原有沥青路面+基层+沥青层。这种结构适合于道路破损比较严重的情况，加铺的半刚性基层可以有效地防止反射裂缝，比土工材料更能有效地消减竖向剪切应力，使用柔性基层效果尤为显著。

(2) 水泥混凝土路面加铺沥青层方案选择

国内外水泥混凝土路面加铺沥青层结构形式较多，归纳起来主要有：

① 原水泥路面破碎后+基层+沥青层。这种结构适合于道路破损比较严重的情况，加铺的半刚性基层可以有效地防止反射裂缝，比土工材料更能有效地消减竖向剪切应力，使用柔性基层效果尤为显著。

② 原水泥混凝土路面破碎后+基层+夹层+沥青层。基层基本上把原有水泥混凝土路面的反射裂缝给消减掉了，再加上夹层可以更加保证裂缝不向面层扩散。这时夹层有两种设法，夹层直接加铺到基层上，或者在基层上加铺2~4cm的沥青混凝土层再加铺夹层材料。

③ 原水泥混凝土处置后+夹层+沥青层。由于不需要铺设基层，可以较快的完成施工，尽早开放交通。这种结构在高等级公路改造中最常使用。通常情况下是一个晚上就可以完成半幅或全幅路的加铺。

沥青层加铺一般采用单层或双层较多，单层结构厚度不宜太小，厚度不足容易引起强度不够，应力集中，以致早期破坏严重。某地区曾做过3cm的沥青加铺层，但是加铺完不到半年就出现了各种形式的破坏。

3) 设计方法与指标

(1) 沥青混凝土路面加铺沥青层设计方法

根据加铺目的，具有代表性的美国 AASHTO 设计指南把加铺分为结构性加铺和功能性加铺。所谓结构性加铺是指由于路面结构承载力不足，需要加铺一层或多层来提高路面的承载力以适应预期的交通荷载；而功能性加铺是指路面的结构承载力仍能满足交通荷载的需求，但路面的使用功能已不满足人们的需求，需要加铺一层以改善道路的行驶质量，提高行车的舒适性和经济性。在加铺设计的过程中，主要考虑原路的处理、设计所采用的损坏准则等。目前国外有关加铺的设计方法大致可分为三种类型：有效厚度法、弯沉法、力学—经验法。

国内沥青路面补强设计方法与新建路面设计方法基本相同，以弹性层状理论为基础。若单层补强时，以双层弹性体系为设计计算的力学模型，补强 $n-1$ 层时以 n 层弹性体系为力学模型计算。只是在确定下卧层模量时的方法有所区别。原路面与补强层之间视加铺层的结构与厚度，采取相应的减裂措施或铺设调平层，或将调平层与应力吸收层合并为一层铺设。

几种路面补强设计方法各有优缺点，其中弹性层状体系应用较广泛，但是其路面材料的各种假设常常使其陷入半理论半经验的尴尬境地，而且对于各层水平方向无限大的假设导致其应力计算结果偏大；通用有限元计算程序中都可以分析弹黏塑性物质在温度、荷载以及其他条件作用下的力学响应，但其本身计算复杂。尤其是对于沥青材料非线性的分析，计算结果能否收敛与所选取参数关系密切，所以该法难于推广；有效厚度法是国外通用的加铺层设计方法，模型简单，针对性强，模型的精度主要依赖于建模数据的精度，适用范围有限，一般情况下这种模型只适合于等级较低的公路进行加铺层设计或者粗略的计算加铺层厚度。有效厚度法计算得出的路面厚度最大,其次为弹性层状体系理论,有限单元法计算得出的加铺层厚度最薄。设计时应该考虑材料的非线性以及旧路面破损或者其他缺陷可能对加铺层使用寿命的影响。

(2)水泥混凝土路面加铺沥青层设计方法

目前各国加铺层的设计方法差异很大,原水泥混凝土路面上加铺沥青层的设计方法主要包括有力法/理论法、经验法和半理论半经验设计法。我国《公路水泥混凝土路面设计规范》(JTG D40—2011)对于旧水泥混凝土路面上加铺沥青层作了指导性的厚度规定,即"沥青加铺层厚度应兼顾混合料的公称最大粒径相匹配和减缓反射裂缝的要求确定。高速公路和一级公路的最小厚度宜为100mm,其他等级公路的最小厚度宜为80mm"。该规范中附录C"有沥青上面层的混凝土板应力分析"对沥青加铺层厚度的确定方法是以控制水泥混凝土路面的荷载应力及温度应力的综合疲劳作用不超过水泥混凝土弯拉强度标准。加铺层和旧混凝土板的应力分析,应按结合式双层板进行。旧混凝土板的厚度、混凝土的弯拉强度和弹性模量标准值以及基层顶面当量回弹模量标准值,应采用旧混凝土路面的实测值。

国外对旧水泥混凝土路面沥青加铺层结构的研究较早,并在大量试验路的基础上提出了相应的设计方法,通常应用经验法或半经验法确定厚度,如美国沥青协会(AI)的弯沉法、美国陆军工程师部队(COE)的补足厚度缺额法、Ta法、ARE、美国沥青协会(AI)的有效厚度法及挠度法、美国各州公路运输工作者协会(AASHTO)的断裂间距法、无破损测试NDT1法及无破损测试NDT2法等。这些设计方法大多以现场试验及室内试验结果为依据,以试验路及对加铺层实际使用状况的调查结果为基础,结合本地区的具体条件确定参数,提出经验公式或设计曲线。

第六节 公路养护定额管理

公路养护定额就是公路养护单位在合理的生产组织、资源使用和生产技术条件下,完成单位合格产品或完成一定量工作所消耗的人力、机械、材料、资金等数量的标准。养护定额是养护工程造价计算的主要基础资料,是工程计价的一种依据。养护工程定额一般分工程定额、费用定额和机械台班定额三部分。

一、公路养护定额分类

公路养护工程定额是一个相对独立的系统,它是由多种定额结合而成的有机的整体。在公路建设市场中,公路养护定额由工程定额、费用定额和机械台班定额三部分组成。

公路养护工程定额一般可分为两类:一是按生产因素分类的定额,属于基础性的定额,其包括了劳动消耗量定额、材料消耗量定额和机械消耗量定额;二是按编制程序和用途分类的定额,主要分为施工定额和预算定额。

(1)施工定额

施工定额是规定建筑安装工人或小组在正常施工条件下,完成单位合格产品的劳动力、材料和机械消耗的数量标准。从性质上看,施工定额是属于施工企业内部使用的定额,一般只有施工企业内部人员使用,它体现一个企业在激烈的市场竞争中,对于完成同样产品的工程量,企业表现出来的竞争力。各个施工企业的施工定额不一定相同,为保持企业具有较强的竞争力,施工企业内部要不断挖潜改造,提高自身定额水平,不断增强投标报价的竞争力。从某种意义看来企业之间的施工定额应该是保密的。

施工定额是施工企业组织生产、编制施工阶段施工组织设计和施工作业计划、签发工程任务单和限额领料单、考核工效、评奖、计算劳动报酬、加强企业成本管理和经济核算、编制施工预算的依据,同时也是编制预算定额和补充定额的基础。它包括时间定额和产量定额,定额水平是先进的,定额子目多、细目划分复杂。

(2)预算定额

预算定额的性质属于计价定额,它体现在合理的生产组织、资源使用和生产技术条件下,完成单位合格产品或完成一定量工作所消耗的人力、机械、材料、资金等的数量。定额水平比施工定额水平略低,反映社会平均水平,因此具有广泛的社会性。

预算定额主要是为了满足编制施工图预算的要求。它是编制施工图预算的基本依据;是确定和控制基本建设投资额,对结构的设计方案进行技术经济比较,对新结构、新材料进行技术经济分析的依据;是编制施工组织计划、确定劳动力、材料和机械需要量的依据;是工程结算、施工企业贯彻经济核算和进行经济活动分析的依据。公路养护工程预算定额的编制方法可以以施工定额为基础,经过综合扩大编制相应预算定额。

公路养护费用定额又称为编制办法,是养护工程造价确定的依据,其统一了公路养护工程预算的编制方法及取费标准,加强公路养护工程费用的计划管理和生产管理,合理确定公路养护工程造价,是编制养护工程施工招标控制价(标底)、投标报价、实行经济核算和考核工程成本的重要参考。

机械台班费用定额是指在一个台班中,为使机械正常运转需要支出和分摊的折旧、维修、安装拆卸、辅助设施以及人工、动力燃料、养路费、车船使用税等各项费用消耗的标准,即确定机械台班单价的定额,公路养护工程机械台班费用定额是编制公路养护基本建设工程概、预算,进行经济核算和结算的依据。

二、公路养护定额的作用及意义

为了科学合理地管理和确定公路养护资金,统一和规范公路养护工程计价规则,科学、合理地确定公路养护工程项目的工、料、机实物消耗量,公路养护工程定额的研究与编制已成为公路养护投资管理中一个迫切需要解决的问题,也是当前实行公路管养分离,将公路养护推向市场的技术条件和基础性工作。

公路养护定额有以下几方面的作用和意义。

(1)是公路养护科学管理的需要

公路养护工程因缺乏科学、准确的计价依据,在全国范围内普遍存在养护工程造价管理薄弱的问题。加强公路养护工程造价管理,提高养护工程投资效益是十分迫切的任务。首先应尽快研究和编制公路养护定额,有了科学的计价依据,公路养护管理部门就能科学合理地确定养护工程费用,合理使用养护资金。

(2)是公路养护体制改革的需要

随着公路养护运行机制改革的推进,实行管养分离,培育公路养护市场是公路养护体制改革的关键。由于缺乏养护定额,使管理部门难以合理确定和有效控制养护工程投资。公路养护市场是一个新兴的市场,由于缺乏科学的计价定额,养护工程市场中各方的利益无法统一规范,养护工程成本也无法科学准确的核算,从而不利于降低养护工程造价。因此,研究和编制公路养护定额,对培育公路养护市场、规范养护招投标工作、鼓励正当竞争和控制工程造价有着重要的作用。

(3)是促进公路养护向专业化、机械化发展的需要

养护机械化是提高公路养护质量,使公路养护及时、快速、安全、畅通的重要保证,也是公路养护走向专业化、社会化的重要条件。随着公路技术标准和路面等级的逐步提高,对公路养护质量提出了更高的要求。目前一些地方的小道班养护、作坊式人力操作难以保证养护质量。交通运输部近年来把如何推行公路养护机械化作为养护体制改革的重要内容进行了广泛的调研和探讨,部颁《公路养护技术规范》对公路养护机械化给予明确的政策支持。在编制养护工程定额中,贯彻机械化养护施工为主的原则,从计价依据的角度对推动养护机械化也有积极的促进作用。

(4)研究和编制公路养护定额是积极配合国家费税改革的紧迫任务

改征公路养路费为燃油税是国家费税改革的一项重要内容,也是全国人民和广大交通干部职工十分关心的问题。费改税后公路建设和养护资金管理将发生重大变化,资金源头为各级财政部门,公路建设和养护资金以政府投资为主体,财政部门对其资金使用具有审批权。公路建设大发展之后必然是养护资金的大需求,养护定额的缺项必然对编制和审批养护工程费产生不利的影响,因此编制公路养护定额为费改税后养护资金使用提供可靠的科学依据,对公路的营运和发展具有重要的意义。

三、公路养护工程定额管理目的

公路养护工程定额管理就是通过定额合理调配相应人力、物力、财力和时间的管理活动集合,是经济管理中的基础性工作。依照有关的法规和制度,制订各种定额的编制方案或修订计划,收集必要的信息资料,组织编制或修订,组织造价信息的收集、整理和发布,落实推行定额使用的情况,并对使用情况和存在问题做出回馈,再通过分析答疑,提出改善的对策并将相关信息积累和储存。以上就是公路养护工程定额管理的内容,也可以看出是定额管理的相应步骤。各个部分之间既相互联系又相互制约,共同推动定额管理走向合理和规范。

公路养护工程定额与公路工程定额有本质的区别,公路工程定额反映的是在完全正常、规范、标准情况下进行的生产作业,而公路养护工程定额有其偶然性、不特定性、非正常性,要充分考虑到各种影响因素和不利因素;公路养护生产工作的特点是点多、线长、面广,公路养护的任务是服务于社会具有很大的社会影响力和社会效益,公路养护工程定额管理具有以下目的:

(1)节约社会成本

节约公路养护成本是合理利用资源和资金的一个重要的方面,也是提高公路建设投资效益的主要途径。通过养护定额的制订和应用达到控制耗费,可以达到节约社会成本的目的。为此,养护定额水平合理及贯彻有效是最为重要的。

(2)加强投资管理和企业管理

管理的最终目标,是提高经济效益。公路养护工程定额管理作为投资管理和施工企业管理的一个环节,作为基础性工作,一方面要适应整个管理工作的需要,受其他管理工作状况的影响和制约;另一方面,也在于用定额强化投资管理和施工企业管理的约束机制,并为其他各项管理工作创造有利的条件。

(3)协调公路养护工程中各方面的经济利益关系

公路养护工程中一般存在三方利益体:政府、养护企业和生产工人。政府一般作为投资主体,是将要形成的固定资产所有者。养护企业,一般是指受政府委托或通过招标投标承包或委

托承包,承担全部或部分养护施工任务的实施者;而工人则是直接生产者。养护过程中有关各方会从自身的经济利益出发,不可避免产生各种矛盾。公路养护工程定额管理的目的,就在于维护政府、企业、个人的正当利益,正确处理经济关系。本着实事求是和"公正"的态度,避免偏向任何一方,并使之适应逐步完善的市场机制的要求。

(4)深化公路养护工程的改革

根据国家政策规定及市场价格变动情况,通过发布价格信息及工程造价指数,对工程造价实行动态调整,逐步形成一种更为合理的价格机制——在国家宏观调控下,以市场形成造价为主的价格机制,从而强化公路工程企业经营管理和成本管理。

(5)实现公路养护中两个转变

为促进国民经济持续、快速、健康发展,关键是实现两个具有全局意义的根本性转变。一是指经济体制从传统的计划经济体制向社会主义市场经济体制转变;二是指经济增长方式从粗放型向集约型转变。在公路养护领域,计划经济体制的影响还在一定程度上制约着经济的发展。粗放型经营,生产消耗高,工期长,投资效益和生产效率低下,也是公路养护中长期存在的问题。公路养护工程定额要在深化改革中,加快向市场经济转轨,向集约型增长方式转变,处理好项目投资中速度和效益的关系,提高生产要素的配置效率和项目投资的品质等方面实现转变。

四、陕西省公路养护定额管理现状

公路建设已经进入建养并重的阶段,然而目前我国养护工程定额还很薄弱,在2008年1月1日起施行的JTG/T B06—2007公路工程预算定额公布,原发布的《公路工程预算定额》(交工发[1992]65号)废止;养护新技术发展迅猛,而1992年颁布执行的《公路工程预算定额》编制依据主要是我国"七五"期间公路设计、施工的技术、工艺和设备均反映的是20世纪80年代末期工、料、机的消耗水平,已不能适应新的发展要求。为了尽快解决全国公路在养护方面缺乏相应预算定额标准的问题,及时编制养护预算定额标准,促进公路养护市场化进程,提高公路养护管理水平,合理使用养护经费,交通部2002年下发"关于发布《公路养护工程预算编制导则》(JTG H40—2002)的通知(交公路发[2002]433号)"文件,要求各省(市)尽快测算公路养护费用水平,编制公路养护工程预算定额,并报交通部公路司备案。

按照交通运输部的要求,各省均开始编制符合自身实际的公路养护定额,全国各省养护定额使用情况见表8-34。

各省已经颁布养护定额统计表 表8-34

序号	试行年份	相关养护定额
1	2003年	《湖南省高速公路养护工程预算定额》、《湖南省一般公路养护工程预算定额》、《湖南省公路养护工程预算编制办法》
2	2004年	《江西省公路养护工程预算编制办法》、《江西省公路养护工程预算定额》、《江西省公路养护工程机械台班费用定额》
3	2004年	《四川省公路养护工程预算定额》《四川省公路养护工程预算编制办法》
4	2004年	《陕西省公路养护工程预算定额》
5	2004年	《广东省公路养护工程预算定额》《广东省公路养护工程预算编制办法》2005年《公路养护工程预算补充定额》

续上表

序号	试行年份	相关养护定额
6	2005 年	《浙江省公路养护工程预算定额》
7	2005 年	《山西省公路养护工程预算定额》 《山西省公路养护工程预算编制办法》
8	2005 年	《吉林省公路养护工程预算定额》
9	2008 年	《云南省公路养护工程预算定额》
10	2008 年	《广西壮族自治区高速公路养护工程预算定额》
11	2008 年	《江苏省高速公路养护工程预算定额》、《江苏省普通公路养护工程预算定额》、《江苏省公路养护工程预算编制办法》
12	2008 年	《河南省农村公路养护工程预算定额及编制办法》 《河南省高速公路养护工程预算定额》
13	2008 年	《湖北省公路养护工程预算定额》
14	2008 年	《贵州省公路养护工程预算定额》
15	2008 年	《北京市首都公路发展集团有限公司高速公路机电系统设备维护维修预算定额》

以陕西省为例，近年来，公路养护投入持续加大，养护工程项目多、投资大、内容齐全，公路养护费用的来源和管理方式都发生了较大变化，原有的养护工程预算定额已不能适应实际的工程管理需要。为了进一步完善省内公路养护工程管理规范化、科学化和信息化，提高养护投资效益、节约养护成本、为市场价格机制提供方法参考和体系依据，作者于 2010 年与陕西省交通厅定额站合作编制了《陕西省公路养护工程预算定额》，由人民交通出版社出版，于 2012 年 10 月 1 日正式颁布施行。

2012 版《陕西省公路养护工程预算定额》是在陕西省 2004 年颁布试行的养护定额基础上，结合陕西省公路养护管理特点和"五新"技术在公路养护工程中的应用编制而成。新颁养护定额共 9 章 27 节 222 项 1688 个子目和 9 项附录，比 2004 年养护定额内容增加了 63.1%，基本满足了当前和今后一个时期内陕西省公路养护工程技术和管理发展的需要。

陕西省养护预算定额的编制，为科学合理地管理和确定公路养护资金，统一和规范公路养护工程量计价规则，确定公路养护工程项目的工、料、机、实物消耗量，核定公路工程维修保养经费预算，保障资金到位提供了依据和标准。这也是陕西省公路养护工程管理体制和财政预算体制改革的一个重大突破，对于陕西省财政预算管理和公路部门预算管理在公路养护工程方面有很重要的指导意义，同时也标志着公路养护工程管理体制改革进入实质性阶段。陕西省养护预算定额也是各养护企业编制内部养护定额的重要标准和依据。

第七节　高速公路路面养护管理系统

一、路面养护管理系统概述

路面管理系统是一个复杂的决策系统，它改变了传统落后的公路管理方式，使得检测更加自动化，路况评价更加客观化，适应现代化、大规模、高速度和高质量的公路养护管理要求。有利于准确地了解公路网的破损状况，把有限的养护资金分配到最需要养护的路段上，切实保证公路路网整体路况的良好。它的合理评价结果可很大程度地提高养护资金的利用率,尤其在系统分析需要与实际投入相差不大的情况下,由此可产生更大的社会效益。

1. 路面养护管理系统的定义

路面管理系统(Pavement Management System,PMS)各国有不同的定义,在美国各州公路和运输工作者协会(AASHTO)的路面管理系统指南中,把PMS定义为:用于决策者在公路评价养护中寻求投资有效分配方案的工具。澳大利亚道路研究所把PMS定义为:用于优化利用路面养护可用资源,包含信息采集、信息分析和方案决策的管理方法。实际上,路面管理系统是以现代管理科学理论为指导,以计算机为工具,采用系统分析方法使路面管理过程系统化。

实际上,我国目前对路面管理系统的需求还主要集中在路面养护管理方面,即路面养护管理系统。路面养护管理系统是指最有效地利用现有资金,使公路网中的路面处于最佳的服务水平或产生最大的经济效益。路面养护管理系统既不同于路面设计和施工,也与传统的公路管理有区别,它是综合运用路面专业知识,用系统工程等方法,通过相关数据的采集及预估模型的建立,借助计算机处理与路面养护活动有关问题而建立的辅助系统。

路面养护管理系统可以认为是路面管理系统的子系统,两者的最终目标是一致的。两者均可以划分为网级和项目级两种系统,分别适应不同管理层次的需要,具有不同的功能和结构。

2. 路面养护管理系统的层次

路面管理系统可划分为网级路面养护管理系统和项目级路面养护管理系统两类,分别适用于不同的管理层次。

网级系统是涉及整个路网的、用于指定路网养护政策、确定路网养护需求和养护费用优化分配的宏观分析系统。它的范围包括一个地区(省、市)的公路网或一大批工程项目;主要任务是为管理部门进行关键性的行政决策提供对策,网级路面管理系统一般由数据库、使用性能评价模型、对策分析模型、使用性能预估模型、分析模型和优化模型等部分组成。

项目级系统则是根据网级系统的决策,以路段为对象,从技术和经济的角度分析养护方案的系统。它针对的是一个工程项目,它的主要任务是为管理部门对某一工程进行技术决策时提供对策,以选择费用—效益最佳的方案。它以数据库为核心,通过对与路面相关的各种数据的采集形成数据库,利用这些数据进行路面使用性能评价,得出各种相关的使用性能指数,通过这些指数确定路面所处的损坏状况,由此给出各路段的养护、改建方案,并对各方案加以经济分析比较,得出适合该路段的费用—效益最佳方案。当数据积累到足够程度后,便可以建立路面使用性能预估模型,对路面的各项使用性能指标进行预估。

二、国内外研究状况

1. 国外发展状况

养护管理系统是随着路面管理系统发展而得到迅速发展的。首先在美国、加拿大等国得到应用。其中较具代表性的有:美国的亚利桑那州路面管理系统(1978)、华盛顿州路面管理系统(1980)、加利福尼亚州路面管理系统和陆军工兵团的PAVE系统;加拿大阿尔博塔省的路面管理信息和需求系统(PINS,1983)、改良信息和优序系统(RIPPS,1984)以及市政路面管理系统(MPMS,1987)。同时,英国等国也陆续开发出一些系统,如:英国运输和道路研究所(TRRL)开发的道路养护评价系统(CHART,1980);世界银行通过国际合作研究开发的公路设计和养护标准模型(HDM-IH,1987)等。

2. 国内发展状况

我国路面养护管理系统的研究始于 1984 年。交通部于 1984 年在辽宁引进英国的 BMS 系统,这标志着我国的路面养护管理系统的研究和应用的开始。1987 年湖南省开发了适合本地区的路面养护系统。自此之后,广东、北京、杭州、河南、陕西、江西等地区也开发了适合本地区的路面养护系统。1988 年,交通部在云南引进了世界银行的 HDM-III 公路养护标准模型,开始了我国在公路养护领域经济分析研究的先例,研究成果为 CPMS(Chinese Pavement Management System)提供了方法和经验。在"七五"国家重点攻关期间,交通部建立了我国自己的路面管理系统 CPMS(Vnl.0)。"八五"期间,国家在 14 个省市推广使用 CPMS 系统。直到"十五"期间,路面数据采集仍以人工方式为主。如今,路面管理系统(PMS)已成为道路管理部门进行养护规划和投资的重要分析工具,其中,在 GIS 软件平台上实现 PMS 的功能更为当前 PMS 乃至设施管理研究与实践的热点。PMS 对数据采集的基本要求是相关、适用、可靠、节省。PMS 的基础是对数据的管理,GIS 技术以其强大的图形处理与空间数据分析功能,实现对数据的分类、组织、编码、存储、检索和维护等,成为路面管理强有力的工具。

与此同时,交通部公路科学研究院与同济大学、北京、广东等地区联合开发了干线公路(省市级)路面评价养护系统(PEMS);1998 年东南大学和南京机场高速公路联合开发了以养护管理为基础的道路设施管理系统;中国国省道干线公路沥青路面管理系统(CPMS99)是交通部 CPMS 推广工作组推出的一套以计算机为工具的路面管理决策系统,北京、河北、山东、河南、和江西等省市的公路部门相继建立了省市级或地区级沥青路面管理系统;近几年来,地理信息系统(Geographic Information System,简称 GIS)广泛引用,广东省高速公路数据库管理系统开发时加入了 GIS 子模块,在 GIS 应用方面做了些有益的探索,但其进一步应用还有待深入研究。

三、建立路面养护管理系统的意义

1. 经济方面

(1)在资源约束条件下使路网总体效益最优。

在网络系统中,通过经济分析把有限的资金优化地分配到路网最佳位置上,并确定最佳的养护方法和时间;在项目级系统中,利用积极评价方法,通过技术—经济分析确定最佳的路面大、中修养护方案;在数据库上,对路面病害进行实时监控,随时对公路网的路况进行查询、分析,作出养护对策的最优方案选择,从而使有限的养护资金发挥出最大的经济效益。

(2)依据现有的路况水平和预算水平编制养护维修计划。

(3)分析提高或降低路面使用性能对道路使用者费用的影响程度等。

2. 技术方面

高速公路养护管理系统能够在实施过程中逐渐积累经验和促进新技术的应用。

(1)改进典型养护和维修对策,不断修正养护经验。

(2)可以比较新旧养护技术的差异,促进养护技术的不断更新和改进。

(3)完善路面使用性能预估模型,以便更准确地预测未来路面使用性能的变化,从而作出更符合实际的养护维修决策。

3. 管理方面

(1)促进养护管理体制的不断改进与完善。

(2)提供有效的路网检测和评价手段,提高养护管理的效率。

(3)可以分析不同投资水平对路网状况的影响,为管理决策部门提供充分的决策依据。

高速公路养护管理系统使得路网改造形成良性循环,路况明显提高,道路条件逐步改善,运营成本降低,车速提高,行驶时间缩短,有效地降低了交通事故的发生。路网的合理布置,路况质量的不断提高带来的间接效益,诸如区域经济开发、吸引外部资金等就更是不言而喻。

四、路面养护管理系统设计

1. 路面管理系统框架结构设计

系统所需的数据部分来自路面管理系统(PMS)数据库,部分通过根据高速公路养护管理部门的操作业务流程,从系统整体开发的角度提出养护管理系统的框架结构,包括:数据采集子系统;路面性能评价子系统;路面性能预测子系统;养护维修决策子系统;日常管理子系统;图表管理子系统等等。路面养护管理系统分为六大模块:数据采集模块;数据库模块;养护决策模块;图表管理模块;接口访问模块。

如网级路面养护维修管理活动可以归纳为以下过程:

(1)数据获取和处理,以提供路面现状和历史报告;
(2)辨别现时和未来的路面养护维修需求;
(3)确定路面养护维修策略,制定路面性能标准、财政需求和资源分配等政策;
(4)选择路面养护维修项目并实施;
(5)评估路面养护维修管理和效果并反馈。

从这个角度出发,可建立标准化的路面养护维修管理系统结构,如图 8-20 所示。

2. 养护管理系统数据库设计

路面管理系统必须建立在大量信息的基础上,数据管理系统是它的主要支撑。路面养护管理系统所需的数据应包括以下几个方面的信息。

(1)原路面特性数据。包括各层路面的设计和施工数据以及翻修、重建、补强后的路面特性。诸如道路等级、几何参数、路面结构和各层厚度、所用材料的物理力学特性等。

(2)路面使用性能数据。包括平整度、路面损坏状况、承载能力、抗滑能力。

(3)路面使用状况数据。包括交通流量、载荷、增长率等交通数据和温度、晴雨等气候数据。

(4)路面服务能力评价基准数据。

数据库的建立是需要长期坚持积累的,不能时断时续。否则就会影响路面状况变化的判断与预测的准确性,从而影响路面评价和维修决策的效果。

数据库作为养护管理系统的核心,因此数据库的设计非常关键。主要包括用户需求分析、概念结构设计、逻辑结构设计和物理结构设计。在需求分析阶段,应综合各用户的应用需求。在概念设计阶段,应形成独立于机器特点,独立于各 DBMS 产品的概念模式,即 E-R 图。

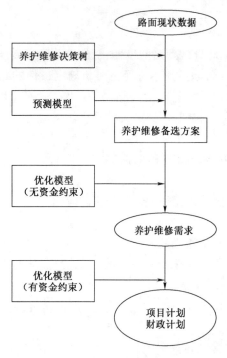

图 8-20 标准化的系统结构

3. 养护管理系统网络结构设计

根据高速公路养护管理部门的组织形式(总公司、管理处以及下属各管理站和养护队)，围绕三层网络结构，根据养护管理系统自身的实际运行环境、数据传输量的大小以及与高速公路养护管理系统相关局域网和广域网的特点，设计原理和实施步骤，并按照这些原理和步骤，设计出高速公路养护管理系统的具体网络方案，这样将使数据共享差的问题得以解决。

五、目前存在的问题及发展方向

1. 存在的主要问题

近年来，因大量高速公路投入运营，各级养护管理部门对养护管理系统的迫切需求，我国对高速公路养护管理系统的研究发展很快。但是，已有的这些系统应用上还有很多缺陷。

(1)从建立模型和其功能目的上分析，路面管理系统的更新换代经历了三个时期。第一代 PMS 基本上是一个路面数据库系统。第二代 PMS 在数据库系统的基础上，增加了路面使用性能评价、使用性能预测和决策子系统，形成了较为完善的路面管理系统。但这种系统仍然存在一些不足，评价和决策原则(知识)与评价和决策的过程混为一体，设计的系统缺乏分析比较功能，试图用系统决策代替管理人员的决策等。目前，国际上路面管理系统的研究正处于第三代系统的研制时期。基于地理信息系统(GIS)的路面管理系统就是这种新一代管理系统的样式之一。

(2)国内的系统存在各自为政、重复开发、缺乏合理引导的问题。信息共享、数据获取与更新机制和技术革新缓慢，许多必要的数据标准规范没来建立。一些管理系统产生上述问题，除数据采集手段落后的客观原因外，落后的系统开发水平、技术手段、管理体制和较低的应用水平等是主要原因。

(3)在路面使用性能评价模型建立及方法采用方面，如：AASHO 的 PSI(路面服务性能指数)、日本的 MCI(养护管理指数)，美军的 PCI(路面状况指数)，多采用主客观相结合的方法。

(4)各公路管理部门将面临大量高等级公路的管理和维护，原系统不合适的地方将显露出来，主要表现在所用的路面使用性能的评价方法、预测模型不完全适用于高速公路路面管理，影响了路面养护对策决策的科学性。而我国交通部推广的 CPMS 系统中路面状况指数(PCI)一项评价指标包含了全部破损类型，没有突出和区别裂缝和车辙等，不能反映高速公路路面破损特点，缺乏客观性。

(5)目前我国众多路面管理系统开发者面临的棘手的问题就是用以建库、建立模型及检验模型所需的路面可靠数据严重不足，缺乏必要的路面性能实测数据的积累。

2. 养护管理系统的发展前景

(1)关于专家系统

20 世纪 80 年代开始，各个国家都建立了一批基于专家知识库的路面管理系统(KBES)，在日常养护和大中修对策的选择等方面得到了具体的应用，其潜在的或已有的成功例子有：路面损坏模式识别的自动图像处理等。

(2)路况评价与损坏原因判别

路面长期暴露在自然条件下，路况千差万别，常规对路况的评价和损坏原因的判别都是在现场进行的。对现场路况进行解释、甄别原因、选择合适的养护方案，从而得到智能的解决方案。

(3)养护与维修对策选择

专家系统的最根本核心是初始知识库的建立，它反应了系统设计者自身的认识水平和当地的社会经济水平与管理习惯,换了地区无疑会产生偏差。解决专家系统的适应性,对异地的专家知识库进行升级是一个急需解决的问题。但目前的专家系统仅仅集中在某一方面或某个知识规则的研究上面。正在大量出现的咨询业所建立的系统也不能代表各地的情况,尤其研究与建设实践部分脱节。

(4)新技术平台

计算机软件的发展对路面管理系统的发展起了很大的作用。近些年来,地理信息系统(GIS)技术应用在交通运输领域形成了专门的分支。从20世纪90年代开始,一些国家和地区利用GIS图形直观的表现方法、空间查询、输出等丰富的地图处理手段拓宽路面管理系统的功能。基于GIS的管理系统的基础工作是空间数据库的建立,即对要管理的对象进行数字化,完成基础地形图和属性的连接。

(5)系统的网络化

基于Web的路面管理系统它把信息分为不同类别,不仅使各单位的信息交换更加敏捷、迅速,更重要的是可以使公众参与路面管理,使网络成为新一代的开发观念、方法、措施和工具。当然,网络安全是个大问题。

(6)系统的智能化

计算机的发展也促进了系统的智能化。通过养护管理系统不仅能获得关于路网的养护信息,而且还能获得养护的后效及路网的空间信息。

(7)高效的数据采集

前面已经叙述了数据采集和筛分的重要性,研制新的数据采集仪器设备和开发相关软件一直是国际和国内道路工程界比较前沿的方向。对于路面病害,采用目测和简单工具丈量的方式记录;而对于车辙和平整度采用三米尺等方式测量。传统的路面数据采集方式费时、费力、精度低、影响交通、危险性大,数据采集周期长,数据更新难以保证。

(8)体制的变革

路面管理一直是政府部门的职能,这一观念也应逐步改变。近年来,一些私人的机构也逐步参与到路面管理中来,他们通过与政府部门签订管理合同,参与路面及设施管理,增加了路面管理的竞争力。可以使用历史的路面管理信息来建立路面性能标准,对这些机构合同期内的路面性能进行监测及预测未来的路面性能。

六、高速公路建养一体化网络管理系统开发

高速公路养护管理系统能否发挥其最佳优势,在很大程度上取决于建设期的相关资料。针对于此,在充分吸收国内外高速公路工程建设、养护运营的管理思想的基础上,借鉴我国交通行业信息化成果,应用先进的数字化技术,在统一的系统平台上进行自主研发的同时,充分利用已有成果,对已经应用的系统进行系统级的集成,对已有数据进行整合,创新、自主地建设开发高速公路建养一体化数字化管理系统。高速公路建养一体化管理系统研究、开发的主要目标和内容如下。

(1)在工程建设阶段实现工程建设的信息化、数字化管理,采集完整、全面的工程技术数据,建立工程建设数据库,为养护运营管理打下坚实的数据基础和技术基础。

(2)在养护运营阶段充分利用已有的技术成果和数据成果,建设覆盖高速公路养护运营管理各业务层面的数字化管理系统,建立高速公路完整性数据库,为高速公路的运营维护管理提供现代化的管理手段和技术平台,同时不断积累高速公路养护运营数据和管理经验,为领导和相关管理部门提供数据参考和决策支持。

（3）整个系统将建设成为一个高度集成的覆盖高速公路全生命周期的数字化管理系统，建设成为一个技术先进、功能实用、数据完整、可扩展维护的开放性系统，建设成为一个具有向全行业推广和应用价值的高速公路行业信息化建设的旗帜和示范。

高速公路网络化建养一体化项目管理系统针对其主要工作内容的具体要求，在研发、应用过程中的指导思想和策略主要分为以下几个部分。

（1）以现代项目管理理论为指导

充分吸收国际上先进的项目管理思想，结合国内工程建设，直到工程交付后的养护、运行过程中的实践，充分体现项目管理中范围、时间、成本和质量的核心思想，为项目建设管理者提供一个高效、快速、集成化信息处理系统，使项目建设管理者可以对资源进行优化管理，实现各类数据流的传输和各种业务的协调合作，及时掌握、管理、控制项目的进展情况。

（2）以一体化的项目管理为目标

系统采用集成管理软件，为高速公路管理单位提供从项目开始到项目结束，再到后来的高速公路养护、运营的全过程、一体化的服务。包括业主与项目管理各个单位，如监理单位、承包人数据结构的一体化，数据交换体系的一体化和项目生命周期管理的一体化。

（3）基于网络的项目管理软件开发方式

高速公路项目具有周期长、投资大、技术复杂、项目本身和项目的参与方在地域上分布分散等特点，这些特点对项目各个参与方之间的信息交流与协同工作提出了很高的要求。针对这一特点，需要开发基于网络和互联网的能为项目各个参与方提供的"网络协同工作环境"，系统不仅具有集成性、开放性，还应根据用户的要求进行个性化定制，同时能够将相关软件进行集成，为项目管理提供更好的环境。

（4）以业主为主导的项目管理

此系统是按以业主的管理目标及要求为主体进行设计开发的。在业主的组织下，将过程项目的各个参与方凝聚成一个有机的整体，实现了统一规划，统一标准、协调流程的工作模式。同时符合FIDIC管理规范，能够满足监理单位对工程质量、工程进度和工程费用进行控制、监督的需要。

复习参考题

1. 试述高速公路沥青路面调查内容。
2. 试述高速公路沥青路面调查内容。
3. 试述高速公路路面使用性能评价指标与评价方法。
4. 简述目前常用的预防性养护技术。
5. 如何确定预防性养护最佳时机？
6. 简述养护机械的选型和配备原则。
7. 简述国内外沥青加铺层常用结构形式。
8. 试述高速公路路面养护管理系统的层次及其内容。
9. 了解建立路面养护管理系统的意义。
10. 试述路面管理系统组成及内容。

第九章 高速公路路政管理

高速公路作为国有资产的重要组成部分,具有很强的公用性、服务性。如何管理好路产、路权,受到公路经营管理单位和社会各界的高度关注。《中华人民共和国公路法》(以下简称《公路法》)已在有关条款中明确规定将安全、畅通、完好作为路政管理的工作目标,并确定了交通主管部门及公路管理机构履行政府管理公路资产的职责和义务。

第一节 高速公路路政管理概述

一、高速公路路政管理的概念

高速公路路政管理是指交通主管部门或其授权的公路管理机构,依据《公路法》和有关法律、法规的规定,为保护公路路产、维护公路路权以及为发展公路事业所实施的行政管理。路政管理通常借助行政、经济、法律和技术等手段来付诸实施。路政管理的主要方法有:宣传教育、典型示范、舆论监督、行政沟通、行政干预、法律制约等。

公路路产是指公路财产,包括公路、公路用地、公路附属设施。公路附属设施是指为保护、养护公路和保障公路安全畅通所设置的公路防护、排水、养护、管理、服务、交通安全、监控、通信、照明、收费等设施和设备以及专用建筑物、构筑物等。

公路路权是指公路路产的所有权、经营权和管理权,也表现为交通主管部门和公路经营单位为排除非法侵占公路路产而拥有的行政管理权和民事权益。

高速公路路政管理的主要任务有以下四点。

(1)保护路产。路政管理的基本内容是保证路产完好,以保障车辆的安全畅通。

(2)维护路权。其内容是:控制公路两侧建筑红线,审理跨越、穿越公路的各种管线和渠道,审理各种与公路交叉及其他涉及公路的路权问题。具体来说,在公路用地和所属空间范围内,依法建设构造物时,必须符合公路工程技术标准要求,事先要经过路政管理部门或公路经营单位同意;影响交通安全的,还需征得有关公安机关的同意。

(3)维持秩序。维持公路交通正常秩序,保障车辆安全通行。

(4)保护权益。为了保护公路的完好,路政管理机构和从业人员,应当运用路政管理法规,依法检查处理各种侵害公路用地、破坏公路和设施的行为。从业人员在公路及公路用地范围内从事生产、执行公务时的合法权益受到法律保护。

二、高速公路路政管理的特点

高速公路路政管理是依据国家和地方有关法律、法规,由各级政府交通主管部门、公路管理机构,对公路进行的行政管理。管理对象包括人、社会组织、路产资源、时空资源、路权和信息资源。管理范围是高速公路建筑控制区内所有范围。管理职能可概括为:保护路产、维护路权、维持秩序、保护权益。保护路产、确保畅通是高速公路路政管理的中心任务。

高速公路路政管理属于专业化的国家行政管理。但对于企业化经营的高速公路,交通主管部门可以将这种行政管理权力授权给公路经营企业。高速公路路政管理具有以下特点。

(1)社会性。交通运输是社会经济发展的基本条件之一,这就决定了路政管理的社会性。高速公路的社会性还表现在它的公用性和开放性,其使用及维护不仅涉及广大群众的利益,还要与沿线工业、农业、国防等部门发生联系,争取群众和各部门的支持配合,增加社会的爱路护路意识,使广大人民群众自觉遵守有关公路管理法规,才能真正做好路政管理工作。

(2)法制性。高速公路路政管理是代表国家履行管理职能的一种执法活动,是国家行政管理的一部分。《公路法》及有关法规,从公路行政管理、社会生活及国民经济发展的全局出发,对有关法律关系、行为规范、法律责任,对保护路产、维护路权、侵害公路权益赔偿与处罚等方面都作出了明确的规定,由国家强制力保证实施。任何个人和组织如果违反了路政管理法规的规定,都要受到法律制裁。

(3)特定性。高速公路是一个多维管理和昼夜开放连续运营的系统,管理工作主要在系统内部,管理范围主要集中在建筑控制区内。因此高速公路路政管理是一种全天候、全方位、全区域的路上跟踪管理。

(4)服务性。高速公路路政管理的职责向多元化拓展,除保护路产不受侵犯和维护设施完整外,还应包括行车秩序维持、服务区经营、路况信息提供、清理排除路上障碍、参与抢险救护及其他管理职能。也就是说高速公路路政管理的根本在于实现公路的安全、完好、畅通。为公路使用者提供良好的交通服务,真正体现公路的社会效益和经济效益。

(5)复杂性。一方面,公路本身具有公用性、开放性和基础性,决定了它与千家万户有密切联系。高速公路与周边的城市建设规划、水利、工农业发展有着密切的联系。由于目前各部门间的法规政策还不太协调,尤其交通、公安本身职能交叉、分工不合理、体制不顺,给高速公路路政管理带来了诸多制约。另一方面,高速公路本身技术含量高、交通工程设施复杂、筹资多渠道、经营方式多样化,使高速公路的路政管理工作更加复杂。这集中表现在执法管理与服务管理的交织,人、车、路、社会组织等管理对象的交织,高速公路管理单位内部不同业务的交织,从而形成许多矛盾,增加了高速公路路政管理的复杂程度。

三、高速公路路政管理的意义

高速公路路政管理工作对高速公路的使用、运营有着重大的经济意义和社会意义。

1. 有利于维护高速公路的系统性和完整性

高速公路及其配套设施,属于国家财产,受国家法律保护。高速公路系统的完整性、完好性对其功能、效益的发挥具有重要意义。通过路政执法工作,利用行政强制力处理、排除各种侵占破坏路产、侵害路权的行为,才能保证耗资巨大的高速公路始终处于完好状态。

2. 有利于保障公路使用质量,改善交通环境

禁止不合条件的车辆进入高速公路,严格管制超限车辆,排除人、畜的横向干扰,迅速清理路障,及时提供路况信息,从而保证公路使用质量,提高使用效率。加强路政管理,也有利于控制和管理与高速公路交叉、接近的管线和接口,排除违章建筑,保持高速公路有一个良好的交通环境。

3. 有利于维持良好的运营秩序

我国部分高速公路采用公司化经营。加强路政管理,不仅能够监督经营者的经营行为,还能维护收费站、出入口、事故现场、养护场地良好的工作秩序,保障高速公路运营活动的顺利进行。给公路使用者创造良好的运行秩序,提高高速公路和公路经营企业的声誉;给公路经营者

创造良好的经济效益,有利于吸引更多的投资者,加快高速公路事业的发展。

4.有利于提高社会效益和经济效益

通过加强路政管理,保护路产、维护路权、维护秩序,使高速公路持续、健康、高速、安全运转,减少事故隐患,节约养护开支,减少突发损失,从而带来巨大社会效益和经济效益。也有利于国家加快积累建设基金,偿还贷款,促进高速公路自身的可持续发展。

第二节 高速公路路政管理机构

一、《公路法》对路政管理机构的规定

管理机构决定于管理体制。公路路政管理体制包括路政管理权限的确定、机构的设置以及所形成的组织制度和体系。主要包括机构的名称、级别、编制、职能部门设置、领导关系、权限划分、经费等。高速公路路政管理机构是高速公路管理体制的一部分,而高速公路管理又是整个公路管理的一部分。《公路法》第五章"路政管理",明确了各级政府交通主管部门及其下属的公路管理机构对路政管理的执法主体地位;规定了依法保护公路路产的职责,赋予了公路管理机构关于路政执法决定、监督、检查、纠正违章、实施行政处罚的权利。这对于指导路政管理工作的有效开展具有十分重要的意义。

1.《公路法》对公路管理机构执法资格的确认

路政管理作为一种执法活动,必须依法行政。而依法行政的首要条件是机构的设置合法有效,它必须是以自己的名义实施国家行政管理活动,并对其行为承担法律责任的组织,即具备行政执法主体资格。我国路政案件多,关系复杂,处理难度大。许多车辆发生交通事故造成路产损失后,未经公路管理部门的调查、勘验,逃之夭夭,给国家和人民造成了巨大损失。解决上述问题的关键在于合理确定一个行政执法主体,即解决公路管理机构的执法主体资格问题,《公路法》的颁布从法律上解决了这一问题。

公路行政是国家政权在公路行政管理过程中的具体体现。公路行政主体是指能以自己名义做出直接影响公路行政相对人权利义务的行政行为,并对自己的行为结果承担法律责任的行政机关或者法律法规授权的社会组织。公路行政主体的类型可根据取得的法律依据不同,分为职权性行政主体和授权性行政主体。《公路法》第8条规定:"国务院交通主管部门主管全国公路工作"。"县级以上地方人民政府交通主管部门主管本行政区域内的公路工作;但是,县级以上地方人民政府交通主管部门对国道、省道的管理、监督职责,由省、自治区、直辖市人民政府确定"。"县级以上地方人民政府交通主管部门可以决定由公路管理机构依照本法规定行使公路行政管理职责"。县级以上地方人民政府交通主管部门属职权性行政主体,在设立时就独立存在并取得行政主体资格,《公路法》在多个条款中关于交通主管部门的行政主体资格的规定,都基于此。除第8条的规定外,第57条规定,公路管理机构可以行使路政职责;第82条规定,公路管理机构可以行使交通主管部门行使的处罚权和采取相应的措施;在第66条、85条又做了必要的补充。由此,公路管理机构的行政主体资格由行政授权取得,它具有行政性机构的特征。行政性机构是行政机关根据行政工作需要,在机关内或下设的若干工作机构,它可以是行政性机构,也可以是社会事业单位,处理专门行政事务。行政性机构一般不拥有独立的行政职权与行政职责,通常不具有行政主体资格。但由于专业上、技术上的需要和行政社会事务复杂性等诸多因素,为提高行政效率和维护公共利益与社会秩序,行政性机构在

获得法律法规明确授权条件下，以自己的名义独立对外行使某项或者某部分行政职权，并承担相应的法律责任。可以这么分析，公路管理机构行政主体资格的取得，依据《公路法》第8条将"决定权"授予"交通主管部门"这一职权性行政主体，意味着交通主管机关既可以决定将公路行政管理职责转移给公路管理机构，也可以不转移该项职责。《公路法》对于公路管理机构的规定是十分独特的，原则上，必须坚持各级交通主管部门主管公路事业，避免多头管理；但由于高速公路线长面广，交通主管部门不可能都到一线执法；现实中，把一部分公路行政管理职权交由公路管理机构行使，有利于加强现场管理。根据立法原则，总则是各分则的指导原则，分则的规定除特别申明外，均服从总则的精神。从宏观上讲，公路管理机构之所以取得某些公路行政权，是基于法律许可下的行政授权行为，所以说公路管理机构属于授权性行政主体。《公路法》之所以明确规定授权对象、授权范围及相关权利、义务，但又不明确授权，直接授权由交通主管部门决定，是有其法律、理论和现实依据的。

因此，交通主管部门所享有的路政管理职责是直接由法律规定赋予的，而公路管理机构并非当然的享有路政管理职责，其职责是在《公路法》及其他相关法律法规规定的基础上，取决于交通主管部门的决定，相应的公路管理机构才能享有路政管理职责，成为路政管理主体。《公路法》的这种规定，进一步顺了路政管理关系，从国家法律的高度树立了路政管理机构的权威。

2. 交通主管部门与公路管理机构的职责和义务

由于路政管理的政策性、法律性、技术性较强，《公路法》在总结已有路政管理经验和国外路政管理先进方法的基础上，设专章对此予以规定。第五章第43条至57条，对路政工作作了较全面的规定。第43条："县级以上地方人民政府交通主管部门应当认真履行职责，依法做好公路保护工作，并努力采用有效的管理方法和先进技术手段，提高公路管理水平，逐步完善公路服务设施，保证公路的完好、安全和畅通"，确定了总的职责，以后各条分别对影响公路建设行为的管理、在公路上行驶车辆的管理、公路标志及附属设施管理、建筑控制区管理、交叉道口管理都做了规定。第70条："交通主管部门，公路管理机构负有管理和保护公路的责任……"，又作了强调。这些规定，既赋予了职责，又规定了义务。

3. 路政管理制度的法律保障

《公路法》第43条至第57条、第74条至85条，对因特殊情况需要占用、挖掘、使用公路和公路附属设施、公路用地及公路两侧建筑控制区的同意权和批准权、对造成公路破坏的调查权、对违反本法规定的行为的制止权、处罚权等作出了详细、明确的规定。此外，还增加了一些新规定：超限车辆不得在公路上行驶，需要行驶的，必须经交通主管部门批准，并采取有效的防护措施；车辆的轴载质量应当符合公路工程技术标准的要求；不得在公路用地范围内设置非公路标志；公路监督检查人员可以在公路和建筑控制区、车辆停放所、车辆所属单位监督检查，任何单位和个人不得阻挠，并应当接受检查监督，为其提供方便；对公路控制区的建筑和公路用地内的非公路标志可强制拆除等。上述规定不仅拓展了路政管理的范围和行政执法力度，也为查处违章建筑等管理难题提供了强制性法律手段，为强化路政执法提供了强有力的法律依据。

4.《公路法》对公路行政执法的规定

为了规范公路行政执法行为，《公路法》第71条规定："公路监督检查人员执行公务，应当佩戴标志，持证上岗。"第73条："用于公路监督检查的专用车辆，应设置统一的标志和示警灯"，从而以法律规范了行政执法主体的管理行为。"第72条："交通主管部门、公路管理机构应加强对所属公路监督检查人员的管理和教育，要求公路监督检查人员熟悉国家有关法律和规定，公正廉洁，热情服务，秉公执法，对公路监督检查人员的执法行为应当监督检查，尤其违法行为应当及时纠正,依法处理。"这些规定,不仅是路政管理的基本要求,也是创建交通行业文明新风的法律规范。

二、高速公路路政管理机构

我国传统的公路路政管理机构可分为四个层次:第一,公路主管部门,如省交通厅,地、县交通局等;第二,由公路主管部门依法决定的公路管理机构,如省公路管理局、市公路管理局、县公路管理段等;第三,由公路管理机构设立的具体实施路政管理部门,如省路政处、市路政大队(科)、县路政队(股)等;第四,由路政管理部门配备的路政人员(包括专职、兼职、义务管理员)。

高速公路路政管理作为公路路政管理的重要组成部分,其体制当然要受《公路法》的调整和规范。因为我国高速公路出现较晚,其管理体制在一定程度上受到传统路政管理体制的影响。同时,由于高速公路投资、建设的主体多元化,收费还贷和收费经营高速公路的出现,致使高速公路路政管理体制出现了与传统路政管理体制不同的地方,再加上高速公路不同于一般公路的特点,建立科学合理的路政管理体制十分必要。1992年3月,国务院关于高速公路管理的组织机构形式由各省、自治区、直辖市根据具体情况而定的文件发出后,为各地积极探索高速公路管理体制和形式提供了政策鼓励。

尽管高速公路路政管理与一般公路路政管理有其相同之处,但由于高速公路在技术、经济上具有不同于一般公路的特点,因此,高速公路路政管理又具有其自身的管理特性和特殊要求。根据政企、事企分开、产权清晰、权责分明、管理科学的现代企业制度要求,一些高速公路的收费、经营走上了公司化的路子。按照《公路法》对收费公路路政管理的规定,针对国务院和交通部对高速公路管理的有关指示精神,高速公路应纳入整个公路网体系;贯彻高速公路"集中、统一、高效、特管"的要求,省级交通主管部门应主管整个辖区内的高速公路路政工作,省级公路管理局具体负责全省高速公路路政工作。根据分级管理、分段负责的原则,省级范围内实行属地管理、分段管理相结合,即由地、市级交通主管部门和公路管理机构,组建高速公路路政机构,负责辖区内高速公路的路政管理。并在上级管理部门的统一规划协调下,组织基层管理机构,即路政派出机构或人员,分段负责。高速公路的路政管理机构设置不宜过于分散,其具体如何组建,与高速公路的整体性、区域性、经营管理机构的设置等因素有关。不管如何设置,各级路政管理机构应该责任明确、协调一致、统一规划、听从指挥、服务于高速公路的运营活动。

高速公路路政管理部门的职责是维护高速公路路产、路权,保证公路安全畅通。其主要职责有:

(1)负责贯彻执行高速公路路政管理的法律、法规和规章;

(2)负责管理和保护高速公路路产;

(3)实施高速公路路政巡逻和监督检查;

(4)依照法律、法规、规章、制止、查处各种违章利用、侵占、污染、损坏和破坏路产的行为;

(5)与规划、国土、城建部门共同依法控制高速公路两侧建筑红线;

(6)审理从地下、地面、上空或地下穿(跨)越高速公路的其他设施的建筑事宜;

(7)核批在特殊情况下占用高速公路和超限运输,并对其实施情况进行监督检查;

(8)维护高速公路养护、施工作业现场、征收通行费的工作秩序;

(9)负责高速公路上故障车辆的牵引拖带和事故现场的救援、排障及路产损坏的清偿;

(10)维护高速公路进出口内外秩序、追查碰损设施、标志后逃逸车辆;

(11)为处理违反路政管理法律法规的行为,有权向有关单位和人员调查、询问、取证、查阅有关文件、档案、资料和原始凭证;

(12)办理和参与有关路政复议案件,参与有关路政案件的诉讼活动;

(13)行使法律、法规、规章规定的其他职权。

随着我国公路管理体制改革的不断深入,高速公路路政管理的职责将会有新的变化和内容。比如,高速公路实行多种经营模式,根据法律规定,公路经营企业负责经营路产,并附有保持路产完好的义务,同时,负责高速公路的养护和水土保持。如何监督、督促公路经营企业保证高速公路良好技术状态,这将是路政管理的新问题。

三、高速公路路政管理人员和装备

高速公路路政管理机构要切实履行保障公路安全、完好、畅通的责任,就必须从高速公路本身的要求出发,用高素质人员和先进技术装备作保障。除了《公路法》规定的佩戴标志、持证上岗、公正廉洁、热情服务、秉公执法的基本要求外,高速公路路政管理人员必须具备与高速公路有关的知识,如公路结构、性能、养护、通信、管理、法学等业务知识。专职路政人员的配备,应根据各地路政业务量大小,管辖路段长度,所处环境的优劣,交通量大小而有所不同,由路政管理机构统一规划、配备,一般来说,以 $0.4 \sim 0.6$ 人/km 左右为宜。

高速公路路政装备包括巡逻装备、清除装备、移动通讯装备、勘察设备、抢险救护装备、各种作业标志等。

(1)巡逻装备,提供全天候昼夜不间断的路政巡逻保证,主要包括优质专用路政巡逻车、指挥旗(灯)、警笛警棍等必须装备。

(2)清障设备,解决高速公路因事故、故障或其他灾害造成的交通阻塞,主要包括不同型号的牵引车,大、重型吊装车,平板运载车等。

(3)移动通信设备,保证路政公务信息的畅通和指挥系统的正常运转,主要包括移动电话或组网通讯系统等。

(4)勘察设备,主要用于现场取证和记录,包括照相机、摄像机、附属照明设备以及各种量测器具等。

(5)抢险救护设备,通常用于事故现场的抢险和突发事件的处理,主要包括移动式灯光导向车、指向标志、限速标志、隔离装置、路障事故、车道变化标志等。

四、高速公路路政体制改革

我国高速公路路政管理模式多样,随着全国高速公路联结成网,必然要求实现全国集中统一的高速公路路政管理。为了加快高速公路建设步伐,我国实行高速公路投资主体多元化,建成后的运营管理也出现相应的复杂情况,如何使旧有路政管理体制与新的多种运营模式相适应,如何加强高速公路网络的路政管理,需要一个探索、改革的过程。

高速公路路政管理的基本要求是"直线指挥、统一调度、合理分工、协调一致",在相当长的一段时间内,我国仍将存在高速公路收费经营的运作形式。关于收费经营高速公路的路政管理,《公路法》已在第 66 条明确指出,由县级以上人民政府交通管理部门或者公路管理机构的派出机构、人员行使。关键问题在于路政管理由何种形式实现,才能有利于路政工作的开展和公路资产保值增值,并且有效地把经营企业责、权、利结合起来。

方案一:交通主管部门主管高速公路的行政管理工作,依法决定由相应的高速公路管理机构行使路政管理职责,高速公路管理机构设立执法队,在高速公路上行使路政管理职责。或者进一步将超限、养护管理等工作由企业负责具体实施,接受执法队的监督检查。但是哪些职能可以放权,哪些必须由执法人员执行更好,仍需作进一步的探索。

方案二:执法委派模式。高速公路管理机构在统一规划的基础上,高速公路路政管理机构在经营性高速公路上的派出机构、人员进入企业,依据法律法规,在公司的统一协调、领导下,进行路政管理,派驻人员与公司之间以经济合同形式明确各自的权利与义务。这样可利用企业先进的管理方法和设备,避免在管理上的不均衡和设备的重复购置与浪费,把企业经营行为和路政管理、道路养护、执法监督密切结合,调动企业参与高速公路管理的积极性,减少国家行政执法操作的复杂性,便于统一协调指挥和管理。

方案三:行政授权模式。由省级交通主管部门依据国家有关法律、法规规定,根据高速公路运营、管理情况,授予高速公路特许经营公司路政管理权,使其具有对所经营高速公路的行政管理权。

根据《公路法》的有关规定,结合现阶段我国公路及有关法律、法规不健全和人民法制观念尚需加强的情况以及公路经营企业分散,路政管理亟待加强的情况下,方案一是较为普遍的选择,尤其适用于经营权有偿转让的高速公路。随着我国法制的健全、政府宏观管理力度的加强,人民群众爱路护路意识的增强,公路经营企业的不断完善,方案二、方案三将可以考虑选择,但还需作进一步的观察和探索。

第三节　高速公路路政管理职权

一、交通主管部门路政管理职权

如前所述,交通主管部门的路政管理职权是法律赋予的,交通主管部门是路政管理的行政处罚主体。

《行政处罚法》第15条规定:"行政处罚由具有行政处罚权的行政机关在法定职责范围内实施。"交通主管部门作为行政处罚的实施机关是因其具有法律赋予的行政处罚权。作为公路行政管理机关,交通行政主管部门具备行政处罚实施机关的特点。

(1)行政处罚由行政机关来行使,这是行政处罚法定原则的体现。

(2)只有具有行政处罚权的行政机关才能实施行政处罚。也就是说并不是所有的行政机关都有行政处罚权,行政处罚权是国家赋予的,哪些机关有权行使,由法律和行政法规规定。公路行政管理权由交通主管部门行使是由《公路法》规定的。

(3)行政机关只能对自己职权范围内的违反行政管理秩序的行为,给予行政处罚。不同的行政机关有不同的职权范围,只能在自己的法定管理职能所涉及的范围内,才能作为行政处罚主体。对违反路政管理的行为,只能由路政管理机构作出处罚;路政管理机构只能在自己的职权范围内作出处罚,超越职权的行政行为是无效的。

(4)每个行政机关有权给予什么种类的行政处罚,都要依照法律、法规规定。法律没有规定的,不得处罚。

二、公路管理机构路政管理职权

1.公路管理机构的性质

依据《公路法》的规定,公路管理机构实施公路行政管理的性质属于行政委托行为。

县级以上地方人民政府交通主管部门作出的由公路管理机构依法行使公路行政管理职责的决定,是委托性质的决定,这种委托是对公路行政处罚的委托。公路行政处罚委托必须符合《行政处罚法》关于行政处罚委托的规定。

《行政处罚法》第18条规定:"行政机关依照法律、法规的规定,可以在其法定权限内委托符合本法第19条规定条件的组织实施行政处罚。行政机关不得委托其他组织或者个人实施行政处罚。委托行政机关对受委托的组织实施行政处罚的行为应当负责监督,并对该行为的后果承担法律责任。受委托组织在委托范围内,以委托行政机关名义实施行政处罚,不得再委托其他任何组织或者个人实施行政处罚"。

公路行政处罚的委托必须符合《行政处罚法》关于行政处罚委托的有关规定,并具有以下法律特征:

(1)交通主管部门委托公路管理机构行使路政行政处罚权具有法律(《公路法》)依据。

(2)行政法要求行政机关委托的职权应当在其法定职权范围内,不能越权委托。《公路法》规定:国务院交通主管部门主管全国公路工作,县级以上地方人民政府交通主管部门主管本行政区域内的公路工作。因此,公路行政管理职责是《公路法》以法律的形式赋予各级交通主管部门的。交通主管部门委托公路管理机构行使行政处罚权符合《行政处罚法》的规定。

(3)行政机关对受委托的组织实施行政处罚的行为应当负责监督,并对该行为的后果承担法律责任。公路管理机构以交通主管部门的名义实施行政处罚并由交通主管部门承担法律责任,这种法律责任包括实体法律责任和程序法律责任。如作为被申请人参加行政复议或者作为被告参加行政诉讼。这样规定意在加重委托行政机关的责任,有利于防止行政机关乱委托,促使委托行政机关对受委托组织进行监督和管理。委托行政机关可以依法收回委托或者撤销委托。

(4)受委托的组织必须具备一定的条件。对受委托实施行政处罚的组织,必须有严格的条件限制,不得随意向任何组织进行被委托,以行政处罚的严肃性和行政处罚的有效实施。根据《行政处罚法》第19条的规定,受委托组织必须符合以下条件:

①必须是依法成立的管理公共事务的事业组织,即受委托组织必须是依法成立或者设定的,以管理公共事务为目的,又是一种事业组织;不是以赢利为目的的企业组织或者无管理公共事务职能的一般事业组织。

②必须具有熟悉法律、法规的工作人员。这样才能严谨有效地实施行政处罚。

③对违法行为需要进行技术检查或者技术鉴定的,应当有条件组织相应的技术检查或技术鉴定。即受委托组织应当具有相应的技术检查或者技术鉴定的条件,具有技术检查或者技术鉴定的设备和水平。

(5)受委托的组织不得再委托其他任何组织或者个人实施行政处罚。受委托的组织本身并不具有行政处罚权,它行使的行政处罚权是别的行政机关赋予的,所以它不具有委托权,不能进行再委托。

因此,公路管理机构是事业单位,不是政府的行政职能部门,不具有行政管理职能,要行使有关的行政管理职能,需要有法律、法规的授权或行政机关的依法委托。因此,《公路法》第8条、第57条、第82条规定,经县级以上地方人民政府交通主管部门决定,公路管理机构可以行使路政管理和行政处罚及采取行政措施的行政职责。公路管理机构以委托的交通主管部门的名义行使行政管理职责,作出行政处罚决定,并由委托的交通主管部门对公路管理机构在受委托的范围内作出的具体行政行为负责。在发生行政诉讼时,由委托的交通主管部门作为被告。

由于受托社会组织行政执法具有非正式性,因此行政法对行政委托进行法律制约,表现在:

(1)行政委托行为规则。行政委托须向社会公告并明确以下内容:①职权机关和受委托主体;②委托事项;③委托权限;④委托依据;⑤委托期限。

(2)委托主体行为规则是:①对行政管理相对人有公示义务,相对人具有知情权;②行政行为严格按照委托事项和委托权限;③以委托机关的名义实施行政行为,对委托机关负责。

(3)公务标志规则。由于受委托主体的身份较难确定,因此要求受委托的社会组织必须严格遵守标志规则。《公路法》第71条规定:"公路监督检查人员执行公务,应当佩带标志,持证上岗"。

交通部1997年第16号令发布《交通行政执法证件管理规定》第3条规定:"交通行政执法证件是交通行政执法人员依法从事公路路政等行政执法工作的资质和身份证明"。

2. 公路管理机构的路政管理职权

根据交通部《交通行政执法岗位规范》,各级公路管理机构的路政管理职权如下。

(1)省级公路管理机构

①贯彻执行国家有关公路路政管理的法律、法规以及上级主管部门的指示、决定;

②对全省的路政管理工作实施宏观管理、协调服务、帮助指导、监督检查,组织全省路政管理人员依法保护公路、公路用地、公路附属设施,维护公路合法权益和保障公路完好畅通;

③组织宣传与路政管理有关的法律、法规、规章,开展综合整治和专项治理等路政管理活动;

④组织制订全省路政管理工作的远景规划、年度计划、考核指标;

⑤协助省级交通主管部门起草、修改全省路政管理方面的地方性法规草案,待批准后组织实施;

⑥负责协调、查处重大路政案件;

⑦审核本级管理的路政事宜;

⑧组织制订全省交通标志、标线设置计划,监督协调标志、标线计划的实施;

⑨参加全省新建、改建公路路产及公路环境整治的验收工作;

⑩组织全省路政管理人员的专业培训,组织对全省路政管理人员进行考核、评比、表彰;

⑪负责组织全省路政人员服装的管理、发放以及交通、通信工具的配置;

⑫参与有关的路政行政复议。

(2)市级公路管理机构

①贯彻执行国家有关公路路政管理的法律、法规以及上级主管部门的指示、决定;

②根据省级公路管理机构制订的工作计划、工作指示,制订本处的工作计划及实施措施;

③组织宣传与路政管理有关的法律、法规,开展综合整治和专项治理等路政管理活动;

④协助起草本市路政管理方面的规范性文件草案,待批准后组织实施;

⑤负责协调、查处本辖区内的重大路政案件;

⑥审核本级管理的路政事宜;

⑦制订本市交通标志、标线设置计划,报省级公路管理机构批准后组织实施,监理标志、标线施工;

⑧参加本辖区内新建、改建公路路产及公路环境整治的验收工作;

⑨组织本辖区内路政管理人员的业务培训,组织对全市路政管理人员进行考核、评比、表彰;

⑩负责本辖区内路产建档工作及路政案件档案归档工作,上报路政统计报表;

⑪参与有关的路政行政复议。

3.高速公路公路企事业单位的路政管理职权

(1)贯彻执行国家关于公路路政管理的法律、法规;

(2)具体负责本单位路政执法工作,制订本单位路政管理工作计划,并提出具体实施措施;

(3)组织路政管理人员上路巡查,负责受理、制止、查处违法侵占、污染、损坏、破坏公路、公路用地和公路附属设施的行为;

(4)审核本级管理的路政管理事宜;

(5)负责辖区内公路建筑控制区的控制,审核公路建筑控制区内的建设事宜;

(6)监督检查本辖区内的超限运输、试制动管理;

(7)参加本辖区内新建、改建公路路产及公路环境整治的验收工作;

(8)负责路政管理档案的建档工作,按时上报路政管理报表;

(9)负责本辖区内施工作业现场的交通管理;

(10)负责对辖区内的路政管理人员的培训、考核工作;

(11)负责本级交通器材、设备和交通工具的管理和使用。

第四节　高速公路路政外业与内业管理

一、高速公路路政外业管理

1.路政巡逻

路政巡逻的主要任务是:管界内路产及标志、标线巡查,公路建筑红线内的状况巡查,通报路产、故障车辆及事故情况,记录并向值班室汇报公路及其相关设施现状,向公路用户提供及时帮助,发现、处理临时发生事宜和其他紧急事宜。高密度的路况巡查是保障公路安全畅通的重要手段。在目前还不具备全线监控能力的情况下,采取高密度的路况巡查,能有效地发现、及时地赶到事故现场,保护现场,进行紧急救援,使事故损失降到最低程度。通过路政巡逻,还能及时发现事故隐患,积极采取有效措施,防患于未然。据有关部门统计,在高速公路上发生的事故90%以上是路政巡查人员首先赶到事故现场,采取了救助和保护措施。路政巡逻应依照法律法规规定,着装整齐,持证上岗,巡逻工具设备完好安全,分工合理,巡逻速度密度适中,并将巡逻情况及时汇报、记录备案,以在路政案件纠纷中能有效举出事故当日履行路况巡查义务的相关证据。

2.紧急突发事故(件)中的路政管理

路政人员在事故(件)突然发生时,应做好以下工作:

(1)救援。在现场摆放标志以防连锁反应,撤离、救护司乘人员、伤员,清除隐患和排除道路侵害,抢救贵重物品和司乘人员财产,保护路产。

(2)勘察。有路产损害的,要做好现场勘察,做问问笔录,计算路产损失。

(3)拖带故障车辆。

(4)排除路障。

3. 路上作业及恶劣气候条件下的路政管理

（1）作业现场的秩序维护。在发生大的事故或清障、养护作业时，路政人员应维持好现场的作业秩序，引导车流安全通过，维护从业人员的合法权益。

（2）在恶劣气候条件下，加大巡查密度，疏导车辆，通报路况信息，必要时协助公路管理部门和经营部门采取控制车辆通行措施，并处理相关的事宜。

4. 核发许可证

公路路政管理工作的直接表现形式之一就是核发许可证。在实际工作中，经常出现需占用、利用公路用地及设施，开挖沟渠，修建上跨、下跨的桥涵、管线和其他设施，设置广告、标志牌，修建临时设施等。公路路政管理部门要审查和发放许可证，并对其施工过程监督检查，维护公路安全和权益。超限车辆要从公路上行驶，必须经路政管理部门审核同意，并在限定的时间和线路上行驶。公路上花草树木的砍伐也必须经路政管理部门的许可。

5. 路政索赔与处罚

路政处罚是路政管理活动中应用较广的具体行为，它是交通主管部门及其确定的公路管理机构依据法律、法规对违反路政管理法的当事人给予法律制裁的行政行为。它属于行政执法的范畴。《公路法》在第 5 章路政管理和第 8 章法律责任中对路政管理的执行和处罚作了明确规定，使路政管理工作真正能够有法可依，增强了路政执法的操作性和权威性。对于造成公路路产损失的，要依法追究其赔偿责任（索赔项目可参考表9-1）。

公路路产索赔项目分类表　　　　表9-1

公路用地	挖掘公路用地、占用公路用地、在公路用地范围取土、挖沙、开荒、采石、放牧
路面	损坏路面、占用路面、污染路面、挖掘路面、挖掘土路肩、散落赃物、试制动
桥涵	损坏桥头端柱、损坏护栏柱、损坏锥坡、损坏护轮带、损坏挡墙、桥面、损坏照明设施、超载过桥、堵塞和挖掘河道
排水设施	损坏缘石、损坏集中泄水槽、损坏泄水井
交通工程设施	损坏里程碑、界桩、防撞护栏、防眩设施、限速板、情报板、紧急电话及损坏高速公路标志
绿化	损坏树木、草坪、花卉、景区设施
收费设施	损坏收费亭和收费设备
其他设施	损坏封闭隔离栅、围栏、通信监控设施、服务区设施、广告牌等

路政管理视其情节及违法结果，依法处罚，主要处罚形式有：警告、恢复原状、返还原物、赔偿损失、罚款、暂扣行车执照、扣留运营证、治安管理处罚等，对于构成犯罪的，移交司法机关追究刑事责任。路政处罚应贯彻处罚与教育并重、预防为主的方针。

路政处罚和索赔要依法定程序进行：立案、调查取证、处罚决定、处罚执行、结果归档，在当事人对处罚决定不服而发生行政复议或行政诉讼的路政案件中，公路路政机关还要参与路政复议，进行路政诉讼。

二、高速公路路政内业管理

路政管理内业工作是公路路政管理工作得以顺利开展的基础，科学规范的内业工作可以极大地提高路政管理效率和质量。公路路政管理内业工作一般来说有以下内容。

1. 值班室内业管理

公路路政值班室的管理集中在信息管理和服务上，主要有：巡逻管理，及时了解路况、发布信息，紧急事件中的统一协调、指挥，以及其他路政管理业务。路政管理内业人员应利用公路通信监控系统,做好信息采集、处理、分析服务工作,使路政工作更有主动性和针对性。

2. 路政档案、装备、经费、票据管理

路政档案是路政管理机构在路政管理活动中形成的,包括作为原始记录保存起来的以备查考的文字、图表、声像及其他各种方式和载体的文字资料。在经营方式和经营主体多样化的高速公路上,如何维护国家对公路的权益,确保国家对公路运营的有效管理,路政档案是重要的依据。其主要有:路产档案、路政处理档案、路政处罚档案、路政复议档案、路政诉讼档案、路政审批档案、违法建筑档案、路政人员档案等。

路政的装备经费是路政管理活动的必要条件,对装备经费进行科学管理,有利于提高设备利用质量,节约经费。对路政管理票据的统一严格管理,可防范违法违纪事件的发生。

要强化路政档案管理,建立健全路产、装备、路政处罚、路政复议、路政诉讼等档案,制定严格的档案更新、保存等管理制度。公路用地、留地及其附属设施用地,由于历史原因尚未确认权属的,各级交通主管部门和公路管理机构要尽快会同土地管理部门做好清理、勘察、登记造册和确权工作,明确用地界线。

3. 路政管理制度

路政管理制度是路政管理机构正常运转的行为规范,是提高路政管理业务水平的保证。一般有以下内容:岗位责任制度、主要工作制度、主要管理办法、操作程序或规范、考核奖惩标准等。路政管理制度的完善需要路政执法人员和领导干部在实践中发现新问题,分析新情况并加以修订。

在现阶段,要完善公路管理法规体系,坚持依法治路,增强公路路政管理工作的权威性。要严格执行《公路法》和《公路路政管理规定》等法律法规,并据此依法行政,以法治路。要重视和加强《公路法》配套法规的制定工作,建立起以《公路法》为龙头的公路法规体系。贯彻执行《公路路政管理规定》,建立一支管理统一,行为规范的路政管理行政执法队伍,并根据国家法律、法规所规定应履行的职责、工作程序等开展工作。

4. 路政工作人员培训

公路路政管理对其执法人员提出了更高要求,要加强对路政管理人员的培训和考核工作;要制定路政执法人员岗位培训规范,提高路政管理人员的业务水平、文化素质和职业道德;加快推行执法责任制、评议考核制,提高路政执法水平;建立一整套对路政执法人员进行考核和监督检查的制度,对不称职的人员坚决予以清退,努力造就一支具有良好职业道德和奉献精神的公路路政管理执法队伍。

对路政工作人员培训的主要内容有:政治时事培训、政策法规培训、业务知识培训、基本技能培训、执法培训等。

第五节 高速公路路政执法

一、占用、挖掘公路的管理

任意占用、挖掘公路,不仅影响公路的完好、安全、畅通,而且会影响公路的路容路貌,降低公路的有效使用年限,甚至会影响交通安全,造成交通事故和交通意外。因此,在一般情况下,不允许占用、挖掘公路。

《公路法》第44条规定:"任何单位和个人不得擅自占用、挖掘公路。因修建铁路、机场、电站、通信设施、水利工程和进行其他建设工程需要占用、挖掘公路或者使公路改线的,建设单位应当事先征得有关交通主管部门的同意。占用、挖掘公路或者使公路改线的建设单位应当按照不低于该段公路原有的技术标准予以修复、改建或者给予相应的经济补偿"。因此,对公路的占用、挖掘是有限制的。因工程建设需要占用、挖掘公路的,建设单位应事先征得交通主管部门的同意,并予以修复或给予相应经济补偿。对于因修建铁路、机场、电站、通信设施、水利工程等建设工程确实需要占用、挖掘或者使公路改线的,现行的法律条款从国家建设的全局出发,为了协调好各种工程建设之间的关系,保证各项建设工程的顺利进行,没有一律予以禁止,而是采取了附条件允许的方式,即建设单位应当事先征得交通主管部门的同意。影响交通安全的,还需征得有关公安机关的同意。

在路政管理实践中,对挖掘、占用公路的审批可按如下步骤进行:

(1)申请。建设单位需要挖掘、占用公路的,需向路政管理机构提出申请,填写挖掘、占用公路申请表。申请表包括申请挖掘地点、申请理由、施工期限、挖掘种类及数量等内容,建设单位同时还需向路政管理机构提供与项目有关的文件,施工计划和施工平面图等。

(2)审核。路政管理机构在审核挖掘、占用公路的申请时,对具有下列情况之一的,应暂缓批准或者不予批准:

①主要干线公路一般禁止挖掘;
②新建、改建的公路或高等级公路5年内原则上不得挖掘路面;
③公路重要交叉道口、交通量大的地段,一般禁止挖掘;
④节假日或其他重要时期,一般不批准占用、挖掘道路;
⑤其他严重影响交通秩序的。

《公路路政管理规定》第14条规定:"公路管理机构收到利用、占用、挖掘、穿(跨)越公路、公路用地和公路设施的申请后,应在15日内作出答复"。

(3)颁发许可证。路政管理机构对建设单位的申请进行审核后,认为申请符合规定要求的,颁发许可证,并与申请单位签订协议,明确以下内容:

①申请单位应按核定的路段、期限、范围进行施工;
②缴纳公路路产损失赔偿费,并要接受路政管理人员的检查与监督。
③申请单位在施工期间,应采取有效措施,设置必要的安全设施和交通标志,维护车辆和行人的安全通行;
④申请单位应对因施工而引起的人员财产损失承担法律责任;
⑤对建设工程占用、挖掘公路会影响到交通安全时,还需征得有关公安机关的同意。

对于占用、挖掘公路或者使公路改线的,建设单位应当承担相应的义务。主要是:对于占用、挖掘公路的,建设单位要予以修复,并且不低于该段公路原有的技术标准;对于公路改线的,建设单位要按照不低于原有技术标准的要求,对公路予以改建;对于不进行修复或改建的,可以给予相应的经济补偿,再由有关部门组织公路的修复或改建工作,以保证公路符合原有技术标准。

《公路法》第76条规定:"擅自挖掘、占用公路的,由交通主管部门责令停止违法行为,并可处以3万元以下的罚款。"

二、在公路用地内架设、埋设某些设施的管理

由于在公路上空或公路下方修建跨越、穿越公路的桥梁、渡槽、渠道、涵洞或者架设、埋设

管线等设施,以及在公路用地范围内架设、埋设管线、电缆等设施,可能直接或者间接影响公路的畅通和安全,因此《公路法》对上述行为的管理作了专门规定。

《公路法》第45条规定:"跨越、穿越公路修建桥梁、渡槽或者架设、埋设管线等设施的,以及在公路用地范围内架设、埋设管线、电缆等设施的,应当事先经有关交通主管部门同意。影响交通安全的,还需征得有关公安机关的同意;所修建、架设或者埋设的设施应当符合公路工程技术标准的要求。对公路造成损坏的,应当按照损坏程度给予补偿"。根据这一规定,对跨越、穿越公路及在公路用地范围内进行修建、架设或埋设设施行为的管理,要做好以下几方面的工作。

(1)建立审批制度。建设单位在施工之前,应当向有关交通主管部门提出申请,经批准同意后,方可施工。对于施工行为影响交通安全的,建设单位还需征得公安机关的同意。

(2)明确施工要求。无论是跨越、穿越公路修建桥梁、渡槽或架设、埋设管线、电缆等设施,还是在公路用地范围内架设、埋设管线、电缆等设施,都应当符合《公路工程技术标准》和《公路路线设计规范》对管线与公路交叉作出的专门规定。管线与公路交叉必须符合建筑限界两侧的边界线及净空高度不小于5m的规定。考虑到今后公路改扩建的需要,可适当加大净空高度要求。

(3)给予经济补偿。无论是跨越、穿越公路,还是在公路用地内进行设施的修建、敷设或架设,对公路造成损坏的,应当给予补偿。

《公路法》第76条规定:"对违反上述规定,未经同意或者未按照《公路工程技术标准》的要求修建桥梁、渡槽或者架设、埋设管线、电缆等设施的,由交通主管部门责令停止违法行为,并可处以3万元以下的罚款。"

三、对损坏公路、影响公路畅通、危及公路安全行为的管理

《公路法》第46条规定:"任何单位和个人不得在公路上或公路用地范围内摆摊设点、堆放物品、倾倒垃圾、设置障碍、挖沟引水、利用公路边沟排放污物或者进行其他损坏、污染公路和影响公路畅通的活动"。这里所说的公路用地,按照《公路法》第34条的规定是指由县级以上地方人民政府确定的公路两侧边沟(截水沟、坡脚护坡道)外缘起不少于1m的地方。对损坏、污染公路、影响公路畅通、危及公路安全行为的管理,要做好以下几方面的工作。

(1)禁止损坏公路的行为。为了保证公路的畅通与安全,对于那些擅自挖掘公路、利用公路路面排水、在公路用地范围内挖沟引水排水的行为,应严格予以禁止。

(2)禁止污染公路的行为。在公路上倾倒垃圾、利用公路边沟排放污物等行为,都对公路造成了污染,进而会影响公路的畅通与安全,应当予以禁止。

(3)禁止影响公路畅通的行为。在公路上及公路用地范围内摆摊设点、堆放物品、设置障碍等,直接影响了公路的畅通,应当予以禁止。

《公路法》第77条规定:"造成路面损坏、污染或者影响公路畅通的,由交通主管部门责令停止违法行为,并可处以5 000元以下的罚款。"

四、对危及公路、桥梁、隧道安全行为的管理

为了保证公路、公路桥梁、公路隧道的安全,《公路法》第47条规定:"在大中型公路桥梁周围200m、公路隧道上方和洞口外100m范围内,以及在公路两侧一定距离内,不得挖砂、采石、取土、倾倒废弃物,不得进行爆破作业及其他危及公路、公路桥梁、公路隧道安全的活动。

在前款范围内因抢险、防汛需要修筑堤坝、压缩或者拓宽河床的,应当事先报经省、自治区、直辖市人民政府交通主管部门会同水行政主管部门批准,并采取有效的保护有关的公路、公路桥梁、公路隧道安全的措施。"

《公路法》第76条规定:"从事危害公路安全的作业的,由交通主管部门责令停止违法行为,并可处以3万元以下的罚款。"

五、高速公路公路附属设施管理

公路附属设施是指为保护、养护公路和保障公路安全畅通,所设置的公路防护、排水、养护、管理、服务、交通安全、监控、通信、收费等设施以及专用建筑物、构筑物。公路附属设施可分为公路安全设施、公路交通管理设施、公路防护设施、公路服务设施等几种。

公路安全设施包括:①高速公路上供行人、自行车等横向跨越的跨线桥或地下通道;②高速公路上的分车道护栏、防护网,高路堤、护栏、禁示桩等;③为保证夜间行车安全和畅通而设置的反光标志及其他照明设备;④公路上为诱导驾驶人员视线、保证行车安全而标明公路边缘及线形的诱导标志和标线等。

公路交通管理设施包括:①道路交通标志和交通标线;②在高速公路特定地段设置的随时通报公路、气象、交通情况和交通限制等信息的可变式公路情报板;③为监视高速公路上的交通事故等道路情况和天气等情况而设置的交通监控设备。

公路的防护设施是指防护构造物,包括为防止塌方、泥石流、坠石、雪崩、风吹雪、积砂、水毁等妨碍交通或损坏公路的病害而设置的各种上、下挡墙、驳岸、导流坝、护坡和防雪走廊等。

公路服务设施是指在高速公路上,根据交通量大小、路段长度、沿线景观、地形等条件设置的服务区等服务设施。

公路附属设施,对于公路的保护、养护和保障公路安全畅通,具有十分重要的作用。因此,《公路法》第52条规定:"任何单位和个人不得损坏、擅自移动、涂改公路附属设施"。对损坏、移动、涂改公路附属设施,可能危及公路安全的行为,由交通主管部门责令停止违法行为,并可处以3万元以下的罚款。

公路上的商业广告、宣传标志等非公路交通标志设置在公路上,会直接影响交通标志的视认效果和造成驾驶员信息过载,影响交通安全。因此,必须对非公路交通标志进行控制,以保证交通标志清晰、醒目,及时指导驾驶人员注意行车信息,保障道路的安全畅通。《公路法》第54条规定:"任何单位和个人未经县级以上地方人民政府交通主管部门批准,不得在公路用地范围内设置公路标志以外的其他标志"。这一规定表明,在公路用地范围内设置公路标志以外的其他标志,必须经县级以上地方人民政府交通主管部门批准,否则为违法行为。县级以上地方人民政府交通主管部门应当对此进行严格审批。

六、管线与公路交叉管理

《公路法》第56条规定:"除公路防护、养护需要的以外,禁止在公路两侧的建筑控制区内修建建筑物和地面构筑物;需要在建筑控制区内埋设管线、电缆等设施的,应当事先经县级以上地方人民政府交通主管部门批准。"管线与公路交叉或接近,会影响公路的安全和畅通。因此,路政管理机构要加强对管线与公路交叉或接近的管理。

《公路路线设计规范》(JTG D20—2006)对公路与管线交叉做了规定,明确各种管线不得侵入公路建筑限界,也不得妨碍公路交通安全和损害公路设施。规定管线与公路之间的净空高度不少于5m,各种管线工程设施与公路交叉或接近时,必须符合规范的规定,并符合各种与之有关的相应行业规范的要求。

对需要在建筑控制区内埋设管线、电缆等设施的,路政管理机构对建设单位申请的审查,要做好以下几方面的工作:

(1)审查是否确实需要在建筑控制区内设置;

(2)如果是确实需要的,根据《公路路线设计规范》,审查申请建设的线路与公路的交叉角、最小垂直距离、最小水平距离是否符合规定,对达不到要求的提出处理意见,并要求管线尽可能不设置在公路用地范围内;

(3)签订协议。明确施工内容,施工期限,施工期间的安全措施,损坏公路路产的修复,挖掘、占用公路的赔偿费用,施工过程中发生事故的法律责任的承担和今后公路改扩建需要时管线无条件迁移或加固等问题。

《公路法》第81条规定:"在公路建筑控制区内擅自埋设管线、电缆等设施的,由交通主管部门责令限期拆除,并可处以5万元以下的罚款。逾期不拆除的,由交通主管部门拆除,有关费用由建筑者、构筑者承担。"

在路政管理实践中,对人民法院不受理交通主管部门要求强制执行拆除违法设施的申请的问题,路政管理机构可在处罚违法行为时,根据《公路法》第81条的规定责令拆除违法设施,同时加处罚款,再申请人民法院强制执行。

七、公路建筑控制区管理

公路两侧的建筑控制区是指由公路沿线县级以上地方人民政府,按照国务院有关规定,在公路两侧划定一定的区域,在该区域内禁止修建永久性工程设施,包括建筑物和地面构筑物。根据交通部(91)交函工字767号《关于路政管理若干问题的复函》,关于永久性工程设施的解释是:永久性工程设施或永久性构造物或设施是指在公路两侧边沟控制区范围的地面或地下,采用耐久性建筑材料(如钢、钢筋混凝土、水泥、砖、木、石及其他材料等)构筑的,使用期限在半年以上的各种构造物或设施。

《公路法》第61条规定:"建筑控制区的范围自公路两侧边沟外缘起,高速公路和一级公路不少于30m。"

《公路法》第56条规定:"除公路防护、养护需要的以外,禁止在公路两侧的建筑控制区内修建建筑物和地面构筑物;需要在建筑控制区内埋设管线、电缆等设施的,应当事先经县级以上地方人民政府交通主管部门批准。"

划定公路建筑控制区的主要目的:一是考虑公路本身的远景发展,为将来公路的拓宽改建留有余地;二是保障公路的安全通行,充分发挥公路的效能;三是对公路两侧建筑的控制,可以充分保障公路上驾驶人员有开阔的视野,促进行车安全;四是可以有效地保护公路和公路附属设施。

在路政管理实践中,要做好公路建筑控制区的管理工作,必须抓好以下几方面的工作。

(1)县级以上地方人民政府要根据《公路法》的规定,制定规范性文件,确定建筑控制区的范围。

(2)要做好公路管理法律法规的宣传工作。路政管理机构要向公路沿线的单位、个人大力宣传《公路法》,要利用广播、电视、报刊等媒体进行宣传,特别要做好向基层领导的宣传,提高他们对公路管理工作的认识。

（3）参与规划，提前介入，超前控制。要制定规范性文件，明确公路两侧建筑在规划部门审批之前，路政管理机构要进行前置审批。建立路政群管网络，及时发现问题。

（4）抓住典型。通过对违法建筑的清除，教育群众，树立执行权威。

《公路法》第56条规定："建筑控制区经县级以上地方人民政府依照前款规定划定后，由县级以上人民政府交通主管部门设置标桩、界桩。任何单位和个人不得损坏、擅自挪动该标桩、界桩。"

《公路法》第18条规定："规划和新建村镇、开发区，应当与公路保持规定的距离并避免在公路两侧对应进行，防止影响公路的运行安全和畅通。"因此，村镇、开发区的建设不仅要符合公路建筑控制区的规定，而且还要更加严格控制。

《公路法》第82条规定："违反本法第56条规定，在公路建筑控制区内修建建筑物、地面构筑物或者擅自埋设管线、电缆的，由交通主管部门责令限期拆除，并可处以5万元以下的罚款。逾期不拆除的，由交通主管部门拆除，有关费用由建筑者、构筑者承担。"在路政管理实践中，对当事人逾期不拆除违法建筑的，交通主管部门无力拆除，法院又不接受申请，该如何处置？有专家认为，按照本条规定，可对当事人处以罚款，再申请人民法院强制执行。《公路法》特别规定的是违法建筑的拆除是由交通主管部门组织实施，但对罚款未作规定。因此，根据《行政诉讼法》第65条、第66条规定："公民、法人或者其他组织拒绝履行判决、裁定的，行政机关可以向第一审人民法院申请强制执行，或者依法强制执行"，"公民、法人或者其他组织对具体行政行为在法定期限内不提起诉讼又不履行的，行政机关可以申请人民法院强制执行，或者依法强制执行"。交通主管部门在对公路两侧建筑控制区内违法建设作出处罚时，可根据《公路法》第82条规定处以罚款，再依法申请人民法院强制执行，或者依法强制执行。

八、公路超限运输管理

车辆的轴载质量对公路路面的使用寿命有较大影响，如果车辆的轴载质量超过公路的设计标准，将会导致公路路面的早期破坏，缩短其使用寿命，进而需要增加大量的改建、维修养护费用，所以国家对车辆的轴载质量进行了限值规定。行驶在公路上的车辆的车货总质量是对公路路面、桥梁、涵洞破坏最大的因素之一。国家为保障公路运输安全，防止车货总重超过桥梁、涵洞的极限承载能力，对此也采取了极为严格的限值规定。

公路超限运输是指在公路上行驶的车辆，其总质量、轴载质量超出了公路设计的承重能力或车辆长、宽、高外形尺寸等指标超过了规定的正常允许范围。载重质量和外形尺寸的具体限值标准是：

（1）质量限值：单轴（每侧单轮胎）6t；单轴（每侧双轮胎）10t；双联轴（每侧单轮胎）10t；双联轴（每侧各一单轮胎、双轮胎）14t；双联轴（每侧双轮胎）18t；三联轴（每侧单轮胎）12t；三联轴（每侧双轮胎）22t。

（2）车货总质量限值：40t（集装箱车为46t）。

（3）车货外形尺寸限值：总高度为4m（集装箱车为4.2m）；总长度为18m；总宽度限值为2.5m。

车辆的超限和超载是两个既有区别又有密切联系的概念。超载是指当运输车辆所装载的货物质量超过国家有关部门对该车辆的核定载质量（即车辆行驶证上的核定载质量）。一辆汽车可以处于超限但不超载的状态，也可以处于超载但不超限的状态，还可以处于既超载又超限的状态。对于设计轴荷高于公路承重限值的重型汽车，容易出现超限不超载现象。例如黄河JN162型货车,额定载质量10t,当实际装载质量大于9t时,后轴(单轴双轮)已超过10t,这时该车不超载但已超限。对于一般的中小型货车,往往超载不超限。例如东风EQ140型货车,额定载质量5t,满载既不超限也不超载,当实载8.35t时,前轴2.9t,后轴9.75t,超载不超限;实载9.3t时,前轴3.05t,后轴10.55t,既超限又超载。

公路超限运输的产生,有特殊的需要,也有不合理的因素,主要原因如下。

(1)汽车运输企业为了降低运输成本,发展大吨位货车。我国在1980年代初从国外引进大量的大型牵引车、大型挂车以及重型车辆的生产技术后,公路上行驶的大型和重型运输车辆迅速增加。但是,由于公路建设投资大、使用周期长以及历史、地理等多种原因,不能与大型和重型汽车同步发展,使得路面所能提供的承载能力无法满足日益增长的汽车荷载的要求,从而形成超限运输。今后,随着我国公路建设水平的提高,应当研究车型变化对公路荷载标准的要求,以促进公路运输的现代化。

(2)大件运输的需要。工业设备向大型、重型方向发展。超限运输一般都经过严格的审批,有较强的计划性,事先都经过周密的勘查、论证,采取预防措施,加之频率不高,因而对公路不会造成故意损坏。因此,经过批准可特许这类超限运输车辆上路行驶,或经过对路、桥进行必要的加固以后上路行驶。

(3)恶意超限。一些运输企业、个体车主和汽车制造厂家,为了追求自身的经济效益,忽视现有公路的技术状况,片面发展重型货车。特别是进入1990年代后,中、小吨位车辆恶意超限的现象比较普遍,对公路危害极大。这类超限运输是公路管理机构治理的重点对象。

超限运输的危害性表现在以下方面。

(1)对公路造成毁损,缩短公路路面使用寿命,导致桥梁涵洞垮塌。据研究分析,轴重的超限会使水泥路面的使用年限缩短40%左右,沥青路面缩短20%~30%左右。一条使用年限15年的高速公路路面,在超限运输的情况,一般只能使用8年左右。根据河北、河南、广东三省的调查,每年因超限运输,造成公路过早损坏,使用寿命缩短,增加养护成本,给公路造成的损失达到约50亿元。

(2)影响交通安全,导致交通事故。车辆在超限行驶时,重心不稳,发动机长时间超负荷运转,制动性能严重衰减,导致公路交通安全事故的发生。

(3)影响公路的利用率。严重超限车辆的行驶速度较低,远远低于高速公路的正常运行速度,加之一些长、宽、高超限的运输车辆的体积都比较庞大,影响其他车辆的正常通行,造成公路拥挤和阻塞。

对超限运输车辆行驶公路的管理分为两个层次:一是对于运输特大件或不可解体货物的超限运输车辆,属于特许超限运输,要求车主按规定办理申请与审批手续,公路管理机构为承运人勘选路线,加固桥涵,提供服务,确保安全通行;二是对非法追求经济利益的恶意超限运输车辆,属于不合理的超限,严格禁止。公路管理机构要对其依法查处,严格制止,力求将这种现象减少到最小程度。

(1)对特许超限运输车辆行驶公路的管理

凡是车货总质量、轴载质量、外形尺寸超过规定限值的车辆,确需上路行驶的,均需由承运人事先向公路管理机构提出申请,经批准并获得《超限运输通行证》后,方可行驶公路。跨省、市进行超限运输的,由省级公路管理机构受理申请并负责审批;在市域内进行超限运输的,由市级公路管理机构受理申请并负责审批。申请人在向公路管理机构提出超限运输申请时,应提供货物名称、质量、外廓尺寸,运输车辆的厂牌型号、自载质量、轴载质量、轴距、轮数、轮胎单位压力、载货时总的外廓尺寸等有关资料。对申请人提出的通行路线,公路管理机构要进行审查,必要时还应实地勘查。不能满足超限运输车辆通行要求的公路和桥梁,必须经过改造、加固后,才能允许超限车辆通行。

(2)对恶意超限运输车辆行驶公路的管理

对于未经批准违法违章超限运输的车辆,根据现行的法律、法规和规章的规定,可视情节轻重,进行以下处罚:责令立即停止行驶;补办有关手续;限期交纳路产赔偿、补偿费;暂扣超限运输通行证;罚款。公路管理机构可在公路上设置必要的超限检测装置对违章超限车辆进行检查。

复习参考题

1. 高速公路路政外业管理和内业管理的内容有哪些?
2. 什么叫路政管理?路政管理的主要任务有哪些?
3. 路政外业管理主要包括哪些工作?路政内业管理主要包括哪些工作?
4. 何为公路超限运输?如何对超限运输车辆进行管理?
5. 公路建筑控制区的管理规定有哪些?

第十章　高速公路交通管理

第一节　高速公路交通管理概述

一、交通管理的概念及意义

交通管理是高速公路运营管理的一个重要组成部分。高速公路的交通管理是对高速公路的车流按有关规则和要求,合理地引导、限制和组织交通流,运用各种现代技术进行交通安全管理和事故处理,以保障交通快速、安全、舒适、畅通的总称。

高速公路行车速度高、通行能力大,且建有先进完善的现代化设备、设施,因而应建立一套完善的法规体系,成立集中、统一、高效的管理机构,才能进行现代化的交通管理。国内外大量的实践也已经证明,只有科学地应用高速公路上一系列的现代化的管理系统,集中、统一、高效地进行交通管理,才能充分发挥高速公路快速、方便、舒适、安全、经济的特点。

高速公路的交通管理需要养护和路政管理部门的相互配合,需要救援、救护、消防等部门的大力协助,因而交通管理是一个多学科的系统工程。

二、交通管理的特点及任务

1. 交通管理的特点

高速公路的交通管理不同于一般公路及城市道路,主要具备以下特点。

(1)高速公路采用现代化的通信、监控设施,实施系统管理。采用检测、微机处理手段,收集车辆运行、道路状况等方面的数据,从而指挥事故处理,进行交通控制和管理。其技术密集、设施投资大,是一般公路和城市道路无法比拟的。

(2)高速公路交通管理的任务复杂、手段先进、要求快速。例如,事故排除速度对高速公路运营至关重要,不及时则可导致连锁反应,产生重复事故。制止违章要在不影响交通安全的情况下才能做,不然可导致其他车辆之间必然事故等,这些均不同于一般公路。

(3)管理体制及任务分工在归口上不一致。根据国务院有关规定,在高速公路管理中,公路及公路设施的修建、养护和路政、运营管理及稽征等,由交通部门负责;交通管理(维护交通秩序、保障交通安全和畅通等)由公安部门负责。

2. 交通管理的任务

高速公路交通管理的任务主要有:

(1)经常进行交通巡逻、检查,发现高速公路上出现的问题,及时向中心控制室报告信息。

(2)当发生交通事故时,按中心控制室排除事故指令,及时赶赴现场疏导交通、处理交通事故,进行交通事故勘查、调查;和救援、救护、消防部门一起,进行救援、救护、救灾;配合路政部门清障保通,参与有关行政诉讼活动和结果处理,依法履行"治安管理处罚"职权。

(3)参与交通控制与管理,对不良气候条件的交通进行控制和限制,对交通拥挤问题,采取必要措施。

(4)纠正交通违章,负责交通执法,协助高速公路收费工作,协助通信、监控、收费等部门进行治安管理。

(5)对高速公路行车安全进行宣传、教育,对违章驾驶员进行培训和处罚。

在此基础上,高速公路交通管理的内容可以界定为交通控制和交通安全管理两方面。

第二节　高速公路交通控制与管理

一、交通控制与管理的目的、特点和内容

1. 概念、目的

现代交通控制与管理,简称"管制",包括交通控制与交通管理两大部分内容。交通控制即采用人工或电子技术,如信号监视、监控系统等科学方法与手段,对动态交通流实行控制;交通管理即按交通法规和规则、要求,合理地引导、限制和组织交通流。

交通管理的目的是使高速公路上运行的车辆获得最少的停车、最短的运行时间、最低的能耗、最低的事故率、最高的运输效率。

2. 特点

(1)指导性。指导性是对交通需求加以指导性管理。即指导交通流重新分配,疏散拥挤,避免事故,调整已紊乱的交通秩序,改变交通管理被动局面。从国内外一些道路交通所出现的车辆拥塞、事故多和污染严重的情况分析看,这些问题并非都由于道路面积不够所产生,实际上与管理不善有很大关系。单纯地兴建与改、扩建道路不仅不能完全解决交通拥塞的问题,在某些情况下,反而会刺激、吸引交通流,加剧交通量的增长,产生新的交通拥挤和事故。因此需通过交通管制,从根本上对交通的需求加以引导和指导。

(2)协调性。即通过各种方法,协调道路系统中人、车、道、环境各个要素,使其逐步达到一致,以充分发挥公路网及道路设施的作用。例如,可通过控制出行量以协调供需总量间的矛盾;通过控制出行时间以协调供需方面在时间上的不平衡;通过设置各种标准、标线以协调道路和环境实际状况与交通使用者之间的识别、判断之间的矛盾等。

(3)较强技术性。高速公路采用各种现代化通信、监视、监控技术手段,因而具有高科技、技术密集特点。

(4)强制性。高速公路的交通管制多以法规、制度形式出现,具有强化管理性质。

(5)教育性。各种法规和规章制度必须广泛宣传教育,并进行必要培训、考核,以教育大家自觉执行。

(6)协作性。高速公路中的交通管理,是要多部门相互配合的系统工程,不可能由一个部门单独处理高速公路交通管制中的所有问题,只能是各部门各司其职,按章执法,相互有机配合和协作。

3. 内容

交通控制与管理的范围广、内容多,主要内容可从下列三个方面予以概括说明。

(1)技术方面

①协助设置交通工程设施,包括标志牌、路面标线、护栏、分隔带、安全岛、情报板等。

②协助设置监视、监控、通信系统,包括信息收集、传递、处理、提供。

③实行车辆检测。
④临时划定专用车道,单向行驶、渠化交通和变向交通等。
⑤事故勘查与处理。
(2)法制方面
①监督执行有关交通管理条例或法规。
②建立和执行车辆登记、检验等管理章程和制度。
③组织交通管理职能机构。
(3)宣传教育方面
①加强对驾驶员的安全宣传教育,按规定严格培训和考核制度。
②加强对交通法制、法规宣传,严格执法,使全社会共同关心重视高速公路交通管制。

二、交通控制与管理系统的组成

世界各国由于其国情不同,且各条高速公路的重要程度及功能也不尽相同,因而高速公路的管理体制有多种不同的模式。但从交通控制与管理系统构成看,其组成基本相同,一般包括:信息收集系统、信息处理及控制系统(即中央控制室)、信息提供系统和通信系统四部分。图 10-1 为交通控制及管理系统的组成示意图。

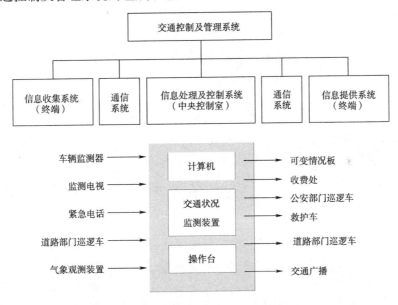

图 10-1 交通控制及管理系统的组成

1. 中央控制室

中央控制室是进行交通控制与管理的核心部分,它把终端设备收集来的信息进行加工、处理,然后再向终端设备发出工作指令,以实现交通控制与管理的目的。它相当于整个系统的总决策部、总指挥部,主要由计算机室、交通状况监测装置,操作台及其他业务设备组成。

(1)计算机室

主要负责各种数据的运算处理、分析判断,并根据预定的方案做出控制决策。一般配备有中央处理装置及操作系统、信息收集系统、信息显示系统等几个辅助处理装置。为防止因故障而中断,还配备有备用机,配备的数量由业务规模决定。

(2)交通状况监测装置

设置在中央控制室内的交通状况监测装置,通常采用三种图形显示板,即沿线地图模拟监测板、交通数据监测板和交通限制监视屏。

①沿线地图模拟监测板。以地图为背景,图上用各种符号,标记字母等表明沿线各设施,如立交点、停车场、服务区、隧道及各种终端设备(如车辆检测器、紧急电话、道路信息板、摄像机等)的位置,并用各色指示灯标出上述设备的工作状态是正常还是故障等,使操作人员通过模拟监测板了解公路全线上的交通情况。

②交通数据监测板。用表格显示格式,列出规定时间间隔内主要地点段的交通参数、气象参数,用以判断交通情况。

③交通限制监视屏。当发生交通事故或由于某种气象原因,或路面施工情况下,要对有关区段实施交通限制,中央控制室就要通过相应的监视屏显示限制区间、限制原因、限制时间、限制内容等,以便掌握限制区间的全貌,统调限制区间上下游的交通情况。

(3)操作台

管理人员通过操作台的各种键盘操作实现与系统之间的信息交换。其主要内容包括:公路上的各种道路信息板显示内容的变更,闭路电视摄像机遥控,闭路电视监控器的切换和编辑,沿线地图模拟监测板的显示和操作,交通限制的实施操作,隧道防灾设备的控制与操作等。

(4)其他设备

其他设备如传真及数据通信设备,各种办公自动化设备,不间断电源(UPS)设备等。随着电子技术的不断发展,中央控制室的设备也将不断更新和增加。

2. 信息采集系统

各种交通信息、道路信息、气象信息是中央控制室进行交通控制及管理的根据与基础,信息的内容和数量直接反映高速公路的控制与管理水平。

信息采集系统实时采集路面、匝道口和收费口的交通参数及其他参数,通过信息传输系统实时传输数据和视频图像信息,汇总报送控制中心。

信息采集的方式,有人工的,也有自动的,主要通过车辆检测器、气象检测器、轴重计及超重录像系统、电视摄像机及辅助设施来完成。

(1)车辆检测器

在高速公路主线上以及入口匝道和出口匝道等处设置车辆检测器,用以测量交通量、平均速度、道路占有率等交通参数,作为控制中心分析判断,提出控制方案的主要依据。常用的车辆检测器有以下几种。

①环形线圈检测器,是目前使用最为广泛的车辆检测装置。既可以用来检测车辆通过,又可以用来检测车辆的存在。这种检测器通过流过线圈的电流产生磁场,车辆通过时金属部件干扰磁场,由检测器的电子装置进行检测,根据数组环形线圈检测器的输出信号就可以确定车道占有率,速度和交通量。

②磁性检测器,也是在检测磁场变化的基础进行工作的。将具有高导磁率磁芯的线圈埋在路面下,当车辆靠近或通过线圈时,穿过线圈的磁场即发生变化,这样即可检测到车辆的信息。其优点是:安装在路面下,不会受到扫雪机等的破坏;价格便宜;安装容易。

③雷达检测器,由检测器部件在路面上向下发射一微波束,车辆通过这些波束时,引起波束反射回发送部件(天线)。利用车辆进入检测区域时和离开时的两个短脉冲,即可换算成所需交通参数。

④超声波检测器,工作原理与雷达检测器一样,即都发射一束能量到一个区域,并接收由车辆反射回来的能量束。超声波检测器可通过换能器记录下车辆存在或通过的信号。

⑤光电检测器,利用光电管接收中断光束或反射光束原理进行工作。在道路一侧设置发光器,在另一侧设置光电管,车辆通过时,即中断光束并传动继电器,记录检测到的车辆。

⑥红外检测器,使用红外光源,其工作原理与光电检测器相同。反射式红外检测器使用发射接收器,用来发射光束并接收反射光束,通过记录的路面和车顶反射率的变化对车辆进行检测。

⑦摩擦电检测器,是封装在一块人造橡胶中的屏蔽电缆,橡胶块永久地被固定在路面的切槽中。车辆通过时,使电缆上的压力引起电缆芯和屏蔽之间产生低电压,该电压可用适当的放大电路来检测。由于摩擦电检测器响应快,恢复时间短,因此可用来精确地测量轴数。当环形线圈检测器和摩擦电检测器一起使用时,还可以测量车辆数和车型以及速度和间距。

(2)气象检测器

高速公路的高速、安全、舒适等功能与气候条件密切相关。气象检测器用来观测气温、路表下不同深度的温度及浓雾、风向、风力、雨量、路面积雪及冰冻状态等。其中最重要的是雾和冻结。

气象检测器的种类很多,如用红外线温度遥感测试仪可测路表温度;埋设在路面内的热电偶温度计测试温度;用冰的放射性能不同而制成的非接触式路面冻结检测装置,可自动分辨路面干燥、潮湿、积雪、冰冻等各种情况。

由于雾是引起高速公路上交通事故的重要因素之一,因此对与雾相关的能见度检测系统的研究引起了人们的重视。所谓能见度就是在白天从水平方向可观察到一个大目标的最大距离。能见度检测是通过测量红外线光束对空气中颗粒支点的散射束得出气象光深能见度,也可应用图像处理技术对雾天景物进行校正处理,并对视距范围内的目标进行检测运算,求得能见度。根据测得的能见度推算出高速公路上车辆行驶的最高速度,把此值及时显示在可变限速板上,并在可变道路情报板上显示警告语句以诱导驾驶员保持一定车距,减低行驶速度,保证在雾天安全行驶。

根据路段具体情况,高速公路监控系统可以设置专用的气象检测装置,也可以取用当地气象站的数据。

(3)轴重计及超重录像系统

高速公路一般都有轴重限制,为了检查超重车,在收费处或入口处设置轴重计,将超重车查出处罚或限制上路。有的高速公路设置了自动测重然后用摄像机将超重车自动录像的系统。

(4)电视监视系统

电视监视是监控系统信息采集的一个重要组成部分。通常在车流量比较大,车辆密度比较高的区域,或者立交区附近、收费口、隧道口、大桥等地段及事故易发区,安装一些电视摄像机,利用图像来监视这些区段的交通状况。也有的高速公路,摄像机镜头可覆盖整个区段,这样可以监视全线交通运行情况。一旦出现车辆故障或发生交通事故,能提供事故发生的现场图像信息,以便控制中心及时掌握事故发生地点、时间和严重程度,迅速作出反应,采取相应措施,排除故障或妥善处理事故。

(5)测速雷达

在高速公路上一些主要路段,或在入口匝道和出口匝道附近,装备若干部测速雷达,专门用于检测不符合规定车速的违章车辆。一旦发现车辆违章,及时发出警告信号,同时拍摄违章车辆的车号和车型,以便事后处理和统计。

(6)紧急电话

在高速公路上下行线上每隔一定距离(一般为 500～2 000m)安装一部紧急电话,当车辆发生故障或出现交通事故时,驾驶员可及时向控制中心通报,同时在控制中心的图形显示板上可显示出发出信号电话所在地点和编号,以便采取相应的应急措施。这些电话与中央控制室的接收台直通,不用拨号。

(7)巡逻车

高速公路管理部门及交通安全部门都派有巡逻车在高速公路上不断巡回,以及时发现事故及道路设施损坏的情况,纠正违章驾驶、违章停车,并用无线电话或紧急电话向管理中心报告,巡逻车的数量一般按全天候巡逻,以每小时通过一辆为好,如果车辆太少将失去作用。

3.信息提供系统

该系统主要是向有关人员提供交通信息(如交通、气象、事故和道路情报),发布命令或建议(如限速、关闭匝道),向交通拥挤地段的驾驶员提供建议路径等,以促使出行人员选择合理的出行方式及路线,使道路交通流量分布均匀,以提高道路利用率,加强高速公路可视化运营等,达到交通控制与管理的目的。

高速公路信息提供系统的组成如图 10-2 所示,各高速公路可根据情况采用全部或其中一部分。

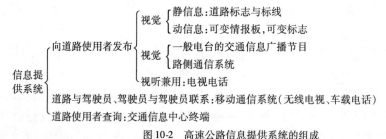

图 10-2　高速公路信息提供系统的组成

(1)道路交通标志

道路交通标志是以颜色、形状、字符、图形等向道路使用者传递信息,用于交通管理的设施。

道路交通标志是高速公路提供信息的非常重要的手段。通过交通标志提供准确及时的信息和引导,使道路使用者顺利快捷地抵达目的地,促进交通畅通和行车安全。按照我国《道路交通标志和标线》(GB 5768—2009)的规定,道路交通标志按其作用分为主标志和辅助标志两大类。

①主标志

a.警告标志:警告车辆、行人注意道路交通的标志。

b.禁令标志:禁止或限制车辆、行人交通行为的标志。

c.指示标志:指示车辆、行人应遵循的标志。

d.指路标志:传递道路方向、地点、距离信息的标志。

e.旅游区标志:提供旅游景点方向、距离的标志。

f.作业区标志:告知道路作业区通行的标志。

g.告示标志:告知路外设施、安全行驶信息以及其他信息的标志。

②辅助标志:附设在主标志下,对其进行辅助说明的标志。

(2)道路交通标线

道路交通标线是由施划或安装于道路上的各种线条、箭头、文字、图案及立面标记、实体标记、突起路标和轮廓标等构成的交通设施,它的作用是向道路使用者传递有关道路交通的规则、警告、指引等信息,可以与标志配合使用,也可以单独使用。

①道路交通标线按功能可分为以下三类:

a.指示标线:指示车行道、行车方向、路面边缘、人行道、停车位、停靠站及减速丘等的标线。

b.禁止标线:告示道路交通的遵行、禁止、限制等特殊规定的标线。

c.警告标线:促使道路使用者了解道路上的特殊情况,提高警觉准备应变防范措施的标线。

②道路交通标线按设置方式可分为以下三类:

a.纵向标线:沿道路行车方向设置的标线。

b.横向标线:与道路行车方向交叉设置的标线。

c.其他标线:字符标记或其他形式标线。

③道路交通标线按形态可分为以下四类:

a.线条:施划于路面、缘石或立面上的实线或虚线。

b.字符:施划于路面上的文字、数字及各种图形、符号。

c.突起路标:安装于路面上用于标示车道分界、边缘、分合流、弯道、危险路段、路宽变化、路面障碍物位置等的反光体或不反光体。

d.轮廓标:安装于道路两侧,用于指示道路边界轮廓、道路的前进方向的反光柱(或反光片)。

(3)可变道路情报板

可变道路情报板是高速公路上专供控制中心为出行者提供随时变化的情报用的,提供的是一种活动的信息。控制中心将收集到的各种数据和信息经中心处理机处理后,由管理人员通过键盘按钮或用显示屏幕编辑发出指令,通过连机方式的终端控制机在情报板上显示出文字(英文、数字或汉字)或图形,向驾驶员提供关于交通事故、交通阻塞、道路维修施工或气象情况等各种随机情况,及时发出行车指示。

可变道路情报板一般设在城市高速公路的主线或城间高速公路互通式立交出入口、收费处、隧道口及两个立交的中间位置。

(4)可变限速板

根据控制中心的指令,可变限速板动态显示当前指定的车速,调节路段的车辆密度和平均速度。

控制中心根据车辆检测器检测到的信息和其他信息(如平均速度过小,应急电话呼救频繁,巡逻车通过无线电传递的信息等),认定某一路段内车辆出现异常情况,即车辆拥挤或出现事故,通过中心计算机向设在该路段前方的可变限速板发出限速指令,限定车辆行驶的最高速度,避免该路段车辆密度过大以及低速交通流的恶性循环,待排除事故或交通流恢复正常后再解除限制。

(5)交通广播及路侧通讯广播

在交通量很大或当能见度变差时,瞬间通过路旁或架空的标志传送给驾驶员的信息量受到了极大的限制。此时,可通过交通广播及路侧通讯广播,使驾驶员获得道路信息。

利用汽车收音机提供信息是最直观的方式,它比利用视觉更方便,且不必分散精力去注意路边的标志或情报板。因此,高速公路管理中心的中央控制室都附设有交通信息中心播音室,在交通节目时间里,所有广播电台都播送交通信息中心发出的高速公路及附近一般公路的交通情况。

但是,这种交通广播节目有它的局限性,它不能完全满足交通管理的需要。因为它只能在固定的时间里向大范围全域广播相同的内容,不能随时提供重要信息,而重要信息的时间性是很重要的。同时缺乏针对性,大部分驾驶员将不得不收听与他毫不相干的内容。

为了解决这个矛盾,一些国家已开始采用路侧通讯广播系统。它首先开辟在城市高速公路及城间高速公路的大城市近郊、互通式立交桥、冬天气候条件恶劣的地段。

路侧通信系统是利用设在路肩或中央分隔带上的感应天线进行广播,不用播音员,广播内容是中央控制室根据收集到的信息由计算机编辑加工并经过声音合成后发出的。由于它可以通过路段所设置的发射天线,对不同的路段、不同的车流方向播送不同的内容,播送的信息量大,内容随时间地点而变,有针对性和很大的自由度,因此是对可变情报板的重要补充。

(6)信息中心终端

在服务区、停车场等公共场所设立交通信息中心的集中服务大楼,交通管理中心利用图像通信、数据通信、电视数据、电视投影、传真等各种最先进的电子设备终端,发布集中的大量的交通信息、指令,以及金融、股票、商业流通、旅游、气象等各类信息,供用户查询。用户还可以利用计算机通过 Internet 与信息中心相连,以便在出行前或旅行中查看信息。

(7)紧急情报提供系统

当发生地震或其他自然灾害、大规模汽车公害等紧急情况时,紧急情报提供系统将通过广播、情报板等一切可利用的手段,指导驾驶员实行紧急疏散或采取其他措施。

4.高速公路通信系统

中央控制室与信息收集、提供系统终端之间,需借助于通信系统进行联系。高速公路的通信系统有三种通信方式。

①电话通信。分为有线通信的紧急电话、业务电话、指令电话,以及移动无线通信的车载电话。

②数据通信。传输各种检测器、可变情报板、路侧通信等数据。

③图像通信。传输监测用工业电视录制的图像。

高速公路的通信系统应在经济适用、因地制宜的前提下,力求达到技术先进、运行可靠、操作灵活、维护方便,确保通信系统内部的话音、数据以及图像信息能够及时地传输。

传输线路采用普通的金属对称电缆及近年来迅速发展起来的光纤维电缆。

(1)高速公路电话通信系统

电话系统是高速公路控制与管理最主要的工具。高速公路的电话系统包括紧急电话、调度电话、业务电话、移动无线电话、利用外线电话或热线电话。

①紧急电话

高速公路的宗旨之一是"快速",这种快速不仅表现在车辆行驶速度的提高,同时还表现在服务水平的提高,快速地为道路使用者排忧解难。紧急电话便是道路使用者在公路上发生交通事故等各种紧急情况下,进行呼救的最方便、最快捷的通信手段,控制中心接到呼救信号后通过调度电话系统向有关部门转达信息,以便采取相应的救助措施。紧急电话同时也是道路养护人员、路政人员、通信人员、救援人员及其他道路管理者的辅助通信工具。

②调度电话

调度电话是中央控制室向有关部门同时下达事故处理等指令用的专用电话。

调度电话的主要作用有：重要指令或信息的迅速传达或发布（下行信息）；重大事件或信息的及时报告或反馈（上行信息）；业务调度（调度员调度直通用户并通话或完成某直通用户请求与另一直通用户通话的话路连接）；召开电话会议。

调度电话是高速公路综合业务交换网中的一个子系统，它无需与市话公用网有任何联系。调度电话的所有终端用户都直接受控于调度总台，用户间不进行自动交换，因而不可能出现占线示忙现象；总台按下相应的按钮即可同时调度数个或全部终端用户，用户也无需拨号即可与总台通信。

③业务电话

业务电话是管理中心业务部门互相联络用的内线电话。

除高速公路本部门的通信系统外，中央控制室还可以通过外线电话或热线电话与医院、民间救险部门保持联系。

移动无线电话是一种移动式通信系统，现在已广泛使用。它可以直接拨号与其他汽车或一般市内电话通话，甚至可以打国际电话。

(2)光纤通信系统

光纤通信是利用光沿着光导纤维传播的特性，用光缆作为传输媒质，并经过光电变换达到通信的目的。它除了比金属对称电缆经济外，还具有抗干扰性强、损耗小、中继距离长、传输容量大、线径细、质量轻、可挠性好、铺设容易等优点。

高速公路的数据通信和图像通信要求具有宽频带特性，因而光纤通信特别适用。

三、高速公路交通控制与管理

1. 高速公路交通流及特征

(1)概述

公路上的行人或运行的车辆构成行人流或车流，行人流和车流统称为交通流。一般没有特指时的交通流是针对机动车交通流而言的。

交通流的定性和定量特征，称为交通流特性。

交通流如同其他流体一样，可以用交通流量、速度和交通密度三大基本参数来描述。

观测、整理和研究这些参数的变化规律以及它们之间的相互关系，可以为分析公路上的运营状况、交通规则、路网布设、线形设计、运输调度与组织、运力投放与调控以及为现有公路综合治理提供起决定作用的论证数据。

①交通量

单位时间内通过公路某横断面往来两个方向的车辆数称为交通量或流量，单位为辆/h。经常用的有小时交通量、小时最大交通量、平均日交通量或30h交通量。

②车辆速度

单位时间内车辆运行的距离称为速度，单位为 m/s、km/h。设车辆在 t 时间内，在道路上行驶 l 距离，则车速可用 l/t 形式表示。按 l 和 t 的取值不同，可定义各种不同的车速。

a. 地点车速（又叫点车速或瞬时车速）

它是车辆驶过公路上某一断面时的瞬时速度。汽车上车速里程表指示的车速，交通标志中限制的车速和雷达测速仪测得的车速均为地点车速,它是用作道路设计,交通管理和规划的依据。

b. 时间平均车速

车辆通过公路某断面时,某段时间内车速分布的平均值,称为时间平均车速,简称平均车速。它的大小就是地点车速观测值的平均值。其数学表达式为:

$$\bar{v}_t = \frac{1}{n}\sum_{i=1}^{n} v_i \tag{10-1}$$

式中:$\bar{v}_t$——时间平均车速(m/s);

v_i——第 i 辆车的地点车速(m/s);

n——观测的车辆数。

c. 区段平均车速

它的定义为:某瞬间公路上某区段内全部车辆车速分布的调和平均值;或者定义为一批车辆通过某一路段时,其行驶距离与各辆车行程的时间的平均值之比。其数学表达式分别为:

$$\bar{v}_s = \frac{1}{\frac{1}{n}\sum_{i=1}^{n}\frac{1}{v_i}} \tag{10-2}$$

$$\bar{v}_s = \frac{l}{\frac{1}{n}\sum_{i=1}^{n} t_i} \tag{10-3}$$

式中:$\bar{v}_s$——区段平均车速(m/s);

t_i——第 i 辆车行驶 l 距离所用的时间(s);

n——观测到的车辆数;

l——行驶路段的长度(m)。

时间平均车速和区段平均车速都是描述交通流运行速度的指标。前者用于描述某地点一段时间内交通流的平均运行速度;后者用于描述某一路段某一瞬间交通流的平均运行速度。

③交通密度

指在某一时刻,某单位长的路段上一条车道或几条车道内的车辆数。它是反映公路上车辆的密集程度,衡量公路上车流畅通情况的重要指标。

由于单位路段长的车辆数随观测的时间或区间长度的变化而变化,所以交通密度也可以用车道占用率表示。车道占用率包括空间占用率和时间占用率两种。

空间占用率是指公路的单位面积中各车辆所占面积的总和。在实际观测中,一般将公路一定路段上的车辆总长度与路段长度之比的百分数作为空间占用率。

时间占用率是指在公路的某一路段上,车辆通过时间的累计值与观测时间的比值,以百分数表示,即为时间占用率。

④交通量、密度和速度的关系

a. 速度 v 和密度 K 的关系

$$v = a - bK \tag{10-4}$$

式中:a、b——常数。

当公路上交通密度 K 较小时,车速较高,畅行无阻;当交通密度 K 增大时,即公路上的车辆增加,驾驶员被迫降低车速;当交通达到拥挤状态时,车速更加降低,直至处于停滞状态。

b. 交通量 Q 和密度 K 的关系

$$Q = aK - bK^2 \tag{10-5}$$

上式是二次函数关系,可用一条抛物线表示,如图 10-3 所示。

由图 10-3 知,当交通密度从零增加到 K_1 时,交通量迅速增加,这时的交通流处于非拥挤状态;当交通密度 K_1 继续增大到 K_m 时,交通量仍随密度增加而增大,但趋势变缓,此时的交通量已接近道路的容量。K_m 称为最佳密度,它所对应的交通流量最大。当密度由 K_m 增加到 K_2,这时的交通量呈下降的趋势,同时,由于密度增大,发生交通拥挤与阻塞的可能性也增大。当交通流密度超过 K_2 进一步增大时,将引起交通量的急剧下降,并伴随着较严重的交通拥挤与延误。理论上当交通密度等于 K_j 时,道路的交通流量将等于零,称 K_j 为阻塞密度。因此,密度大于 K_2 时的交通流称为拥挤交通流。而 K_1 到 K_2 阶段,为交通非拥挤与拥挤的过渡。

c. 交通量 Q 和速度 v 的关系:

$$Q = v\left(\frac{a-v}{b}\right) = (av - v^2)/b \tag{10-6}$$

上式表明速度与交通量的关系曲线同样是一条抛物线,如图 10-4 所示。

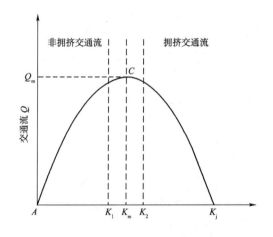
图 10-3 交通量—密度关系曲线

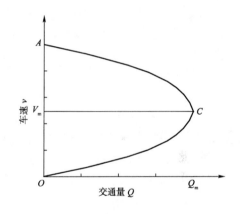
图 10-4 交通量—速度关系曲线

当交通密度为零时,畅行交通流的车速就可能达到最高车速,如图中曲线的最高点 A,就是畅行速度,而流量等于零。当交通密度等于阻塞密度时,速度等于零,流量也等于零,因此,曲线通过坐标原点。

过 C 点作一条平行于流量坐标轴的线,将曲线分成两部分,这条线以上的部分,为不拥挤部分,速度随流量的增加而降低,直至达到通行能力的流量为止,速度为 v_m,这条线以下部分为拥挤部分,流量和速度都下降。

综合以上三个参数的关系可知:当公路上交通密度小时,车辆可自由行驶,平均车速高,交通流量不大;随着交通密度增大,交通流量也增加,但车速下降;当交通密度增加到最佳密度时,交通流量达到最大值,即交通流量达到了道路的通行能力,车辆的行驶形成了车队跟随现象,车速低且均衡;当交通密度继续增大,即超过了最佳密度,交通流量下降,车速明显下降,直到车速接近于零,道路出现阻塞,交通密度达到最大值,即阻塞密度,交通流量等于零。

(2)高速公路的交通流特征

从交通关系上分析,高速公路交通流具有以下特征。

①速度—密度—流量特征

a. 自由行驶状态:车速为(80~100)km/h,车辆密度不得大于每公里约25辆,车流量不得大于每分钟30辆。

b. 不稳定状态:车速为(40~80)km/h,车辆密度每公里为25~40辆,车流量每分钟约为30~40辆。

c. 拥挤阻塞状态:车速小于40km/h,密度不大于每公里45辆,车流量每分钟低于30辆。

②车辆跟踪特征

a. 当 Q = 20 辆/min 时,约有一半的车辆车头间距不大于2s。

b. 当 Q > 30 辆/min 时,行驶在路上85%的车辆处于跟踪状态。

c. 当 $Q \geq 40$ 辆/min 时,车辆处于跟踪行驶状态。

③车道分布特征

单向双车道平均每条车道的饱和状态流量为1 950辆/h,各方向为3~4条车道时,每车道的饱和流量为(1 750~1 850)辆/h。单向三车道时,关闭一条,通行能力下降50%,关闭两条,通行能力仅为三车道的31%。

④拥挤、阻塞

高速公路一般被视为车辆通行效率最高的一种公路。在高速公路上,车辆行驶速度较高,较为通畅,交通量也比一般道路大得多。但是,当交通需求超过通行能力时,则发生经常性阻塞、拥挤。当路上发生交通事故、车辆事故、货物掉落、不利气候条件或其他有害事件,则可引起非经常性阻塞。

在理想条件下,高速公路每车道的通行能力大约为1 800辆/h。当交通需求超过这一数值时,就会发展为瓶颈,而发生交通拥挤。

典型的交通拥挤现象为:行车速度低、停停走走的无规律行驶,行程时间无法预测,运行成本增大,事故频率提高,能源浪费、空气污染以及其他不利情况。

另外,有时交通拥挤还与未限制出入有关,即进入匝道交通量与主线交通量相加导致合流路段交通量超过通行能力,使主线产生交通拥挤。还有由于道路几何上的缺陷,如车道减少、交织路段短、道路横断面窄、视线不良、互通式立交不合标准等都可引起几何瓶颈,造成交通拥挤。

要解决拥挤或阻塞,必须充分利用高速公路交通控制系统,借助交通管制手段,合理地分配、疏散、限制交通流。其中路口和匝道的控制是避免自然拥挤式阻塞的有力对策之一。

2. 高速公路交通控制与管理

高速公路交通控制与管理,是通过对当时监视系统收集到的交通流基本数据进行分析与处理,做出最适用于当时具体交通情况的控制方案,并通过硬件设备显示给高速公路使用者必要的情报、信息、命令,为改善人和货物的运输安全而对高速公路交通进行的调节、警告和诱导,从而实现充分合理地使用道路的目的。

根据交通流理论,当高速公路的交通量超过道路容量时,就会发生交通拥挤。人们将交通需求超过容量的那一段高速公路称为瓶颈。瓶颈的出现可能是由于交通需求超出容量,或者由于容量下降到低于需求水平。高速公路的交通拥挤是控制系统要解决的主要问题之一。

由于拥挤期间伴随车速低、车辆时停时开的情况,将造成旅行时间的增加与较大的行车延误,直接导致交通运输成本增加。较低的交通流量表示高速公路使用效率的下降,影响高速公路系统效益的发挥。运输车辆时停时开的状态,将增加发生尾端冲撞事故的可能性,车流的低速度又会增加二氧化碳等有害气体的排放量,导致空气污染增大。由此可见,交通拥挤的控制是十分必要的,由图 10-3 可以看出,高速公路的交通拥挤、交通流量的下降及环境的交通污染,主要是由于交通流密度增大导致的结果,因此,控制高速公路交通流的密度是控制交通拥挤的关键所在。

为满足超过道路容量的交通需求问题,可采取修建高速公路附加车道的方式解决,但用于高速公路加宽的费用很高,因此,从高速公路交通管理与控制入手,对交通需求进行调整,尽量防止超容量的情况发生。在目前经济实力有限的条件下,在道路超容量时,采用交通控制显得十分重要。

交通控制有以下两种方式对高速公路交通密度进行调节与控制:

①交通限制,即限制和调节驶入高速公路拥挤时间与拥挤路段的交通量。

②交通诱导,即建议高速公路的车流速度、行驶路线、使用车道和时间。

目前高速公路上常用的交通控制方法有匝道控制、主线控制、通道控制,其中匝道控制应用最广,下面将分别介绍。

1) 高速公路匝道控制

目前国内外应用最多的交通控制为匝道控制,其具体做法是利用信号灯控制出/入(主要是入)高速公路的车辆,限制高峰期间进入高速公路的车辆,调节进入高速公路的交通流量与密度,使高速公路的交通流量不超过其可能通行能力。匝道控制可以预防各种类型的交通阻滞,因此可增加高速公路的效率及安全性。

(1) 入口匝道控制

入口匝道控制是高速公路的主要控制方式,它的基本目标是控制整个高速公路系统内所拥有的车辆数目,使车流密度、速度与交通流量均处于最佳状态,以减少或避免因高速公路拥挤引起的交通运行问题,提高高速公路的运输效益。

入口匝道控制的原理是根据高速公路的车流密度,限制进入高速公路的车辆数。这可能会造成一些想进入高速公路的车辆在入口处等待,或从另外的进口进入高速公路,或先用其他可替换路线,形成部分交通量被转移,相对减轻了交通流对高速公路需求的压力。因此可以说,入口匝道控制的预期目的是将高速公路上产生交通拥挤的因素转移到入口匝道,将超过高速公路通行能力的那部分车辆转移到其他路线上,或者转移到交通需求较低的时间段内。

①入口匝道的控制条件

为有效地限制高速公路容量的交通需求,在国外高速公路交通运输系统设计中,必须设置入口匝道控制设施,但入口匝道能否有效地制约或消除高速公路交通运行问题,还取决于整个高速公路运输系统能否满足下列条件。

a. 高速公路交通在时间分布上,应具有低车流密度时段,可容纳高密度期间不能进入的车辆。

b. 在空间分布上,应有可替换的路线或交通方式,并要求有足够的额外容量,容纳由高速公路转移出来的交通量,不会在出口处发生交通拥挤。

c. 入口匝道应设有足够的停车空间,供等待进入高速公路的车辆排队用,以避免排队车辆过长而阻塞引道。

d. 应保证入口匝道进入高速公路的流量与匝道上游路段流量之和,不超过匝道下游路段的通行力。或者说,当从主车道上来的交通量已等于路段通行能力时,那么允许入口进入的车数应与从出口离开的车数相等。

②入口匝道的控制方式分类

匝道调节系统一般通过设置在进口匝道处的信号灯调节进入高速公路的车流量,以保证高速公路各段的交通需求不超过其最佳值,因此有以下几种入口匝道控制方式。

a. 入口匝道关闭控制

它的限制性比较大,不可滥用。如果该方式应用不当,一是可能增加可替换道路的过负荷,二是可能导致高速公路的容量不足,从而降低其经济效益,同时也会增加被转移交通流的运输成本。因此,一般在下述情况下考虑使用关闭入口匝道。

(a)入口匝道上游高速公路的交通流量已超过或达到匝道下游道路的通行能力,而可替换道路尚有足够的容量可以使用,此时为防止入口匝道下游的高速公路不致出现拥挤与入口处的交通混乱,可以考虑关闭入口匝道。

(b)高速公路上发生偶然事故,致使交通受阻。

(c)等待进入高速公路的排队车辆很多,超过入口处停车空间的需求,为不使排队车辆影响平交道路的交通,可采用关闭入口匝道,以消除车队积存。

b. 匝道调节控制

调节是一种限流的方法,匝道调节的目的在于限制进入高速公路的交通流量,调节限制原理是根据高速公路的交通需求与通行能力的关系计算调节率,调节率的计算有两种方法:一种是根据历史的交通需求规律与高速公路通行能力的关系确定,定周期地选择这种经验的调节率。但实际上,由于高速公路的交通需求是随机的,而定周期的方式难以处理交通需求的偶然现象,这时可选择动态交通调控方式。这种方式下的高速公路交通需求与通行能力的关系,是在实时检测交通参数分析的基础上得到的,它还可对调控的结果进行反馈,直至调节率为最佳值时为止。在控制理论上,一般称前者为开环调控方式,后者为闭反馈调控方式。

(2)出口匝道控制

出口匝道控制作为高速公路交通控制的一种手段,应用并不常见,原因是出口匝道控制会给一部分车辆的行驶便利带来影响。出口控制基本上有两种,即调节与关闭。

出口匝道调节的目的是限制由高速公路驶出的车辆数,以减少与出口道路及其相连接道路的拥挤程度,但可能会由此而引起高速公路上的拥挤。同时与入口匝道关闭一样,出口匝道关闭可能会增加某些车辆的行程,因而可能要遭到反对。

2)高速公路主线交通控制

所谓交通主线控制就是在高速公路主线上采用交通规则、交通警告及诱导等方式达到协调、稳定主线交通流,改善高速公路主线的交通运行安全和效益。主线控制主要用于以下几个方面。

①当高速公路交通流量接近道路的通行能力时,通过以主线交通流量最佳参数的控制,保证交通流的均匀性与稳定性,预防瓶颈路段出现,以减少交通阻塞与事故。

②根据高速公路上交通流方向分布特点,通过调整不同方向上的车道数目,实现换向交通,即允许交通流大的方向使用逆向车道,满足不同方向上交通流对道路的需要,提高高速公路的利用率。

③当高速公路上发生紧急交通事故或交通拥挤时,通过实施主线控制,可将高速公路上的交通转移到其他替换道路上去,使高速迅速从拥挤状态恢复到正常交通状态。

由于主线控制设施投资比较大,目前高速公路的主线交通控制主要用于隧道、大桥及交通繁忙地段。根据主线交通控制状态,高速公路的主线控制可分为:定时主线交通控制,即所用的调控交通参数与等级均来自高速公路以前的交通规律,按每天的不同时段实施调控;动态随机主线控制,即所有用于主线交通控制的交通基本参数均来自对高速公路上的交通参数实时检测系统。一般来讲,后者可以提高主线交通控制的效率。常用的高速公路主线交通控制的方法有:可变车速控制、驾驶员情报系统及各种可变标志。

3)高速公路通道系统控制

高速公路通道系统控制的目的,是在交通需求和通道能力之间获得最佳的动态平衡。高速公路通道系统的通行能力,是由高速公路的通行能力和能为高速公路交通需求提供服务的可替换道路的通行能力所组成。因此,可以说高速公路的通道系统是由高速公路、匝道出入口及其附近的平行道路、联系道路等组成的整体路网体系。通道系统控制,就是要最大限度地提高路网系统的整体利用效率。

(1)通道系统控制方式构成

①高速公路的匝道控制,包括进/出口匝道交通控制与调节系统;
②高速公路的主线控制;
③与匝道相连道路的交叉口控制,用于疏导与控制进出高速公路的交通流;
④可替换道路的交通控制,一般指与高速公路相平行的路线;
⑤网络控制,把构成以高速公路为主的运输通道系统的全部路网作为一个整体系统,根据交通流在通道系统中的时空分布、路网中各路线的通行能力,对交通流进行综合调控;
⑥驾驶员信息系统,显示描述高速公路及其连接与替换道路上的交通状况、系统命令与诱导建议,引导车辆使用通道系统内的最佳路线,实现通道系统容量的最佳利用。

(2)通道系统交通控制的主要方式

①实施交通限制。即限制通道系统中各道路的交通需求,使其低于道路的通行能力。
②交通协调。即把交通流从超负荷的道路上,通过交通限制与诱导,将其引导到有剩余交通容量的道路上去,协调过程主要通过系统命令与驾驶员信息系统实现。

第三节 高速公路交通安全管理

高速公路的交通安全不仅关系到高速公路的正常运行,也影响到人民的生命财产、生活和工作。世界各国统计资料表明:因为高速公路全封闭、分道行驶、有完善的设施,有严密的现代化交通控制管理,因而事故比一般公路低得多,但一旦发生事故,往往是恶性事故,一次事故殃及的车辆数多、伤亡率高,且处理事故过程中又往往造成交通阻塞,为此应高度重视交通安全管理,尽力杜绝高速公路的交通事故。一旦发生交通事故,应尽快排除,使之对高速公路行车影响减到最小。

一、交通事故的定义和分类

1. 定义

随着社会的发展、进步、旅客和货物的运输量增多,特别是随着机动车拥有量的扩大,道路交通事故日益严重,已成为和平时期严重威胁人类生命财产安全的社会问题。

由于国情不同,世界各国的交通规则和交通管理规定也不同,对交通事故的定义也不尽相同。世界上大多数国家所公认的交通事故的定义原则是:交通事故是指参与交通肇事的当事一方必须是交通工具,并与另一方道路使用者或障碍物之间所发生的具有破坏后果的交通事件。

根据《中华人民共和国道路交通安全法》(自2011年5月1日起施行)第119条第5项的规定,道路交通事故是指车辆在道路上因过错或者意外造成的人身伤亡或者财产损失的事件。这是我国法律对道路交通事故定义的阐述,具有法律效力。

根据以上定义,道路交通事故不仅可以是由于特定的人员违反交通管理法规造成的,也可以是由意外造成的,如由地震、台风、山洪、雷击等不可抗拒自然灾害所造成的。

因此,构成交通事故的基本要素包括:车辆、道路、交通性质、人的违法行为、损害后果及过失六个方面。

(1)一方主体必须是车辆,包括机动车或非机动车。即发生道路交通事故的双方或者是两车之间,或者是人车之间发生的刮擦、碰撞或直接影响等形成的事故,有一方必须是车辆。《道路交通安全法》也对车辆进行了界定,这里的车辆包括各种机动车和非机动车。可以有相对方也可以没有相对方,车辆因侧翻导致自己损失的事故就是没有相对方的道路交通事故。相对方可以是一方也可以是多方,多辆车发生追尾的事故就是相对方是多方的道路交通事故。

(2)必须发生在道路上。道路交通事故的地域范围是道路,发生在道路以外的事故一般不属于道路交通事故。《道路交通安全法》对"道路"的含义也做了解释,即包括公路、城市道路和虽在单位管辖范围但允许社会机动车通行的道路,还包括广场、公共停车场等用于公众通行的场所。应当说,凡在这些场所发生的事故都应当属于道路交通事故。这时排除了那些在家庭私有车库、私有场院内的场所等那些非公众通行的地方发生的事故。

(3)交通性质。交通事故必须是事件,而不是行为。换句话说交通事故可以是一行为导致的结果,也有可能是单纯的事件。

(4)人身伤亡或者财产损失的危害后果是车辆造成的。按照"车辆在道路上因过错或者意外造成的人身伤亡或者财产损失的事件"的定义可以得出,危害结果是由车辆造成的。此处的造成,应当包括直接或间接造成的。例如,某甲驾车违反交通法规定,过失危害公共安全,直接将不特定的某乙撞死,那就属于直接造成。若行人某甲因急事直接撞在了正常停放在路边的汽车上,则为间接造成。

(5)必须有危害结果。包括人身伤亡或者财产损失,或者人身伤亡和财产损失同时具备等情形。既要有以上特定条件,又要有人、畜伤亡或车、物损失的后果,没有后果或者这种后果没有达到交通管理部门规定的标准的交通事件不能称为交通事故。

(6)必须是基于过失或意外。在法律意义上过错包括故意和过失。故意是指行为人认识到结果的发生而追求结果的发生,驾车追求撞人结果的发生,行为人的主观心理状态就是故意,这一行为不是交通肇事行为,而是故意伤害。过失是行人应该认识到结果的发生而没有认识到或认识到结果的发生但轻信能够避免,最终结果发生的心理状态。违反交通法律法规的行为导致交通事故是一种过失行为,是一种最为常见的肇事行为。发生意外的情况,也就是意外事件,主要是指发生了当事人意想不到的情况。如由于客观原因使道路状况变化、制动失灵等。区分当事人的主观故意和客观因素,对于明确道路交通事故双方当事人的责任有着很重要的意义。

2. 分类

对交通事故的分类,其目的在于对交通事故进行分析、研究,以便正确认定责任,作出正确处理。交通事故一般有如下三种分类方法。

(1)按后果严重程度分类

根据人身伤亡或者财产损失的程度或数额,1992年1月1日起,事故统计和处理中统一使用的交通事故等级划分标准为轻微事故、一般事故、重大事故和特大事故。

①轻微事故

轻微事故是指一次造成轻伤1~2人;或者财产损失机动车事故不足1 000元,非机动车事故不足200元的事故。

②一般事故

一般事故是指一次造成重伤1~2人;或者轻伤3人或3人以上;或财产损失不足3万元的事故。

③重大事故

重大事故是指一次造成死亡1~2人;或者重伤3人以上10人以下;或者财产损失3万元以上不足6万元的事故。

④特大事故

特大事故是指一次造成死亡3人或3人以上;或者重伤11人以上;或死亡1人,同时重伤8人以上;或死亡2人,同时重伤5人以上;或者财产损失6万元以上的事故。

所谓死亡,是指因道路交通事故而当场死亡或七天内抢救无效死亡的。

具体轻伤、重伤的确定,按司法部、最高人民法院、最高人民检察院、公安部发布的《人体轻伤鉴定标准》、《人体重伤鉴定标准》确定。

所谓财产损失,是指交通事故造成的车辆、财产直接损失折款,不含由交通事故引起的其他间接损失。

(2)按产生原因分类

①责任事故

责任事故指参与交通活动的人和管理人员,违反交通法规、疏忽大意、操作不当等而造成的交通事故,这是主观故意或过失造成,是当事人本身内在的因素。这类事故可以追究当事人应承担的责任。

②机械事故

机械事故指机动车辆在行驶中其某一机械部分突然发生故障而导致交通事故。如果某一机械部分的故障隐患是由于驾驶员或修理人员责任心不强被忽视从而造成交通事故的应该认定为责任事故,而不属于机械事故。

③道路事故

道路事故车辆在正常运行中,由于管理单位在危险路段未设交通标志或在临时施工地段未设标志,而导致交通事故。道路因养护责任使道路严重损坏、倒塌、技术标准降低等原因导致交通事故的属于道路原因的事故。如果属于车辆超载装运、冒险通过设有危险标志的路段并没有按标志要求和指挥人员的要求行驶而导致交通事故者,应认定为责任事故。

④其他

由于气候、水文、环境等因素造成的交通事故。

在每次事故中有可能是由于单个因素所造成,也有可能是多个因素的共同结果。

(3)按交通工具分类

①机动车事故,指在事故当事方中机动车负主要责任的事故。

②非机动车事故,指畜力车、三轮车、自行车等非机动车负主要责任的事故。

③行人事故,指行人负主要责任的事故。

二、高速公路交通事故的特点

世界各国的统计资料表明,高速公路是安全度最高的公路,《法国高速公路》一书中认为"高速公路比一般公路要安全四倍"。这是因为高速公路宽阔、平直、分道行驶、全封闭、全立交、有完善的交通安全和交通控制设施。

然而,一旦发生事故,均比较严重。由于高速公路具有车流量大、行车速度高的特点,因而如行驶途中任一车辆由于故意、非故意造成车辆碰撞、停行,均将酿成重大交通事故,且事故殃及车辆数多、死亡率高,这是高速公路上发生交通事故的一个重要特点。

在事故类型中,撞车事故所占比例大,这是高速公路事故的另一特点。据日本1985年高速公路事故统计,汽车相互撞车占总事故的48.3%,单独撞车占47.2%。法国资料则认为:事故的首要原因是疲劳和瞌睡,占26%;对气象条件考虑不足占13%;充气不当引起轮胎破裂占10%;速度过快占7%。

另外,高速公路上汽车速度高,下雨天容易产生高速水膜滑行(也称水漂)现象,这时车轮不是跟路面接触,而是托在水膜上滑行,轮胎的摩擦力几乎为零,制动失控,转向盘不灵,极易发生事故,这也是高速公路交通事故显著的特点之一。另外雾天能见度低、雪天路面有冰雪,均使高速公路较一般公路容易发生事故。

同普通道路相比,高速公路交通事故主要有以下几个特点。

1. 高速公路发生重、特大恶性交通事故的概率较大、所占比例高

高速公路上由于汽车行驶速度快,汽车运行时动量大,因而冲击力强,一旦发生事故往往危害性大,后果严重。这种危害性和后果往往会超过普通公路上同类交通事故的几倍、十几倍甚至几十倍、上百倍。

2. 意外事故所占比例较大

同普通道路相比,高速公路通常情况下车速很快,遇意外情况更容易发生事故,而且发生的事故往往会造成很大的损失。在一般道路上,如遇机械故障、轮胎损坏、突然失火、抛锚等情况时,由于车速不快,且周围容易找到求助的人员,一般不会造成太大损失。而在高速公路上情况则完全不同,遇以上情况时,一般都不可避免地会导致交通事故的发生。

3. 单车事故所占比例很大

据不完全统计,高速公路上车对车事故占事故总数的51.2%,单车事故占事故总数的47.8%,还有1%属于其他原因;而一般道路上单车事故仅占事故总数的5%,是高速公路单车事故的1/10。

4. 事故驾驶员中新驾驶员所占比例大

新驾驶员在高速公路上发生事故的比重很大。新驾驶员由于缺乏行车经验和在高速公路上应急情况的处理经验,因此在高速公路上很容易因采取措施不当而发生交通事故。

三、高速公路交通事故原因分析

交通事故是在特定的交通环境影响下,由于人、车、路、环境诸要素配合失调偶然发生的。因此,分析交通事故成因最主要的是分析人、车、路、环境对交通事故形成的影响。

1. 人的因素

人是影响交通安全最活跃的因素。在高速公路交通事故中,尽管有其他因素的影响,但人

的因素无疑是最主要的。在人、车、路、交通环境构成的体系中,车辆由人驾驶,道路由人使用,交通环境要有人的管理。因此,对交通安全的研究应对人以足够的重视。

人是道路交通安全的主体,包括所有使用道路者,如机动车驾驶员、乘车人、骑自行车人、行人等。道路交通事故的发生,其中有的是因机动车驾驶员的疏忽大意、违章行驶、操作失误;有的是因行人、非机动车驾驶员不遵守交通规则所致。最为突出的就是机动车驾驶员引发的事故,直接影响到我国的道路交通安全。

(1) 感知不准

驾驶员置身于交通环境中,面对的交通条件极为复杂,且时刻都在变化,驾驶员需要及时收集各种交通信息,并且随时作出反应。现代汽车行驶速度快,驾驶员对交通信息的感知,有可能是因 1/10s 的误差,便酿成车损人亡的惨剧。

(2) 反应不当

驾驶员在行车过程中,不仅要及时地感知交通条件的变化,而且需要对交通信息作出及时、准确地反应,否则极易因大意或注意力不集中等造成反应迟缓甚至酿成交通事故。

(3) 判断失误

驾驶员行车时要正确感知交通信息,并且及时作出反应,如果判断不当也会造成交通事故。判断失误主要是对对方车速以及与对方车辆的距离判断失误,或凭自己的想像判断对方行动。

(4) 生理、心理状况异常

驾驶员带病服药后驾驶、疲劳驾驶、酒后驾驶、情绪急剧波动等非正常驾驶都可能导致交通事故。

其中疲劳驾驶是高速公路交通事故发生的重要原因之一。高速公路上疲劳驾驶造成交通事故的情况明显多于普通道路,是因为高速公路上景观单调,弯道少,基本没有横向干扰,驾驶员极易疲劳,且在高速行驶状态下,驾驶员的精神长时间高度紧张,也容易疲劳。

(5) 违章行驶

很多驾驶员习惯于将一般公路的行车观念套用于高速公路,特别是停靠故障车常不按规定设置警告标志,极易造成严重后果。而且,相当一部分驾驶员对高速公路标志、标线的含义不清,不能适应依靠标志牌、可变信息进行无人管理的环境。面对这样的状况,在高速公路上建立良好的行车秩序对于管理部门来说,的确是一件较为困难的事情。

高速公路全封闭、全立交、路况良好、路面环境变化较小,车辆行驶起来不需要采取太多措施,驾驶员的警惕性下降,安全意识淡薄,故而疲劳驾驶、酒后开车、随意在路肩上停车、超载、连续违章超车、车距太近、不系安全带,放松车辆的日常检查和维护,这些都易导致交通事故的发生。

在诸多的驾驶员违章行为中,超速行驶是高速公路交通事故发生的一个主要原因。高速公路的主要特点是全封闭、全立交、横向干扰少,而且目前我国高速公路上的交通流量相对较低,这些都给车辆高速行驶乃至超速行驶创造了条件。一旦遇到紧急情况,超速车辆的驾驶员来不及采取措施,就会导致交通事故。我国高速公路一般的时速限制为 120km,而高速公路上行车时速超过此限速的情况屡见不鲜。超速行驶的另外一种情况是速度过快,虽然没有超过交通管理部门颁布的限制速度,但由于天气恶劣等原因,超过了安全行车的速度要求,从而导致危险。

(6) 缺乏高速行驶经验

高速公路一般限速在110~120km/h,很多驾驶员缺乏在这个速度下行车转向或紧急制动的经验。此外,能见度较差的雨雾天气、易于结冰的临空桥面、路面偶存的雨后积水等都会给缺乏高速行车经验的驾驶员造成威胁。

2. 车辆的因素

车辆是现代道路交通的主要运行工具。车辆技术性能的好坏,是影响道路交通安全的重要因素。在高速公路上行驶的汽车品种繁多,性能差异也大,如果汽车技术指标达不到标准,则在高速行驶的情况下就很可能会成为引起交通事故的隐患。

高速公路行驶的车辆要求车况良好,但有的驾驶员在高速公路上行驶前忽略了对车辆的维护和检查。车辆在高速行驶时,发动机、轮胎、制动系统及其他各分部机件都在高负荷下运转,燃料消耗显著增加,未检查的车辆发生机械故障比一般公路要大得多。车辆技术状况较差的表现主要为:①制动性能差,制动力不足,延长制动距离;②安全结构差,转向装置、车胎状况不良等;③操作稳定性差,车辆在高速公路上行驶过程中控制力不足;④车辆照明不良和随车携带的标志不齐。据相关统计资料,高速公路常见的车辆故障中,发动机过热所占比例最大,其次是轮胎故障。这两项故障合计约占故障总数的一半左右。

3. 道路与环境的因素

道路与环境因素包括高速公路的通行环境、道路构造、管理状况等,这些因素直接牵系着高速公路通行车辆的安全。

(1)高速公路线形设计

高速公路的线形设计与高速公路事故的联系在近年来逐渐被人们所深入认识。只是由于多年来缺乏将某个特殊地点的设计与事故数据联系起来的翔实资料,缺少跨专业的系统分析,认识还不够深入。随着高速公路行车速度的提高,驾驶员的视觉感受与高速公路线形间的关系,已成为保证交通安全的一个新课题。

(2)路面状况

高速公路的路面建成初期一般都符合要求,也不会对交通安全产生任何不利影响。这方面需要做的主要工作是对交通事故、原油污染等原因造成的路面破坏,以及由于路基下沉或路面施工质量不高所造成的路面破坏及时进行修补,使路面平整度、摩擦系数等技术指标符合要求,以免影响交通安全。

(3)路肩情况

因一般的高速公路路肩宽度有限,如有故障车在路肩停靠则很可能会占用行车道,这就给交通安全留下极大的隐患。而事实上拓宽路肩的难度又很大,目前最实用的办法就是要根据条件在一些地带建停车带。这样,来不及拖走的事故车就可暂时停放在停车带内,以避免事故的发生。

(4)中央隔离带的绿化防眩

高速公路的车辆在夜间开灯行驶时,对面的车辆灯光易影响驾驶员的视线,影响交通安全。解决这个问题可采取三种办法:一是在中央隔离带建一条永久性的隔离墙;二是栽植灌木等进行防眩;三是在中央隔离带上安置专用的防眩板。事实上,第二、三种措施比较常见,也较为可取,尤其是第二种更为经济合理。因为植灌木在解决防眩问题的同时美化了行车环境,造价也低。

(5)安全标志和标线

合理地设置道路安全标志,例如警示性和引导性安全标志牌,可变情报板等,有助于提高驾驶人员的注意力,引导驾驶员采取正确的措施,避免事故的发生。冰、雪、雾、雨等特殊天气条件下,有必要设置一定数量的临时性安全标志,以警示驾驶员谨慎驾驶。高速公路上的标线经过一定时间以后,反光效果就会减弱,影响行车安全。针对这个问题,高速公路管理部门应加强维护,对效果不好的要及时进行重涂,增加行车的安全性。

(6)恶劣天气因素

冰、雪、雾恶劣天气条件下事故发生率高,并且很容易由一起事故引发另外一起或一连串的事故。路面上有冰、雪时,路面摩擦力小,雾天、雨天、夜晚能见度低,这都是事故发生的原因所在。恶劣天气因素客观上属于不可抗力,只能通过人为的防范措施来避免或减少交通事故。针对这个问题,首先采取的办法还是在收费口设立警示牌(如"大雾慢行""雨天路滑,请慢行"等)、分发宣传品等措施以提高驾驶员的注意。其次,在遇到冰、雪天气时,要采取及时往路面上撒盐等措施,以加速冰、雪的融化速度,或出动人员车辆对路面冰、雪进行清扫和铲除。在能见度低的天气情况下,应多出动巡逻车并开启警示灯进行巡逻,以对驾驶员起到警示或提示作用。

(7)运行管理因素

提供快捷、通畅、舒适、安全的行车环境,是高速公路管理部门的责任。高速公路能否施行有效的管理,对于减少交通事故,保证通行安全起着举足轻重的作用。

四、高速公路交通事故处理

1. 事故监视及排除

高速公路事故监视是迅速排除高速公路交通事故、减少事故对交通流影响的基础。

事故监视系统主要有:电子监视、闭路电视、航空监视、救援装置和紧急电话、驾驶员互助救护系统、民用频道无线电、巡逻车。根据目前我国的经济实力及道路建设情况,在近期内采用闭路电视、救援装置和紧急电话、驾驶员互助系统、公安和公路巡逻监视事故更为经济有效,而且完全可以利用现有公路监视系统。

一旦事故被监视到,那么交通事故迅速排除便成为保证交通的关键。当监控中心得知发生交通事故后,应立即通知路政、养护、公安交通管理部门及和事故有关的医疗、消防、救援单位。各方均应及时赶到现场,组成临时事故排除指挥组。交通公安管理部门负责勘察现场、疏导交通、依法处理事故;路政部门负责勘察路产损失、排除路障和清理事故现场、依法索赔路产损失;养护部门负责迅速恢复被破坏的交通构造物及设施;医疗、消防、救援部门按和高速公路管理部门签订的服务合同,及时抢救人员、灭火救援或为需救援车辆提供服务;监控室应及时发出各种控制交通的信号。总之,事故排除是一个统一的系统工作,各部门一定要各司其职、紧密配合、协调工作。事故现场勘察处理完毕后,要迅速解除紧急状况下的交通管制,恢复正常交通。

2. 交通事故勘察及原因分析

事故原因分析的基础工作是勘察和调查。现场勘察的目的是收集痕迹、物证及分析其相互之间的相关因素,查明发生事故的主、客观原因,为研究事故的原因和规律提供可靠的依据,判明当事各方发生事故过程中主要情节和违章因素。

事故勘察和调查后应进行事故分析,分析可根据勘察资料从以下三种原因分析:

(1)车辆及其行驶状况导致的事故;

(2)公路条件的原因导致的事故;

(3)驾驶员心理特点导致的事故。

第四节　高速公路的服务区管理与经营开发管理

一、服务区管理

高速公路服务区是指设置在高速公路上，主要为参与活动的车辆、驾乘人员和旅客提供服务的设施，它包括休息、停车和辅助设施三部分，是专门为人、车服务的场所和建筑设施范围的总称。服务项目少的称为停车区，停车区也属服务区的一种类别。

服务区是高速公路的附属设施，在高速公路六大管理系统中占有重要位置。它直接向道路使用者提供生活服务和工作方便，是路与人联系的纽带，是维持车辆持续安全行驶的休息加油站，对吸引人们行驶高速公路具有显著作用。因此，经营管理好服务区具有十分重要的意义。

1. 服务区的作用和特点

(1)服务区的作用

①能缓解紧张和疲劳，满足人、车需要。高速公路的特点是能高速、连续行使。驾驶员必须经常保持高度的精力集中，因此很容易造成精神上的疲劳。同时，道路线形的单调也容易引起驾驶能力的降低。服务区的设置为道路使用者提供休息、购物、娱乐场所，有助于缓解道路使用者因连续行使而产生的紧张和疲劳，满足人的生理需求和给汽车加油、添水或检修等需求，从而保证行车安全。

②能加强道路使用者与社会的联系，消除旅客和驾驶员的后顾之忧。高速公路的全封闭，保证了车速快、通行能力大、事故少，从而体现了高速公路的高速、安全、省时、舒适的优越性。但它也人为的隔断了使用者与外界的联系，给道路使用者带来不便和困难。服务区的设置能够提供各种社会服务，如通讯服务、路况、天气、地理情况等，消除旅客和驾驶员的后顾之忧。

③对减少交通事故，提高高速公路的社会效益也有一定的作用。在高速公路上，长时间、长距离、高速行驶的车辆很容易出现故障或存在故障隐患，利用服务区设施对车辆进行维护与修理是十分必要的。高速公路服务区的设置，能使长途汽车及时得到燃料补给和检修与保养，使驾驶员有良好的休息、餐饮、住宿场所，这样会有效降低交通事故率，提高高速公路的社会效益。

④能树立良好形象，增加经营收入。高速公路服务区是高速公路的重要组成部分，良好的服务区，有助于形成公路品牌，树立良好形象，吸引车辆利用高速公路。如果服务区的设施和管理具备一定的水平，其收入相当可观。因此，服务区的经营与管理，对提高高速公路的社会效益和经济效益是不可低估的。

(2)服务区的特点

高速公路服务区与一般城镇服务相比，有以下特点。

①服务对象的唯一性

服务区的服务对象一般为通过高速公路的司乘人员，单纯到服务区以消费为目的的顾客较少，因而服务对象单一。

②服务对象的流动性

过往司乘人员的流动性很大，住宿一般不超过一宿，"回头客""常住客"少，这点与一般宾馆、饭店有明显不同之处,从而增加了服务难度。

③服务要求的多样性

过往司乘人员的需求层次不一样,消费水平也不一样,客观上要求服务区在设施和服务上能够满足各种不同层次人的需求,这就给服务区的经营提出更高的要求。

④服务效益的不稳定性

由于服务区所处位置及客流情况不一,使得各服务区服务内容相差很大。另外,客流的变化很不稳定,具有突发性,这些都造成服务效益的不稳定性。

总之,服务区是高速公路管理体系中的重要一环,它具有自己的规律特点和管理模式,管理好服务区既是高速公路管理体系的自身要求,更是广大司乘人员的迫切愿望,它将随着高速公路的不断发展而逐渐显示其重要性。

2. 服务区的设置

(1)服务区设置的基本原则

①驾驶员连续驾驶的原则

在高速公路上能够连续、安全驾驶的时间长短因人而异,但一般情况下,驾驶员能保证安全有效驾驶车辆的时间在 1~1.5h 内。

②车辆连续用油的原则

在汽车设计中,油表指示设计成在燃油警告灯亮时仍可行驶 10~20min,以平均车速 90km/h 计算,可连续行驶 15~30km,因此服务区最大间隔一般不能超过 50km。

③按交通流量设计的原则

在高速公路设计阶段,未来交通量预测是一个重要指标。预测的交通量小时,车辆的行驶速度就快,服务区的间隔可大些;反之,间隔可小些。

④满足驾乘人员和旅客生理上需要的原则

高速公路服务区设置要因地制宜,以方便驾驶员安全驾驶和旅客在途中休息方便的需要,减少车辆在主干道停留为原则。一般来说,在高速公路上,驾驶员连续行驶 2~3h,至少应休息 15min 以上。因此服务区一般间距应为 50~60km。在具体建设时,可有机的结合周边地理环境和功能需要,设计成建筑风格迥异、环境各具特色的服务区,使之成为高速公路的一处处极具点缀作用的亮丽景点。

(2)服务区的设置间距

服务区一般相距 50~60km 设置一处,其规模一般是停车场的 3~5 倍。也可将服务区分为大、小两类进行设置,在大服务区之间设一些小服务区。当交通量较大时,可在大、小服务区中间增设一些停车场。

大服务区的间距一般是 50~80km 设一处,最大间距不宜超过 100km。大服务区要求设施齐全,除有供水、供电、上下水道和绿化外,还应有餐饮、住宿、停车场(可容纳 100~200 辆客、货车)、加油站、车辆检修、商场、通信、娱乐、卫生间等。

小服务区一般大约 30km 设一处,它的设施无论从规模上,还是内容上都应比较简单适用。一般有餐饮、停车场(可容纳 50~80 辆客、货车)、加油站、小卖部、通信、卫生间,视需要可配备客房等。

在交通密度较大的路线或路段,为了方便来往车辆的停车、加油或休息,可在约 15km 增设停车场一处。它是由司机在发现燃料即将耗尽前,可行使 10~20min 的距离来确定的。其规模较小,停车场一般可供停放 25~40 辆客、货车,并有加油站和简单的检修间,供车辆检查、整理货物用。

(3) 服务区的设置形式

服务区是设在高速公路两侧或一侧的综合服务中心。服务区的设置形式,根据地理环境和需要,可设计成在主线的一侧、两侧或中央三个类别。一般以两侧对称设置的居多,中央式是将服务区设在当中,高速公路在这里分两侧供汽车通行,当仅在单侧设有服务区时,还应利用地道或跨线桥,为另一侧的车辆来往服务区提供方便。

3. 服务区管理

服务区管理是高速公路管理部门及服务区经营部门对高速公路服务区的有关服务设施、停车设施、辅助设施等进行的规划、投资、建设和经营活动的总称。服务区管理的目的,是为高速公路的使用者提供各种优质服务,保证高速公路营运工作正常运行,最终实现高速公路的多功能、高效率与高效益。

(1) 服务区的管理原则

由于服务区依附于高速公路的特性,所以无论何种管理模式,无论何时何地,都应该有一个共同的行为准则作为管理者决策的指针,服务区的管理应掌握以下几方面原则。

①以服务为主的原则

服务区是在全封闭高速公路内供司乘人员旅途生活而设置的,因此,必须坚持以服务为主的原则。

②统一规划的原则

在建设和管理上,为了实现服务于高速公路的目标和提高管理水平,对于资金的投入和使用,对于物资的调配,对于物价、卫生、服务等方面的标准和要求,都应实行统一规划和管理。

③自主经营、独立核算的原则

为了提高服务水平,应建立一支专业化的管理队伍,所以,服务区必须坚持自主经营和独立核算。

④不断发展的原则

人们的需求层次在不断地提高,人类的物质文明和精神文明在不断地发展,服务区的设施、管理、服务等方面也应随着时代的发展而进步。

(2) 服务区的管理模式

目前高速公路服务区的管理模式正在探索,但多数是实行企业化经营管理,即自主经营、独立核算、自负盈亏、自我发展、自我完善的管理模式。其具体形式主要有如下几种。

①公司化管理模式

这是一种服务区经营的传统模式,由高速公路管理部门组建以经营管理服务区为重点工作的企业公司,对服务区实行系统化、专业化管理。公司对服务区在经济上实行收取管理费和折旧费的方式管理,在行政上对服务区的人、财、物予以控制,并对服务质量管理予以约束。

②承包经营管理模式

在合理确定利润水平的基础上,以一定条件实行承包经营,管理单位对物价、服务等方面实行严格控制。

③租赁管理模式

租赁管理模式即建设部门完成服务区的土建和内部设施后,高速公路管理部门将统一规划建设的服务区设施在考虑到折旧、更新改造以及物价和服务等方面因素后,在较长时间内租赁给各个经营者,由经营者自主经营。

随着时代的发展,特别是在市场经济形式下,高速公路以及服务区的投资形式将多种多样。而随着投资形式的变化,服务区的管理体制和模式也将会发生许多变化,有股份制、合资以及连锁店的经营形式,但是无论如何,服务区的服务宗旨必须坚持。因此,对于各种企业化模式在指标测算、承包(或租赁)期限等各方面均应极力避免短期行为,杜绝一味追求经济效益的现象。

(3)服务区的内部管理机制

①人员组织机构

服务区的负责人员应该具备独立工作的能力,并具有比较全面的经营管理知识,掌握有关的各项法律、法规和政策,对服务区的发展要勇于开拓和探索。

一般服务区应设以下几个部门:财务部、后勤部和业务部。各部门的管理人员必须能够掌握较为系统的专业知识,以保证各部门的服务水平。

服务区的普通工作人员一般以合同工为宜,经过培训后上岗。

②财务管理

无论是在事业单位体制下,还是在企业管理体制下,服务区在财务上历来采取独立核算的形式。为此,在服务区的财务管理上,应遵循各项财务会计制度,严格执行有关法律、法规和政策。

③服务区的内部管理

由于各部门的专业性业务与同类行业有诸多共同之处,故在此只论及不同之处的管理问题。

a.加油站

服务区的加油站是顾客需求量最大、最关键的部门,也是效益最高的部门。沈大高速公路服务区曾做过计算,加油站的营业收入比其他几个部门营业收入的总和还要高,有的甚至可达两倍以上,足见加油站在服务区的重要地位。

由于服务区加油站多处偏僻地区,来往客流复杂,安全管理就成为加油站管理中的头等大事。首先,加油站应按规定配备充足的消防器材,并制定出严格的安全管理制度和处罚办法。它不仅要求内部服务人员在操作过程中严格按规程办事,而且要求外来人员严格遵守安全制度。对由于麻痹大意、造成安全隐患或事故者,要严厉处罚。另外,对加油站的管理人员要加强岗位培训和职业道德教育,提高服务质量,保证加油质量和数量。在钱和票证管理上要严格遵守财务管理的有关规定。

b.汽车修配厂

服务区的修配厂初期以中、小修为主,因而修配厂应具备中、小修常见车型的修理技术力量及设备,并备有较常见的易损部件。修配厂的服务应急客户之所急,热情服务,并保证维修质量。零件不得购置假冒、伪劣产品,严格按规定收费,并消除垄断经营思想。

c.旅店、饭店和商店

服务区的旅店一般为中级档次,顾客短暂住宿者多,这在客观上制约了服务质量的提高,也给旅店的管理带来难度。因此,应把提高服务质量放在首位。餐厅是服务区各部门中最为敏感的部门,它直接代表了整个服务区的管理水平。形形色色的人纷至沓来,由于各种原因,每个人的需求层次均有所差别。当然,应是以中、低档为主,应体现快速精神。餐厅在设计、室内布置以及服务等各方面都要考虑具备满足各种要求的能力。

d.停车场

每个服务区都应该有一个足够停放各种车辆的停车场,其大小可根据该服务区距离高速公路终端的远近而定,远则大、近则小。

4.服务区的经营

高速公路服务区的经营具有服务对象唯一、服务对象具有流动性、服务对象层次不一、季节性强等特点,为此在经营时应根据这些特点,正确选择经营方式和经营战略。实际工作中应从以下几方面着手。

(1)重视宣传的作用

在市场经济中,宣传自己、推销自己是在激烈的市场竞争中取得成功的关键环节。在服务区的经营中,宣传自己的特点、信誉、舒适的环境、优质的服务是十分必要和强有力的手段。实践证明,重视宣传工作可给服务区的经营带来一定的效益。

(2)以品种制胜

高速公路服务区不仅给顾客提供简单、应急性的服务,还应尽可能提供琳琅满目的商品以满足不同消费层次的需要,从心理上给人以丰足感,以便使顾客在休息中消费。

(3)以质量取胜

高速公路服务区在经营中求得效益的同时,必须给司乘人员提供良好的服务质量。用较高的标准来要求员工、培训员工,并制定相应的奖罚制度,为提高质量提供保障。

总之,国内的高速公路服务区管理与经营尚处于探索阶段,如何才能管好服务区尚待进一步探讨。

二、高速公路的经营开发管理

高速公路的经营开发是近年来国内公路管理部门较为关注,并逐渐兴起的事情。目前国内比较统一的观点是:高速公路的经营开发是指服务区设施以外,能够方便司乘人员和旅客,有助于沿线经济发展,能够促进高速公路发展,为高速公路的运营管理带来经济收益的经营项目和活动。

1.高速公路经营开发的目的

高速公路的经营开发是在搞好收费和服务区管理的基础上,充分利用沿线的闲置土地和现有设施,从事广告、仓库储存、旅游业、房地产等多种项目经营,从而带动沿线经济发展,增加公路建设和养护资金。其目的主要有以下几点。

(1)增加高速公路建设和养护资金

高速公路的造价比一般公路高出几倍甚至几十倍,尽管这些投资在道路投入运营后可以通过收取车辆过路费逐年收回,但由于财力不足、资金紧缺,要集中巨额资金投入高速公路建设,困难确实很大。为此,除了从多渠道筹资和投资回收以外,很有必要充分利用现有高速公路,通过开发和经营,来增加建设和养护的资金来源。

(2)带动沿线经济发展

高速公路主管部门通过各种经营开发,不仅可以为本部门增加建设资金和养护资金,而且还可以带动沿线的经济开发和贸易发展。实践表明,在高速公路沿线,由于交通运输环境改善,创造了有利投资条件,使得地区之间、城乡之间的政治、经济、文化交流日益扩大,信息传输及时迅捷,高速公路沿线很快兴起一大批新兴工业、商贸城市,并使产业结构更趋合理,商品流通费用降低,人民收入增加,其经济发展速度远远超过其他地区。

2.高速公路经营开发的意义

(1) 增加高速公路管理的经济效益,为高速公路建设开辟新的资金渠道

从事经营开发可以改善高速公路沿线的景观,吸引更多车辆上路,增加公路的交通量,为公路发展提供良好的资金条件。

(2) 为加强高速公路的养护与管理提供条件

高速公路的经营开发,能为公路养护服务提供更雄厚的资金保障,加之高速公路的开发效益,使沿线地区不断产生更多的交通运输要求,促进高速公路本身的可持续发展。公路管理部门直接从经营开发的收入中提取高速公路的养护与管理资金,减少许多中间环节,从而更有利于公路的养护与管理。

(3) 进一步增强了公路的商品观念

近年来高速公路及部分使用贷款或集资建设的高等级公路、特大公路桥梁和隧道实行的收费制度,标志着商品观念在公路建设、养护、管理等领域已被大多数人所理解和接受。但是,收取公路通行费主要是用于公路建设资金的还贷,只能使公路得到部分实物补偿,并不能完全实现公路的价值补偿。因而在通常情况下对车辆征收通行费只能起到以路养路的作用和实现小规模的扩大再生产。实行经营开发和有偿地使用公路沿线的土地体现了公路本身的价值,它将进一步深化公路的商品观念。这一点,对于实现高速公路建立滚动发展的良性循环是有其现实和深远意义的。

(4) 繁荣沿线经济,促进高速公路经济带的发展

高速公路的经营开发工作,以高速公路为依托,有便利的运输条件,不仅能收到良好的经济效益,而且能够带动沿线经济的快速发展,具有优越的社会效益。

3. 高速公路经营开发的内容

近年来,我国高速公路的经营开发逐渐地为各省、市所接受、认可和发展起来,开发的项目也有多种,其中最主要的有沿线的广告开发、仓储开发、旅游开发、土地开发和其他开发等。

(1) 广告开发

高速公路管理部门兼营广告业务,主要是利用收费站、服务区或沿线道路两侧设置广告牌及其他媒介,面向过往行人从事商业广告发布业务。这样既可充分利用所拥有的大众传播媒介为商品经济服务,又可以为办理广告业务的单位增加经济收入。

高速公路经营管理部门从事广告开发业务主要有以下几类。

① 广播电台广告,即高速公路广播电告除发布交通、路况、路线选择、气候等信息外,还可发布一些广告宣传,为司乘人员和乘客提供服务和商品信息。

② 户外广告,即在高速公路收费站、停车场、车站、匝道附近、服务区等地,树立广告牌、路牌、电子显示屏、张贴广告字画等进行广告宣传或形象宣传,既能形成重复性强、容易注目的良好效果,还可调节司机视线,缓解疲劳,有利于安全行车。

③ 印刷广告,在收费的高速公路上利用收费票据和 IC 卡做宣传也是广告的重要形式。高速公路上交通流量大,流通范围广,所以在票据和 IC 卡上印制企业广告、产品宣传广告,既可进行高速公路形象宣传和企业产品宣传,也能创造广告开发收益。

必须注意的是,广告开发一定要符合国家《广告法》的管理要求和公路管理的有关法规规定。

(2) 仓储开发

仓储开发主要是指通过向客户提供货物装卸、材料堆放等场地,从而收取费用,获得经济效益的一种服务活动。

高速公路的收费站、服务区和立交桥下有许多边角地带,通过加工改造、整理,可以向社会客户提供货物装卸、材料堆放等的场地,这种仓储服务不仅可以利用其便利的交通设施,为大批量的货物装卸和中转提供方便,而且也可以增加不少收益。

高速公路的仓储开发应遵循下述要求:首先要有利于高速公路的安全、畅通;其次要经济合理地规划和使用场地,在仓储地区要注意消防,以确保设备及物资安全;还应保持整洁,力求与高速公路整体景观环境相协调。

(3)旅游开发

高速公路不仅区域通达性高,而且有服务区为依托,使高速公路有关部门进行旅游开发成为可能。

①旅游开发对高速公路经营的作用

根据各地公路主管部门对旅游开发资源的探索情况,发展旅游业对高速公路所起的作用,主要有如下几方面。

a.增加财富积累和经济收入。通过开发旅游资源,提供优质的服务,创造出满足人们需要的使用价值,以此来增加国家的财富和经济收入。这不仅是旅游经营部门的主要目的,也是公路管理部门的期望。

b.充分利用各种类型的旅游资源,满足人民日益增长的物质文化生活需求。高速公路主管部门通过开发,不仅可以利用高速公路的便利交通,把各种景点串联起来,形成一串璀璨的明珠,满足人们旅游、参观的要求,同时也可以以高速公路为依托,为人们参观、旅游提供优质的后勤服务。

c.促进高速公路建设事业的发展。旅游业的发展有赖于道路的畅通、运输业的便利,反过来旅游业的发展又促进公路事业的发展。

d.增加就业机会。随着旅游业的开发和旅游区的开放,需要有一大批人去从事旅游服务业,这就为高速公路管理部门因人事调配或其他原因所造成的就业问题,提供了解决的途径。

②高速公路沿线旅游开发的原则

总结我国旅游开发的经验,高速公路管理部门要搞好旅游开发,必须遵循下列原则。

a. 保持和发展旅游资源的特色

任何自然景观应有其特色,有特色才有吸引力,有特色才有竞争力。因此,凡是能够吸引旅客的自然风光,在开发上要力求保持其特色。

b. 保护自然环境和生态平衡

开发旅游资源,其目的是美化高速公路,使大自然更好地为人民生活服务,为发展旅游事业服务。所以,在开发旅游资源时,严禁破坏自然风光。同时,要符合环境保护,消防安全的要求。

c. 经济原则

旅游资源的开发必须考虑旅游对象的使用价值,一般来说,旅游资源的经济价值是与它吸引旅游者的数量成正比的。为此,进行旅游资源的开发时,必须充分地考虑地理位置、气候等自然环境条件和旅游市场需求变化的特点等因素,合理地进行建设,做到投入合理,收入可观。

d. 保证交通畅通原则

高速公路管理部门的主要职责是搞好高速公路的建设、经营管理,保证高速公路的安全、畅通。凡是有悖于这一原则的开发业务,都是不适宜的。

(4)土地开发

土地是国土资源的主要组成部分,是一个国家最宝贵的自然资源和最基本的生产资料。近年来高速公路的修建也带来了沿线土地的增值,有些省、市、自治区人民政府为了筹集资金,加快公路建设,从政策上给了公路管理部门以优惠,允许在新建公路两旁的一定范围内从事经营性土地开发和其他业务。

①高速公路土地开发的形式

从国内土地开发的情况来看,目前主要有以下几种。

a.房地产业务

经过有关主管部门的批准,在立交桥附近或特别划定的地方,以自主经营、合资、合作或合资合作的方式,建造一批商品房屋出售,获得收入。

b.场租

在约定的期限内,把立交桥附近及其他规定地方的土地和场所,以租赁的方式给承租方,用作店铺、仓储地、料场等。

c.收取土地增值费

由于高速公路的建设,带来了沿线土地的增值,因而允许公路主管部门征收土地增值费。

d.生地开发

政府对公路投资者实行优惠政策,即允许优先选择开发地块的位置,带项目划给适当土地进行"生地"开发。在划定的地块里,投资者可以经运营输服务设施或餐饮服务等,其收入为投资者补偿。

e.其他形式

结合公路的绿化、净化及美化,高速公路的主管部门还可利用沿线的立交和边角土地开办苗圃,种植花草,以获得一定的经济收入。

②高速公路土地开发应注意的问题

总结各地的经验和我国土地开发的有关法规和政策,公路主管部门在开发、利用土地时,主要应注意以下几方面的问题。

a.要有利于高速公路的畅通、安全、舒适,不然就有悖于高速公路管理的要求。在开发过程中,只能沿公路两侧组团式发展,一般每隔 30～50km 规划建设一处"港湾式"集中点,不得沿高速公路两侧搞线状建设,搞街道化。

b.要有地域观点,因地制宜,确定合理的土地利用方向。由于高速公路沿线各地自然条件千差万别,社会经济技术条件各不相同,使土地资源具有明显的地域性。因此,必须根据当地的自然条件和社会经济技术条件,结合高速公路的运行情况,扬长避短,发挥地区优势和土地潜力,正确确定土地的合理利用方向,做到地尽其利。

c.要综合考虑自然环境和经济发展的各个因素,使专业化与多样化结合。自然环境的各个要素都是互相联系、互相制约的。所以,在考虑合理进行土地开发时,应该充分注意到自然环境的适宜性与限制性,社会经济条件的合理性与技术条件的可能性,使多种不同类型的生产部门结合起来,构成有机的地域组合。

d.要有生态观点,把用地和养地结合起来。既有利于有效地利用土地,又有利于保持其输入—输出动态平衡。那种掠夺性地利用土地,不仅会造成土地的侵蚀、退化和污染,也不利于公路的养护。

e.要有经济观点,充分发挥土地开发的经济效益。没有经济效益或经济效益不明显的项目,最好不要搞。

(5)其他开发

目前,我国高速公路管理部门从事的经营开发除了上述四个方面外,一些省、市、自治区还结合各自的情况,发挥自身优势,从事诸如信息查询,技术服务和商贸等业务,广开高速公路建设筹资渠道。

①信息咨询

随着高速公路的发展,特别是以后高速公路连接成网的发展,高速公路的管理将积累越来越多的经验。随着高速公路设施的进一步完善和高新技术的发展,高速公路管理部门有条件提供不同层次,不同方面的信息咨询服务,并获取一定的经济效益。如在高速公路监控方面,不仅有较完善的通信设施和闭路电视系统,而且还将逐步建立高速公路管理广播中心、通信中心等。这些逐渐发展的信息和咨询服务业务,是连接地方经济和高速公路经营开发的桥梁,是高速公路管理部门获取经济效益的可取途径。

②技术服务

随着高速公路的快速发展和建设、经营、管理经验的不断丰富,特别是通过不断引进国外先进技术和管理经验,高速公路管理部门不仅能够进一步改进技术,加快建设速度和提高管理水平,而且,完全具有技术力量大量地为社会和公路部门提供专业技术服务。

③商贸

结合高速公路的服务区管理,为便于司乘人员采购,高速公路管理部门可以营销日用品、食品等商品,而且还可以争取有关部门的支持,营销建材、机械设备等,从而增加经济收入。此外,根据各地的不同情况和政策措施,高速公路管理部门还可以从事与公路建设、管理相关的设备租赁、交通工程等活动。也可利用高速公路的闲置土地,进行种植、养殖业的建设开发,以解决职工身居远郊、购物不便等问题。

4. 高速公路经营开发的方式

随着经营开发的逐渐兴起,高速公路经营开发的管理已成为高速公路管理不可分割的部分。经营开发作为高速公路管理的一部分,必须服从全路管理的总目标,要坚持宏观上管理、微观上搞活的指导思想。经营开发应始终坚持统筹规划、合理布局,避免重复盲目建设。对每一个开发项目、开发形式、经营核算方式等应集中由全路管理部门或管理分部门统一领导、统一计划,防止各行其是,偏离保证高速公路安全、舒适、畅通的轨道。同时,应使每一个开发项目或开发经营单位走自主经营、独立核算、自负盈亏、自我约束、自我发展的道路。

高速公路经营开发的管理只有朝企业化经营型方向发展才会有强大的生命力。结合我国国情和各地的经验,依靠各级政府扶助,经营开发可以采取以下几种形式。

(1)自主经营方式

全路成立高速公路经营开发公司或部门,负责对全路线经营开发的规划和一切经营业务活动的管理。这个公司或部门既是管理机构也是经济实体,按照统一领导、统一计划、统一经营、统一核算和责、权、利相结合原则,下设若干分公司(或专业公司)和各部门,实行分级经营管理。

(2)合资、合作经营方式

高速公路主管部门或全路经营开发公司或部门,与高速公路沿线的有关企事业单位、个人或其他投资者,共同筹措资金,按投资额度大小分配开发项目经营权,投资经营者在保证开发项目资产不流失的前提下,经营一定年限取得一定利益后,再将其资产收归国有。或者,由高速公路沿线的有关企事业单位、个人或其他投资者投资,高速公路主管部门或全路经营开发公司及部门保留其开发权利,参与合作,按合作合同分配利益,经营一定年限后,再将其资产收归国有。

(3)承包与租赁经营方式

将统一规划的经营开发项目中的一切不动产及其他主要设施承包或租赁给经营者,由经营者自主经营。高速公路管理部门按照承包或租赁合同规定,向经营者收取部分承包利润或租赁租金以增加养护、管理资金。

高速公路的多种经营可采取"管大放小"的原则搞活,尝试多元化的股份合作制,将单位、集体、个人的利益紧密联系起来,可尝试采用经营权与所有权的分离形式以充分调动个人能动作用,给发展带来动力,做到"大的管活,小的放开"。

5. 高速公路经营开发的发展前景

国内外经验表明,高速公路的建设和运营必将带来区域经济的迅速繁荣,与之相适应的非路产业经营开发将显得越来越重要。然而高速公路的经营开发在我国尚处于初级阶段,目前国内尚无固定模式和过多的成熟经验。但随着改革开放的进一步深化,它必将成为拓宽高速公路运营业务,增加经济效益的一个很有发展前途的项目。

(1)发展的有利条件

①经过数年的改革开放和经济发展,我国已经形成了较为良好的投资开发环境。我国的经济形成了以公有制为主体,多种经济成分并存,市场机制运行多元化利益主体的格局。乡镇企业、"三资企业"和个体、私营企业经济迅速发展起来,形成了多元化的投资群体。而高速公路的发展和管理的规范,又为境外资金和国内多形式的资金投向带来了良好的环境。这即构成了资金上的有利条件。

②我国的公路建设事业与其他事业一样,从改革开放以后有了突飞猛进的发展,已经进入了以高速公路建设为重点的黄金时期。以高速公路、一级公路为骨架,以一般公路为辅道的公路发展趋势已逐渐形成。公路建设的这种发展趋势,为沿线的经营开发提供了便利的条件和物质基础。

③结合我国国情,由于财力不足、资金紧缺,要集中巨额资金投入高速公路建设,在今后较长一段时间内,困难确实是很大的。而经济的发展又迫切需要运输业的迅速发展,特别是加快高速公路的建设。这种矛盾促使我们必须在现有的多渠道、多形式筹资基础上,通过各种形式的经营开发来扩大筹资渠道,增加建设投资。

④通过近年来部分省、市、自治区尝试性的探索,有的已经形成了一定的规模,有的已经积累了不少经验,有的正在争取政府部门在政策上给予优惠,这就为我们今后大规模地开展经营开发活动,提供了可资借鉴的经验和方法。

(2)发展前景分析

①伴随着高速公路沿线工商业的发展,高速公路的经营开发将逐渐成为自我发展、自成体系的独立行业。随着高速公路的建设和运营,沿线各地将会利用有利的交通条件相应地发展工商业。这种发展的必然结果,就要求与之相配套的房地产业、广告业、旅游业等服务性行业要尽快地发展起来。为此,在高速公路出入口附近、立交桥和服务区的周围,伴随着工商业的发展以及经营开发的不断兴起,将逐渐形成组团式的较为完整的综合服务体系。

②高速公路经营开发将逐渐成为美化环境和保障车辆安全畅通的重要手段。通过经营开发,将使高速公路成为组团式的饮食、休息和旅游服务区,特别是对旅游景点和风景区的开发,将使高速公路成为带状的美化区。同时,由于经营开发提供了便利的休息、娱乐和旅游场所,

减少了因长途行车而造成的疲劳和困倦,为减少交通事故、保障车辆安全畅通提供了便利的条件。

③伴随着交通开发的兴起和经济理论研究的深入,交通经济学作为一门新兴的科学正在逐步兴起。它不仅将随着交通开发的全面展开而日益丰富,反过来也将成为高速公路经营开发的指导性理论,指导有关部门制定开发政策和经济措施,做好长远规划,有计划地进行滚动发展,达到开发与经济发展一体化,使得高速公路的开发工作成为长盛不衰、创新发展的一个新兴行业。

复习参考题

1. 简述高速公路交通管理的概念、任务。
2. 简述交通管制的概念、特点和内容。
3. 交通控制与管理系统包括哪几部分?各部分的基本构成是怎样的?
4. 什么是交通流?它有哪些基本特征?
5. 什么是交通量、车辆速度、交通密度?它们之间具有怎样的关系?
6. 简述交通控制方式、交通控制方法。
7. 试论高速公路交通事故的原因。
8. 简述服务区的作用及管理原则。
9. 试论服务区管理模式及管理机制。
10. 简述经营开发的目的和意义。
11. 服务区经营开发内容及经营开发方式。

参 考 文 献

[1] 姚祖康.路面管理系统.北京:人民交通出版社,1993.
[2] 潘玉利.路面管理系统原理.北京:人民交通出版社,1997.
[3] 中华人民共和国行业标准.JTJ 073.1—2001 公路水泥混凝土路面养护技术规范.人民交通出版社,2001.
[4] 中华人民共和国行业标准.JTJ 073.2—2001 公路沥青路面养护技术规范.人民交通出版社,2001.
[5] 郗恩崇.高速公路管理学.北京:人民交通出版社,2001.
[6] 陈传德.公路项目建设管理手册.北京:人民交通出版社,2002.
[7] 高速公路丛书编委会.高速公路运营管理.北京:人民交通出版社,2000.
[8] 贾元华,董平如.高速公路建设与管理.北京:北方交通大学出版社,2002.
[9] 刘万里,孟祥茹.高速公路运营管理.北京:机械工业出版社,2004.
[10] 李作敏.交通工程学.北京:人民交通出版社,2002.
[11] 沈志云.交通运输工程学.北京:人民交通出版社,1999.
[12] 刘步存.高速公路企业经营管理.北京:人民交通出版社,2000.
[13] 林晓言.投融资管理教程.北京:经济管理出版社,2001.
[14] 江阴大桥管理中心.大型桥梁收费管理.北京:人民交通出版社,2002.
[15] 李清富,等.基于灰色聚类决策的沥青路面使用性能评价.郑州大学学报.2003(6):44-47.
[16] 宋秀莲,等.沥青路面使用性能评价系统的探讨与改进.重庆交通学院学报.2004(2):10-12.
[17] 王秉纲,等.两种基于遗传算法的路面性能综合评价方法.长安大学学报(自然科学版).2002(3):6-9.
[18] 黄文雄.基于混合遗传神经网络的高速公路沥青路面使用性能评价方法研究.武汉理工大学.2003(9).
[19] 李怀月.基于FWD弯沉参数的沥青路面结构承载力评价方法.中南公路工程.2005(2):146-149.
[20] 孙祖望.沥青路面养护维修技术的发展与新材料、新工艺、新技术的应用(一).建设机械技术与管理.
[21] 王淑芳,杨成忠,杨良.当前路面管理系统的主要问题及发展前景.森林工程,2005.21(5).
[22] 李明,等.路面管理系统发展综述.重庆交通学院学报,2005.24(3).
[23] 王根旺,余同应.沥青路面网级养护管理系统及其应用.公路与汽运,总第86期.
[24] 刘斌.中国公路投融资政策演变及趋势.综合运输,2004(5).
[25] 张极井.项目融资.北京:中信出版社,1997.
[26] 黄文雄,等.公路路面使用性能评价方法研究.交通科技,2004(8):97-100.
[27] 石子,石黄卫,吉祖勤.路面养护管理系统软件结构及功能设计.东南大学学报(自然科学版),2001.31(4).

[28] 殷建军,李晓明.网级路面养护维修管理系统的设计.西安公路交通大学学报,2000.20(1).
[29] 庞松.我国公路基础设施建设投融资政策调整研究.武汉理工大学硕士学位论文,2005.
[30] 程亮.基础设施投融资问题研究——以收费公路为例.浙江大学硕士学位论文,2003.
[31] 曾江洪.高速公路运营管理指南.北京:人民交通出版社,2006.
[32] AASHTO Maintenance Manual. The Maintenance and Management of Roadways and Bridges, 1999.
[33] English. Design Manual for Roads and Bridges. April, 1993.